"十三五"全国高职高专教育精品规划教材

新编大学生职业生涯规划与就业创业指导教程

（修订本）

顾问　　张　建
主编　　陈细兵
编委　　凌建中　戴　波　黄晓阳
　　　　闫松林　蒋燕山

北京交通大学出版社

·北京·

内 容 简 介

本书从大学生职业生涯规划与就业、创业现状和特点出发，针对大学生群体特点进行了具体的就业指导和创业教育，全面阐述了职业与职业道德、就业政策与法律法规、创业素质与能力、创业准备与实践等主要内容。本书结构简练，重点突出，通俗易懂，编写坚持理论与实践相结合的原则，精选了有关创业和就业的典型案例，重点突出政策性、实用性和可操作性，力求对大学生的就业和创业活动提供切实可行的帮助。

本书既可作为高等院校各专业大学生就业与创业指导课程教材，也可作为广大社会青年和下岗职工自主创业和谋求再就业的理想自学读物。

图书在版编目（CIP）数据

新编大学生职业生涯规划与就业创业指导教程/陈细兵主编. — 北京：北京交通大学出版社，2015.10（2018.9重印）

（"十三五"全国高职高专教育精品规划教材）

ISBN 978-7-5121-2457-8

Ⅰ. ① 新⋯　Ⅱ. ① 陈⋯　Ⅲ. ① 大学生-职业选择-高等职业教育-教材　Ⅳ. ① G647.38

中国版本图书馆 CIP 数据核字（2015）第 242822 号

责任编辑：薛飞丽
出版发行：北京交通大学出版社　　　　　电话：010-51686414　　http://www.bjtup.com.cn
地　　址：北京市海淀区高粱桥斜街 44 号　邮编：100044
印 刷 者：北京时代华都印刷有限公司
经　　销：全国新华书店
开　　本：185 mm×260 mm　印张：21.25　　字数：521 千字
版　　次：2018 年 1 月第 1 版第 1 次修订　　2018 年 9 月第 5 次印刷
书　　号：ISBN 978-7-5121-2457-8/G·262
印　　数：23 601～27 600 册　　定价：47.00 元

本书如有质量问题，请向北京交通大学出版社质监组反映。对您的意见和批评，我们表示欢迎和感谢。
投诉电话：010-51686043，51686008；传真：010-62225406；E-mail：press@bjtu.edu.cn。

总　序

历史的车轮已经跨入了公元 2018 年，我国高等教育的规模已经是世界之最，2015 年毛入学率达到 40%，属于高等教育大众化教育阶段。根据《教育部关于全面提高高等职业教育教学质量的若干意见》（教高〔2006〕16 号）等文件精神，高职高专院校要积极构建与生产劳动和社会实践相结合的学习模式，把工学结合作为高等职业教育人才培养模式改革的重要切入点，带动专业调整与建设，引导课程设置、教学内容和教学方法改革。由此，高职高专教学改革进入了一个崭新阶段。

新设高职类型的院校是一种新型的专科教育模式，高职高专院校培养的人才应当是应用型、操作型人才，是高级蓝领。新型的教育模式需要我们改变原有的教育模式和教育方法，改变没有相应的专用教材和相应的新型师资力量的现状。

为了使高职院校的办学有特色，毕业生有专长，需要建立"以就业为导向"的新型人才培养模式。为了达到这样的目标，我们提出"以就业为导向，要从教材差异化开始"的改革思路，打破高职高专院校使用教材的统一性，根据各高职高专院校专业和生源的差异性，因材施教。从高职高专教学最基本的基础课程，到各个专业的专业课程，着重编写出实用、适用高职高专不同类型人才培养的教材，同时根据院校所在地经济条件的不同和学生兴趣的差异，编写出形式活泼、授课方式灵活、满足社会需求的教材。

培养的差异性是高等教育进入大众化教育阶段的客观规律，也是高等教育发展与社会发展相适应的必然结果。只有使在校学生接受差异性的教育，才能充分调动学生浓厚的学习兴趣，才能保证不同层次的学生掌握不同的技能专长，避免毕业生被用人单位打上"批量产品"的标签。只有高等学校的培养有差异性，其毕业生才能有特色，才会在就业市场具有竞争力，从而使高职高专的就业率大幅度提高。

北京交通大学出版社出版的这套高职高专教材，是在教育部所倡导的"创新独特"四字方针下产生的。教材本身融入了很多较新的理念，出现了一批独具匠心的教材，其中，扬州环境资源职业技术学院的李德才教授所编写的《分层数学》，教材立意新颖，独具一格，提出以生源的质量决定教授数学课程的层次和级别。还有无锡南洋职业技术学院的杨鑫教授编写的一套将管理学、经济学等不同学科知识融为一体的教材，具有很强的实用性。

此套系列教材是由长期工作在第一线、具有丰富教学经验的老师编写的，具有很好的指导作用，达到了我们所提倡的"以就业为导向培养高职高专学生"和因材施教的目标要求。

教育部全国高等学校学生信息咨询与就业指导中心择业指导处处长
中国高等教育学会毕业生就业指导分会秘书长
曹　殊　研究员

出 版 说 明

　　高职高专教育是我国高等教育的重要组成部分，其根本任务是培养生产、建设、管理和服务第一线需要的德、智、体、美全面发展的应用型专门人才，所培养的学生在掌握必要的基础理论和专业知识的基础上，应重点掌握从事本专业领域实际工作的基础知识和职业技能，因此与其对应的教材也必须有自己的体系和特点。

　　为了适应我国高职高专教育发展及其对教育改革和教材建设的需要，在教育部的指导下，我们在全国范围内组织并成立了"全国高职高专教育精品规划教材研究与编审委员会"（以下简称"教材研究与编审委员会"）。"教材研究与编审委员会"的成员所在单位皆为教学改革成效较大、办学实力强、办学特色鲜明的高等专科学校、成人高等学校、高等职业学校及高等院校主办的二级职业技术学院，其中一些学校是国家重点建设的示范性职业技术学院。

　　为了保证精品规划教材的出版质量，"教材研究与编审委员会"在全国范围内选聘"全国高职高专教育精品规划教材编审委员会"（以下简称"教材编审委员会"）成员和征集教材，并要求"教材编审委员会"成员和规划教材的编著者必须是从事高职高专教学第一线的优秀教师和专家。此外，"教材编审委员会"还组织各专业的专家、教授对所征集的教材进行评选，对所列选教材进行审定。

　　此次精品规划教材按照教育部制定的"高职高专教育基础课程教学基本要求"而编写。此次规划教材按照突出应用性、针对性和实践性的原则编写，并重组系列课程教材结构，力求反映高职高专课程和教学内容体系改革方向；反映当前教学的新内容，突出基础理论知识的应用和实践技能的培养；在兼顾理论和实践内容的同时，避免"全"而"深"的面面俱到，基础理论以应用为目的，以必需、够用为尺度；尽量体现新知识和新方法，以利于学生综合素质的形成和科学思维方式与创新能力的培养。

　　此外，为了使规划教材更具广泛性、科学性、先进性和代表性，我们真心希望全国从事高职高专教育的院校能够积极参与到"教材研究与编审委员会"中来，推荐有特色、有创新的教材。同时，希望将教学实践的意见和建议及时反馈给我们，以便对出版的教材不断修订、完善，不断提高教材质量，完善教材体系，为社会奉献更多更新的与高职高专教育配套的高质量教材。

　　此次所有精品规划教材由全国重点大学出版社——北京交通大学出版社出版。适合于各类高等专科学校、成人高等学校、高等职业学校及高等院校主办的二级技术学院使用。

全国高职高专教育精品规划教材研究与编审委员会

2018 年 1 月

序

"新时代要有新气象，更要有新作为。"党的十九大胜利闭幕后，新一届中央政治局常委同中外记者见面时，习近平总书记的宣示让人感受到新时代的强劲脉动。适应时代要求，作为高职教育工作者，在人才培养、助力学生就业创业方面要有更加积极的作为。具体而言，就是要认真贯彻党的教育方针和国家职业教育政策，坚持以学生为中心，既要积极推进立德树人工作、培养德才兼备的高素质技术技能型应用人才，又要培养学生的就业竞争力和创新创业能力，帮助其顺利就业就好业、试水创业创成业。

我国高等教育已经进入大众化后期。近年来，高校毕业生逐年增多，2017年为795万人，2018年将达到820万人，就业竞争日趋激烈。为帮助在校学生未雨绸缪、早作准备，尽量使其能力素质与就业市场、创业实际零距离对接，本书的编者与时俱进，对原版《大学生职业生涯规划与就业创业指导教程》进行了补充和完善，以更加切合高职教育与就业创业现实需要。

具体而言，修订后的教材具有以下三个方面的特点。

一是充分体现时代性。随着经济转型升级步伐的加快，就业政策、市场环境、岗位需求、思想观念等不断发生着变化。2015年，国务院出台《关于大力推进大众创业万众创新若干政策措施的意见》，在全社会积极倡导大众创业、万众创新。教育部要求把创新创业教育贯穿人才培养全过程，推动高等教育综合改革落到实处。当今，高校就业创业工作"一把手工程"日益受到重视，毕业生的就业观念更趋务实和理性。正是基于形势的变化，对原教材进行修订就显得十分必要而迫切。在原有内容的基础上，修订后的教材增加了"职业核心能力提升""毕业生就业过程中的义务""就业过程中的陷阱及对策""把握创业机会""组建创业团队"等内容，对"求职材料准备""面试策划""大学生创业优惠政策""创业准备"等内容进行了更新和补充。总之，新教程紧扣时代脉搏，是就业创业现实需求的适时反映。

二是更加突出实用性。修订后的教材着眼于大学生就业与创业，紧密联系实际，在阐释有关理论、政策及概念的基础上与"案例"有机结合，以"案例+分析"的模式构建内容，通俗易懂、切实可行，指导性和可操作性较强，给读者以启迪和参考。对求职者在实践中遇到的有关具体问题，书中给出了相应建议和处理方法，以提高大学生的就业能力。教材引用的案例，既有利于教师教，又有利于学生学，从而引以为"鉴"，师生各得其所。本教材不仅有利于教师引导广大学生学会规划职业生涯、开展就业创业教育与指导，而且有利于学生自主学习与促进自我成长进步，还可作为初入职场人士的课外阅读参考书。

三是十分注重系统性。教材在编排体例上分为上篇（大学生职业生涯规划）、中篇（大学生就业指导）、下篇（大学生创业教育）三部分，较为全面地介绍了大学生就业创业所需思想知识储备、将会面临的有关现实问题，答疑解惑、指点迷津，逻辑严密、体系完整，符合大学生的认知规律和成长规律。根据实际需要，每个章、节的内容结合实践安排长短多寡，不苟求一律，体现了灵活性和科学性。同时，各篇内容也自成体系，结构完整，相对独立。因此，三部分内容，均可独立成篇，便于根据需要有针对性地开展职业生涯规划教育、就业指导和创业教育；三部分内容融为一体，珠联璧合，又构成了一个有机的知识体系，有利于对学生进行系统培养，全面提高其就业创业能力。

学子寒窗十年，谁不渴望有用武之地？当今时代给莘莘学子提供了施展才华的广阔舞台。当前，做好大学生就业创业工作已成为高校改革与发展中的一项重要任务。本教材是一本非常实用的书，对其进行修订完善也是非常及时的，体现了编者可贵的职业精神和强烈的责任意识。赞叹之余，我向高职院校师生推荐这本教材，相信广大读者一定会有更深刻的理解和沉甸甸的收获；当然，这也是本教材编者的美好心愿。

是为序。

岳阳职业技术学院党委书记　喻岳兰
2018 年 1 月

前　言

近年来，大学生就业已经是一个不容忽视的重要问题。随着我国高等教育进入大众化阶段，普通高等学校毕业生人数逐年增加，2015 年全国高等学校应届毕业生人数达 749 万。面对日益严峻的就业形势，做好大学生的就业工作已成为当前高等学校改革与发展的一项紧迫任务。要做好大学生的就业工作，就需要高校相关部门特别是就业指导部门认真探寻就业指导的客观规律，为大学生提供及时而科学的指导和服务。如何参与市场竞争，为自己的职业生涯奠定良好的基础，是每一个大学生应该认真思考的问题。根据高等学校毕业生就业制度改革的需要，为了切实有效地指导高校毕业生求职择业，帮助毕业生及时、全面、准确地了解就业政策、求职择业及创业方面的技巧，我们编写了这本教材，全面、系统地为未来毕业的同学进行就业全程指导，希望能够对广大毕业生顺利就业、创业有所帮助。

本书包含大学生职业生涯规划（上篇）、大学生就业指导（中篇）、大学生创业教育（下篇）三篇内容，全面、详细地介绍了广大应届毕业生在就业过程中可能会遇到的一些问题，如国家最新的就业政策变化、就业创业的渠道方式、就业创业的新形势、创业前的各项准备及创业的实际操作等，实用性、针对性和可操作性较强，可作为高等职业院校、中等职业学校就业指导的教学用书。

由于作者水平有限，加之时间比较仓促，书中难免有不足之处，望广大读者及同行批评指正。

编　者
2018 年 1 月

目　录

下篇　大学生创业教育

上篇

大学生职业生涯规划

> 大学被人们誉为学术的天堂、知识的宝库。大学教育是大学生成长的关键。
>
> 大学生从跨入大学的第一天起,就变成了国家的希望、社会的栋梁、父母的骄傲,肩上就背负了神圣的使命,即将开始不一样的人生!

第一章

职 业 概 述

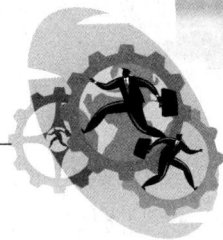

第一节 职业的分类

职业是参与社会分工，利用专门的知识和技能，为社会创造物质财富和精神财富，获取合理报酬，作为物质生活来源并满足精神需求的工作。

社会分工是职业分类的依据。在分工体系的每一个环节上，劳动对象、劳动工具以及劳动的支出形式都各有特殊性，这种特殊性决定了各种职业之间的区别。世界各国国情不同，其划分职业的标准有所区别。

职业须同时具备下列特征。

（1）目的性。即职业以获得现金或实物等报酬为目的。

（2）社会性。即职业是从业人员在特定社会生活环境中所从事的一种与其他社会成员相互关联、相互服务的社会活动。

（3）规范性。即职业必须符合国家法律和社会道德规范。

（4）群体性。即职业必须具有一定的从业人数。

职业分类是以工作性质的同一性为基本原则，对社会职业进行的系统划分与归类。所谓工作性质，即一种职业区别于另一种职业的根本属性，一般通过职业活动的对象、从业方式等的不同予以体现。职业分类的目的是要将社会上纷繁复杂数以万计的现行工作类型划分成类系有别，规范统一，井然有序的层次或类别。对从事工作性质的同一性所作的技术性解释，要视具体的职业类别而定。而职业分类体系则通过职业代码、职业名称、职业定义、职业所包括的主要工作内容等描述出每一个职业类别的内涵与外延。

我国的职业分类结构包括四个层次，即大类、中类、小类和细类，依次体现由大到小的职业类别。细类作为我国职业分类结构中最基本的类别，即职业。《中华人民共和国职业分类大典》将我国社会职业归为 8 个大类，66 个中类，413 个小类，1 838 个职业。8 个大类分别是：第一大类，国家机关、党群组织、企业、事业单位负责人；第二大类，专业技术人员；第三大类，办事人员和有关人员；第四大类，商业、服务业人员；第五大类，农、林、牧、渔、水利业生产人员；第六大类，生产、运输设备操作人员及有关人员；第七大类，军人；第八大类，特殊职业的其他从业人员。

第二节　职业与专业

我们在做学业规划时，职业与专业之间的关系是必须面对又要解决好的重大问题。有人说，专业决定了职业；又有人说，专业与职业没有多少联系，你看现在成功的人有多少从事的是自己原来所学的专业？其实，这只能说明人们对二者关系认识上的片面与肤浅，职业与专业之间不是前者所说的一一对应的关系，当然也不是后者所说的一点关系也没有。学习中文的人依然可以成为记者和专业人员，学习新闻的人也可以成为高校教师或者公务员。的确，许多成功者现在所从事的职业并不是原来所学的专业，但我们要看他毕业后从事的第一份正式职业，因为我们知道学以致用是最符合经济效益的个人发展原则。因此，自己从事的第一份正式职业如果就是原来所学的专业，对提高个人发展效率有着非常重要的战略意义。大学毕业后，你可以从事你学过的专业，但在社会分工越来越细，在每行所需要的知识和技能越来越专业的时候，你要在非本专业领域承担起相应的工作，那么你需要花费很大的个人代价（如时间、精力、金钱），所以，求学之前要认真选择专业，争取让自己的专业和毕业后所从事的职业联系起来，尽量避免个人走弯路。

那么专业和职业到底是什么样的关系呢？它们之间呈现出的是一种复杂的相关关系。如果说职业理想和就业目标是目的地，那么专业选择就是路线的主要内容。我们知道不同的职业需要不同的知识、技能及德、体条件，而不同的知识和技能则是专业的主要内容。从经济和效率的角度来看，我们所选择的专业当然应该是职业目标所需要的知识和技能。然而从专业与职业的相关性来讲，它们之间的关系可以概括为三种：一对一、一对多、多对一。比如，数控机床专业的学生毕业后最适合的也只是在企业中做数控机床的操作与维护人员，最后发展成为高级技师；烹饪专业的学生毕业后最适合的也只是成为一名厨师。同时有些专业其职业方向比较宽泛，比如，经济学专业毕业的学生可以从事企业管理、经济学研究、新闻记者、策划营销、经济分析、高校教师等多种职业；而对于某一职业比如新闻记者，它可以接收经济学、新闻、中文、哲学、历史等许多专业的学生。因此，我们在进行学业规划的时候，首先要研究和分析专业与职业的相关性，到底是一对一、一对多还是多对一？在确定了这些问题之后，我们具体来讨论这三种情况下的专业选择。

（1）一对一。这种情况最为简单。一个专业方向对应一个职业目标，这类专业一般都存在于中职类学校或高职学院，培养目标单一明确。此类职业的技术含量比较高，也比较单一，它属于学业规划中比较主动的一种态势，可以让我们先定目标，后选路线，在各种路线中选择求学成本最低的一条，这类专业和职业一般都适合于专业技术人员。

（2）一对多。这类专业一般都存在于普通高校中，人们常说的宽口径、厚基础就是指这类专业。它们所对应的职业目标有多个，从职业的人格特征来看，许多都对应了两种以上人格类型的职业。比如，经济学专业，从职业人格来看，它可以对应研究型人格职业（如经济学研究），可以对应管理型人格职业（如企业信息管理）等。这一定要和自己的职业人格一致，比如你属于管理型人格你就要选定管理型人格的职业，并根据具体职业目标的标准要求有针对性地学习和开发其他必要的知识和技能。比如，还以经济学专业为例，你确定自己毕业后从事新闻记者这一职业，那么你在学经济学知识的同时，还要根据新闻记者所需要的其他知识和技能有针对性地开发和学习，比如写作能力、社交能力、新闻敏感度的培养、驾驶技术等。此种类型适合于在学业规划时先确定专业后确定职业目标的形式。应该说，先定专业再定职业目标已经是一种比较被动的人生发展状态，然而由于这一类型的存在，它可以让学生比较顺利地由被动转化为主动。因此，作为大一新生，一定要抓住这一关键时机，让被动走向主动，否则自己的人生发展将陷入更大的被动。

（3）多对一。就是多种专业都可以发展到某一种职业的形式。这类职业一般属于管理型人格的职业，如高校教师、科研人员、新闻记者、编辑人员、营销主管、企业管理人员等。这种类型也适合用于先确定职业目标后确定专业方向的情形。它其实和第一种类型比较类似，在学业规划时处于比较主动的态势，能够较好地找到一条求学成本最低的学业路线。

第三节 国家职业资格证书制度

国家职业资格证书制度是劳动就业制度的一项重要内容，也是一种特殊形式的国家考试制度。它是指按照国家制定的职业技能标准或任职资格条件，通过政府认定的考核鉴定机构，对劳动者的技能水平或职业资格进行客观公正、科学规范的鉴定，对合格者授予相应的国家职业资格证书。中华人民共和国 1995 年 1 月 7 日颁发的《职业资格证书制度暂行办法》规定：职业资格包括从业资格和执业资格。

国家职业资格证书是表明劳动者具有从事某一职业所必备的学识和技能的证明。它是劳动者求职、任职、开业的资格凭证，是用人单位招聘、录用劳动者的主要依据，也是境外就业、对外劳务合作人员办理技能水平公证的有效证件。

《劳动法》第八章第六十九条规定："国家确定职业分类，对规定的职业制定职业技能标准，实行职业资格证书制度，由经过政府批准的考核鉴定机构负责对劳动者实施职业技能考核鉴定。"

《职业教育法》第一章第八条明确指出："实施职业教育应当根据实际需要，同国家制定的职业分类和职业等级标准相适应，实行学历证书、培训证书和职业资格证书制度。"

这些法规确定了国家推行职业资格证书制度和开展职业技能鉴定的法律依据。

开展职业技能鉴定，推行职业资格证书制度，是落实党中央、国务院提出的"科教兴国"战略方针的重要举措，也是我国人力资源开发的一项战略措施。这对于提高劳动者素质，加强技能人才培养，促进劳动力市场的建设以及深化国有企业改革，促进经济发展都具有重要意义。职业技能鉴定所（站）将考核合格人员名单报经当地职业技能鉴定指导中心审核，再报经同级劳动保障行政部门或行业部门劳动保障工作机构批准后，由职业技能鉴定指导中心按照国家规定的证书编码方案和填写格式要求统一办理证书，加盖职业技能鉴定机构专用印章，经同级劳动保障行政部门或行业部门劳动保障工作机构验印后，由职业技能鉴定所（站）送交本人。

一、职业资格证书的分类

职业资格证书分为从业资格证书和执业资格证书两类。职业资格证书在中华人民共和国境内有效。证书由人事部（现已并入人力资源和社会保障部）统一印制，各地人事（职改）部门具体负责核发工作。

（1）执业资格证。执业资格证是国家对特殊行业规定资格准入的凭证，即无此证书不能从事这一行业。这种资格归行业主管部门管理，如注册会计师（CPA）归财政部管理，医师执业资格归卫生部管理。

（2）专业技术人员职业资格证（白领）。它与职称有对应关系，传统的"职称"是口头的说法，标准的说法是"专业技术职务任职资格"，是国家职业资格证的一种。其实质是专业技术人员职业资格。专业技术人员职业资格证（白领）与职称的对应关系是：高级职称相当于国家一级职业资格证，中级职称相当于国家二级职业资格证，初级职称相当于国家三级职业资格证。政策上需要先取得资格，单位才聘任。

（3）技能人员职业资格证（蓝领）。它与职称没有关系，主要是技能工人，包括国家四级职业资格证和国家五级职业资格证。

二、证书等级

我国职业资格证书分为以下五个等级。

（1）高级技师（一级/高级职称）。能够熟练运用专门技术和特殊能力在本职业的各个领域完成复杂的、非常规性工作；熟练掌握本职业的关键操作技术，能够独立处理和解决高难度的技术难题；在技术攻关方面有创新，能组织开展技术改造、技术革新活动；能组织开展系统的专业技术培训；具有技术管理能力。

（2）技师（二级/中级职称）。能够熟练运用基本技术和专门能力完成较为复杂的工作，包括完成部分非常规性工作；能够独立处理工作中出现的问题；能指导他人进行工作或协助培训一般人员。

（3）高级（三级/助理职称）。能够熟练运用专门技术和特殊能力完成复杂的、非常规性的工作；掌握本职业的关键技术，能够独立处理和解决技术难题；在技术方面有创新；能组织指导他人进行工作；能培训一般人员；具有一定的技术管理能力。

（4）中级（四级）。能够熟练运用基本技能独立完成本职业的常规工作；在特定情况下，能运用专门技能完成技术较为复杂的工作；能够与他人进行合作。

（5）初级（五级）。能够运用基本技能独立完成本职业的常规工作。

三、就业准入基本要求

所谓就业准入，是指根据《劳动法》和《职业教育法》的有关规定，对从事技术复杂、通用性广、涉及国家财产及人民生命安全和消费者利益的职业（工种）的劳动者，必须经过培训，并取得职业资格证书后，方可就业上岗。实行就业准入的职业范围由人力资源和社会保障部确定并向社会发布。

国家为保证就业准入制度的实行，明确规定：职业介绍机构要在显著位置公告实行就业准入的职业范围；各地印制的求职登记表中要有登记职业资格证书的栏目；用人单位招聘广告栏中也应有相应职业资格要求。职业介绍机构的工作人员在工作过程中，对国家规定实行就业准入的职业，应要求求职者出示职业资格证书并进行查验，凭证推荐就业；用人单位要凭证招聘用工。

从事就业准入职业的新生劳动力，就业前必须经过一到三年的职业培训，并取得职业资格证书；对招收未取得相应职业资格证书人员的用人单位，劳动监察机构应依法查处，并责令其改正；对从事个体工商经营的人员，要取得职业资格证书后工商部门才办理开业手续。

四、国家规定实行就业准入的职业

（1）生产、运输设备操作人员。车工、铣工、磨工、镗工、组合机床操作工、加工中心操作工、铸造工、锻造工、焊工、金属热处理工、冷作钣金工、涂装工、装配钳工、工具钳工、锅炉设备装配工、电机装配工、高低压电器装配工、电子仪器仪表装配工、电工仪器仪表转配工、机修钳工、汽车修理工、摩托车维修工、精密仪器仪表维修工、锅炉设备安装工、变电设备安装工、维修电工、计算机维修工、手工木工、精细木工、音响调音员、贵金属首饰手工制作工、土石方机械操作工、砌筑工、混凝土工、钢筋工、架子工、防水工、装饰装修工、电气设备安装工、管工、汽车驾驶员、起重装卸机械操作工、化学检验工、食品检验工、纺织纤维检验工、贵金属首饰钻石珠宝检验员、防腐蚀工、锁具修理工。

（2）农林牧渔水利业生产人员。动物疫病防治员、动物检疫检验员、沼气生产工。

（3）商业、服务业人员。营业员、推销员、出版物发行员、中药购销员、鉴定估价师、医药商品购销员、中药调剂员、冷藏工、中式烹调师、中式面点师、西式烹调师、西式面点师、调酒师、营养配餐员、前厅服务员、客房服务员、保健按摩师、职业指导员、物业管理员、锅炉操作工、美容师、美发师、摄影师、眼镜验光员、眼镜定配工、家用电子产品维修工、家用电器产品维修工、钟表维修工、办公设备维修工、养老护理员。

（4）办事人员和有关人员。秘书、公关员、计算机操作员、制图员、话务员、用户通信终端维修员。

五、职业技能鉴定概述

职业技能鉴定是一项基于职业技能水平的考核活动，属于标准参照型考试。它由考试考核机构对劳动者从事某种职业所应掌握的技术理论知识和实际操作能力做出客观的测量和评价。职业技能鉴定是国家职业资格证书制度的重要组成部分。

1. 职业技能鉴定的申报条件

参加不同级别鉴定的人员，其申报条件不尽相同，考生要根据鉴定公告的要求，确定申报的级别。一般来讲，不同等级的申报条件如下。

（1）参加初级鉴定的人员必须是学徒期满的在职职工或职业学校的毕业生。

（2）参加中级鉴定的人员必须是取得初级技能证书并连续工作五年以上，或是经劳动行政部门审定的以中级技能为培养目标的技工学校及其他学校的毕业生。

（3）参加高级鉴定的人员必须是取得中级技能证书五年以上、连续从事本职业（工种）生产作业可少于十年，或是经过正规的高级技工培训并取得了结业证书的人员。

（4）参加技师鉴定的人员必须是取得高级技能证书，具有丰富的生产实践经验和操作技能特长、能解决本工种关键操作技术和生产工艺难题，具有传授技艺能力和培养中级技能人员能力的人员。

（5）参加高级技师鉴定的人员必须是任技师三年以上，具有高超精湛技艺和综合操作技能，能解决本工种专业高难度生产工艺问题，在技术改造、技术革新以及排除事故隐患等方面有显著成绩，而且具有培养高级工和组织带领技师进行技术革新和技术攻关能力的人员。

2. 申请职业技能鉴定的人员的报名方式

申请职业技能鉴定的人员，可向当地职业技能鉴定所（站）提出申请，填写职业技能鉴定申请表。报名时应出示本人身份证、培训毕（结）业证书、《技术等级证书》或工作单位劳资部门出具的工作年限证明等。申报技师、高级技师任职资格的人员，还须出具本人的技术成果和工作业绩证明，并提交本人的技术总结和论文资料等。

3. 职业技能鉴定的内容

国家实施职业技能鉴定的主要内容包括职业知识、操作技能和职业道德三个方面。这些内容是依据国家职业（技能）标准、职业技能鉴定规范（即考试大纲）和相应教材来确定的，并通过编制试卷来进行鉴定考核。

4. 职业技能鉴定的方式

职业技能鉴定分为知识要求考试和操作技能考核两部分。知识要求考试一般采用笔试形式，操作技能考核一般采用现场操作加工典型工件、生产作业项目、模拟操作等方式进行。计分一般采用百分制，两部分成绩都在 60 分以上为合格，80 分以上为良好，95分以上为优秀。

5. 职业技能鉴定的实施步骤

职业技能鉴定的实施步骤如下：鉴定前的组织准备、鉴定前的技术准备、鉴定实测、鉴定后的结果处理。

6. 申报职业技能鉴定的注意事项

申报职业技能鉴定，首先要根据所申报职业的资格条件，确定自己申报鉴定的等级。如果需要培训，要到经政府有关部门批准的培训机构参加培训。申报职业资格鉴定时要准备好照片、身份证以及证明自己资历的材料，参加正规培训的须有培训机构证明，工作年限须有本人所在单位证明，经鉴定机构审查符合要求的，由鉴定所（站）颁发准考证。参加考试时必须携带准考证，否则不能参加考试。

7. 职业技能鉴定工作中违纪现象的处理

职业技能鉴定是面向广大劳动者和用人单位的一项社会公益性事业。为了保证职业技能鉴定质量，树立职业资格证书的权威性，各级职业技能鉴定管理部门建立了举报制度，设立监督电话，鼓励和支持社会各方面对乱办班、乱考核、乱发证以及各种违反考务纪律的行为进行检举。劳动者一旦发现职业技能鉴定工作中的违纪现象，可以直接到当地劳动保障行政部门或职业技能鉴定指导中心投诉，由劳动保障部门按有关规定进行查处。

8. 在中国参加国家职业技能鉴定的人群

（1）国家规定的从事复杂的专业技术以及涉及国家财产、人民生命安全和消费者利益的职业（工种）的人员。

（2）高等院校、职业学校和职业培训机构属于技术专业的毕（结）业生。

（3）培训期满的实习人员和晋升职业资格等级的人员。

复习思考题

1. 职业须同时具备哪些特征？
2. 我国的职业结构是怎样的？
3. 专业和职业是什么样的关系？你是怎么认识的？
4. 如何认识和应对国家职业资格证书制度？
5. 如何认识和应对我国的职业技能鉴定？

第二章

职业生涯规划

第一节　职业生涯规划的基本理论

一、特质因素理论

1. 特质因素理论的主要内容

1909 年帕森斯在其《选择一个职业》的著作中提出了人与职业相匹配是职业选择的焦点的观点。他认为，个人都有自己独特的人格模式，每种人格模式的个人都有其相适应的职业类型。职业选择指的是个人在了解、认识自己的主观条件与职业需求条件的前提下，将个人的主观条件与职业需求相匹配，这就是特质因素理论的内涵。

特质因素理论是最早的职业辅导理论，其提出的职业选择方法至今仍被广泛接受和采用。

2. 特质因素理论在职业选择过程中应用的三个步骤

（1）进行人员分析，评价个体的生理和心理特征；

（2）分析职业对人的要求，并向求职者提供有关的职业信息；

（3）人职匹配，个人在了解自己的特点和职业要求的基础上，借助职业指导者的帮助，选择一项既适合自己特点又有可能获得的职业。

3. 人职匹配的类型

（1）因素匹配（活找人）。例如，需要有专门技术和专业知识的职业与掌握该种技能和专业知识的择业者相匹配；或脏、累、苦劳动条件很差的职业，需要有吃苦耐劳、体格健壮的劳动者与之匹配。

（2）特性匹配（人找活）。例如，具有敏感、易动感情、不守常规、个性强、理想主义等人格特性的人，宜从事审美性、自我情感表达的艺术创作类型的职业。

二、职业性向理论

1. 职业性向理论的主要内容

美国心理学教授约翰·霍兰德（John Holland）认为，职业性向包括价值观、动机和需要等，是决定一个人职业选择的重要因素。他基于自己对职业性向的测试（VPT）研究，提出了个性—工作适应性理论（Personality-Job Fit Theory），将个人的职业性向划分为实际型、研究型、艺术型、社会型、事业型和常规型六种；同时，他将职业类型也相应地分为上述六种类型，如图 2-1 所示。图形上连线距离越短，说明两种类型的职业相关系数越大，适应程度也就越高。连线距离为 0，换言之，劳动者类型与职业类型高度相关，统一在一个点上（即图中 6 个角端所示），人职配置最适宜，是最好的职业选择。除此之外，图中连线最短、相关系数最高的，当属每种类型劳动者（职业）同其左右相邻的两个类型职业（劳动者）。例如，常规型与实际型、事业型；艺术型同研究型（学者型）、社会型；其余类推，它们之间连线短，人业相互适应程度高。连线距离越长，表明两类型人业相关系数越小，相互适应程度越低。图 2-1 中，常规型与艺术型、研究型（学者型）与事业型（企业型）、实际型与社会型之间的连线最长，人业相互适应程度最低。

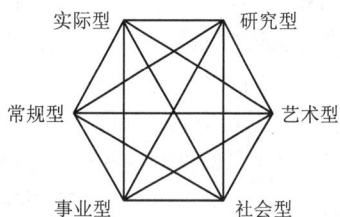

图 2-1　霍兰德职业人格类型

2. 六种职业性向的含义

（1）实际型（R）。喜欢做使用工具、实物、机器或与物有关的工作。具有手工、机械、农业、电子方面的技能。爱好与建筑、维修有关的职业。脚踏实地，实事求是。

（2）研究型（I）。喜欢各种与生物科学、物理科学有关的活动。具有极好的数学和科学研究能力。爱好科学或医学领域里的职业。生性好奇，勤奋自立。

（3）艺术型（A）。喜欢不受常规约束，以便利用时间从事创造性的活动。具有语言、美术、音乐、戏剧、写作等方面的技能。爱好能发挥创造才能的职业。天资聪慧，创造性强，不拘小节，自由放任。

（4）社会型（S）。喜欢参加咨询、培训、教学和各种理解、帮助他人的活动。具有与他人相处共事的能力。爱好教师、护士、律师一类的职业。乐于助人，友好热情。

（5）事业型（E）。喜欢领导和左右他人。具有领导能力、说服能力及其他一些与人打交道所必需的重要技能。爱好商业或与管理人有关的职业。雄心勃勃，友好大方，精力充沛，信心十足。

（6）常规型（C）。喜欢做系统地整理信息资料一类的事情。具有办公室工作和数字方面的能力。爱好记录、整理文件、打字、复印及操作计算机等职业。尽职尽责，忠实可靠。

3. 霍兰德职业人格类型

霍兰德职业人格类型具体说明如表 2-1 所示。

表 2-1　霍兰德职业人格类型说明

类型	偏　　好	个性特点	职业范例
实际型	需要技能、力量、协调性的体力活动	害羞、真诚、持久、稳定、顺从、实际	机械师、钻井操作工、装配线工人、农场主
研究型	需要思考、组织和理解的活动	分析、创造、好奇、独立	生物学家、经济学家、数学家、新闻记者
艺术型	需要创造性表达的模糊且无规则可循的活动	富于想象力、无序、杂乱、理想、情绪化、不实际	画家、音乐家、作家、室内装饰家
社会型	能够帮助和提高别人的活动	友好、合作、理解	社会工作者、教师、议员、临床心理学家
事业型	能够影响他人和获得权力的言语活动	自信、进取、精力充沛、盛气凌人	法官、房地产经纪人、公共关系专家、小企业主
常规型	规范、有序、清楚明确的活动	顺从、高效、实际、缺乏想象力、缺乏灵活性	会计、业务经理、银行出纳员、档案管理员

三、舒伯的生涯发展理论

1. 舒伯的生涯发展理论的 12 个基本主张

生涯发展理论的理论基础是综合许多流派而建立起来的。舒伯（Super）根据布尔赫勒（Buehler，1933）的生命周期和列文基斯特（Lavighurst，1953）的发展阶段论，提出职业的发展概念模式，有 12 个基本主张，具体如下。

（1）职业是一种连续不断、循序渐进又不可逆转的过程。

（2）职业发展是一种有秩序、有固定形态、可以预测的过程。

（3）职业发展是一种动态的过程。

（4）自我观念在青春期就开始产生和发展，至青春期明朗并于成年期转化为职业概念。

（5）自青少年期至成人期，随着时间及年龄的渐长，现实因素如人格特质及社会因素对个人职业的选择愈加重要。

（6）父母的认同会影响个人正确角色的发展和各个角色间的一致及协调，以及对职业计划及结果的解释。

（7）职业升迁的方向及速度与个人的聪明才智、父母的社会地位以及本人的地位需求、价值观、兴趣、人际技巧及经济社会中的供需情况有关。

（8）个人的兴趣、价值观、需求及父母的认同、社会资源的利用、个人的学历以及所处社会的职业结构、趋势、态度等均会影响个人职业的选择。

（9）虽然每种职业均有特定要求的能力、兴趣、人格特质，但却颇具弹性，所以允许不同类型的人从事相同的职业，或一个人从事多种不同类型的工作。

（10）工作满意度视个人能力、兴趣、价值观及人格特质是否能在工作中得到适当发挥而定。

（11）工作满意度的程度与个人在工作中实现自我观念的程度有关。

（12）对大部分人而言，工作及职业是个人人生的重心。虽然对少数人而言，这种机会是不重要的。

2. 舒伯的生涯彩虹图

舒伯认为可以根据年龄将每个人生阶段与职业发展配合，且每个阶段各有其发展任务。他用"生涯彩虹图"来形象地展示人生各个发展阶段和所扮演的主要角色，如图 2-2 所示。

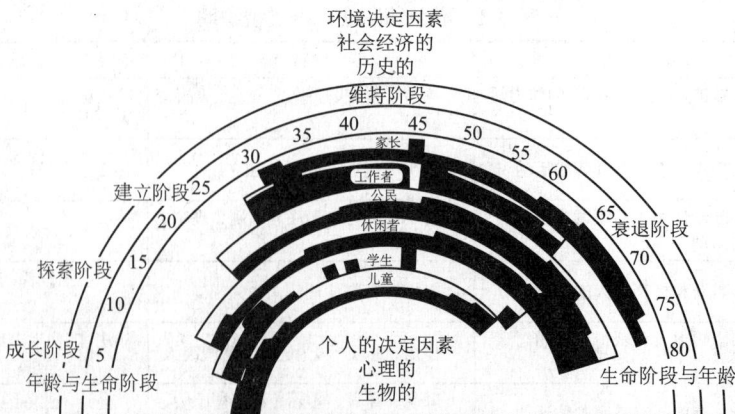

图 2-2　舒伯的"生涯彩虹图"

3. 舒伯的职业生涯五阶段理论

舒伯的职业生涯五阶段理论的具体说明如表 2-2 所示。

表 2-2　舒伯的职业生涯五阶段理论说明

阶段	年　龄		主　要　任　务
成长阶段	出生至 14 岁		认同并建立起自我概念，对职业的好奇占主导地位，并逐步有意识地培养职业能力
	次阶段	幻想期（4～10 岁）	需求占决定性因素。角色扮演在此阶段很重要
		兴趣期（11～12 岁）	以兴趣为中心，理解、评价职业，开始做职业选择
		能力期（13～14 岁）	能力占的比重较大，也会考虑工作要求的条件
探索阶段	15～24 岁		主要通过学校学习进行自我考察、角色鉴定和职业探索，完成择业及初步就业
	次阶段	试探期（15～17 岁）	综合认识和考虑自己的兴趣、能力，对未来职业进行尝试性选择
		过渡期（18～21 岁）	正式进入职业，或者进行专门的职业培训，明确某种职业倾向
		尝试期（22～24 岁）	已确定了一个似乎是较适当的领域，找到一份入门的工作后，并尝试将它作为维持生活的工作。此阶段所选择的工作范围很小，只选择可能提供重要机会的工作
建立阶段	25～44 岁		获取一个合适的工作领域，并谋求发展。主要任务是：通过尝试错误以确定前一阶段的职业选择与决定是否正确。若觉得决定正确，就会努力经营，打算在此领域久留
	次阶段	稳定期（25～30 岁）	个人在所选的职业中安顿下来，重点是寻求职业及生活上的稳定
		发展期（31～44 岁）	致力于实现职业目标，是富有创造性的时期
中期危机阶段（44 岁至退休前）			职业中期可能会发现自己偏离职业目标或发现了新的目标，此时需重新评价自己的需求，处于转折期
维持阶段	45～64 岁		开发新的技能，维护已获得的成就和社会地位，维持家庭和工作间的和谐关系，寻找接替人选
衰退阶段	65 岁至死亡		体力与心理能力逐渐衰退时，工作活动将改变，亦必须发展出新的角色，先是变成选择性的参与者，然后成为完全的观察者
	次阶段	减速（60～70 岁）	工作速度变慢，工作责任或性质也发生改变，以适应逐渐衰退的体力与心理。许多人也会找份代替全职的兼职工作
		退休（71 岁至死亡）	有些人能很愉快地适应完全停止工作的境况；有些人则适应困难、郁郁寡欢；有些人则是老迈而死

第二节　职业生涯规划书

职业生涯规划是指一个人通过对自身情况和客观环境的分析，确立自己的职业目标，获取职业信息，选择能实现该目标的职业，并且为实现目标而制订行动计划以及行动方案。

职业生涯对每个人而言都是人生规划中非常重要的一部分，如果不进行合理有效的规划，就会浪费自己的时间和生命。为了高效地利用时间，实现自己的人生价值，同学们应该学习制作个人职业规划书。下面以一位大三学生制作的个人职业规划书为例进行说明。

一、自我评估和职业定位

（一）所处的职业发展阶段

我所处的职业发展阶段为探索阶段（15~24 岁）。探索阶段属于学习打基础阶段，这个阶段应该认真探索各种可能的职业选择，对自己的能力和天资进行现实评价，并根据未来的职业选择作出相应的教育决策，完成择业及最初就业，如开始选定工作领域，对职业发展的目标进行可行性实验。

（二）职业倾向

通过霍兰德的职业偏好问卷测试我的人格—兴趣类型，测得结果排名前三的依次是实际型（R）、社会型（S）、常规型（C）和艺术型（A），常规型和艺术型并列。

1. 实际型（R）的共同特征

愿意使用工具从事操作性工作，动手能力强，做事手脚灵活，动作协调。偏好于具体任务，不善言辞，做事保守，较为谦虚。缺乏社交能力，通常喜欢独立做事。

2. 社会型（S）的共同特征

喜欢与人交往、愿意不断结交新的朋友；热情、善言谈、愿意教导别人；关心社会问题、渴望发挥自己的社会作用；寻求广泛的人际关系，比较看重社会义务和社会道德。他们喜欢要求与人打交道的工作，愿意从事提供信息、帮助、培训或治疗等服务的工作。

3. 职业倾向的选择

由于上述两个类型在六边形上处于对角位置，即二者为相对关系，一个人同时对相对关系的两种职业环境都感兴趣的是比较少见的，对于这种情况我做以下分析：我有时候确实喜欢独立做事，动手能力也还行，较为谦虚，这几点符合实际型的特征，但是我更倾向于认可自己喜欢与人交往，寻求广泛的人际关系，平常也是一个比较健谈的人。所以，在职业类型的确立中，我将社会型确定为我首要的人格类型特征，对于自己不符合的部分，要随着成长经历作相应的改变。

4. 社会型的典型职业

社会型的人一般从事提供信息、启迪、帮助、培训、开发或治疗等事务，并具备相应能力，如社区工作者、社会福利工作者、外交工作者、教育工作者（如教师、教育行政人员）、社会工作者（如咨询人员、公关人员）。

（三）自我认知

1. 爱好

学习工作之余喜欢听听歌，看看时尚杂志、电影，喜欢逛街、跑步、球类运动、爬山、旅游、摄影之类的，学些乐器，跳跳健美操等。

2. 特长

对于某方面的特长没有，但是对于策划方面有兴趣，并且有相关理论知识的学习及相关实践经验。

3. 性格特征

在人际沟通课上，根据老师的测试题目测得我的性格类型是活泼型和完美型。然而这两种类型完全相反，活泼型的人是外向且感性的人，而完美型的人是内向且理性的人。开始我很疑惑，以为自己是个怪人，然后第二节课才知道这种性格的人在不同的场合会表现出不同的性格。通过自己及同学、朋友的观察、了解，我是一个认真、踏实的人，有不怕苦不怕累的意志力，是一个敢于和挫折作战的女汉子；喜欢隔一段时间计划自己的生活、学习、工作；给人的感觉是性格外向，幽默易相处，做事有责任心，但是有时候急躁、缺乏耐心、易激动，处理事情缺乏果断，经常犹豫不决，喜怒哀乐随时写在脸上，是一个藏不住心事的人。

4. 能力胜任

我所学专业为社会工作，在上大学期间除了接受社会工作的专业培养之外，还修过经济学、会计学、管理学、心理学等基础课程。专业知识的理论学习不是很优秀，有一定的实践能力。有一定的计算机基础能力，有 SPSS 的基础操作能力，人际交往能力比较擅长。已获得证书：英语四级证书、计算机二级证书、普通话等级证书。

5. 职业价值观

职业价值观是指人生目标和人生态度在职业选择方面的具体表现，也就是一个人对职业的认识和态度以及他对职业目标的追求和向往。理想、信念、世界观对于职业的影响，集中体现在职业价值观上。

俗话说："人各有志。"这个"志"表现在职业选择上就是职业价值观，它是一种具有明确的目的性、自觉性和坚定性的职业选择的态度和行为，对一个人的职业目标和择业动机起着决定性的作用。

由于个人的身心条件、年龄阅历、教育状况、家庭影响、兴趣爱好等方面的不同，人们对各种职业有着不同的主观评价。从社会来讲，由于社会分工的发展和生产力水平的相对落后，各种职业在劳动性质的内容上，在劳动难度和强度上，在劳动条件和待遇上，在所有制形式和稳定性等诸多问题上都存在着差别。再加上传统的思想观念等的影响，各类职业在人们心目中的声望地位便也有好坏高低之见，这些评价都形成了人的职业价值观，并影响着人们对就业方向和具体职业岗位的选择。

每种职业都有各自的特性，不同的人对职业意义的认识、对职业好坏有不同的评价和取向，这就是职业价值观。职业价值观决定了人们的职业期望，影响着人们对职业方向和职业目标的选择，决定着人们就业后的工作态度和劳动绩效水平，从而决定了人们的职业发展情况。哪个职业好？哪个岗位适合自己？从事某一项具体工作的目的是什么？这些问题都是职业价值观的具体表现。

6. 内在动机和需求

对于未来职业的选择，首当其冲的是能够找到一份有兴趣、薪酬满意并且有发展前途的工作。

7. 职业锚的探索

对于埃德加·施恩划分的几种职业锚，我觉得自己是偏向于管理型和安全型。对于安全型，我比较关心的是职业的长期稳定性与安全性，能够有一份安定的工作、可观的收入、优越的福利与养老制度等。至于管理型，那是我在没有多大经济压力下的奋斗目标。这是我根据自己的职业兴趣和价值观所确立的，具体的职业锚还得在以后职业生涯中慢慢探索、总结。

8. 自己的职业兴趣

职业兴趣是兴趣在职业方面的表现，是指人们对某种职业活动具有的比较稳定而持久的心理倾向，使人对某种职业给予优先注意，并心向往之。

职业兴趣是个人进行职业规划时需要注意的十五大要素之一。

职业兴趣是一个人对待工作的态度，拥有职业兴趣将增加个人的工作满意度、职业稳定性和职业成就感。知遇网根据颇具权威的霍兰德职业兴趣分类方法，将职业兴趣分为六种类型：常规型、艺术型、实践型、研究型、社会型、管理型。

二、职业生涯机会评估

现在结合本人的具体情况，包括本人的毕业院校、学历、专业、学业、个人特长、获奖情况、家庭、学校、行业环境、社会工作经验和职位意向来进行 SWOT 综合分析。

1. Strengths （长处、优势）

（1）首先，我所读专业为社会工作，所接受的培养面很广，在读书期间，我不仅学习成绩优秀，学生活动、专业实践活动等方面的实践经验也比较丰富，这为我找工作打下了良好的基础。因为目前我国社工的需求量比较大，国家对社工人才的培养在国家政策中开始采取具体的实施措施了，说明社会工作逐渐受到国家的重视。国家期望培养的社工人数正在逐年增长，然而真正毕业从事社工的人极少。如果从事社工，我也是专业对口的。其次，本人优秀的学习成绩也可以成为一块有力的敲门砖。再者，在个人特长方面，本人性格活泼外向，富有亲和力，做事有耐心，认真负责，人际沟通方面优秀，这对做社工有一定的先天优势。第四，在社会工作实践经验方面，大一认识实习时担任小组长，有一定的收获，大二开始参加的"生命教育"项目也获益匪浅，大三又参加了"七彩小屋"项目也汲取了实践经验。从这个角度讲我在社工方面的发展优势还是比较多的。

（2）已经学过会计学、管理学、经济学等基础课程，在协会里面多次做过策划类工作，发现自己对这方面比较有兴趣，做过很多促销、售房方面的兼职，对企业有所接触，且有较大的兴趣投入。

2. Weaknesses（短处、劣势）

（1）性格有时候有些急躁，做社工的话肯定是需要富有耐心的，在毕业院校和学历上有比较明显的劣势。

（2）做其他的，专业不对口，没有经过专业培养，不具备专业理论知识和实践经验。如果进企业，一些必备的资格证书都还未考取。

（3）家是边远山区，离城市较远，对于求职，家里基本提供不了什么岗位的帮助。家里的关系网络，大多都是经商、打工、务农，在各个城市打工的也都是底层，对我的求职提供的帮助可能性小。

（4）学校是二本院校，专业的知名度比较低。估计在一些知名企业求职会因为学校的原因碰壁，要量力而行。专业对口的工作会比较好找，但待遇不一定满意。

3. Opportunities（机会、机遇）

（1）向社工方向发展，目前自己系的老师有一些就业资源提供，认识一些已经毕业的社工师兄师姐可以提供就业人脉。目前国家出台了相应政策，对社工进行政府购买服务的方案，会扩展社工的工作平台。

（2）社工专业中也有员工辅助计划、企业文化、人力资源等相关理论学习，我们这一届的培养方向本来就是企业社工，在企业员工辅助、企业文化、企业职业生涯等方面受过专业培养，具备基本理论知识。

（3）学校可以提供心理咨询证、人力资源师资格证、会计从业资格证等的考试。学校位于重庆主城区，四年的学习，使我对主城区足够熟悉，有利于在主城区找工作。

4. Threats（威胁、风险）

（1）选择从事社工，可能待遇比较低，然而自己大学期间贷款，工作之后面临各种经济压力，所以可能无法满足自己的基本需求。而且这对我未来一生的职业生涯发展有较大的风险，即使目前有诸多社工会有好的发展趋势，但是万一一直这样处于边缘化，那对我的职业生涯会造成很大的影响。

（2）进企业，未经专业培养，即使考到证书，但由于理论知识、实践经验都很缺乏，极可能面临就业歧视，很难找到如意的工作。

三、职业目标的设定

综合前面自我评估和 SWOT 分析，我觉得自己从事社会工作这方面是最好的发展方向，另外，社会工作专业"助人自助"的服务宗旨也符合我的价值观。但为了解决毕业后的经济压力，满足最基本的需求，我觉得自己不会一毕业就进入社工机构工作，因为在机构工作目前的待遇是比较低的。本来我就有兴趣进入企事业单位工作，所以我决定先进入民政局或者其他的类似国家事业单位。据了解，目前民政局对社会工作人才培养有一定的关注并且有相应的政策，所以我可以先在民政局等单位打好基础，有经济能力及人脉关系后，考虑自己创办社会工作服务机构。

基于这个决定，我以长期、中期、短期来确立自己的职业目标。

（一）长期目标

至少达到科级以上级别，在全国各地能够创办几家社会工作服务机构，并且以该机构的名义创建青年旅社，为该机构的正常运营提供经济来源。

（二）中期目标

（1）2015 年大学毕业进入民政局或其他民政机构担任办事员。
（2）2019 年能够在该事业单位升职为干部级别，考取专业研究生，争取拿到硕士学位。
（3）2023 年创建社会工作服务机构。
（4）2023 年至退休在该事业单位升级为科级以上干部，事业达到稳定期。根据自己的经济能力，逐渐增加社会工作服务机构的数量。

（三）短期目标

根据长、中期目标，目前能分解的短期目标就是在大学期间必须实现的。
（1）大三上学期，学习好专业知识，每科都达到 85 分以上，考取英语六级证书。阅读专业和中国经济、政策、时事等相关书籍 5 本以上。

（2）大三下学期，将专业知识学好，目标要求一样。为考公务员做好准备。阅读一些求职、礼仪方面的书籍，尽量参加各种招聘会增加求职经验。暑假找事业单位完成专业实习。争取该学年依然能够拿到奖学金。报考公务员，考取助理社会工作师证书。参加各种校内招聘及其他各高校的招聘。认真做好毕业论文，争取获得优秀毕业论文。

四、职业生涯策略的制定

根据以上职业目标的确定，进行职业生涯策略的制定，主要从职业涉及的人际关系网络、所必备的理论知识、实践能力三方面入手。

（一）职业涉及的人际关系网络

（1）在民政局或者其他事业单位工作，打交道的都是一些政府官员级别的人物，人际圈子更为复杂，说话做事都要谨慎，一点小错就有可能对自己的未来造成难以估量的严重后果。所以我在大三这一学年里就要开始学习和这些人相处沟通的技巧和方式，为以后建立良好的人际关系打好基础。

（2）社会工作行业接触的同事大多数都是专业出身，专业价值观念差不多。

（二）职业对理论知识的要求

（1）除了考取公务员相关的准备外，还要考助理社会工作师证书，考这个证不仅因为这是我的专业，应该考取，还因为想为以后创办社会工作服务机构打下基础。因此，对专业知识的学习需要加强。

（2）自己创建服务机构就需要自己具备基本的管理能力。虽然学过与管理相关的知识，但那都是皮毛，还需加强管理技巧方面的知识，加强管理能力。可以阅读老师推荐的德鲁克等著名人物写的一些管理类书籍。

（3）社会工作服务机构的运行需要经费，因此准备通过创办青年旅社来解决服务机构的运营压力。当然也可以是其他途径，不一定是青年旅社，这需要我对市场需求、金融知识有所了解，所以这方面的书籍也需要多读一些。

（4）如果以后在全国各地创办社会工作服务机构，必定会与香港的一些机构或一些社工打交道，因为社工在香港发展得比较好，可以向他们学习很多东西，吸纳一些他们的服务理念。这就需要在专业英语方面满足基本交流能力。但是我们专业没有提供专业英语这门课程，因此需通过自学来提升这方面的能力。

（三）职业对实践能力的要求

（1）对专业实践经验的要求。自大一以来，去重庆市第一福利院进行一个月的专业认识实习。跟着老师做过"生命教育"项目、"七彩小屋"项目。相对来说实践经验比较丰富。

（2）对职业相关实践经验的要求。目前我还没有在民政局等事业单位工作的实践经验，所以争取在大三上学期结束后的暑假专业实习中能够寻找到进这些单位实习的机会，弄清这些单位日常运行的流程，各部门的职责、事务，并且熟悉与这些单位中的人相处的方法，为以后正式进入工作获得人脉打下良好基础。

五、职业生涯规划的调整

以上是我综合自我认知和个人、环境（如家庭、学校、行业等）的SWOT分析后确定的职业生涯规划。我不能预测自己未来能不能按照这个规划进行，但目前我只能按照自己的短期目标一步一步地进行，也许最后能够慢慢实现中期目标，甚至长期目标，但是随着时间的推移，难免会发生一些难以预料的变化。

根据以上规划，最困难、风险最大的一个就是考取公务员，所以我对可能发生的变化做了相应的职业规划调整。

方案一：仍然是毕业后做社工，但是不能进事业单位，一毕业就创办社工服务机构是不可能的。我本身对学校社工、军休社工、社区工作、企业社工比较感兴趣，可以找这方面的工作先从事几年，然后进行自己后续的发展规划。

方案二：进企业。我对企业文化、员工辅助相关方面的职业比较感兴趣，所以可以考虑进企业在这方面有所发展，这毕竟也是与自己的专业对口的。

方案三：将 SPSS 统计分析软件学精通，如果不能考取公务员，去一些咨询公司或者需要有 SPSS 统计分析能力的企业也可。

六、总结评估

以上职业生涯规划是通过运用霍兰德的职业匹配理论对自我进行分析，并且结合个人的 SWOT 分析后选择的职业发展方向，虽然存在一定的不足之处，目标的设定存在一定的风险，但是长远来看，社会工作是当今社会发展迫切需要的行业领域。因为现在的国家经济、政治、文化都发展良好的同时，各种社会问题正在浮现出来，所以我规划的社会工作是符合当今时代发展及社会需求的，即使目前社会工作比较冷门，从事社会工作的人比较少，我坚信自己能够按照职业生涯规划一步一步实现我的目标，实现我人生的价值。

第三节 高职大学生的职业生涯规划

职业生涯规划是一种立足于现实、理想和梦想之上的管理艺术。大学生应该从踏入大学校门时就对自己的大学生活有一个总体设计，为自己的长远发展做出规划。职业生涯规划是指个人和组织相结合，在对一个人职业生涯的主客观条件进行测定、分析、总结、研究的基础上，对自己的兴趣、爱好、能力、特长、经历及不足等各方面进行综合分析和权衡，结合时代特点，根据自己的职业倾向，确定其最佳的职业奋斗目标，并为这一目标做出行之有效的安排。然而，大学生职业生涯规划的现状令人担忧，存在诸多盲点和误区，难以树立正确的学习目标和职业目标。为此，我们对学生进行了深入调查，分析现状总结原因，并提出可行对策，引导学生制定适合自己的职业生涯规划。

职业生涯规划的核心是根据市场需要，根据自身状况，制定自己职业生涯发展的长期目标，并将其付诸实施，并为之不懈努力。这是众多成功者的经验之谈。

大学生职业生涯规划对其自身的职业发展有重要影响，是大学生对自己一生职业发展的总体计划，具有粗略性、目标性、长期性和全局性的特点，为其一生的职业发展指明了途径和方向。当前大学生的就业压力不断显现，为了更好地指导大学生就业，了解学生职业生涯规划的现状，加强大学生职业指导是十分必要的。

一、高职院校大学生职业生涯规划的意义

（一）帮助学生明确大学期间的发展方向和目标

因为学生都是在强大压力下接受基础教育的，进入大学之后，认为升大学的目标终于实现，所以不少学生对学习的要求也随之放松，自我发展的方向和目标也就显得有些模糊。因此，作为贯穿于高职教育整个阶段乃至毕业后发展方向和目标的职业生涯规划设计，需要从学生步入大学校门就开始，通过职业生涯规划，使大学生明白在每个阶段应该学什么以及怎样努力学习、工作，帮助他们明晰自己的发展方向和目标，才能促进他们健康成长。

（二）发掘学生潜能，提升自身竞争力

通过职业生涯规划设计，可使学生深刻了解自己，从而能根据自身的需求，采取适当的方法有针对性地学习，参加相关的培训和实践，培养和锻炼自己的能力，充分发挥个人的长处，努力克服弱点，从而激发自我潜能，提高自我塑造意识，提升自我的综合素质，才能达到提升自身的就业竞争力的目的。

（三）帮助学生克服择业过程中的一些误区

现在每年都有相当一部分高职毕业生不能及时就业，这与他们择业过程中存在误区有一定的关系。例如，有的学生片面追求高工资、高待遇，忽视专业能力和专业需求；有的学生只想在大城市或沿海地区发展，不愿到中小城市或中西部地区建功立业；有的学生对自己的兴趣、爱好等各个方面缺少充分了解，不知道自己到底应该干什么，盲目择业。为了让高职毕业生尽可能顺利就业，就需要对之进行职业生涯规划辅导，帮助他们正确认识自身的特点和潜在优势，能正确定位自身所具备的价值，从而避免在择业过程中出现高不成、低不就的状况，而出现盲目就业甚至不能及时就业的现象。

（四）有利于推进高职教育教学的改革

在对学生进行职业生涯规划指导的过程中，学院需关注市场的变化，且结合市场需求，及时调整专业和课程设置，对课程内容进行相应的更新、设计，加强教学的针对性和时效性，以培养适应市场需求的高职毕业生。

二、高职院校大学生职业生涯规划的现状及存在的问题

（一）学生自主规划意识薄弱

调查中发现，很多学生没有真正理解职业生涯规划的正确含义，不了解职业生涯规划的程序，缺乏职业生涯规划技巧，对职业生涯规划的重要性认识不足。他们对职业生涯规划或无所谓，或不顾主客观条件随兴进行规划，许多学生把职业生涯规划理解为类似于"我的理想"的散文文体。

（二）课程安排不合理

目前，许多高职院校把职业指导课作为选修课，让学生觉得可学可不学。并且把职业指导课安排在下午、晚上或休息日，作为"插空上"的课，一旦与专业课等所谓的"主课"发生冲突时，就需给"主课"让路，教学计划得不到保障。

（三）教学方法太单一

调查发现，目前职业规划辅导以理论灌输为主，这种缺乏实践性的辅导，对解决实际问题的作用不大，突出不了职业规划的实操作用，久而久之，学生丧失了制定职业规划的兴趣。

（四）就业指导者层次低

我国高职院校职业规划指导队伍主要由辅导员及管理机构的工作人员兼代，这些人员流动性大，队伍不稳定，工作任务繁多，且大多没有取得国家正规的职业指导资格证书而导致就业指导工作水平低，不能满足大学生就业需求。

三、高职院校大学生职业生涯规划存在的问题的原因

（一）学校重视不够

学校没有把职业生涯辅导放在一个重要位置，也没有意识到职业生涯辅导是一个专业性较强的职业领域，导致在政策、资金、人员上投入不足。当出现了高职毕业生就业困难，教育行政部门要求招生名额同就业率挂钩，就业率低的专业将被限或停止招生时，这才引起了各高职院校的关注。但他们只是关注就业率，没有从根本上关心学生的职业发展，以至于就业指导人员在数量和素质上远不能满足大学生职业生涯规划的需要。

（二）社会历史原因

受传统教育思想的影响，我国的教育历来就有重理论轻生产实践的倾向，理论和实践相脱离。学生从进入学校就被教育要好好学习，将来长大后当干部；而且，在计划经济时代大

学毕业生国家包分配，大学生不用操心工作的问题，以至于从家庭、学校到社会很少关心大学生怎样选择职业及将来如何发展。近年来，随着高职毕业生就业难问题的出现，大学生如何合理规划自己的职业问题才引起高职院校及学生们的重视。

四、解决高职院校大学生职业生涯规划问题的基本对策

（一）构建大学生职业生涯规划教育体系，加快课程体系建设

把职业生涯规划教育作为就业教育的重要内容，列入教学计划，有具体的指导部门及专业化的教师队伍。全面推行全程职业规划，从学生一入校就进行职业规划教育。大一时要让学生认识到职业生涯规划的重要性，要让学生加深对本专业的认识，形成初步的职业生涯规划；大二时要使学生了解本专业的职业选择范围，帮助学生正确进行自我认知，进一步思考和修正自身的职业生涯规划；大三时主要对大学生进行就业心理、就业技巧等方面的专题辅导，引导他们对选定的专业进行实际的尝试，做好职业目标修正和完善。

学校可以针对不同的专业，编写具有不同专业特点的就业指导教材，设置职业生涯规划理论、实践活动、文化素质等教育课程，课程的设置要具有前瞻性，尽可能把企业最新的成果、经验教训、管理理念写入教科书，缩减学校教育与社会应用之间的差距；学校应当整体规划，完善职业生涯规划教育体系，让学生从入学开始就接触到与职业生涯规划相关的知识和内容，或可以考虑建立专门的职业咨询室，对学生进行专业辅导，真正做到理论与实践指导的结合，营造校园规划的氛围。

（二）加强师资队伍建设，培养专家化的职业指导教师

对大学生进行职业生涯教育，教师培养非常关键。因此，要加强就业指导教师的专业技能培训，使他们掌握职业规划的相关知识和技能，提高他们的知识含量，不断向专业化的方向发展。同时还可以从社会上引进专业人士充实到职业指导教师队伍中，切实提高职业指导教师整体的能力与水平，充分发挥其先导作用，使学生认识到职业生涯规划的重要性和必要性。

（三）加强大学生职业生涯规划的素质培养，从实际出发，帮助学生进行合理的职业生涯规划

整合优化资源成立专门部门，定期举办相关的主题活动，加大职业生涯规划的宣传力度，帮助学生树立正确的学习与生活目标和科学的择业观。贯彻"校企结合"思想，加强与校友、企业的联系，使学生对今后的职业有更多了解，结合自身情况做出切实可行的规划。

（四）调整状态，了解专业需求变化，保持良好的心态

职业生涯规划的主体是大学生自己，在学好专业课的同时，应尽早树立人生奋斗目标，结合现实制定合理的职业生涯发展规划。当今专业需求变化较快，不要仅满足于当

前的良好就业形势，要多方面了解社会信息，及时调整状态，树立科学的择业观，实现人职匹配。

（五）全面提升职业生涯规划意识与自我认知能力

当今社会激烈竞争无处不在，要想在激烈的竞争中立于不败之地，必须提前做好自己的职业生涯规划，具有职业生涯规划意识。对大学生来说，加强职业规划意识，首先要接触了解与就业有关的信息、政策，了解自己的兴趣、能力、性格等，借助多方面信息或专业人士的帮助，冷静分析自己适合干什么样的职业，同时，多参加社会实践，也有利于自觉加强职业生涯规划意识。自我认知是职业生涯规划的第一步，只有在对自己充分认识的基础上才能制定出符合个性性格、能力、特长及兴趣爱好的职业生涯规划。大学阶段是职业生涯规划的探索时期，是进行职业生涯规划的基础和关键，如果不能合理地认知自我，职业生涯规划就会出现偏差。

（六）确立正确的职业目标

职业生涯目标的确定，就是明确自己想成为一个什么样的人。明确职业生涯目标是大学生职业生涯规划的关键，因为有了职业目标才有追求成功与事业的方向和动力。大学生确立一个什么样的目标，要根据客观实际条件和可能来加以设计，要坚持与社会企业需求一致、与自身特点结合，目标要高但不能不切实际，而且目标幅度不要过宽。另外，目标的设定要有弹性，长短配合恰当准确，而且目标设置要在道德规范、法律的范畴内。

（七）积极参加社会实践与实训

通过各种形式的社会实践实训活动，进行未来职业生涯的体验和预谋，培养自己的工作态度、服务意识、吃苦耐劳意识以及职业素养与角色，缩短自己的社会适应期，加速自身的社会化进程。

（八）选择科学的职业生涯规划系统和测评工具

大学生群体的特殊性决定了其职业生涯规划的特殊性。高校应引进先进的职业规划测评软件，通过科学、完善的测评手段，给予所有学生而不仅仅是毕业生完整、科学的自我认知。在选择和开发适合的测评工具时，应从大学生自身的特点出发，注重专业性、实践性和经济性的结合。

（九）加强毕业生跟踪调查，完善大学生职业生涯规划管理体系

作为学校，一是要加强对大学生职业生涯规划的跟踪调查，积累案例；二是要加强对毕业生的后续跟踪，为教学反馈信息；三是要做好用人单位的回访，了解毕业生的工作状况和单位对毕业生工作的评价；四是邀请各阶段毕业的校友回校交流，不断探寻大学生在校期间及毕业之后的职业生涯规划的规律性，为学校开展职业指导提供依据，不断完善大学生职业生涯规划的管理体系。

拓展阅读

此 生 不 易

"此生"乃世胤，是我学生，全名肖世胤，岳阳职院商贸系涉外文秘（3）09-1 班毕业。6 日下午，我在元月 3 日的《岳阳日报》第三版上看到了世胤的一篇文章，读完，让我不得不重新审视这位曾经的学生。

标题是我欣赏的："坚守 2014"，充满激扬的青春气息和昂扬的进取之心；再一看内容，我的心就无法平静了，有些兴奋，有些感慨，更多的是欣慰，激起了我心中的波澜，引起了我内心"深深的震撼"：一个职院学子，短短几年，成长得如此精彩，谈何容易？

世胤家境原来如此窘困。"成长在农村单亲家庭"，姊妹有 3 个，个中艰辛，可想而知。我的印象中，世胤身材瘦小，单薄骨感，如果风大一点，真担心他会被刮走。所幸他"伟大的妈妈"独自把世胤他们拉扯大，而且世胤三姊妹都能互相勉励，共同进步。仅仅 2014 年，世胤家"喜事连连"：在广东重点中学教书的姐姐、姐夫乔迁新居；世胤从乡镇调入县委；妹妹在三处（公务员、信用社、事业单位）招考中一路过关斩将，均拿了第一名，以骄人的成绩选择了进信用社。世胤"家的困难生活终于到了尽头"。"天道酬勤"，世胤一家的惊人变化又一次诠释了这句至理名言。

世胤成长中如此努力。一个衡阳少年，来到人地两生的岳阳求学。世胤同学就读时，他给我的印象就是一个字"忙"。先后兼任班长、系团总支副书记、院团委宣传部长、院广播站编辑，忙是自然的。但似乎并未影响他的学习和业余爱好，主持省级课题"关于建设环洞庭湖生态经济区的调查与研究"，兴趣广泛，参加了岳阳市作协、学院翔轩文学社等多个社团，公开发表各类稿件近 20 篇。这些，还是我这次才了解到。作为老师，我给予世胤的关注和关心太少了。欣慰之余，内心深处油然而生一种自愧，一种自惭，一种自责。

看看世胤的履历："2012 年 7 月岳阳职院毕业；2012 年 8 月至 2014 年 1 月任湘阴县湘滨镇洞庭村村支书助理、团支书（2013 年 2 月至 2013 年 12 月借调共青团岳阳市委办公室工作）；2014 年 1 月至 2014 年 12 月任平江县梅仙镇政府办公室文秘（2014 年 10 月至 12 月借调平江县交通运输局办公室）"。要晓得，世胤 2012 年毕业至今仅仅 3 个年头。时下，学士遍地是、硕士满天飞、博士不稀奇，对一个专科起点的职院学子，能走到今天，需要何等努力？他还攻读在职研究生，"从未缺过一次课，年终还被评为了优秀学员"。2014 年，他"在报刊上发表各类稿件 20 多篇，在省市县政务类网站发信息近百条"。这些枯燥的数字，见证了他的成长。一种什么力量支撑着他每一步都走得如此坚实？世胤坦言：一种"为了成长默默坚守的精神"。"坚守"本来不易，"默默"也就更难。

老师一句话对世胤影响如此深刻。世胤至今尚未脱单，原来他"一直记得大学老师说过一句话：'不要轻易地开始，也不要草率地结束'"。这是我在上课时讲的一句话，原话是这么说的："既不要轻易开始，更不要轻言放弃。"世胤化用得更加通俗更加易懂了，而且用得巧妙、用得灵活、用得恰到好处，刚好体现了岳阳职院校训"学以致用"的要义。我给世胤他们班上课，一个学期，一周两节课，且来去匆匆，课后也没太多接触；毕业后，偶有联系，仅此而已，真难得有一句话成为他的人生格言。为人师，一言一语在学生眼里该是何等重要！学生如此上心，我没有理由不珍惜。迈步三尺讲台，望着满怀憧憬的双眼，老师稍有不慎，可能误导学生，我怎能随意出言？

毕业短短两年零七个月时间，世胤到过6个地方历练、跃上3个台阶，堪称职院学子的优秀代表。岳阳职院2003年合并组建，培养了涵盖28个专业的数万名毕业生。莘莘学子走出校园，走向了更广阔的天地，或先或后都找到了施展才华的舞台，为母校增光添彩，时有捷报传来。"世胤"们的成长经历生动地告诉人们：读职院同样有前途，当然，要付出不同寻常的努力，因为"任何值得去的地方，都没有捷径"可走。（作者系岳阳职业技术学院张广宇老师）

五、高职大学生职业生涯规划的内容

高职大学生职业生涯规划的内容一般应包括以下几个方面：一是自我职业性格分析，二是确定职业目标和成功标准，三是制订职业发展道路计划，四是明确需要进行培训和准备，五是列出时间安排。

（一）自我职业性格分析

自我职业性格分析是指大学生根据自己所学专业、专业能力、自身的兴趣、爱好、个人性格、特长、综合素质、潜在能力、情商等要素，并结合外在整体就业环境和就业趋势进行的未来职业的分析。在此阶段，通过分析高职大学生一定要明确以下几点。

（1）我喜欢什么？主要包括自己的兴趣、爱好、个性、特长、气质、职业价值观等。

（2）我可以做什么？主要指外在整体就业环境和就业趋势能够给你提供什么机会等。

（3）我能够做什么？主要指自己所掌握的专业知识、专业技能和工作经验，以及个人综合素质、潜能等。

（4）我应该做什么？主要是指通过对就业环境分析、个人义务分析及个人兴趣、爱好、能力等的分析，明白自己应该做什么。

（5）我做什么？这是自我分析的最后一步，也是职业人生最关键的一步，是最终职业目标的初步规划，也是职业生涯的初步定位。是确定一个人在特定的时间、特定的地域能干什么，不能干什么，应该在什么行业什么领域从事什么样的职业或工作的职业定位，是解决人职匹配以及人岗匹配的问题，是职业生涯成功的关键。美国麻省理工学院施恩教授将职业分为八类：技术\职能型、管理型、自主\独立型、安全\稳定型、创业型、服务型、挑战型、生活型。例如，刘邦，他最适合的职业是搞管理，是管理型；张飞，他最适合的职业是舞大刀，是技术型、挑战型；而我们的湘绣美女，最适合的职业是捏绣花针，是技术型、服务型、生活型。

（二）确定职业目标和成功标准

确定职业目标和成功标准是职业生涯规划的核心，它决定个人未来发展的走向。职业目标、成功标准正确与否，决定一个人人生事业的成败。因此，在职业目标的选择、确定职业目标成功标准时，要注意以下三点。

1. 现实性

职业目标必须符合当今社会的发展，符合个人自身素质和能力发展水平，必须以现实为基础，是经过努力便可以实现的，严防眼高手低、好高骛远的职业目标。

2. 长期性、艰巨性、曲折性

职业目标是经过努力便可以实现的，但并不意味着一定会很快地实现，或一帆风顺地实现。职业目标的实现应该有一个过程。一般来说，我们的职业目标越是高远，它实现的过程就越复杂，需要的时间就越长，就越是艰险与坎坷。因此，我们就必须有战胜种种艰难险阻的坚定不移的信心和坚韧不拔的毅力，既能在顺境中生存，更能在逆境中抗争，以便实现自己的职业目标。

3. 灵活性

在跨一步达不到目标的时候，怎么办？灵活点，跨两步，跨三步。在通过认真分析，确定我们的职业目标难以实现的情况下，怎么办？灵活点，重新分析，重新规划，从头再来。在连工作都难找，更何况理想的、适合自己的工作更难找的现实面前，怎么办？灵活点，先找一个工作，先立足，然后再找满意的工作，再图发展。这些都告诉了我们实现目标的灵活性，告诉了我们只有根据社会现实的可能性，及时主动地调整自己的职业目标，主动适应社会，才能实现自己的职业目标，且人生不能没有职业目标。

高职大学生确定职业目标和成功标准的方法应该是先定向后定位。先定向，是指根据现在自己所学专业、兴趣爱好、个性特征，确定自己未来职业发展方向。如果你学的是法律专业，你又很喜欢法律，那么你以后的职业发展方向就应该是律师、企业法律顾问、法律研究人员、公检法公务员、教师等。如果你学的是法律专业，但你却不喜欢这个专业，性格又不适合，那么你就必须根据个人的兴趣、性格特征等，通过转专业、辅修、选修、自修或培训等方式来改变你的职业方向。

为自己的"职业目标""成功目标"定好了向后，紧接下来就应该考虑定位的问题。所谓定位，是指对自己已确立的职业发展方向的职业群进行更为深入地探索，缩小职业选择的范围，具体定位到自己最适合哪一门或哪两门职业。

在为自己的职业目标和成功标准定位、定向的时候，还需注意以下几点。

（1）确定职业发展的地点，是南方合适还是北方合适，是远离家乡还是留守故土等，应综合考虑，不可一时冲动，心血来潮。

（2）如果自己的职业定位和现实发生矛盾时，要注意及时调整自己的职业定位，主动适应市场，适应环境。

（3）把准自己的"卖点"，既不能期望值过高，又不能过低地估计自己，要最大限度地把自己"卖"个好价钱。微软公司总裁比尔·盖茨的最高学历是大学肄业，因为他还没读完大学就去经营他的软件公司去了。比尔·盖茨是世界上及时发现自己"卖点"的人，他成为世界巨富也就不足为奇了。

（三）制订职业发展道路计划

职业发展道路计划的制订必须紧紧围绕职业目标，根据大目标制订若干阶段目标实施计划，分阶段实现大目标。也可以将自己的职业目标分为初级、中级、高级三个层次，逐层实现自己的职业目标。

职业发展道路计划的制订，首先要具有预见性。在制订职业发展道路计划时，要对今后可能出现的问题和遇到的困难进行分析和判断，并提出相应的对策和措施。其次要具有可行性。职业发展道路计划的制订，一定要根据自己的实际情况，要能够发挥自己的长处。如果计划不切实际，与自身条件相差甚远，那就不可能达到目标，实现计划。第三是要具有指导性。一份好的职业发展道路计划应当是根据职场情况，根据个人实际制订的，应对以后职业生涯具有明显的指导作用。第四是要具有约束性。职业发展道路计划一经制订，就一定要认真贯彻执行，约束我们的行为，督促我们的职业生涯，切忌随意更改。当然，如果发现我们的职业发展道路的制订确实不够完美，确实需要改进，我们也应及时修正，毫不拖延。第五是要具有长期性。一个人要取得巨大的成功，就要确定长期的职业发展道路计划，要有长期作战的思想和心理准备，不怕任何困难与挫折，因为任何事物的发展都不是一帆风顺的，世界上没有一蹴而就的事情。第六是要具体可感。只有这样，才会不断激发我们的热忱，激励我们不断地去追求，使我们的计划不断地变为现实。

（四）明确需要进行培训和准备

明确需要进行培训和准备是指培训、准备要具有针对性，要根据需要而定，讲究实效。培训的内容可以是职业道德、行为养成，也可以是专业知识、专业能力，也可以是应聘技巧、就业指导，还可以是社会沟通、创新能力等，这些都需从实际出发，从发展的角度进行培训，学以致用，具有预见性、发展性、长期性与目的性，切忌随意性与盲目性。有些本科大学生毕业后不是忙于就业，而是再读职业技术学院，学技术；而有些大学生经过一段时间的工作后学习驾驶技术、计算机教师学习新的软件技术等，都是富有针对性的培训，值得肯定。

（五）列出时间安排

列出时间安排是对职业目标的时段要求，它要求大学生在做职业生涯规划时，必须明确目标与实施的时间。例如，学习电子专业的李勇，他的职业目标规划是：职业生涯初期（25岁以前），找一个满意的电子行业工作；职业生涯进步期（25～35岁），力争当一名技术骨干，如课长、车间主任；职业生涯中期（35～50岁），力争当一名部门经理或自主创业，走上人生职业生涯的巅峰；职业生涯后期（50岁至退休），培养后起之秀，过点悠闲的日子。

如果说职业生涯规划的内容中自我职业性格分析是前提，职业目标和成功标准的确定是核心，制订职业发展道路计划是关键，明确需要进行培训和准备是基础，列出时间安排是保障，那么认真落实，切实实施，敢于失败，勇于探索，才是根本。

↘ 小资料

用人单位喜欢的人

（1）诚实守信，善于团队协作的人。
（2）吃苦在前，乐于奉献的人。
（3）爱岗敬业，与企业同甘苦、共患难的人。
（4）充满自信，善于学习的人。
（5）基础扎实，具有多种技能的人。
（6）专业能力强，善于沟通的人。
（7）追求效率，勇于创新的人。

（8）既会外语，又会驾驶，善于管理，敢于交际的人。

六、高职大学生职业形象

所谓职业形象，是指从业者从事职业活动时所塑造的形象。高职大学生职业形象是指高职大学生从事职业活动时所塑造的形象，是公众通过对他的着装、气质、言谈、举止、能力、敬业精神、乐观态度等外在形象和内在气质的综合印象。

在人生这个大舞台上，各人都在扮演着不同的角色，塑造着不同的职业形象。例如，一心为公的焦裕禄，塑造了我党的优秀干部形象；海尔人提出了"用户满意才是目的"、"用户永远是对的"的口号，实现了"真诚到永远"的承诺，塑造了新工业时期品牌人的服务形象；湖南怀化学院大学生，2006 年感动中国人物洪战辉，在 11 岁那年家庭突发重要变故（父亲疯了，摔死了亲妹妹，又捡回来一个遗弃女婴；母亲不堪家庭重负和疯丈夫的毒打，离家出走；正上初一且成绩名列全班第一的弟弟也不辞而别，外出打工……），洪战辉并没有向困难低头，承担了生活的全部压力，照顾和自己并没有血缘关系的妹妹读书，为自己的父亲治病，打工挣钱，拒绝捐助，自力更生，塑造了自强不息、奋斗不止的当代大学生的职业形象。

职业形象是一个非常复杂的系统工程，由外在层面、行为层面、思想层面三个方面组成。外在层面是公众通过感知直接感知到的系统，如衣着、言谈、举止、精神状态、个人气质等；行为层面主要是指交际行为、工作行为等，是职业形象的运作系统；思想层面是职业形象的核心，包含人生观与价值观、职业道德与信念等一系列问题。思想层面决定、支配着外在层面与行为层面，是职业形象的核心。

职业形象的好坏影响着人生的各个方面。它可以提升个人品牌，促进你事业的成功，使你的家庭更幸福；它也可以使你在客户中的形象一落千丈，影响你的业绩，影响你的晋升，甚至破坏你的家庭。因此，当代大学生必须进行良好的职业形象设计，塑造良好的职业形象。

塑造良好的职业形象，首先应不断提高自己的政治思想水平，增强职业道德意识，形成正确的人生观、世界观、价值观，坚持"八荣"，力戒"八耻"。以李素丽、王顺友、孟二冬、徐虎为榜样，服务群众，爱岗敬业，坚韧不拔，自信乐观。其次应不断提高自己的专业知识与专业技能，富有创新精神，敢于再学习，练就一身本事，增强为人民服务的底气。最后应从我做起，从小事做起，从现在做起，注意自己的衣着，加强言谈举止训练，努力增强沟通能力，实行微笑服务，养成良好的礼仪习惯，有风度、有气质，做一个令人喜欢的人。

复习思考题

1. 假如你即将进行用人单位的面试，你应该做好哪些准备？
2. 面试技巧都有哪些？
3. 创业的要素有哪些？请具体阐述。
4. 创业需要具备哪些条件？
5. 解决高职院校学生职业生涯规划问题的基本对策有哪些？
6. 简述高职大学生职业生涯规划的内容。
7. 根据自身条件，谈谈应从哪些方面塑造自己的职业形象。

第三章

自 我 塑 造

第一节　成长在我的大学

　　站在大学校园门口，同学们必须思考自己的学业，规划自己的大学生涯。学业是大学生的立身之本，大学生应该集中精力努力掌握知识、增强能力、提升素质。具备和拥有好的学业，才能为好的就业和好的职业奠定基础。所以，我们在初入大学时就应该认真思考这个问题，规划自己的大学生涯，在以后几年的大学生活中就会有一个比较明确的奋斗方向。

一、规划自己的大学生涯

　　规划自己的大学生涯，就是大学生根据自身情况，结合现有的条件和制约因素，为自己确立整个大学期间的学业目标，并为实现学业目标而确定行动方向、行动时间和行动方案，也就是大学生通过解决学什么、怎么学、什么时候学等问题，以确保自身顺利完成学业，并为成功实现就业或创业打下基础。大学生只有及早规划好自己的大学生涯，明确自己的学业目标，提高素质优势，才能在未来激烈的竞争中把握稍纵即逝的机会，获得成功。

二、树立正确的学业观

　　大学生的学业是在高等教育阶段进行的以学习为主的一切活动，是广义的学习阶段，不仅包括科学文化知识的学习，还包括思想、政治、道德、业务、组织管理能力、科研及创新能力等的培养和学习。

　　思想是行为的先导，行为是思想的外化和表现。拥有什么样的学业观，对待学业就会有不同的态度和表现。大学是人生中最灿烂的年华，大把大把的时间都掌握在你的手中，你可以尽情挥洒自己的青春，追逐你的梦想。我们应该时刻想着踏入大学校门时的理想和追求，让它在自己内心深处一直警醒着，向着自己所期望的方向前进。其实很多时候，学生学业出现的问题，还是归根于没有树立正确的学业观，因为学业观不正确，所以才有一系列荒废学业的现象。简言之，学业观就是一个人对待学业的观点和看法，它对大学生活具有至关重要的作用，它贯穿于一个人的学习、生活中，对一个人的大学生活乃至一生都有重要影响。因此，每一个大学生都应树立正确的学业观，以一种对自己、对他人和社会负责的态度去端正自己的学业态度和方法，从点滴做起，从培养自己的意志力抵制各种诱惑做起，做一名有目标、脚踏实地、积极向上的大学生。

三、大学对人生的启迪

大学能给我们的人生带来什么？这是一个很值得考虑的问题。下面与同学们分享一些对这个问题的思考。

1. 一个新起点、一种新视野

大学是一个新起点、一种新的视野。进入大学，你终于放下高考的重担，第一次开始追逐自己的理想、兴趣；这是你离开家庭生活，第一次独立参与团体和社会生活；这是你不再单纯地学习和背诵书本上的理论知识，第一次有机会在学习理论的同时亲身实践；这是你第一次有足够的自由处置生活和学习中遇到的各类问题，支配所有属于自己的时间。

大学是一个新起点、一种新的视野，还因为这很可能是你一生中最后一次系统性地接受教育；这可能是你最后一次能够全心建立你的知识基础；这可能是你最后一次可以将大段时间用于学习的人生阶段，也可能是你最后一次可以拥有较高可塑性、集中精力充实自己的成长经历；这可能是你最后一次能在相对宽容的、可以置身其中学习为人处世之道的理想环境。

2. 大学是一个全新的大平台

大学为大学生继续获取知识、训练技能、发挥潜能、展示才华提供了一个全新的更大的平台。

1）大学学习观念的五大转变

大学学习和中学学习有很大的不同，大学的学习更主动、更开放、更独立、更注重学习能力和创造性潜能的开发及为人处世、人格修养和生活能力的提高；大学学习更突出专业性和实践性，为走向社会服务社会做必要的准备。概括地讲，同学们在大学要面临学习观念的五大转变。

（1）由依赖型学习观向自主型学习观转变。依赖型学习观是一种学习上无自主性、无主动性，呈现被动、依赖等品质和特征的学习观。自主型学习观也称主体型学习观，表现为自学、能动、有目的地学习、个性化地学习、创造性地学习等。

（2）由知识型学习观向智力—能力型学习观进而向人格型学习观转变。知识型学习观是一种重知识、轻能力，重理论、轻实践的传统学习观。智力—能力型学习观强调既重视学习者能力的提高和智力的开发，又重视学习者职业适应能力与职业发展能力的提高，它满足了现代社会能力本位人才观对学习所提出的要求。人格型学习观不仅重视知识和能力的相互促进和共同提高，而且更重视受教育者人格的健康发展。

（3）由封闭型学习观向开放型学习观转变。封闭型学习观是一系列"以课堂为中心、以课本为中心、以教师为中心"的学习观的总称。开放型学习观则是面向社会、面向生活，多层次全方位开放的学习观。

（4）由学会型学习观向会学型学习观转变。学会型学习观是一种"教什么学什么，学什么会什么"的观念，它用"学懂"、"学会"来回答学习上的"学得如何"的问题，往往突出了实用而忽视了创新。会学型学习观不仅包括"学懂"、"学会"，还包括"懂学"、"会学"来回答学习上"如何学"的问题，更讲究学习的方法。

（5）由传承型学习观向创造型学习观转变。传承型学习观表现为重视学习在继承人类优秀文化成果、传递生活经验方面的独特作用。创造型学习观是从适应和发展两大任务出发，既强调继承和适应，又强调创造和发展。

2）图书馆是知识的殿堂

许多大学图书馆不仅收藏着各类丰富的古今典籍，供我们与古今学者进行思想对话，还拥有数量众多的现代各类期刊，供我们汲取现代最前沿的科技知识和思想养分。随着现代信息技术的发展，图书馆的信息化建设也取得了长足的进步，更加利于我们使用。懂得利用图书馆，是我们在大学获取知识和提升能力的重要途径。

3. 大学是一个全新的生活舞台

1）大学是迈入真实社会前的彩排

有的同学毕业后可能直接进入社会工作，有的同学会本硕连读，但不管怎样，大学时代都会是你迈入真实社会前的彩排——大学是一个小社会。大学里也有很多接触社会的机会，大学生活的经验也很重要，它可以帮助你获得包括竞争力、适应力、操作力、创造力、自控力、交往能力、表达能力、自学能力等诸多方面的实践能力。为了获得和提升这些方面的能力，大学里的竞争也是相当激烈的，几乎很少有人不想进学生会、社团去锻炼锻炼，积累宝贵的人生经验、获得必需的生存技能。

（1）学生社团是我们学会独立、适应社会和展现自己的舞台。独立是一门重要的生存技能。进入大学要和来自不同地域、具有不同习惯和文化观念的同学一起相处，更要学会独立行事，而学生社团是大学里自我修炼的最佳舞台。大学生可以依据自己的兴趣和爱好自愿组成按照章程自主开展活动的群众性组织，这是大学生自我教育、自我管理、自我服务的重要阵地。同学们有选择地参加一些社团组织，不仅可以得到一种具体的参照，以更好地认识自己、判断自己，而且还可以通过参与、组织和策划各类社团活动锻炼和提高自己各方面的素质，促进自己的成长。

（2）广交朋友，构建人脉，走向社会的舞台。成功学家认为，成功=20%的个人奋斗+80%的人脉（人际关系）。可见，良好的人际关系是走向成功的必需要素，人际关系也是一种资源，会利用这种资源的人才会取得成功。大学期间要广交朋友，不少老师、同学会成为你未来闯荡社会的帮手，不要把自己封闭在自己的小圈子里。

2）大学是触摸梦想、设计未来的舞台

大学四年将是人生命里美好的回忆，也是最值得珍惜的。在这里可以学习想要接触的科目，在这里能够触摸自己的梦想，感受到青春的激情，为自己树立一个个目标并为之前行！

4. 大学是一种精神、人生追求

"大学精神"是大学自身存在和发展中形成的具有独特气质的精神形式的文明成果，它是科学精神的时代标志和具体凝聚，是整个人类社会文明的高级形式。面对知识经济的机遇和挑战，建设 "大学精神"不仅是高等教育自身发展的需要，同时也是社会进步的需要。"大学精神"的本质特征可概括为创造精神、批判精神和社会关怀精神。创造精神是大学存在的价值所在，是大学在社会有机体中保证自身地位的根本生命力。文化的继承不能依赖遗传，只能通过传递方式继承并发展下去，教育从一开始就成为传递和保留人类文化的重要手段。爱因斯坦正是在这个意义上理解学校的："学校向来是把传统的财富从一代传到下一代的最重要的手段。" 与过去相比，这种情况更加适用于今天。

大学是以人才培养为己任的，而创造性恰恰是人才的核心特质。曾任哈佛大学校长40年之久的艾略特认为，大学文化最有价值的成果是使学生具有开放的头脑，经过训练而谨慎的思考态度，谦恭的行为，掌握哲学研究方法，全面了解前人积累的思想。爱因斯坦更直接地认为："学校的目标应该是培养有独立行动和独立思考的个人，不过他们要把社会服务看做自己人生的最高目的。""一个由没有个人独创性和个人志愿的规格统一的个人所组成的社会，是一个没有发展可能的不幸的社会。"

另一方面，大学也创造社会理想，并把这些理想传递给社会成员，通过人们的实践，使理想变成现实的文化实体。社会理想是社会需要的具体反映，这种需要是反映社会发展规律并以社会发展规律为基础的。由于在文化积累方面的特殊优势，知识分子，特别是集中在大学校园里的知识分子比其他社会成员更能认识社会发展规律。有了对社会规律的认识，就能够提出符合社会发展规律的社会理想。

大学精神的核心是以育人为第一要旨，以全面人才教育为大学使命。育人的重点，首先是培养学生对国家、对民族的责任感，培养有抱负、有政治远见、有广博知识、有责任心的人。要教育学生以天下为己任，继承前人"国家兴亡，匹夫有责"的报国之情，学习前人"先天下之忧而忧，后天下之乐而乐"鞠躬为民的品德。关心天下大事，使自己服从于社会，服从于国家，服务于人民。其次是理想、信念教育。理想和信念是精神世界的深层次问题，它取决于世界观、人生观和价值观。要引导学生树立正确的人生目的、人生理想、人生追求和科学的自然观、历史观、社会观及辩证唯物主义认识论。第三是培养爱心。要教育学生爱父母、爱生活、爱事业、爱祖国。第四是培养高尚的人格。坚持真理，胸怀坦荡，高风亮节，严于律己，宽以待人，淡泊名利，无私奉献。第五是培养自强不息、厚德载物的精神。不但教育学生如何认知，如何做事，更重要的是教育他们如何做人，引导学生敢于奋斗，善于成才。总之，育人的目的就是实现江泽民同志提出的"学习科学文化与加强思想修养的统一；学习书本知识与投身社会实践的统一；实现自我价值与服务祖国人民的统一；树立远大理想与艰苦奋斗的统一"，使我们的大学生"成为理想远大、热爱祖国的人，成为追求真理、勇于创新的人，成为德才兼备、全面发展的人，成为视野开阔、胸怀宽广的人，成为知行统一、脚踏实地的人"。

四、愉快度过大学生活

自从走进大学，我们可能拿不出以前的那种学习欲望，不能集中精力做些什么。这时我们需要思索自己的人生道路，如应该走哪条路，应该怎样去做才能实现自己的目标，才能实现自己的人生理想，才能实现自己的人生价值。

在这个比高中宽松的环境里，我们要克制自己，约束住自己，不随波逐流，好好学习自己的功课，然后利用课余时间去图书馆开阔自己的眼界，扩大自己的视野，培养自己的业余爱好，尤其要锻炼好自己的身体。只有我们自己才是自己命运的主宰，也只有我们自己才能真正地控制自己，面对理想和现实的参差，我们要义无反顾地拼搏。也许在我们奋斗的人生道路上会得罪很多人，但我们要学会理解和宽容，人人都想展示自己的才华，显示自己的能力，有时候我们可以把机会让出去不与之争锋，但有时候现实的社会太残忍，太无情，我们不得不全力以赴。

有名人曾说过："志不立，天下无可成之事。""志不强者，智不达。"大丈夫当立赫赫功名于世界，每个人都会这么想，可成功的人屈指可数，为什么呢？就我个人感觉，要想成为一个强者，需要足够的自信和主动地规划自己的大学生活并进一步完善自己。

（1）勇于做事，并且要对自己的行为负责。无论行为的结果是什么，是苦还是甜，都要有承担责任的勇气。如果一个人连承担责任的勇气都没有，那他还能够做什么？堂堂正正做人，磊磊落落做事，拿出足够的勇气对自己的行为负责，只有这样才能够为自己争取到更多的机会。

（2）树立明确的目标，树立正确的人生观、世界观和价值观。想象一下自己在今后想获得哪一方面的专长，然后不断地寻找机会，使自己的专长得到发挥。

（3）管理好自己的时间。好好分配自己的时间，不浪费并且将它利用好，记住这是对自己负责任的表现。人生最宝贵的资源就是时间，赢得时间就赢得一切，时间就是生命。伟人也曾说过：修身齐家治国平天下，一要珍惜时间，二要勤奋刻苦。所以说我们要跟上时间的步伐，才有可能不会默默无闻；只有学会跟时间赛跑，才更有可能实现我们的目标和理想。

（4）培养勇攀高峰的雄心，勇往直前的信心，百折不挠的决心，坚持到底的恒心。恒心是走向成功的基础，在向目标奋斗时，不要被周围无关紧要的声势所干扰，在遇到困难时要勇敢面对它，克服它，唯有如此坚持不懈地努力才能赢得成功之神的青睐。当我们做任何事情失败的时候，或遭遇严重的打击时切勿用种种借口止步不前，因为那样无异于欺骗自己；反之，要把那些失败和打击认为是自己不可饶恕的过失和测验自己能力的机会，更加振奋起来，用全力冲破重重难关。

（5）获取较高的职业发展起点，满足更高层次的人生需求。大学教育主要是职业教育，上大学是我们获得较高职业发展起点的一个非常便捷的途径。通过上大学，我们能够在较短的时间内系统地学习适合自己未来发展的知识和技能，并将之转化为自己的职业能力，为自己将来的职业生涯发展规划创造一个比较高的发展起点，全方位地提高修养、丰富内涵，提高自己的综合素质和实际操作技能，最大限度地发挥潜能，满足更高层次的人生需求。

第二节　加强自我管理

高职学生的自我管理是指在院校范围内学生关系中的个体或团体，为实现个人和集体目标有效地调动自身能动性，规划和控制集体和个体的行动，训练和发展思维，完善和调整各种心理活动的自我认识、自我评价、自我开发、自我教育和自我控制的完整活动过程。自我管理是学生为实现自我发展目标而进行的自我培养活动，也是加强素质教育、培养创新型人才的必要条件。

随着时代的发展，学生的独立意识逐渐增强，绝大部分学生有着独立地处理和安排自己及集体生活的欲望与能力，有着展示自己才华的心态和渴求。面对新校园的新形势，如何有效地实施学生自我管理能力的培养刻不容缓。

一、高职学生自我管理的意义

管理育人的目标是培养学生自我管理、自我教育、自我发展的能力。班级管理始终是学校教育管理、素质教育的重要载体。因为教育的实质是在教师的指导下，学生的自我认识和自我发展。班级是学生的班级，学生理所当然是班级管理的主人、是班级管理的主体，教师将越来越多地成为一位顾问、一位交换意见的参加者、一位帮助学生发现矛盾而不是拿出现成真理的人，这有利于增强学生的责任感和管理能力，提升学生的综合素质，培养学生良好的行为习惯，从而可以营造良好的班级氛围。

二、高职学生自我管理现状分析

（一）学习目标不明确，没有自己的学习方法，高度依赖教育和老师

学习目标是学习活动的出发点和归宿。明确学习目标是大学生学习的战略前提，是提高学习积极性、自觉性和效率的关键。一个大学生有无明确的学习目标，决定着他在大学期间是否有明确的追求，是否能够积极向上，以及他的学习效率的高低。学习目标也成为衡量学生自我管理能力高低的最好标尺。

针对我校情况，绝大多数学生的学习需要靠辅导员和任课教师的督促，上课出勤率不是很理想，最根本的就是学生没有一个明确的学习目标，不明确自己未来的道路在哪里，从而没有行动的原动力。

学习方法是提高学习效率，达到学习目的的手段。钱伟长曾对大学生说过：一个青年人不但要用功学习，而且要有好的科学的学习方法。要勤于思考，多想问题，不要靠死记硬背。学习方法对头，往往能收到事半功倍的成效。现在很多学生虽然有自己的学习目标，但是学习方法却不合理，导致学习效果不好，大大打击了学生的学习积极性，从而造成恶性循环。

（二）身体素质下降，生活方式不健康

人的身体素质与生活方式密切相关，目前大学生这个群体的生活方式已经严重导致其身体素质的下降。从相关调查来看，其生活方式主要存在以下问题。

（1）极度缺乏体育锻炼。这极易造成疲劳、昏眩等现象，引发肥胖和心脑血管疾病。

（2）不吃早餐。

（3）不能保证睡眠时间。有超过六成的人经常不能保证 8 小时睡眠时间，有经常熬夜、通宵的习惯。

（4）面对电脑过久。很多大学生经常每天使用电脑超过 8 小时。过度使用和依赖电脑，除了辐射外，还使眼病、腰颈椎病、精神性疾病在大学生群体中十分普遍。

（5）社交圈过于封闭，甚至仅限于宿舍内部，造成社交经验不足，缺乏锻炼。

生活方式的不合理同样体现了学生自我管理能力各方面的缺失，使得提高学生自我管理能力变得更加急迫。

（三）消费缺乏理性，经济支配盲目随意

高职学生的消费观一直是社会比较关注的问题，虽然大学生在理性消费上有了一定的进步，但是由于高职学生年龄阶段的特点、追求时尚和名牌，以及网络时代所特有的网购，更加刺激了高职学生的消费欲望，因此消费依然缺乏理性和节制。具体来说，目前高职学生在消费上所存在的问题主要是储蓄观念淡薄，消费差距两极分化造成高职学生产生心理问题，消费结构存在不合理因素（在饮食上都十分节俭，形成鲜明对比的是，男生的消费更多的是用在娱乐上，如玩游戏等；女生的消费则更多的是用来买衣服和化妆品），过分追求时尚和名牌，存在攀比心理，恋爱支出过度等。

三、高职学生自我管理的实施

从自我管理的内容看（如大学生的时间、身体、心理、信息等），大学生自我管理能力的提升，可以主要从以下几个方面进行。

（一）在活动中强化学生的自我管理能力

1. 日常生活与学习活动是加强自我管理的主要方面

由于大学生绝大部分时间和精力都花在自己的学习与生活管理上，因此要充分发挥出平常的学习与日常生活管理的主阵地作用。也由于大学生个体的实践活动具有"时空我"三位一体的特征，因而有心之人可随时随地进行自我管理，如从一日之计在于晨到晚上枕边的三思，从学习、生活、工作到人际关系以及感情的建立，均可实行全方位、全天候的自我管理。在具体的自我管理实践中要注意以下几方面。首先，学会正确认识自我，积极悦纳自我，树立积极而自信的人生观。其次，根据自己的特点，学会概括出自己的自我管理类型，并针对自己的管理类型采取相应的自我管理策略，如自我分析时要全面中肯，处事要冷静沉着，不盲目乐观也不一味悲观，面对困难与挫折时，要冷静面对，完成任务要讲究效率与效益。再次，学会在自己的日常生活与学习管理中充分利用甚至创造自我管理的情境，以实现自我管理和自我教育。

2. 鼓励学生积极参加社会实践活动是加强自我管理的基本途径

大学生参加社会实践活动，尤其是利用寒、暑假开展社会实践活动，这是其认识社会、走入社会的重要形式，更是实现"成长、成人、成才"培养目标的重要形式，同时也是实践自我管理，提高自我管理能力的基本途径。社会实践是高职院校学生教育教学内容的一个非常重要的组成部分，是高职学生巩固所学知识、吸收新知识、发展智能的重要途径。在社会实践中磨炼自己，真正锻炼和提高自己的实际工作和适应能力，在很大程度上也锻炼了高职学生自我约束、自我管理的能力。在实践中注意学生各方面素质的提高和实践能力的培养，使学生学到了书本上学不到的知识，掌握了在学校学不到的技术，同时也缩短了理论与实践脱离的距离，从而认识到自己面临就业需要哪些基本素质，找出自己的不足，知道自己应该在学习中向哪个方向努力，加强自己的自控力、约束力。

因此，让大学生参加社会实践活动，让大学生面向社会、走上社会、深入社会、认识社会、研究社会，这一方面能使大学生的世界观、人生观、价值观在社会实践的磨炼中得以确立、巩固、升华和提高；另一方面，既能把从课本上与课堂里所学到的专业理论知识以社会实践的形式服务于社会，又有利于学生把知识、理论转化为实践能力，使其向着政治素质优、专业素质高、动手创新能力强、肯于吃苦锻炼和勇于社会实践的新一代社会主义建设优秀人才方向发展。

3. 班干部自我管理能力的培养

在高职院校中，一个好的班干部团队直接影响到班风的形成。所以在开学之初，最重要的是先确立一个有一定能力的班委团队。当然，刚开始只能凭一些印象来安排班委，等一个月之后，学生之间有了较充分的了解后，再在班主任的协调下举行班干部的改选，基本上就能选准、选好、选出一个能力强、责任心强、奉献精神好的班委，这是个良好的开端，是班级管理成功关键的第一步。在今后的工作过程中也可以对班委当中的个体进行微调。   在班干部的活动过程中，首先就是要有目的地锻炼高职学生干部的自我规范、自我控制能力。孔子曰："其身正，不令而从；其身不正，虽令不从。"班干部要充分发挥作用，其自身素质必须过硬，所以自身要具有自我规范、自我控制的能力，要能自觉地遵守学校的各项规章制度，在学校各类学习活动中要修正自己的行为，在活动中进行自我管理。其次，在情绪上应该对自己进行严格的控制，在各项活动过程中遇到一些矛盾、阻力时，要调节自己的情绪，学会克制，学会容忍，避免激情发作。在班集体要努力营造积极健康的情绪情感，摒弃消极的、不健康的情绪，及时消除不良的情绪反应，维护和营造良好的学习气氛，多参加有益的活动，不断充实自己的精神生活。

在组织及参与班级、系部乃至学校的各项活动中，培养高职学生干部的组织协调能力，使他们通过参与活动来锻炼自己，提高自己。班主任在工作之初要进行必要的业务指导，确保活动目的明确，对每一次活动进行严密的筹划、积极的准备，保证活动的顺利进行。班干部通过活动组织过程中与学校、他人的沟通，锻炼自己的交际能力；通过活动中各项任务的完成，锻炼自己的组织协调能力。

4. 在校学生组织及团体活动、班集体活动是加强自我管理的重要方式

大学有众多的学生组织和学生团体，学生会、团委等学生组织是学生干部大展雄才的绝好舞台。大学中的班集体是学校管理系统中的重要单元，同时也是大学生自我管理能力训练的重要基地。班级管理对大学生的自我管理教育功能具体表现在以下几方面：学生自行选举班委会与团支部，同学们在竞选中能加深对自我的认知；班、团干部在组建班委、团支部开展各种活动时，可提高他们的自我设计、组织管理与协调能力；在体验成功与感受挫折时能增强其胜不骄败不馁，自强、自立、自信的心理品质；在行使自己的职权时，能在各方面更严格地要求自己以做出表率；在集体活动中，能逐渐学会换位思考，设身处地为他人着想，综合考虑各种因素，以提高自己分析问题与解决问题的能力。基于此，学校要将管理重心下移至班级委员会，以班级委员会的自治化管理为核心，并建立管理梯级。对于班级的具体事务，学校思政工作者应以对学生的前期指导、中期控制、后期调整教育为主。

（二）心态管理

1. 大学生容易出现的心态问题

（1）傲慢自大，不可一世。

（2）鲁莽草率，任意行事。

（3）自私自利，牺牲别人。

（4）懒惰怠慢，不思进取。

（5）轻率寡信，过度承诺。

（6）急功近利，回避过失。

（7）孤芳自赏，远离团队。

（8）缺少宽容，苛求他人。

2. 心态管理的前提——培养乐观心态

（1）看到自己的优点。

（2）常想一想世上还有很多不幸的人。

（3）自我反省总结。

（4）主动迎接挑战。

（5）目标提示。

（6）客观面对现实，愈挫愈勇。

（7）阅读励志书籍。

（8）找人分担，与乐观者交往。

（9）从事有益的娱乐活动。

（10）多听音乐。

3. 消极心态带来的苦果

（1）生理和心理疾病。

（2）变得平庸。

（3）对事物心怀恐惧。

（4）敌人多，朋友少。

（5）各种烦恼。

（6）屈服于别人的意志之下。

（7）颓废的生活。

（8）成为负面影响的牺牲品。

（三）目标管理

美国管理大师彼得·德鲁克（Peter Drucker）于 1954 年在其名著《管理实践》中最先提出了"目标管理"的概念，其后他又提出"目标管理和自我控制"的主张。德鲁克认为，并不是有了工作才有目标，而是相反，有了目标才能确定每个人的工作。随后目标管理被广泛应用于各个领域。针对在校大学生的学习和生活，目标管理也同样适用，而且可以说这是在大学生自我管理方面最为直接、有效的方法。在目标管理上，可以引用企业中所运用的 SMART 原则，以此来引导学生正确地树立目标和实现目标，以及进行及时的自我修正。

所谓 SMART 原则，即：

（1）目标必须是具体的（Specific）——明确性（具体明确）；

（2）目标必须是可以衡量的（Measurable）——衡量性（可以量化的）；

（3）目标必须是可以达到的（Attainable）——可实现性（能够实现的）；

（4）目标必须和其他目标具有相关性（Relevant）——相关性（注重结果的）；

（5）目标必须具有明确的截止期限（Time-based）——时限性（有时间期限的）。

（四）时间管理

有效利用时间的技巧，如六点优先工作制、四象限法则等，在实际学习和生活中可以体现为以下几点：

（1）制订计划并编写"每日必做表"；

（2）时间立体支配；

（3）养成使用备忘录、通信工具等减少时间浪费的习惯；

（4）借鉴他人的成功经验；

（5）养成回避干扰的能力；

（6）立即行动，完成即止；

（7）磨刀不误砍柴工。

（五）财务管理

主要是针对以上所提出的大学生在消费方面所存在的理性化不够，消费结构不合理，没有储蓄的习惯等问题，让大学生能够在保证不影响个人学习和生活质量的基础上进行个人财务管理，从而实现提高财商，实现财富增值的目的。具体可以分为以下几个阶段：

（1）初期投入——学习、实践；

（2）基本储蓄——生活保证金；

（3）慎重投资——证券、股票、房地产（非负债）；

（4）远期规划——高层次物质需求。

第三节　构建合理知识结构

知识结构是人才学研究者在 1979 年提出的一个概念。这也是培养高职学生核心竞争力的一个重要基础。什么叫知识结构？作为一名高职大学生，应该怎样建立和优化自己的知识结构？这些都是当代所有大学生所关心的问题。

一、知识结构的概念

要讨论知识结构，必须首先弄清知识、知识系列与知识体系三个概念。一般认为，所谓知识，乃是人们在改造客观世界的实践中所获得的认识与经验的总和。从信息论的角度看，知识又是"同种信息的积聚"，是"为了有助于实现某种特定目的而抽象化了的信息"。知识还具有三大特征、六大属性。三大特征是：形态上的转化特征，即可以从经验性的知识转化为理论性的知识；数量上的膨胀特征，即知识数量随着历史的发展不断按照几何级数扩展增多；本质上的力量特征，即从本质上讲知识蕴含着推动社会发展、人类进步的力量。六大属性是：可扩充性、可压缩性、可替代性、可传输性、可扩散性、可分享性等。

实践不仅是人类知识的源泉，而且是检验知识真伪的试金石。在社会实践的沃土上，一株株知识的幼苗经历了漫长的岁月，一天天舒枝展叶了。它们本身的发展虽说有早有晚，但无不由初级向高级，由简向繁，日趋繁茂。这样，便发展成为一棵又一棵的知识之树，即天文学之树、数学之树、力学之树、历史学之树、经济学之树，总之，每一棵知识之树都发育成一个独立的系统。我们把它们称为一个又一个的知识系列。简言之，所谓知识系列，就是一个独立的学科，它是由其最初始的概念——逻辑起点，经过矛盾运动而逐步演化为一个由概念、判断、推理相互联系而组成的逻辑体系。在这里，最初的概念或逻辑起点又可称为知识单元。知识单元有层次之分，若干知识单元组合在一起，便可以形成知识系列。

知识系列的产生因受历史之制约，有先后之分。若干知识系列的发展、演化，构成了庞大的体系。这是人类文明宝库中的瑰宝，是自然、历史发展的必然。历史上，英国哲学家弗兰西斯•培根首先在《伟大的复兴》中对人类知识体系进行了形象化的描述。在培根看来，物理学、数学、哲学、神学、历史学、诗学、文学史、自然史等，也就是我们称为知识系列的"小树"，都生长在一棵更大的知识之树上，而且主次分明，有枝有叶，相互依存，互相联系。继此之后，18世纪法国的百科全书派进一步完善了培根的"知识体系图"。到了19世纪中叶，自然科学的三大发现以及星云假说、原子论、地质学等，更加明白地显示了人类知识相互联系、推动发展的特征。整体化、渗透化、综合与分化成为人类知识体系的发展态势。

我们所说的知识结构，是指人类知识体系的结构吗？不是，恰恰相反，我们所讲的知识结构，乃是这个外在的知识体系在我们头脑中的内在状况，也就是客观知识世界经过求知者的输入、储存、加工，而在头脑中形成的由智力联系起来的多要素、多系列、多层次的动态综合体。结构决定功能，不同的知识结构，决定该结构的不同功能，能够完成不同性质的工作。在运用知识改造自然的过程中，知识结构好像一个转换器，知识是这个系统的输入或内存，它的输出功能多大，效益如何，就要看这个转换器的结构如何。科学合理的结构会在内存和输入不变的情况下最大限度地输出功能；反之，不合理的结构输出功能会大大降低。即有合理知识结构的人，常常成果累累，业绩显赫；而知识结构不合理者，则很可能毫无惊人之举，平平庸庸。

二、高职大学生知识结构的构成

面向21世纪，高等学校培养出的学生必须能够适应现代科学技术发展的整体化趋势。要培养出具有核心竞争力的学生，即要求学校培养出既专又博的人才。正如维纳所说："在科学发展上可以得到最大收获的领域，是各种已经建立起来的部门之间被忽视的无人区，到科学地图这些空白地区去作适当的查勘工作，只能由这样一群科学家来担任。他们每人都是自己领域中的专家，但是每人对他邻边的领域都有十分正确和熟练的知识。"

要想达到上述境界，首先，要形成构成自己的知识结构的核心。大学教育已是定向教育，每个专业都有自己固定的必修课程和选修课程。从这些课程中所学的知识，便构成了知识结构的核心。但是这还远远不够，必须明确，只有核心知识的知识结构并不是完善的知识结构，还必须配合上核心以外的诸层次的知识，如辅助性知识。辅助性知识是紧密围绕核心知识，与之配合发挥知识结构应有功能的。例如，学习自然科学的大学生，不论他学的专业是什么，都应该在哲学、语言、文学、艺术、历史的领域有较丰富的知识，有较正确的世界观和人生观，有高尚的思想情操和社会责任感，这样在未来的工作中才能充分发挥核心知识的作用。我们经常能够见到这样的事实，有的人，核心知识学得很好，辅助性知识忽视了，表现为知识面欠缺，导致在人生的发展上受到限制；有的人核心知识没学好，辅助性知识学了一大堆，表现为知识学得太杂，重心不突出，这样的人很难有所作为。

其次，作为一名大学生，在优化自己的知识结构时，学习一些生活性的知识也是很重要的。有的人学习成绩很好，只是不懂生活，也不懂人际交往，致使工作中处处碰壁，一事无成。这些人往往不会想到，一些似乎最不重要的知识，有时恰恰会阻碍一个人远大的前程。有了核心知识，又有了核心知识之外的诸层次的知识，还不能说已经形成了完整的知识结构，我们需要让这些知识在一个人的头脑中表现出来整体相关的一致性。整体性体现在整个系统大于其各部分之和，相关性则是系统的不同部分的相互适应。一个人掌握的知识越多，对知识间的相关性理解得就越深，他就会运用得很好，运用得灵活。

第三，还要使自己的知识结构处于一种不断的动态调节状态。一个人的知识有量的不断积累过程，达到一定程度，能够发生质变，使其在成才的道路上获得成功。但是，成才了，不等于说他的知识已经处于饱和状态了，而是要向着新的目标通过不断的反馈与预测继续进行随机的动态调节。如此说来，一个人的知识结构只能依其成才目标努力去优化，其实要实现这一点是不可能的，但是我们要尽力去追求，以求得较佳的效果。

三、高职大学生知识结构形成中存在的主要问题

由于受传统的思维方式和教育观念的影响，当前大学生在知识结构形成中还存在诸多问题，突出表现在以下几方面。

（1）在对待专业知识和基础知识的关系上，存在着重专业知识轻基础知识的倾向。这在上述知识结构的构成中我们已经谈到过。基础知识、专业基础知识和专业知识是构成大学生知识结构基本框架不可或缺的三个要素。但很多学生认为，大学学习既然有专业的区别并且以就业为主要目的和导向，因此就应把精力放在专业知识的掌握上，基础知识可学可不学。同时，在不同的基础知识中，只重视专业基础知识，而忽视其他各种基础知识的倾向在大学生中也较为普遍。在这些学生的思维中，基础知识的范围仅限于与本专业直接有关系的基础知识；而把诸如社会生活中的一些常识类的事实现象类知识、作为思维方法的哲学知识、规范人们行为方式的伦理道德和政策法规知识等都排除在基础知识范围之外。其结果是造成学生知识面狭窄，基础知识薄弱，学习活动局限于某一专业领域，缺少一些必要基础理论知识修养，最多只能成为适应某项职业技能要求的"匠才"，却无法成为适应现代社会要求的复合型"通才"。

（2）片面重视外语、计算机等实用技能性知识，而忽视其他专业知识以及"重理轻文"的现象依然存在。随着信息社会的到来和我国入世后对涉外人才的需求，外语和计算机知识在现代社会生活中的地位和作用越来越重要。大学生高度重视这两种知识本无可厚非，但很多学生却把这两种知识当作其成才立业的根本，热衷于过级考证，忽视了对其他专业知识的学习和打好专业基础。他们常把这两种知识与教学计划开设的理论性较强的知识对立起来，认为前者是"实用"的知识，后者是"无用"的知识，因而放松了对本专业知识的学习和掌握。理工科知识和人文社科类知识对于塑造一个具有健全人格和宽广知识面的高级专门人才来说，具有同等重要的地位和作用，但现实却是，人文与社会科学知识在近年来的高等教育和大学生心中得不到应有的重视。在很多学生的思想意识中，理工科知识是"实"的，学了

可以大有作为，而人文社科类知识是"虚"的，学不学无所谓，尤其是对文史哲的系列知识更是不屑一顾，根本看不到其特殊的教育意义和价值功能。

（3）知识体系内部缺乏有机联系，知识的陈旧速率高与大学生知识运用能力差并存的问题比较突出。合理的知识结构应体现为多元的、复合的、动态的、协同的结构体系，具有很强的系统功能效应。而传统教育模式下所形成的却往往是"单向、线型、平面和低功能的知识结构"。由于受传统教育观念、教材教学内容陈旧、教学方式单一、教学大纲系统性和科学性不强等因素的影响，导致学生所掌握的知识庞杂、松散、相互孤立，缺乏系统性和有机的内在联系。传统教学内容的陈旧老化和大学生单向、平面的低功能知识结构，妨碍了学生的知识更新，使其不能及时有效地把最新的知识信息和研究成果吸纳进自己的知识系统，完成新的知识组合。同时，大学生对所学知识运用能力差的现象也比较普遍。有人做过统计，现在大学生在校所学的知识，50%以上在毕业后的工作实践中得不到有效的应用。究其原因，固然有知识老化淘汰的因素，但更多的是大学生运用知识的能力较差所致，尤其是文科专业大学生所学理论知识和实践运用的现实要求严重脱节，已成为高等教育培养创新人才亟待解决的难题之一。

四、建立合理知识结构的原则

每一位专门人才的知识结构都具有自己的特殊性，这是由于他们每个人所从事的专业领域不同所决定的。但是广博性和精深性、理论性和实践性、静态性和动态性、个人爱好和国家需要才是现代大学生合理知识结构的共同性和一般原则。

1. 广博性和精深性的统一

合理的知识结构是广博性和精深性的有机统一体，它既是在广博基础上的精深，又是围绕着精深目标的广博，如果把二者割裂开来，强调一个方面的作用，忽视另一个方面的作用，就必然会造成思路闭塞，所建立起来的知识结构就不能充分发挥作用。

2. 理论性和实践性的统一

合理的知识结构是理论性结构又是实践性结构，是理论性和实践性的互相渗透、互相结合的有机统一体。一个人合理的知识结构，不但是在理论知识有效积累的基础上建立起来的，而且是在实践过程中通过具体实践，不断总结经验逐步建立起来的。这就要求大学生除了要重视"第一课堂"的学习外，还要开辟"第二课堂"，走向社会，重视社会实践的学习。

3. 静态性和动态性的统一

合理的知识结构既是静态性结构又是动态性结构，是二者的辩证统一。

从知识结构模型看，知识结构是静态性结构。正是由于知识结构的各个层次和联系的各个环节都具有相对静止的位置，人们才能够把握它，调整它。

从知识结构的趋势看，知识结构是动态性结构。因为客观事物是不断运动的，作为客观事物反映的知识结构，当然也是不断运动的；因为主观认识是不断发展的，作为主观认识体现的知识结构，当然也是不断发展的；主观攻关目标是不断变化的，作为主观攻关目标服务的知识结构，当然也是不断变化的。绝对静止的、不动的、一成不变的知识结构是根本没有的。

总之，知识结构是静态和动态的统一体，静有其位，动有其轨，人们只要能正确地认识它，不断地调整它，就一定能保持它的最佳状态，发挥它的潜在作用。

4. 个人爱好和国家需要的统一

个人爱好是个人对某种事物产生的浓厚兴趣。爱好常常是人才成功的重要因素，而且爱好越深，成功率也就越大。国家需要是人才创造活动的出发点和归宿。建立合理的知识结构，不仅要权衡自己的所长所短，而且要把兴趣、爱好、特长与国家的需要和客观条件统一起来，使个人爱好服从国家需要，以国家需要培养个人爱好。

第四节　提高自身综合素质

大学生就业经历了由"精英"教育阶段的毕业包分配到现在"大众化"教育阶段的就业双向选择。目前是竞争激烈的年代，面对竞争激烈的就业市场，大学生在校期间就要调整好心态，正确认识自己和职业，做好职业生涯规划，了解社会对人才的本质要求，努力提高综合素质，掌握就业技能，打好就业基础，只有这样才能在激烈的就业竞争中处于主动地位。

大学生就业难的原因是多方面的，既有经济性因素也有社会性因素。中国的高等教育事业与发达国家相比仍处于一个不高的水平，大学的招生数量还要继续增加，所以大学生就业难将是一个长期存在的社会现象。当前大学毕业生的综合素质与用人单位的实际需求之间存在巨大的差距，毕业生的综合素质低已经成为制约毕业生顺利就业的重要因素，也是造成就业难的主要原因。

着力提高大学生自身综合素质，提升就业能力是缓解就业难的关键。大学生就业能力本质上是一种表现力，是毕业生把握并获取就业机会、赢得欣赏的本钱。综合素质是就业能力的基础，而能力是综合素质的集中反映和显著标志。构成大学生综合素质的要素包括知识结构、思维能力、动手能力、组织与决策能力、心理素质、人际沟通能力、气质修养等。知识结构是基础，提高思维能力才会显得"有内涵"，动手能力决定一个人实践与理论的结合，良好的组织与决策能力可以对实现目标的方式做出最佳选择，心理素质是否过硬已成为"双向选择"成与败的关键，人际沟通能力更是在社会求职中必须掌握的技能，一个人的气质修养在就业实践中的作用也越来越被看好。现在所认为的大学生的能力，早已不只是指知识的多少，而是指以知识结构为基础，包括以上所述的多方面综合能力。在社会主义市场经济高速发展的要求下，社会对大学生综合素质的要求越来越高，要求大学生具有良好、全面的综合素质，以适应社会发展的要求。

一、以职业生涯规划为切入点，为提升就业能力奠定基础

首先，树立正确的职业理想，找准职业倾向，择己所爱，培养自主学习能力，学会把外部学习技能内化成为自己能力的过程，变成学习的主人，拥有创造的愿望和乐趣，善于发现自己的不足及乐于探究求新，为获得理想的职业做好准备。其次，正确进行自我评估和职业分析，发挥优势，改进不足。进行职业生涯规划时，充分了解职业的特性、现状及发展空间，以及对求职者的自身素质和能力的要求等进行职业定位，选择最适合自己的职业，根据自己的实际找工作。再次，优化自身知识结构。按照社会与职业发展要求，将已有知识科学地重

组、交叉融合，培养和提高综合素质。最后，加强职业需要的实践能力。要加强社会实践能力，除了要掌握基础知识，提高实际运用能力外，还需具备从事该行业岗位的实际工作能力，以便积极投入到社会工作当中。

二、掌握基础知识的能力，促进专业知识结构的形成

就业应当具备的基本能力包括大学生在校期间所学的专业基础理论知识和外语、计算机的应用能力。为了更好地掌握专业知识并正确运用，必须努力学习英语和计算机知识，学会利用网络获取各类有用的信息，不断提升自己的综合素质。

三、提高自身社会适应能力，实现自身就业能力的提升

虽说大学是小社会，但是学校和社会是存在差距的，刚走出校园的大学生对社会的看法过于简单、片面和理想。缺乏工作经历和生活经验的他们，角色转换慢，适应过程长，难以适应企业要求。这就需要他们在就业前注重培养自身适应社会、融入社会的能力。适应能力是一种综合能力，它包括思维能力、动手能力、组织与决策能力、语言表达能力和人际交往能力等。思维能力对于人的学习、生活、事业的成功非常重要。依靠思维能力，才能总结、概括前人的经验，揭示事物的本质。思维能力是大学生就业要求的必备素质，也是就业能力结构的核心。动手能力可以理解为一种实践的技能，是知识转化为物质力量的关键。无论在学校中你的专业知识掌握得如何，如果在工作中不能转化为实际，不能带来实际的工作业绩，最终也将会被社会所淘汰。在学校期间，就应该有意识地培养自己的实际操作能力，通过社会实践、各类社团活动和毕业设计等来锻炼自己的动手能力。组织与决策能力是指在组织群体活动时，对未来行为目标的决断和选择，及时处理，向一个共同目标奋斗，按照明确的计划，充分发挥个人的积极性，协调地进行工作，并达到预期目的的能力。对于即将毕业的大学生来说，在未来的工作中，各种问题都需要迅速做出反应。因此，大学生在校期间应积极参加社会活动，训练和培养自己的组织和决策能力。语言表达能力是指运用语言或文字阐述自己的观点、意见或思想的能力。语言表达能力是学生成功就业的基础和关键。如果不具备基本的语言表达能力就不具备基本的就业竞争能力。人际交往能力是人们社会生活的基本能力，能否正确处理、协调好职业生活中人与人的各种关系，不仅影响人们对环境的适应状况，而且影响其工作效能、心理的健康。大学毕业生自觉地培养良好的人际交往能力非常重要，以便能与用人单位沟通，顺利就业。

四、保持良好的身体和心理素质，成为提升就业能力的保障

健康的体魄、良好的身体素质已成为人才竞争的物质资本。人们普遍认为德、才、学、识、体是人才的内在因素，而体是最基本的东西，是成长、成才的物质基础。同时，在社会急剧变革的今天，多种思想文化的激荡、新旧价值观念的冲突、激烈的竞争、物质生活的悬殊、社会生活和经济生活不协调等，无不冲击着青年学生的心灵，引起了部分学生认知失调、心理失衡和行为失范。这都影响了毕业生的学习、生活和工作，也不利于就业求职。因而大

学生必须加强心性修养，提高心理素质，要能正确评价自我，胸襟开阔、豁达大度、积极乐观；要正确对待挫折，克服期望值过高的心理，培养坚韧不拔的毅力；要克服自卑感，增强自信心，培养心理调适能力，以良好的心理素质去迎接挑战。此外，大学生还需要有良好的择业心态、正确的就业观。应当把就业观念转换为就业大众化，适当调整自己的就业期望值，到最需要的地方去就业；充分认识自我，客观评价自己，认清就业形势，确立"先就业，后择业"思想；破除传统就业观念，实现多元化就业。

第五节　了解认知企业文化

一、了解企业文化

1. 企业文化现象无处不在

每时每刻，我们都在与企业文化打交道。当我们接触企业时，这些企业中最明显、最不同寻常的特质常常会引起我们的关注和兴趣，如索尼公司、松下公司员工对公司和企业产品的热忱，微软公司异乎于传统的经营方式等。而当我们身处其中，企业文化现象又时隐时现，难以察觉。只有当我们有意实施一些与企业文化的核心价值观念和标准相抵触的新策略时，我们才可能真切感受到企业文化那实实在在的力量。

索尼公司的前身东京通信工业株式会社成立之初，创始人井深大就说："我们要凭着别的公司都无法超越的决心，创造我们自己独一无二的产品。"后来盛田昭夫回忆说："建立公司之初，我们并没有写一首公司之歌，但是我们确实有一个我们信奉的纲领，称之为'索尼精神'。首先，我们说索尼是开拓者，它决不跟在人后，随波逐流。公司将'始终是一个未知世界的开拓者'。"

2. 企业被文化所围绕但文化常会被忽略

不管你是否注意，文化其实就在你身边。不同的企业有着不同的文化。比如，当你进入不同的企业，你就能"感觉到"该企业所处的氛围，人们是如何彼此打招呼的，或他们是如何看待你的。人们谈论的事，或人们保持沉默的事，办公室的设备、布告栏以及许许多多不出声的暗示都能向你展示企业的文化。

我们经常由于一些原因而忽略了文化的存在。首先，我们往往不会觉察到文化，这是由于文化已经如此深地扎根其中。我们的信念、价值观和行为方式已经变得极其的内在，以致文化过程也变得令我们毫无察觉。

其次，文化的组成部分难以捉摸。假定我们要求人们对其企业文化进行描述，即便是从那些来自相同文化氛围的人，你获得的回答也可能会相去甚远，因为人们关注的方面各不相同。

第三，往往只有在我们所习惯的事物发生变化时，或当我们遇到了不同于我们所习惯的事物时，我们才会深刻地注意到文化的存在。事实上，我们常常期望其他人也有与我们相似的风俗习惯和文化意识，而在他们并不具备这些东西时，我们会感到奇怪。如果你在一家企业工作了一段时间，然后又调往另一家企业，或者如果你们的公司有了一次并购经历，你对其间的文化差异就会有深刻体会。

3. 目前企业文化尚无统一定义

企业文化又称公司文化，这个名词的出现始于 20 世纪 80 年代初。一种新的概念和理论在形成过程中往往会发生众说纷纭的现象，企业文化也不例外。

迪尔和肯尼迪在《公司文化》一书中指出，企业文化是由五个因素组成的系统，其中，价值观、英雄人物、习俗仪式和文化网络是它的四个必要的因素，而企业环境则是形成企业文化的最大的影响因素。

威廉·大内认为，企业的传统和氛围产生一个企业的企业文化。企业文化表明企业的风格，如激进、保守、迅速等，这些风格是企业中行为、言论、活动的固定模式，管理人员以自己为榜样把这个固定模式传输给一代又一代企业员工。

爱德加·沙因认为，从企业的各层面来说，文化就是根本的思维方式——企业在适应外部环境和内部融合过程中独创、发现和发展而来的思维方式，这种思维方式被证明是行之有效的，因而被作为正确的思维方式传输给新的成员，以使其在适应外部环境和内部融合过程中自觉运用这种思维方式去观察问题、思考问题、感受事物。

约翰·科特和詹姆斯·赫斯克特在其《企业文化与经营业绩》的著作中指出，企业文化通常代表一系列相互依存的价值观念和行为方式的总和。这些价值观念、行为方式往往为一个企业全体员工所共有，往往是通过较长的时间积淀、存留下来的。

迈克尔·茨威尔在其著作《创造基于能力的企业文化》中谈到，从经营活动的角度来说，企业文化是组织的生活方式，它由员工"世代"相传，通常包含以下内容：我们是谁，我们的信念是什么，我们应该做什么，如何去做。大多数人并未意识到企业文化的存在，只有当我们接触到不同的文化，才能感到自己企业文化的存在。企业文化可以被定义为在组织的各个层次得到体现和传播，并被传递至下一代员工的组织的运作方式，其中包括组织成员共同拥有的一整套信念、行为方式、价值观、目标、技术和实践。

杰克琳·谢瑞顿和詹姆斯·斯特恩在《企业文化：排除企业成功的潜在障碍》中指出，企业文化通常指的是企业的环境或个性，以及它所有的方方面面。它是"我们在这儿的办事方式"，连同其自身的特征，它很像一个人的个性。更确切地说，我们可将企业文化分成四个方面：企业员工所共有的观念、价值取向及行为等外在表现形式；由管理作风和管理观念（管理者说的话、做的事、奖励的行为）构成的管理氛围；由现存的管理制度和管理程序构成的管理氛围；书面和非书面形式的标准和程序。

查尔斯·希尔和盖洛斯·琼斯认为，企业文化是企业中人们共同拥有的特有价值观和行为准则的聚合，这些价值观和行为准则构成企业中人们之间和他们与企业外各利益方之间交往的方式。

4. 对企业文化的初步理解

我们认为，企业文化是社会文化的一个子系统。企业通过自身生产经营的产品及服务，不仅反映出企业的生产经营特色、组织特色和管理特色等，更反映出企业在生产经营活动中的战略目标、群体意识、价值观念和行为规范，它既是了解社会文明程度的一个窗口，又是社会当代文化的生长点。因此，在国内外学者观点的基础上我们可以对企业文化作如下定义。

企业文化是指现阶段企业员工所普遍认同并自觉遵循的一系列理念和行为方式的总和，通常表现为企业的使命、愿景、价值观、行为准则、道德规范和沿袭的传统与习惯等。

理解企业文化需要注意以下几个方面。第一，文化具有时段性。文化总是相对于一定时间段而言。我们所指的企业文化通常是现阶段的文化，而不是指企业过去的历史文化，也不是指将来企业可能形成的新文化，即目标文化。第二，文化的本质在于其共识性，只有达成共识的要素才能称为文化。企业新提出的东西，如果没有达成共识，目前就不能称为文化，只能说是将来有可能成为文化的文化种子。企业文化代表企业共同的价值判断和价值取向，即多数员工的共识。当然，共识通常是相对而言的。在现实生活中，通常很难想象一个企业所有员工都只有一种思想、一个判断。由于人的素质参差不齐，人的追求呈现多元化，人的观念更是复杂多样，因此企业文化通常只能是相对的共识，即多数人的共识。第三，文化具有范围性。文化总是相对于一定范围而言，我们所指的企业文化通常是企业员工所普遍认同的部分。如果只是企业领导层认同，那么它只能称为领导文化；如果只是企业中某个部门中的员工普遍认同，那么它只能称为该部门的文化。依据认同的范围不同，企业中的文化通常可以分为领导文化、中层管理者文化、基层管理者文化，或部门文化、分公司文化、子公司文化、企业文化等。第四，文化必定具有内在性。企业所倡导的理念和行为方式一旦达成普遍的共识，成为企业的文化，则这些理念和行为方式必将得到广大员工的自觉遵循。

二、企业文化认知

"文化"正逐渐成为企业管理的一股重要力量，但是不少企业在企业文化建设上存在着认识误区。企业应学会正确认识企业文化的内容，并发挥出企业家对企业文化建设的重要作用来。企业文化是企业的灵魂，是推动企业发展的不竭动力。它包含着非常丰富的内容，其核心是企业的精神和价值观。

1. 企业文化的概念及本质

企业文化是一个组织由其价值观、信念、仪式、符号、处事方式等组成的其特有的文化形象，是企业为解决生存和发展问题而树立形成的，被组织成员认为有效而共享，并共同遵循的基本信念和认知。广义上说，文化是人类社会历史实践过程中所创造的物质财富与精神财富的总和；狭义上说，文化是社会的意识形态以及与之相适应的组织机构与制度。而企业文化则是企业在生产经营实践中逐步形成的，为全体员工所认同并遵守的，带有本组织特点的使命、愿景、宗旨、精神、价值观和经营理念，以及这些理念在生产经营实践、管理制度、员工行为方式与企业对外形象的体现的总和。它与文教、科研、军事等组织的文化性质是不同的，从本质而言，它是一种经济管理文化。离开了经营管理谈企业文化没有任何意义。企业是土壤，企业文化是长在土地上的花，离开了土壤酸碱性谈花的色彩变化是不真实的。

2. 企业文化在企业经营发展中的作用

企业文化是企业经营发展中不可缺少的一部分，下面来具体说一下企业文化的作用。

（1）企业文化具有导向作用。企业文化的发展具有方向性，其既要遵循企业战略发展的方向，又要承袭企业发展的"成功因子"，需要兼顾短期利益和长期规划，优秀的企业文化建设离不开"发展方向"的指引。

（2）企业文化具有凝聚作用。先进的企业文化能把企业职工凝聚在一起。拥有先进企业文化的企业，会向职工提供一种共同的、先进的价值观，这种价值观能把企业职工凝聚在一起，形成一股强大的合力，使广大职工同心同德地为企业的发展贡献力量。

（3）企业文化具有约束作用。企业文化能使企业职工正确地支配和控制自己的行为。先进的企业文化能够提供思想指导、价值观念、行为准则、文化知识等，告诉企业职工什么样的行为是正确的，什么样的行为是不正当的，什么地方是不能涉足的禁区等，能够帮助企业职工知晓曲直，在实践中及时调整自己的行为。

（4）企业文化具有促进作用。企业文化能使企业职工的思想观念和精神境界得到不断净化和促进。先进企业文化的精髓是先进的思想观念、道德准则和进取精神，以此熏陶、教育企业职工，有助于帮助他们摈弃错误的思想观念、陈旧的价值观念，使他们的思想观念、精神境界得到净化和促进。

（5）企业文化具有激励作用。企业文化能够激励企业职工为实现企业目标而努力奋斗，能使企业职工获得自我发展，实现自我创造。积极宣导企业文化理念，确保员工充分理解，使其与企业文化倡导理念、奉行法则等保持一致。

（6）企业文化具有辐射作用。企业文化是一项传播工程，需要做好关键理念宣导、典型塑造和示范带动的工作。在企业内部，先进的企业文化也会告知每一名职工、每一个团队，只有企业发展了，企业内的每一名成员才能得到更多的利益，相互配合，相互支持，为实现企业的发展目标而携手奋进。

3. 企业文化存在着认识误区

当前，企业文化建设工作越来越受到企业管理者的重视，不少企业开始了"以文化管企业"的实践，"文化"正逐渐成为企业管理的一股重要力量。但是，我们在调研中发现，不少企业在企业文化建设方面重形式、轻内涵，存在着认识误区。例如，有些管理者误将企业文化视为企业精神，误将企业文化等同于传统文化，混淆了企业文化的本质等。

在现代企业中，企业文化是管理的生命线，因此，企业应正确认识企业文化的内容，避免陷入认识误区，并发挥出企业家对企业文化建设的重要作用来。

误区一：将企业文化等同于企业形象识别（CI）。

现阶段国内不少企业将企业文化等同于企业形象识别。基于这一认识，这些企业将建立企业形象识别系统看成是企业文化建设的全部，这也正是它们在言及企业文化时必谈"MI、BI、VI"的根本原因。

事实上，企业文化包含了企业在社会上作为一个组织的价值观念、行为模式和信仰等内容。企业文化的核心在于企业员工所共同认同的价值理念和受此价值理念指导的行为模式。从这个意义上说，企业文化并不完全等同于企业形象识别。企业形象识别仅仅是表象，是初始，是局部。企业文化建设从企业形象识别入手是可以的，但如果将企业文化建设等同于企业形象识别设计，则设计出来的企业文化难免会成为一种对外对内的摆设。企业文化不是秀给别人看的，有哪个优秀企业的文化是作秀作出来的呢？

美国西南航空公司是世界上唯一一家在过去 28 年里连续赢利的航空公司。尽管这家公司的企业文化核心只有一个理念："以爱构建的航空公司"，但难得的是这一理念得到公司数十年如一日的坚持，并且从 CEO 到普通员工都对这一理念身体力行，从而使消费者更充分地感受到这家公司"爱的氛围和爱的行动"。

误区二：企业文化是全员文化。

企业文化最终应成为被全体员工共同接受和遵守的价值理念、行为机制和行为模式。然而，对企业文化的形成起决定性作用的并非全体员工，而是企业的核心领导人。可以说，企业文化便是企业家的文化，优秀的企业文化背后总有一位或几位优秀的企业领导人。

大量的案例告诉我们，企业文化的形成呈现出由核心领导人向核心管理层、中坚力量、普通员工逐层推进的特点，这点在创业型企业中尤为明显。企业文化的核心价值理念和行为模式很大程度上代表了核心领导人的价值理念和行为模式，为核心领导人所大力倡导，而普通员工更大程度上是对这个核心企业文化的接受和认同，以及在既有基础上对它的延续和发展。

柳传志、张瑞敏、王石、李东生在各自行业被看作是教父级的人物，联想、海尔、万科、TCL 的企业文化都被深深刻上各自领导人的印记。柳传志的"拐弯理论""屋体理论"等成为联想文化的精髓；张瑞敏的"球体爬坡论""出海理论""赛马机制"等哲理性思考成为海尔独具特色的经营管理文化；王石的职业经理人理念造就了万科令业界瞩目的职业经理人文化；李东生的"大道无术"成为 TCL 不事张扬之中节节取胜的法宝。

误区三：就企业文化论企业文化，将文化孤立于战略、组织、团队之外。

一个公司由优秀到伟大，其核心竞争力的最重要组成要素便是公司文化，而使公司文化能有效发挥价值的关键在于公司战略、组织、团队的有效支持。孤立地谈论企业文化，将其脱离于公司其他管理元素之外；大而统之地认为文化无所不包，不需要其他管理元素的支持；在不明确企业战略的情况下便可以完成企业文化设计，在管理基础非常薄弱的情况下便可以进行企业文化建设等都是眼下我们见怪不怪的现象。

成功的企业无不是战略、组织、团队、文化四个要素的有机融合与互动。其中，文化是公司的价值核心和理念精髓，是制定公司战略、构建公司架构、指导团队建设的理念基础。文化必须落地，而文化落地需要一整套的战略和制度支持，需要被团队真正地理解、接受、认同和实践。战略、组织、团队、文化形成企业的四个支点，它们有效构建起企业生存发展的基础，而且相互之间必须相互适应，相互匹配。离开战略、组织、团队三个维度的有效支持与协同，文化只能成为空中楼阁。

被尊为中国企业界教父的联想集团总裁柳传志将管理的核心要素归纳为"建班子、定战略、带队伍"。其中，"带队伍"的核心便在于以文化塑造团队，足见战略、团队、文化相互配合、有机统一对于企业发展的重要意义。

误区四：企业文化的关键在于设计。

许多企业认为企业文化是请人设计出来的，设计的语言越漂亮越好。基于这种思想，许多企业的企业文化建设将设计作为核心，追求语言的华丽，追求口号的响亮，这也正是为什么十个企业中有六个企业的企业文化是雷同的原因。

其实企业文化是对企业领导人和企业员工价值理念的深层发掘和提炼，而非不着边际的空洞设计；是在企业的发展历程中积累而成，并由企业核心层向外围逐渐延伸、扩展，最终为企业员工所接受；企业文化并非语言越漂亮越好，越拔高越好，企业文化不仅要叫得响，而且更要用得着、分得出、立得住；对于企业文化建设而言，设计环节的重要性远远低于实施环节，不能有效实施的设计必然是失败的设计，具体的设计内容并不重要，重要的是要始终不辍地、持续一贯地对企业文化加以坚持和实践，要反反复复地、不厌其烦地对员工进行宣导和贯彻。

以联想和万科为例。联想文化中"撒上一层土，夯实了，再撒上一层土，再夯实了""办企业就是办人""小公司做事，大公司做人"等看似有点"乡土"的语言却是联想文化的特色，是联想文化的精髓，是联想人所津津乐道的文化。同样，万科远远超脱于企业自身之外，在房地产业大谈利润、空谈品牌、奢谈文化的背景下始终不渝地坚持和倡导"健康丰盛人生"的理念，最终造就了万科独具特色的企业文化。

尽管并非有独特企业文化的企业一定能成功，但是成功的企业一定有文化。在这些成功企业的文化中，既找不出设计的痕迹和华丽的语言来，也找不出与他人雷同的地方。这些企业创造了独具特色的文化，文化成了它们独特的象征。

误区五：企业文化建设是职能部门的事情，领导人不必过多关心。

多数企业的领导人认为企业文化建设与自己关系不大，只需将其作为一项工作分派下去即可。但事实上，离开了领导人的核心参与，企业文化建设根本不可能取得成功。

领导人在企业文化建设中起码发挥着三个核心作用。

一是领导人所认可的企业的价值理念、目标设定、战略思考、经营动机、管理方针等是形成企业文化的核心基础。领导人应当成为企业真正的精神领袖和形象代言人，就像我们谈到联想必然想到柳传志，谈到万科必然想到王石一样。

二是领导人应当身体力行地向员工宣导企业文化的精髓，推动员工对企业文化的认同和实践。企业应当通过高层—中层—基层的顺序逐层感染和影响员工，使企业文化的根基越来越牢靠。

三是领导人应当亲自推动建立以文化认同为核心的人才选拔、培养、使用、激励体系。杰克·韦尔奇为我们提供了以文化认同为依据，选拔、培养、使用和激励人才的绝好例子。根据他的理论和实践，我们按照对公司文化的认同程度、实现目标和取得业绩两个维度将人才分为四类，根据类别确定四类人才的不同去向。第一类人才对公司文化认同程度高，并且能够完满地实现工作目标和取得优秀业绩，毫无疑问属于公司的明星类人才，应当放手使用和给以充分激励。第二类人才虽然能够完满地实现工作目标和取得优秀业绩，但由于对公司文化不认同，应当毫不犹豫地及时放弃。第三类人才既对公司文化不认同，又不能有效实现目标和取得业绩，毫无疑义应当放弃。第四类人才虽然不能有效实现目标和取得业绩，但对公司文化认同程度高，应当加以培养，提高其学习能力和工作能力，促使其向第一类人才转化。

误区六：企业文化的"唯变论"与"不变论"。

在企业文化"变"与"不变"的问题上存在着两个相反的误区：一是将企业文化奉为圭臬，认为企业文化的各项内容甚至每一个理念、每一句话、每一个词都不应当被改变；二是认为唯一不变的是变化，企业的一切都应当不断改变，企业文化当然也不例外。

在誉满全球的企业研究力作《基业长青》中，对企业文化的变化与否总结出了八字箴言："保存核心，刺激进步"。企业的核心价值观应当始终保持不变，该书所研究的 18 家著名企业都虔诚地保持着它们的核心理念，它们的核心价值基础坚如磐石、始终不变，甚至部分公司的核心价值观已经历百年而一成不变。同时，这些企业在稳保核心理念之余，也展现出追求进步的强大动力，不断改变却不会有损其所珍视的核心理念。

例如，惠普核心理念中的"尊重和关心每个员工"、沃尔玛核心理念中的"超出顾客的期望"、波音核心理念中的"领导航空工业，永为先驱"、默克核心理念中的"我们从事保存和改善生命的事业"、3M 核心理念中的"尊重个人的首创精神"等均是这些企业恒久不变的部分，但是所有这些基于核心理念指导下的非核心做法却是不断改变的。

由此，我们可以得出结论：企业的核心价值观应当保持不变，而除了核心价值观外，其他的一切都是可变并必须改变的。

4. 不同国家的企业文化模式与管理特点

文化是与民族分不开的，一定的文化总是一定民族的文化。企业文化是一个国家的微观组织文化，它是这个国家民族文化的组成部分，所以一个国家企业文化的特点实际就代表着这个国家民族文化的特点。下面我们仅对能代表东西方民族文化特点的几个国家和地区的企业文化和管理特点作一些简要介绍。

1）美国的企业文化模式与管理特点

美国是一个多民族的移民国家，这决定了美国民族文化的个人主义特点。美国的企业文化以个人主义为核心，但这种个人主义不是一般概念上的自私，而是强调个人的独立性、能动性、个性和个人成就。在这种个人主义思想的支配下，美国的企业管理以个人的能动主义为基础，鼓励职工个人奋斗，实行个人负责、个人决策。因此，在美国企业中个人英雄主义比较突出，许多企业常常把企业的创业者或对企业做出巨大贡献的个人推崇为英雄。企业对职工的评价也是基于能力主义原则，加薪和提职也只看能力和工作业绩，不考虑年龄、资历和学历等因素。以个人主义为特点的企业文化缺乏共同的价值观念，企业的价值目标和个人的价值目标是不一致的，企业以严密的组织结构、严格的规章制度来管理员工，以追求企业目标的实现，职工仅把企业看成是实现个人目标和自我价值的场所和手段。

2）欧洲国家的企业文化模式与管理特点

欧洲文化是受基督教影响的，基督教给欧洲提供了理想价格的道德楷模。基督教信仰上帝，认为上帝是仁慈的，上帝要求人与人之间应该互爱。受这一观念的影响，欧洲文化崇尚个人的价值观，强调个人高层次的需求。欧洲人还注重理性和科学，强调逻辑推理和理性的分析。虽然欧洲企业文化的精神基础是相同的，但由于各个国家民族文化的不同，欧洲各个国家的企业文化也存在着差别。

英国人由于文化背景的原因，世袭观念强，一直把地主贵族视为社会的上层，企业经营者处于较低的社会等级。因此，英国企业家的价值观念比较讲究社会地位和等级差异，不是用优异的管理业绩来证明自己的社会价值，而是千方百计地使自己加入上层社会，因此在企业经营中墨守成规，冒险精神差。

法国最突出的特点是民族主义，傲慢、势利和优越感，因此法国人的企业管理表现出封闭守旧的观念。

意大利崇尚自由，以自我为中心，所以在企业管理上显得组织纪律差，企业组织的结构化程度低。但由于意大利的绝大多数企业属于中小企业，所以组织松散对企业生机的影响并不突出。

德国人的官僚意识比较浓，组织纪律性强，而且勤奋刻苦。因此，德国的企业管理中，决策机构庞大、决策集体化，保证工人参加管理，往往要花较多的时间论证，但决策质量高。企业执行层划分严格，各部门负责人只有一个主管，不设副职。职工参与企业管理广泛而正规，许多法律都保障了职工参与企业管理的权力。职工参与企业管理主要是通过参加企业监事会和董事会来实现的。按照《职工参与管理法》的规定，两万人以上的企业，监事会成员20人，劳资代表各占一半，劳方的10名代表中，企业内推举7人，企业外推举3人；1万～2万人的企业中，监事会成员16人，劳方代表8人，其中企业内推举6人，企业外推举2人，

1 万人以下的企业，监事会成员中的劳资代表各占一半。

3）日本的企业文化模式与管理特点

日本是一个单民族的国家，社会结构长期稳定统一，思想观念具有很强的共同性。同时，日本民族受中国儒家伦理思想的影响，侧重"和""信""诚"等伦理观念，使日本高度重视人际关系的处理。这些决定了日本企业文化以和亲一致的团队精神为其特点。"和"被日本企业作为运用到管理中的哲学观念，是企业行动的指南。

以团队精神为特点的日本企业文化，使企业上下一致地维护和谐，互相谦让，强调合作，反对个人主义和内部竞争。企业是一个利益共同体，共同的价值观念使企业目标和个人目标具有一致性。企业像一个家庭一样，成员和睦相处，上级关心下级，权利和责任划分并不那么明确，集体决策，取得一致意见后才作出决定，一旦出了问题不归咎个人责任，而是各自多作自我批评。企业对职工实行终身雇佣，年功序列工资制。日本是一个单一民族的岛国，但她并不封闭守旧，革新精神强，大量吸收西方文化，重视科学技术和理性管理，并与传统文化结合起来，形成巨大的生产力。

优秀的企业文化是企业精神风貌的充分体现，是企业发展的精神动力，对企业的持续、稳定、健康发展起着重大的推动作用。新的世纪，企业如何解决企业发展中的文化问题，积极培育和建设有中国特色的优秀的企业文化，以优秀的企业文化促进企业改革、发展，同时以企业改革、发展带动企业文化建设，具有重大而深远的意义。

21 世纪是文化管理时代，是文化致富时代，企业文化将是企业的核心竞争力所在，是企业管理的最重要内容。《财富》杂志评出的全球 500 强企业均有优秀的文化，500 强的评委也总结出企业成功的关键是文化。GE 公司前任 CEO 韦尔奇认为，文化是永远不能替代的竞争因素，企业靠人才和文化取胜。这一点，已成为众多企业的共识。

复习思考题

1. 大学能给我们的人生带来什么？描述一下你憧憬的大学生活。
2. 简述加强自我管理约束的重要性。
3. 仔细阅读短文《此生不易》，你有什么感想和启迪？
4. 如何构建自己的合理的知识结构？
5. 做一份提高自身素质的计划。
6. 什么是企业文化？企业文化在企业经营发展中有什么作用？

第四章

职业核心能力提升

　　职业核心能力是在人们工作和生活中除专业岗位能力之外取得成功所必需的基本能力，它可以让人自信和成功地展示自己，并根据具体情况如何选择和应用，它可分为三个部分。

　　基础核心能力：职业沟通、团队合作、自我管理。

　　拓展核心能力：解决问题、信息处理、创新创业。

　　延伸核心能力：领导力、执行力、个人与团队管理、礼仪训练、五常管理、心理平衡。

　　职业核心能力认证培训项目是教育部教育管理信息中心全国职业核心能力认证培训办公室的研发专家在吸收了英国、美国、德国等西方发达国家最新职业教育和培训成果基础上开发出来的职业能力认证培训项目（简称 CVCC 项目），职业核心能力培养已成为全球各地教育、培训的基本趋势。

　　教育部在 2006 年 16 号文件指出，要"教育学生树立终身学习理念，提高学习能力，学会交流沟通和团队协作，提高学生的实践能力、创造能力、就业能力和创业能力"。并在办学水平评估指标体系中要求测评学生的"自我学习、信息处理、语言文字表达和合作协调能力"。同时，教育部与其他部委的相关文件中也一再强调学生以及职业人士的职业核心能力的重要性。

　　当前，职业核心能力已经成为人们就业、再就业和职场升迁所必备的能力，也是在校、已就业和即将就业人群竞争力的重要标志，它也必将成为企事业单位在职人员综合素质提高的重要内容。因此，职业核心能力认证培训项目作为国家新的综合素质训练项目，将拥有最广泛培训人群，将是培训界全新的社会服务项目，其生命力将伴随一个职业人士的一生，将对提升我国技能人才的素质起到积极作用。

第一节　职业价值观探索

一、价值观和职业价值观

1. 价值观的含义

价值观是指推动并指引一个人采取决定和行动的经济的、逻辑的、科学的、艺术的、道德的、美学的、宗教的原则、信念和标准，是一个人思想意识的核心。

2. 职业价值观的含义

职业价值观是价值观的重要组成部分，是人们依据自身的需要对待职业、职业行为和工作结果的比较稳定的、具有概括性和动力作用的一套信念系统。例如大学生再就业时通常会考虑一些问题：是去政府单位还是去私人公司？是去技术岗位还是行政岗位？是要工作轻松还是要高工资福利？左右学生选择的，就是职业价值观。很多大学生把充分发挥自己的才能作为择业的第一标准。

二、当代大学生职业价值观的现状

由于我国教育体制的问题，很多大学生缺乏社会实践经验，理论与实践没有相统一，不知道毕业以后做什么，怎么做等一系列问题，当代大学生职业价值观主要有以下特点。

1. 择业"眼高手低"

很多大学生都是中学的优秀学生，上大学后都怀着一种轻松的心态，而且往往以"天之骄子"自居，对将来的工作往往充满很大的期望，希望毕业后能从事高收入、高福利的工作，不愿从基层做起，这也是造成学生就业困难的重要原因。

2. 择业意向的相似性

很多大学生都希望去好的单位、发达的地区工作，择业意向很相似，但是择业意向的相似直接造成了竞争的激烈，往往使很多竞争力不强的学生遭淘汰，而经过多次打击的学生，往往会形成自卑、厌世等的心理障碍，这也更导致他们的就业困难。

3. 择业观念的落后

很多大学生的择业思想还停留在 80 年代，他们希望自己能去国有企业、事业单位、公务员，希望工作稳定、收入高，对一些私人公司往往嗤之以鼻，甚至连考虑都不考虑，造成了就业选择的局限性，直接影响了大学生的就业。因此，树立"先就业，后择业"的观念势在必行。

三、价值观在职业选择中的地位和作用

1. 价值观对动机有导向作用

人们行为的动机受价值观的支配和约束，价值观对动机模式有重要的影响，在同样的客观条件下，具有不同价值观的人，其动机模式不同，产生的行为结果也不同。因此不同的价值观在职业选择中也有不同的作用。

2. 负面的价值观阻碍职业的选择

负面的价值观经常会影响学生择业的过程。有些学生在择业中会使自己产生失望、彷徨等消极的心理状态，导致心理不和谐。因此，如何培养学生正确的价值观成了学校应重视的问题。

3. 正确的价值观促进职业的选择

正确的价值观可以促进学生找到适合自己的职业。例如，在职业价值观中看重发展因素的学生，其自我满意度较高，自我灵活性也较好。这些学生往往具备很强的竞争力，并且对

所选单位比较了解，就业准备充分，具有较强的进取心，善于学习。因此，学校应着重发展学生具有积极向上的人生态度。

四、加强大学生职业价值观教育的对策思考

1. 培养大学生核心竞争力

目前很多在校大学生狂热的追求各种资格证书，反映出学生已经意识到了就业的压力，侧面反映了学生竞争意识的加强，但是证书的获得能否起到提高就业竞争力的作用，通过对用人单位的调查发现，用人单位在招聘中比较注重的是综合素质较高的人才。因此，培养个人的职业核心竞争力，提高综合素质是成功的关键。学校应加强对学生组织沟通能力、语言表达能力等综合能力的培养。

2. 引导大学生树立更高的职业理想

现在很多学生的职业价值观就是追求高收入、高回报的工作，就业思想还停留在"就业挣钱、养家糊口"等狭隘观念。因此学校在教育学生时一定要让他们摆脱这种思想，注重培养学生为国家、为社会作贡献的价值观，要让学生知道只有坚持崇高的理想和信念，不断加强品德修养，才能使个体有限的生命充满价值。

3. 培养大学生的择业信心

随着就业形势的日趋严峻，很多学生对找工作产生了恐惧，很多学生不愿意去面对找工作，学生严重缺乏就业信心，这也是我们许多高校面临的就业难题。

因此学校要针对这个问题采取措施，培养学生的专业能力加强心理教育，提高学生的择业信心，使学生在校期间以饱满的热情投入到学习和工作中去。要通过各种形式的讲座、教育，让学生面对现实，了解现实，要让学生知道，就业虽难，但只要做好了准备就没问题。

综上所述，通过对学生就业现状的了解，我们知道了大学生就业出现了很多新问题，这些问题给各个高校提出了新的挑战。但是，只要我们能够立足为了学生的一切，不断探索和创新，努力创新就业指导工作的方法，就一定能够不断提高就业指导的质量，向社会输送更多的合格人才。

第二节　情商逆商修炼

（一）情商

"智商使人得以录用，而情商使人得以提升"。情商是指情绪管理，"情绪"就是能量的移动。

美国心理学家认为，情商包括以下几个方面的内容：一是认识自身的情绪，只有认识自己，才能成为自己生活的主宰；二是能妥善管理自己的情绪，即能调控自己；三是自我激励，它能够使人走出生命中的低潮，重新出发；四是认知他人的情绪，这是与他人正常交往，实现顺利沟通的基础；五是人际关系的管理，即领导和管理能力。

一个杰出的人未必有着高智商，却一定有着高情商。尤其在当今社会，情商更加重要。

情商有哪些特点呢？

第一，情商是后天的，是可以培养的。但是，不是靠读书、考试的学习，而是经过自我的评估、自己定的目标，并且向着恒定的目标前进。

第二，情商是一种智慧。它包括对于人生价值和意义的深刻理解，人生观、价值观以及人生战略的总体把握。情商是一种人生智慧，智慧的学习不仅仅是靠书本更多来自间接经验或是人生经验。

第三，情商是一种人格品质。它是上述能力和智慧的综合体现和实现，是一种经常性、稳定性存在的情绪品质和人格素质。因此，衡量情商的高低，需要从多方面、多角度来衡量，从整体的角度来衡量。

情商是成功必不可少的条件，情商是指情绪智力。情绪人人都有，每时每刻都有。识别他人的情绪是一种人际交往的技巧，也是对人尊重的态度。情商可以让我们更好地觉察别人、认识别人、了解别人。首先要懂得控制情绪，培养自制能力，同时能够通过一些适当的方法，如暗示法、转移法、升华法、倾听法等表达和处理自己的情绪。管理情绪有很多的方法，其中同情心理很重要。要学会帮助弱者、帮助部下、帮助同事。小舍小得、大舍大得、不舍不得，这叫舍得。从入学起，大学生就承受着较大的思想压力，如学业上的压力、综合素质的提高、未来就业的不确定感、环境的不适应等等。另一方面，大学生正值青春年少，缺乏人生经验，抗挫折能力与调控能力较差。面对困境与重压，容易沉陷在消极的泥潭而不能自拔。如一些大学生不能承受学习成绩下降、失恋等带来的身心压力，呈现焦虑、失眠、抑郁、恐惧，身心的失衡，不仅影响其智能的发挥，而且还会使其潜能的挖掘、综合能力的培养、人格的完备受到抑制。

情商其实很简单，性格没有好坏之分，放在合适的地方就是优点，反之则是缺点。如何提高自己的情商呢？学会包容，善于沟通，学会聆听，赞美别人，保持一个好的心情，处理好与周围人的关系。认识自己的情绪，管理好自己的情绪，自我激励，恰当地对待他人的情绪，学会人际关系这一门管理他人情绪的艺术。

高情商有哪些表现呢？表现有很多方面。

第一，不抱怨不批评。高情商的人一般不批评别人，不指责别人，不抱怨，不埋怨。其实，这些抱怨和指责都是不良情绪，它们会传染。高情商的人只会做有意义的事情，而不做没有意义的事情。

第二，热情和激情。高情商的人对生活工作或是感情保持热情，有激情。知道调动自己的积极情绪，让好的情绪伴随每天的生活工作。不让那些不良的情绪影响到生活或工作。

第三，包容和宽容。高情商的人宽容，心胸宽广，心有多大，眼界有多大，你的舞台就有多大。高情商的人不斤斤计较，有一颗包容和宽容的心。

第四，沟通与交流。高情商的人善于沟通，善于交流，并且以坦诚的心态来对待，真诚又有礼貌。沟通与交流是一种技巧，需要学习，在实践中不断地总结摸索。

第五，多赞美别人。高情商的人善于赞美别人，这种赞美是发自内心的真诚的。看到别人优点的人，才会进步得更快，总是挑拣别人缺点的人会固步自封反而退步。

第六，保持好心情。高情商的人每天保持好的心情，每天早上起来，送给自己一个微笑，并且鼓励自己，告诉自己是最棒的，告诉自己是最好的，并且周围的朋友们都很喜欢自己。

第七，聆听好习惯。高情商的人善于聆听，聆听别人的说话，仔细听别人说什么，多听多看，而不是自己涛涛悬河。聆听是尊重他人的表现，聆听是更好沟通的前提，聆听是人与人之间最好的一种沟通。

第八，有责任心。高情商的人敢做敢承担，不推卸责任，遇到问题，分析问题，解决问题。正视自己的优点或是不足，敢于担当的人。

第九，每天进步一点点。高情商的人每天进步一点点，说到做到，从现在起，就开始行动。不是光说不做，行动力是成功的保证。每天进步一点点，朋友们也更加愿意帮助这样的人。

第十，记住别人的名字。高情商的人善于记住别人的名字，用心去做，就能记住。记住了别人的名字，别人也会更加愿意亲近你，和你做朋友，你会有越来越多的朋友，有好的朋友圈子。

（二）逆商

1. 逆商的定义

逆商（AQ），它是指一个人面对困境时减除自己的压力、渡过难关的能力，也就是人心理上的抗风险能力。逆商主要包括四个方面：控制感，在面对逆境时，那些 AQ 较高的人比 AQ 较低的人认为自己能表现出更多的控制力和影响力；起因和责任归属，那些具有较高 AQ 的人会主动负责处理事务，而不管这件事是否和他们有关，相反，那些 AQ 较低的人会避开承担责任，并常常感到无奈和受伤害；影响范围，那些具有较高 AQ 的人将挫折和挑战控制在一定范围之内，不让它们干扰到自己工作、生活等其他领域；持续时间，那些具有较高 AQ 的人既能够留心过去的接踵而至的困难，又能够拥有希望、保持乐观。

当今时代，应付逆境的能力更能使人立于不败之地。有人说，苦难对于能干的人是一笔财富，苦难是人生最好的大学。只有经历了磨难或磨练，人的潜力才能激发出来，人的视野会更加开阔，灵魂才会升华，才能走向成功。也许就是那句俗语，吃得苦中苦，方为人上人。

2. 为什么要有逆商

逆商是以弹性面对逆境、积极乐观、接受困难的挑战、发挥创意，并找出解决方案。即便没有什么逆境，也要具备健康积极的弹性心理。所以，具备逆商是现代人年轻人必备的能力。

那么，逆境情商如何修炼？

（1）凡事不要抱怨。只要想着怎么解决问题就好。所以，如果你有什么困难，专注力注重那些如何解决问题，解决方法的地方，不要想着抱怨或是埋怨，这些都是无用的。

（2）学点阿 Q 精神。遇到什么困难或是问题，学点阿 Q 精神，多想想自己的优点，不要总想着缺点和不足，多多鼓励自己，而不是处处否定打击自己。

（3）学点幽默感。学点幽默感，凡事想得开，适当自嘲一下，多和幽默感的朋友们在一起，自己也会变的有幽默感，幽默其实就是一种人生智慧的表现。

（4）凡事看优点。凡事看到优点，多向好处想，不要总想着自己的缺点。

（5）换个角度看。换个角度看问题，多角度分析，看看有没有其他解决的办法。

（6）调高目标。许多人惊奇地发现，他们之所以达不到自己孜孜以求的目标，是因为他们的主要目标太小，而且太模糊，使自己失去动力。如果你的主要目标不能激励你的想象力，目标的实现就会遥遥无期，因此，真正能激励你奋发向上的是：确立一个既宏伟又具体的远大目标。

（7）离开舒适区。不断寻求挑战，激励自己，提防自己，不要躺倒在舒适区。舒适区只应是避风港而非安乐窝。它只是你迎接下次挑战之前刻意放松自己和恢复元气的地方。

（8）把握好情绪。人开心的时候，体内就会发生奇妙的变化，从而获得新的动力和力量。但是，不要总想在自身之外寻开心。令你开心的事不在别处，就在你身上。因此，寻出自身的情绪高涨期用来不断激励自己。

（9）加强排练。先"排演"一场比你要面对局面更复杂的战斗。如果手上有棘手事而自己又犹豫不决，不妨挑件更难的事先做。生活挑战你的事情，你定可以用来挑战自己。这样，你就可以自己开辟一条成功之路。成功的真谛是：对自己越苛刻，生活对你越宽容；对自己越宽容，生活对你越苛刻。有困难要上，没有困难创造困难也要上。

（10）走向危机。危机能激发我们竭尽全力。无视这种现象，我们往往会愚蠢地创造一种追求舒适的生活，努力设计各种越来越轻松的生活方式，使自己生活得风平浪静。当然，我们不必坐等危机或悲剧的到来，从内心挑战自我是我们生命的源泉。

（11）勇于迎接恐惧。世上最秘而不宣的体验是，战胜恐惧后迎来的是某种安全有益的东西。哪怕克服的是小小的恐惧，也会增强你对创造自己生活能力的信心。

按照智商、情商、逆商的三层次理论，智商和情商是基础，是你开始攀登的原始本领，逆商是攀登过程中抵抗一切挫折、失望、气馁、绝望的强大力量。没有了智商和情商，你寸步难行，没有了逆商，结果要么在山脚下不走了，要么在半山坡上得过且过，他不可能到达山的顶峰。一个人的成功必须建立在智商、情商和逆商的基础上。人的成功20%取决于人的智商，80%取决于人的情商和逆商。智商低情商高的人，容易遇到贵人相助；而智商高情商低的人，容易怀才不遇；情商低和逆商低的人多数失败，智商情商高但逆商低的人，不会取得太大的成功。

第三节　团队合作与领导力提升

一、团队合作

团队合作指的是一群有能力，有信念的人在特定的团队中，为了一个共同的目标相互支持合作奋斗的过程。它可以调动团队成员的所有资源和才智，并且会自动地驱除所有不和谐和不公正现象，同时会给予那些诚心、大公无私的奉献者适当的回报。如果团队合作是出于自觉自愿时，它必将会产生一股强大而且持久的力量。

团队合作的形态很像智囊团，但与智囊团却有重大区别。

在你的智囊团中，你将各个独立的人组织成小团体，你们都具有共同的强烈欲望和明确目标，并且能从日益增进的热忱、想象力和知识中获得明确的利益。团队合作的情形和智囊团的合作形态很类似，但却有重大区别。由于团队中的成员未必都具有相同的强烈欲望和明确目标，所以，你必须更努力于使团队成员不断地为工作奉献。

同时，你也应该要求自己，不断地为成员做出奉献并发掘他们的欲望，给他们以适当的回报。可见，团队合作与智囊团原则的不同之处在于：前者针对的是一个组织的全体成员，出发点在于调动团队成员中各方的努力，但这些努力未必都具有明确目标和相互和谐；而后者针对的则是直接参与咨询、决策和领导的少数智囊团成员，并以这些成员之间的明确目标以及相互和谐为重要因素，出发点在于充分激发全体成员的智慧，并将这种智慧汇集成一股实现目标的合力。

二、团队领导力

团队领导是指负责为团队提供指导作为团队制定长远目标，在适当的时候代表团队处理与组织内其他部门关系的角色。它属于这个团队是这个团队中的一员并且从团队内部施加影响。

团队领导力是指担任团队或其他群体的领导者角色的意图，含有想要领导他人的意思。握有正式职权者通常展现团队领导，但不一定总是如此。团队领导通常与团队合作结合，尤其最高主管和较高层级的经理人更会如此。领导也被意味着具有：指挥、负责管理、远见、群体管理和激发、真心关切部属。

团队领导力主要表现在管理者为其所在团队设立绩效目标，在更宽泛的组织层面上维护所在团队的利益，为团队争取所需要的资源。

三、团队合作与领导力如何提升

1. 提高自省能力，实现自我完善

任何提升都是基于对客观事实的认知，如果对自身缺乏认知，那么提高自身根本无从谈起，由此可见，自省能力绝对是提高自身领导力的起点。

当前竞争环境日益加剧，领导者更需要从自省和自我否定着手，进行全方位、多维度的自省，找出差距，完善自我。除了"决策能力、执行能力、沟通能力、激励能力"等普遍性的领导力提升外，更关键的是个人品质、理想信念和思维层次提高。

先会做人，然后做事。"人可立则事可为，人不可信则事不可为"，作为企业和组织的领导者，一要真诚和以人为本，二要有胸怀和格局，把人才培养为第一要务，建立人与人之间的信任，强化人与人之间的依存。

以身作则，率先垂范。一个不断完善自我的人，才有资格要求别人。只有领导者具备并发挥领导力，才能有效引导和激励员工，增强企业的凝聚力，提升组织的核心能力。

先知先觉，危中寻机。企业的发展往往不是风平浪静的，高瞻远瞩的预判能力，面对困难的冷静、自信和坚韧，并能够在危机中看到别人看不到的机会，更是一种非凡的领导力。

2. 依托组织学习，打造完美团队

提高自身和团队的领导力，应该既包含领导者与追随者之间二元关系的构建过程，也包括领导者帮助组织适应环境、发展创新的过程。因此，依托组织学习，缔造完美团队是另一角度的重要基础性工作，如果说自省能力是提高自身领导力的起点，那么组织学习则可以说是提高团队领导力的起点。

为了营造出具有创造力、执行力、前瞻力和抗压力的新型组织，应该通过组织学习实现组织行为方式的改造。组织学习所强调的能力显然不仅是需要一个高效的领导者，更需要"发展集体的智商"，使整个组织中充满着学习气氛，所有成员都全身心投入并有能力不断学习，充分发挥员工的创造性思维能力。

通过组织学习，使团队成为一个具有共同的价值观和目标志向，形成高效率高效能的协作能力，拥有较强创新能力等诸多特点的组织。并通过不断完善的过程，形成有机的、高度柔性的、符合人性要求和可持续发展的完美团队，为团队领导力的提高奠定坚实基础。

3. 调整领导风格，促进上下融合

不同的领导在长期的个人经历和领导实践中会形成具有较强个性化色彩的领导风格，不同类型的领导风格只是行为类型的反映，并不具有根深蒂固的个性性质，一个人是可以调整自己的领导风格的。

每种领导风格都各有利弊，领导者要根据下级的状况、组织的状况等不同的情形和需求调整领导风格以适应企业，通过自身风格的调整，来提高整个团队的融合度，使个人的领导力能够通过部门与团队发挥出积极的作用。在调整领导风格、促进团队融合的具体实践中，需要牢牢把握依据下级和组织的具体情境进行改变和加强对组织的影响力。

一是要结合具体情境适时改变领导风格。如下级处于缺乏意愿又却缺乏能力的阶段时，就要采取高指挥、高支持方式，随时给下属反馈，认可员工表现，纠正工作偏差；当下级具备能力但把握不准时，则采用高支持、低指挥方式，尽量激励下属去做，而不是告诉如何去做。这种领导风格的改变体现了领导者的权变，是非常辩证的思维方式。

二是要充分认识并竭力去扩展对组织的影响力。对于领导者而言，领导力并不是单纯的权力，而是体现在对下属行为的影响力，下属能否通过团队合作体现强大的凝聚力，下属是否愿意挑战难度高的目标等，都是要靠领导者的领导力影响。领导者对下级有无影响力取决于领导者自身的行为，因此，领导者必须经常关注这些问题：自己是否经常一味地满足上级的需求而失去了下级的向心力；自己的人格、能力、人际关系是否赢得下级的尊重；自己是否愿意花时间关心下级工作以外的事情；自己是否会耐心听完下级发言后才发表意见；下级心目中，自己是否值得信赖等等。

对团队具有充分影响力的领导者，其个人的人格和价值观也往往会潜移默化地成为团队的行为标准，领导力自然就会更强。

4. 合理授权激励，加强执行力度

领导者独自一人完成所有事情是不可能的，领导者要使成员对团队有归属感，清楚界定每位成员扮演的角色，清楚界定每位成员的责任。通过合理的授权，使组织内的每个人都拥有合理的权力，相应的主人翁意识就会越强，就会越愿意投入。授权其实是在组织范围内分享更广泛的领导力，使领导力超越个体，以多元变化的形式成为团队的力量。

合理的授权需要伴随着能力建设进行，领导者需要时刻关注下级能力的发展，并将之视作组织可持续发展的核心问题。若能推动所有下属能力的发展，组织必定会有较大的飞跃。在进行能力建设的过程中，领导者需要提升中层干部自我管理能力，提升普通员工的业务能力，从而提升整体的执行力。

除了合理授权之外，有效的激励也是强化领导力的重要手段。领导力的培养与发挥关键在于下属能否心领神会并有效执行。通过激励，增强达成某项目标的驱动力，使下属更愿意积极地投入并提升相应的绩效。激励的同时，同样需要协助下属扫除工作障碍，改善工作流程，增进工作能力，发挥最大的效用。

5. 凝聚企业愿景，构建组织文化

如果没有一个共同愿景，就不会有一支坚定的团队，领导力就会不完整。因此，企业的

发展方向、组织定位是领导者最先需要思考的问题，"做正确的事" 要远比"正确地做事"优先。

企业愿景的制定不只是领导者个人的责任，而是大家共同的责任。愿景作为企业普遍认知、认可的长远目标，可以抓住团队每一个人的决心和勇气，并激励大家向同一个终极目标前进。

凝聚企业愿景及核心价值观对领导力的发挥具有指向性的作用，他体现了战略层面的领导力，这里需要掌握几个要点：一是创造良好的组织文化，文化对部属的感染力是长期的、深远的，良好的组织文化是杰出领导力的重要一环；二是要有清晰的战略规划，有效可行的战略，可以使下属对领导产生高度的信赖，进而产生乐意跟随的意愿；三是要设计合理的组织架构与制度，形成责权分明的工作流程，各个环节都能正确地做事。由此，可以建立一支坚定的团队，确保在每个成员身上都反映团队的核心价值，极大地提高团队的领导力。

最后，需要强调的是领导力的提升其实是一项整体性的变革，不能仅仅关注要素问题或局部问题，各要素、各部分之间是相互联系与相互作用的，必须关注整体，重视企业整体的改善。

中篇

大学生就业指导

第五章

求 职 准 备

第一节 了解就业形势和政策

一、全社会就业形势

中国有 13 亿多人口，是目前世界上人口最多的国家。1978—2012 年，我国就业人员从 40 152 万人增加到 76 704 万人，年均增加 1 075 万人；城镇登记失业率长期保持基本稳定。与此同时，大量农村富余劳动力向非农产业有序转移。2012 年，我国农民工数量达到 2.6 亿人。

1. 就业总量增加

2012 年，全社会就业人员达到 76 704 万人，比 1978 年增加 36 552 万人，年均增长 1.9%。其中，城镇从业人员 37 102 万人，乡村就业人员 36 902 万人。分经济类型看，国有单位就业人员为 6 839 万人，比 2008 年增加 422 万人，增长 6.1%；三资企业、股份有限公司等其他经济类型单位就业人员增长迅速，就业人员为 30 263 万人，比 2008 年增加 207.38 万人，增长 17.8%。

2. 就业结构调整，第三产业就业人员快速增长

随着产业结构调整力度的加大，劳动力从第一产业向第二、三产业转移的步伐加大，使得就业人员在三次产业间的分布进一步调整。2012 年年末，在全国 76 704 万就业人员中，从事第一产业的人员为 25 773 万人，占全部就业人员的 33.6%；从事第二产业的就业人员为 23 241 万人，占全部就业人员的 30.3%；从事第三产业的就业人员为 27 690 万人，占全部就业人员的 36.1%。三次产业就业人员的比例由 2008 年的 39.6:27.2:33.2 调整为 2012 年的 33.6:30.3:36.1。

3. 当前就业的结构性矛盾

从总量上看，城市青年和困难群体、农村富余劳动力仍然居多，就业的总量压力并未减轻，但其表现形式也会更多地融于就业结构性矛盾之中。从就业压力看，正从总量为主向总量压力与结构性矛盾并存转变，未来将要更多面对的是结构性矛盾。

其一，就业的总量压力。虽说我国劳动年龄人口于 2012 年年底达到顶峰，之后开始出现下降，但 20～59 岁就业年龄人口仍在增加，2010 年我国 15～64 岁的人口占总人口的 74.5%，比 2000 年提高 4.4 个百分点，就业的总量压力依然不小，尤其要注意高校毕业生的就业、农业富余劳动力的转移就业和就业困难群体的再就业三个方面。在市场就业机会平衡的状况下，以高校毕业生为主体的青年就业难问题日益突出，近三年有所加剧。

其二，产业结构调整影响就业结构。2001—2012 年的 12 年间，第二产业的用人需求比重从 2001 年的 22.3%持续上升，至 2012 年达到 30.3%，上升了 8 个百分点；第三产业的用人需求比重从 2001 年的 27.7%上升至 2012 年的 36.1%，上升了 8.4 个百分点，第一产业的用人需求比重则由 2001 年的 50%下降至 2012 年的 33.6%，降低了 16.4%。由此可以看出，在十几年就业总量不断扩大的过程中，第二、三产业对就业需求比重的加大和第一产业对就业需求比重的缩小，反映出产业结构与就业结构的内在联系。

其三，就业结构性矛盾突出。2013 年我国经济自身正处于从规模扩张向内部调整的拐点，经济结构的调整也必然带来需求的变化，从而造成一些新兴行业需求人才、中高级人才供不应求，而一些传统行业、过剩产能和落后产能的行业却出现大批失业人群。目前劳动力市场对中高级专业技术人员的用人需求增加，而对初级技能劳动者的用人需求有所减少。市场上技能劳动者的需求量大，但大量劳动者由于缺乏技能就业难、工作稳定性较差。

就业的结构性矛盾反映出我国教育培训体制的许多深层次问题，如高等教育功能定位不清，扩张过快；职业教育发展不足，职业培训体系不健全、培训水平不高；技工学校发展的环境有待改善等问题。

其四，大学生及其他城镇群体就业困难。目前普工、一线操作工招工难伴随着技能人才短缺、大学生就业难等问题。今后几年进入劳动力市场的大学生数量还将不断增加。2013 年高校毕业生 699 万人，被称为史上最难就业年，而 2014 年高校毕业生则达到 727 万人。各地一批国有集体企业破产人员安置问题不断出现，其他城镇新生劳动力及困难群体的就业压力也很大。目前农村家庭普通本科毕业生就业最困难，面对不需要太多技能的岗位薪金不断提高，部分年轻人，尤其是农村的年轻人不愿意多读书。

虽然我国的国民经济保持着持续较高增长的局面，但我国上述国情决定了我国就业将长期处于存在一定压力的基本格局。

目前，社会整体就业形势十分严峻。

二、当前大学生就业形势

近年来，随着社会主义市场经济体制的逐步建立与完善，在下岗职工和失业人员再就业问题尚未得到根本解决的情况下，青年就业问题逐步凸现，其中大学毕业生就业问题在全社会就业总量矛盾和结构性矛盾并存的大背景下，随着 1998 年以来扩招的大学生毕业而更加突出。

随着我国高校教育的发展，大学生的数量急剧增加，大学生就业问题也日益凸显，已成为众多媒体和社会各界关注的热点和焦点问题，解决好这个问题，既能有效促进社会发展和社会稳定，也能真正把知识变成生产力，从而推动一个国家的软实力发展；若解决不好这个问题，会使教育教学得不到深入开展，不能把人力资源变成社会财富，更是一种损失，也不利于一个国家其他方面的发展。而解决就业问题不仅仅是国家的责任，也需要社会、高校和学生的共同努力。

2014 年全国高校毕业生总数达到 727 万人，比被称为"史上最难就业季"的 2013 年再增加 28 万人，创下历史新高。加之 2014 年上半年全国有 6.7 万家民营企业倒闭，而在 2011 年，民营企业吸纳了 34.2% 的大学毕业生。今年"找工作"将成为比往年更突出、更尖锐的现实难题。

（一）影响大学生就业难的症结所在

大学生就业难是一个现实问题，更是一个社会问题。总体来说，大学毕业生具有较高的人力资本水平，是劳动力市场上的优势群体。但随着全球化的发展与知识经济的冲击，大学生必须具备能够满足新经济要求的核心就业能力才能成功发展，但现有教育培训体系缺乏必要的就业市场需求导向，缺乏对创业行为的深入研究，高等教育培养出来的大学生在知识和技能结构上与人才市场的需求存在脱节问题，大学生就业的结构性矛盾日益突出。一是我国区域之间经济社会发展不平衡，且短时间内难以改变。经济越发达的地方就业机会也越多，发展空间越大，导致高校毕业生倾向于在城市、在高收入行业求职就业。二是制度上存在障碍。现行高校毕业生就业制度、户籍制度、干部人事制度与市场就业机制还不完全适应。以干部身份和户籍为基础的管理方式与社会劳动力资源的统筹管理不协调，导致就业机会不均等，就业政策不平衡，毕业生在地区之间、企业与机关事业单位之间流动仍然存在障碍，毕业生身份转换困难，就业渠道不畅通，进一步加剧了结构性矛盾。三是中小企业和非公有制企业需要大量毕业生，但工资待遇相对较低、发展空间较小，部分企业用工不规范，对毕业生吸引力有限；基层教育、医疗、农技等部门急需人才，但由于编制限制等原因，吸纳毕业生能力有限。

1. 社会的原因

（1）人口基数大，劳动力增长速度过快。我国的新增劳动力城乡加起来每年超过 2 000 万人，新增劳动力的数量庞大，这将会持续很长一个时期。

（2）高考扩招使在校大学生人数急剧增加。从 2000 年到 2011 年全国毕业生数分别为 98 万人、115 万人、145 万人、212 万人、280 万人、338 万人、413 万人、495 万人、540 万人、610 万人、630 万人、660 万人。

（3）我国经济处于转型时期，造成大学毕业生的相对过剩。

（4）金融危机的影响，导致社会对劳动力需求的减少。

（5）海外归来学子对我国大学生就业冲击加剧。近几年来，留学生回国潮一浪高过一浪，直接挤压国内大学生就业空间，他们竞争力较强，是国内大学生就业的强劲对手。

（6）结构性矛盾，供求错位。"大学生就业难"主要表现在对就业地理及行业选择上。

2010 年全国在学本科毕业生的平均就业率为 73%，其中排名前十位的专业分别是：地质工程、金融工程、港口航道与海岸工程、船舶工程、学前教育、石油工程、医学影像学、采矿工程、油气储运工程、物流工程。这十个专业的平均就业率在 90% 以上。

2. 用人单位的原因

（1）过分关注文凭。

（2）存在性别歧视。

（3）过分看重工作经验。经验不足是大学毕业生最大的劣势，用人单位忽视大学生的潜力和可塑性，其实经验总是在实践中培养起来的，大学生有较高理论水平，只要经过短期实践即能胜任工作岗位。我国的大学生培养机制脱离社会实际需要，社会需要的人才大学不供应，非常短缺，而社会不需要的人才大学又拼命培养，导致过剩。因此，我国大学生的就业难题其实是一个结构性过剩问题。市场经济发展到今天，许多高校仍远离市场实际需求，相关教材也过于陈旧，在这种状况下培养出来的学生怎么能为社会所接受，从而加剧了结构性矛盾。实际上，很多大学生参加工作后，用人单位常常不得不对其进行二次培养，这无疑加大了用人单位的成本，令其头痛不已，渐渐失去对大学毕业生的兴趣，许多用人单位招工要求必须有两年以上工作经验，也是基于这一苦衷。

3. 学校的原因

（1）各高校办学水平参差不齐，专业设置仍难以适应市场的需要。

（2）有的学校就业服务工作不到位，就业信息不畅通。

4. 毕业生自身的原因

（1）大学生整体素质有下降趋势。由于近几年公办高校扩招，加之民办高校急增，招生规模不断扩大，招生分数不断降低，加上不少大学生大学学习不认真，动手能力差，缺乏实践经验，大学生整体素质有下降趋势。

（2）大学生自身定位偏颇。几乎每个大学生都希望找收入高、待遇好的单位。由于我国不同地区经济发展的不平衡性，东西部地区之间、沿海地区和内地之间的差距较大，大学毕业生选择就业区域时过度集中于北京、上海、深圳等热点地区，造成这些地区的就业压力明显增加。同时，大学生"高不成，低不就"的心理定位严重影响了就业。

（3）求职途径把握不准。大多数毕业生就业比较被动，消极等待，就业门路不广。

（4）准备不足，职业生涯规划模糊，愿望与现实之间存在反差。家庭与学生个人的观念在一定程度上也造成了就业困难。家庭对子女接受教育特别是接受高等教育的投资日渐增大，对子女就业的期望自然伴随教育投资的增长而提高，这是一种客观反映。就学生及家长的主观愿望而言，虽然我国的高等教育已经从精英教育进入了大众化教育阶段，但家长与大学生仍然对毕业后的就业抱着较高的期望值，当这种高期望值与现实中的就业岗位存在落差时，大学生就可能陷入难以就业的困境。因此，愿望与现实之间的反差成了现阶段大学生就业难的重要原因。

5. 就业市场不规范

目前，我国就业市场还存在一些不公平和不规范的现象，就业市场发育不良对大学生的就业造成多方面的损害。在我国的就业市场上，一方面是片面的人才观、用人观造成了学历崇拜与学历歧视并存，直接降低了大学毕业生与就业机会的有效匹配，也造成了人力资源的巨大浪费，扭曲了正常的人力资本投资行为；另一方面是各种非正常现象的影响，破坏了就业市场的公平性。人际关系客观上在我国现阶段的就业中起着非常重要的作用，就业机会的不公平不仅表现在大学生之间，也表现在大学生群体与其他群体之间。正是由于有关部门未能有效地维护就业市场的公平竞争，导致了最具就业竞争力的大学毕业生反而成了特殊的就业弱势群体，这是就业市场异化的直接结果。

（二）解决大学生就业问题的对策及建议

当前大学生就业问题是一个牵一发而动全身的结构性问题，解决大学生就业问题不是一朝一夕就能完成的事情，而是一项长期的系统工程，需要在政府的宏观调控下，大学生、社会、高校三者的协调与合作。

1. 政府要积极引导，促进高校毕业生就业创业

用人单位要树立正确的人才观念，消除性别、学历等偏见，完善用人机制，努力为大学生就业营造良好的就业环境。一是政府应做好长远规划，协调城乡二元结构差异和区域差距。适当把资源向中小城镇倾斜，缩小城市和地区在政治资源上的差异，更好地引导大学生向不发达地区、小城镇等地区移动，这样不仅能为小城镇带来人力资源，也能相应缓解大中城市的压力，促进社会发展的良性循环。二是要通过财政补贴、税收减免等措施，鼓励企业聘用大学毕业生。对那些聘用大学毕业生的企业，政府视情况按聘用大学毕业生人数给予一定补贴和税收减免政策。三是积极开发和创造大学毕业生就业的公益性岗位。四是鼓励大学毕业生到基层、到农村就业。要引导大学毕业生转变就业观念，把目光由原来的国家机关、重点单位转向那些民营企业和"三资"企业，就业地区由那些经济发达地区转向西部地区和经济欠发达地区。同时，制定相关优惠政策，鼓励其到西部、到农村、到基层工作。五是要鼓励大学毕业生自主创业。加快建设一批投资少、见效快的大学生创业园或创业孵化基地。要在金融、税收、工商登记等方面对高校毕业生自主创业、自谋职业给予扶持。通过优惠的政策、良好的环境，鼓励大学生自主就业，积极创业。

2. 学校要面向市场办学，促进教育同就业相结合

在新形势下，高校要转变教育教学观念，坚持面向市场的办学方针，实现教育与社会实际需求接轨，把教育与就业联系起来，紧紧围绕社会需求，大力培养多层次实用人才，以适应市场需要。一是要推行理论与实践相结合的教学模式，提高大学生实际工作能力。按照基础教育、职业教育和高等教育协调发展的原则，加快完善现代国民教育体系，适应经济社会发展对不同层次人才和劳动力的需求，实现教育资源的合理配置和学生的合理分流。二是要积极把握经济社会走势和就业市场的变化情况，主动适应人才社会需求，灵活调整专业和课程设置。既要重视少数高、精、尖人才的培养，更要加强培养宽口径、厚基础、强能力、高素质的复合型、实用型人才，要加强学生艰苦奋斗、团结协作精神的培养，提高其实际操作能力、适应环境变化能力，拓宽其理论功底和知识领域，增强社会适应能力。三是要注重加强对毕业生的就业指导，帮助毕业生科学分析市场，客观认识自己，帮助毕业生掌握一定的择业技巧，善于在就业市场中推销自己，实现就业。

3. 大学生要转变传统就业观念，走向市场

当前，绝大多数大学生的就业观念还是"等""靠""要"，依赖学校和家长为其找有固定收入的工作，找有所谓"铁饭碗"的政府部门或国有企事业单位的工作。这种计划经济体制下传统的就业观念已不适应市场经济的潮流。因此，树立现代择业观是大学生成功择业的根本保证。一是要丢掉精英意识。我国高等教育已从"精英教育"走向"大众化教育"，大学生也应该树立"大众化"的就业理念。大学生不能有盲目的优越感，要有务实的就业定位，切忌自设"藩篱"。近年来大学生就业渠道越来越多元化，大学生应该根据自身的专业、兴趣、能力对自己合理定位，不应一味地把就业目标定在大城市、大机关、大企业。大学生要成功就业必须丢掉"精英"意识，放下架子，不断地调整就业期望值，低姿态进入社会，主动多方面寻找就业机会和就业渠道。二是先就业后择业，树立动态择业观。作为一名大学生，要认清就业的大众化和市场化，在面对严峻的就业形势时，要抛开幻想，认识到生活与现实的差距很大，认识到自己的实力，从浪漫的天之骄子蜕变为追求实际的求职者。只有做好角色转换准备，摆正自己的位子，积极适应需求，才能实现市场企业和个人的双选。三是要从专业向职业过渡，培养自己的综合素质。专业毕竟不等于职业，职业需要社会化，大学生只有更好地发展自身软件，培养自己的综合素质，才能缩短完成专业与职业的转型的过渡时间。四是要充满自信。自信就是智慧。自信是充分就业准备的基础，即正确认识自我和就业形势，恰当地看待自己的水平，合理定位，努力参与竞争，不要有后怕心理。但自信不是自负，避免引起骄傲，心里受挫失衡。五是要提高心理承受力，提高自己的逆境商。社会竞争如此激烈，受挫率相对提高，因此较强的社会心理承受能力在实际竞争中是必不可少的。受挫后仍要有进取的勇气。受挫是必然的，受挫后要学会反思，及时吸取失败的经验，更好地努力争取机会。

三、大学生就业市场

（一）我国的就业方针

我国实行的是"政府促进就业，市场调节就业，个人自主就业"三结合的就业方针。

1. 政府促进就业

政府推动经济和社会向前发展，以扩大整个社会对劳动力的总需求，从而促进劳动力的供给和需求在宏观总量上达到基本平衡，使国民充分就业。国家采取措施，大力发展就业服务事业，如就业指导、职业介绍和就业训练等。国家确保劳动者公平就业，使劳动者就业不因民族、种族、性别、宗教信仰等方面的差异而受歧视。

2. 市场调节就业

市场调节就业是指在劳动力市场充分发展的前提下，以市场机制为配置劳动力资源的基础性调节手段，实现用人单位和劳动者的双向选择，满足双方的需要。

3. 个人自主就业

个人自主就业即劳动者按照社会的需要和对现有职业进行比较，选择最适合自己的兴趣、爱好和专长的职业，或在国家法律和政策允许的范围内，从事个体生产、经营或其他劳动。

个人自主就业的渠道有：创办小企业、到与自己所学专业相关行业或企业就业、租赁或承包小企业、兴办服务业等。

党的"十七大"提出，要以创业带动就业。高校毕业生是高学历、高知识、高技能的特殊群体，他们具有较大的创业潜力。

创业是一种特殊的就业。加强大学生创新创业教育和帮扶，是建设创新型国家的需要，是促进毕业生及时、顺利就业的重要途径，更是引导其成功立业、实现人生价值、开启幸福人生的内在要求。

在劳动力市场配置的过程中，政府的宏观调控不但发挥着促进就业的作用，而且起着消除市场配置弊端的作用。市场不是万能的，运行多年的发达国家劳动力市场也有不可避免的问题。例如，劳动力市场主体双方均从自身利益出发，可能出现只顾自身利益、眼前利益，不顾全局利益、长远利益的情况。又如，市场对人力资源配置的调节往往属于事后调节，预见性差。

近年来，国家为了实施宏观调控，促进高校毕业生就业工作，采取了一系列措施：对高校毕业生就业工作实行一把手负责制，加强领导，明确目标，落实责任；强化西部志愿者计划，改革奖学金、公务员和教师录用制度，鼓励毕业生到基层去，到艰苦的地方去，到艰苦的行业去，到国家最需要的地方去；破除地区壁垒、行业壁垒，在全国形成有序、公平竞争的毕业生就业市场；努力构建一个更加完善的、符合"全程化、全员化、专业化、信息化"标准的毕业生就业服务体系；帮助毕业生树立正确的职业观、就业观、创业观；加快教育教学改革步伐，加大毕业生就业工作的宣传力度等。

有关部门还出台了相关政策，明确要求将高校毕业生就业工作纳入社会就业工作整体规划，加强劳动力市场为毕业生就业服务，发挥公共职业介绍机构的作用，组织毕业后半年内未能就业而有就业要求的毕业生进行失业登记，并提供相应免费的就业服务。

（二）大学生就业市场的形式与特征

近年来，国家和各省、自治区、直辖市正在积极培育和发展与市场经济体制相适应，以政府为主导，以高职学校为基础，以市场调节和配置为主要形式的高职毕业生就业市场。

1. 高职应届毕业生就业的有形市场

就业市场按照其外在表现形式可分为有形市场和无形市场。有形市场是指有明确固定的场所、具体的时间和地点、特定的参加对象的开放市场。高职应届毕业生就业的有形市场主要有以下几种。

（1）学校组织的招聘洽谈会。即学校举办的一般为本校毕业生服务的就业市场，一般又称"供需见面会""招聘会""洽谈会"。由学校邀请用人单位来校直接与高职毕业生见面，毕业生与用人单位供需见面，双向选择，落实就业单位。其优点是针对性强，需求信息可靠，服务到位，方便毕业生。

（2）分科类、行业性或大型企业就业市场。分科类毕业生就业市场主要是各省、市毕业生就业主管部门从用人单位和学校两方面考虑，从市场细化的角度出发，把理、工、农、医、师、财经、政法等科类的毕业生分别集中进来，与相应的用人单位供需见面，双向选择。

行业性毕业生就业市场主要是由中央部委主管毕业生就业的部门主办的为本系统、本行业毕业生和用人单位服务的就业市场。

（3）区域性就业市场。是指区域毕业生就业主管部门举办的毕业生就业市场。由地方（省、市）区域主管毕业生就业的政府职能部门组织，主要为用人单位和当地、本地区域高校毕业生服务的毕业生就业市场。其优点是需求信息量大，毕业生能有较多的选择机会，方便用人单位和毕业生，节约经费，现场即可签订就业协议并履行鉴证手续。

（4）国际性就业市场。是指国外企业在中国招聘毕业生，中国企业招聘外国留学生或直接在国外招聘当地毕业生。在国内招聘毕业生到国外分公司就职的情况也有新发展，我国加入世贸组织后，这种情况明显增加。

2. 高职应届毕业生就业的无形市场

高职应届毕业生就业的无形市场主要是指不受时间、地点、场所限制，而由毕业生和用人单位自行选择的就业市场。

（1）网络求职。高职毕业生网络求职是指利用高职院校毕业生就业信息管理和决策支持系统、毕业生生源信息库、用人单位用人信息库和全国就业信息网络等网络媒介，来达到就业目的的就业形式。许多高职院校和用人单位已经建立了自己的网站，提供丰富的信息资料供用人单位查询，毕业生也可以将个人的详细资料做成个人主页供查询。现在，网络求职已经成为当代高职毕业生就业的一个重要手段。同有形市场相比，运用计算机进行信息交流并实现信息资源共享的目的，使网上求职择业获取信息更方便快捷，使双向选择既省时又省力，提高了就业工作效率。

毕业生利用网络求职时可以采取以下几种方式。

① 利用本校就业网站发布自己的择业信息。随着网上就业工作的深入开展，许多高校都建立了自己的毕业生就业网站，毕业生可以方便地在学校的就业网站上发布自己的择业信息。

② 利用专门的求职网站求职择业。很多专门的求职网站每日动态地发布大量工作职位和个人发展信息，而且专门为求职者开辟求职主页，方便求职者注册使用。

③ 利用用人单位的招聘网站求职择业。现在很多用人单位都建立了自己的网站，用于展示自己的形象，宣传自己的产品，扩大自己的知名度，拓展自己的业务范围等，其中重要的一个方面就是招聘人才。毕业生可以直接登录它们的网站，或者在其他网站上查找企业的网站，录入自己的求职信息。

（2）电话求职。电话求职是通过电话推荐自己的一种求职方式，在求职过程中，电话自荐起着"敲门砖"的作用。充分利用电话接通后那短暂的时间，用最简洁明了的语言展示自己，尽可能给对方留下一个清晰、深刻、良好的印象，为面试打下良好的基础。

（3）应职广告。这是近年来出现的一种新的借助于新闻传播媒介，进行自我推销的求职形式。这种方式覆盖面宽，可以扩大求职范围。部分长线专业、非通用专业的毕业生以及一些有特殊专长的毕业生乐于采用此种求职方式。有些报刊也设有求职广告专栏，刊登求职者的简历、求职意向等。

3. 高职毕业生就业市场的特征

（1）群体性。每年都有大量应届毕业生走出校门、走向社会，因此，毕业生就业是一种集体的、聚合的、具有鲜明群体的行为，它不同于社会其他成员零散就业的情况。

（2）时效性。毕业生就业一般在当年完成，从取得毕业资格开始与用人单位双向选择，到落实就业单位，时间紧、任务重且相对集中，具有很强的时效性。

（3）影响大、涉及面广。高职毕业生就业既涉及社会人才资源的合理配置，又涉及毕业生、学生家长、用人单位的利益，同时更关系到高校、社会的稳定和经济的发展，因此，历来受到党和政府的高度重视。

（4）需求多变性。对毕业生的需求状况不仅取决于国家或地区的经济和社会发展，与国际经济发展也有一定联系，也取决于高职院校适应社会需要的应变能力，还取决于对未来经济与社会发展趋势及对人才需求类别的预测。

（5）形式多样化。毕业生就业市场形式灵活、多样，既有有形的，也有无形的；既有公开的，也有不公开的；既有规模大的，也有规模小的；既有综合的，也有分类的；既有区域的，也有部门的；等等。

（6）高层化。高职毕业生是国家按计划培养的专门人才，学有所长，层次较高，素质好、能力强。

（7）年轻化。高职毕业生不仅年龄较轻，而且知识也"年轻"。他们具有蓬勃的朝气和锐气，是社会所必需的新生力量。由于高职毕业生学历较整齐，年龄相仿，就业竞争也就比较激烈。

（8）初次性。从广义上说，毕业生就业市场是劳动力市场的重要组成部分，目前正处在发育、探索阶段，尚不成熟。毕业生面临初次择业与就业，没有实践经验，需要进行就业指导。以往高职毕业生较少，近年来他们才大量进入市场，许多用人单位对高职生的能力、特点不够了解。

（三）高校毕业生就业的现行政策及规定

就业政策是党和政府在特定的历史条件和历史阶段为促进经济发展和社会进步，为劳动者创造就业条件、扩大就业机会所制定的行为准则。大学毕业生就业政策是国家各项政策的一个重要组成部分，对指导毕业生就业工作具有重要意义。

高校毕业生是社会的重要财富，党和政府历来十分重视高校毕业生的就业工作，尤其是党的十一届三中全会以来，为了使毕业生就业工作适应社会主义市场经济体制的要求，保证毕业生具有更多的就业机会和宽松的就业环境，国家进行了一系列毕业生就业制度的改革，及时调整并制定了适应新形势的毕业生就业政策。

目前我国正处在社会经济结构转轨、经济生活转型的变革时期，新的制度还没有完全建立起来，旧的制度仍然在起作用。在这种新旧体制并存的时期，我国高等学校毕业生的就业政策仍然以《中国教育改革和发展纲要》为基本原则，其主要内容如下。

1. 毕业生就业的方针、原则

（1）高等学校毕业生是国家按计划培养的专门人才，毕业生有执行国家就业方针、政策和根据需要为国家服务的义务。毕业生就业工作要贯彻统筹安排、合理使用、加强重点、兼顾一般和面向基层，充实生产、科研、教学第一线的方针。在保证国家重点项目需要的前提下，贯彻学以致用、人尽其才的原则，鼓励毕业生到基层去、到艰苦的地方去工作。具体做法为：国家任务计划招收的学生，原则上仍由国家负责在一定范围内安排就业，通过"供需见面"和"双向选择"的办法，落实就业去向；定向和委托培养的学生毕业必须到原定向、委培单位就业；"并轨生""自费生"毕业后，在国家就业政策的指导下，在一定范围内"自主择业"。

（2）为保证边远地区、艰苦行业和其他急需人才的地方对毕业生的需求，国家规定：来源于边远地区的毕业生，只要是边远地区需要的，原则上回来源省就业。但对有特殊困难需要照顾的毕业生，在征得边远省区毕业生就业主管部门同意后，有单位接收的，可在内地安排就业。

（3）依据目前国民经济和社会发展的需要，优先保证国防、军工、国有大中型企业、重点科研和教学单位的需要。

（4）在毕业生就业范围方面的规定：教育部直属高校毕业生面向全国就业；国务院其他部委所属院校毕业生主要面向本系统、本行业就业；省属院校毕业生在本省范围内就业。

（5）师范类毕业生主要由教育行政部门安排，在教育系统内通过"双向选择、自主择业"的办法落实就业单位。

（6）坚持男女平等的原则，用人单位对毕业生择业不得做出有性别歧视的规定。

2. 调配、派遣规定

（1）调配派遣的对象：国家计划招收的普通高等学校毕业生和结业生；国家计划招收的

普通中等专业学校毕业生以及国家计划招收的为地方培养的军队院校毕业生。

（2）学校以当年毕业生的具体情况和参加"双选"所签的就业协议书为依据，制订并上报"就业计划"。各省毕业生就业主管部门和高等学校按照国家当年下达的就业计划派遣毕业生。派遣毕业生统一使用《全国普通高等学校毕业生就业报到证》（以下简称《报到证》）。《报到证》由教育部授权各省毕业生就业主管部门审核签发。毕业生《报到证》的办理（以湖南省为例）见附录 A。

（3）学校要根据毕业生就业计划、协议书，结合毕业生的具体情况，认真拟订毕业生派遣方案。派遣方案经省级毕业生就业主管部门审核批准后才能实施。

（4）截止学校报批派遣方案时，对尚未落实单位的国家任务计划招收的毕业生，派回其家庭所在地、市、县人事部门，继续落实就业单位。

（5）对修业期满、未取得毕业资格的本、专科毕业生国家不负责安排工作，本年度自己落实接收单位的，可予以派遣，但必须在《报到证》上注明"结业生"字样。

（6）报批毕业生派遣方案之前，学校须对毕业生能否取得毕业资格做出确认，同时对毕业生进行认真的健康体检。对有病不能坚持正常工作的毕业生不得派遣，让其回家休养。一年内治愈的（须经学校指定的县级以上医院检查证明能坚持正常工作的）可以随下一届毕业生就业；一年后仍未治愈或无用人单位接收的，户口及档案材料转至家庭所在地，按社会待业人员办理。

（7）毕业生派遣后，出现下列情形之一的，可以进行调整改派。

① 因家庭发生不可预知的困难，需回家庭所在地就业的。

② 符合国家、省有关毕业生就业政策导向，流向合理的。

③ 接收单位因无法抗拒的原因，无法接收毕业生的。

④ 用人单位因情况发生变化，致使毕业生不能学以致用的。

⑤ 其他。

（8）对因原定向、委培单位倒闭、撤销、被兼并和本人家庭发生特殊困难等个别情况，不能回原定向、委培单位的毕业生，经省毕业生就业主管部门批准，在征得原定向、委培单位同意，并按规定交清培养费后，按自费生处理。就业范围原则上应在原定向、委培单位所在地或家庭所在地。

（9）毕业生派遣后如因特殊原因要求改变单位的，本市内调整的可向该市毕业生就业主管部门申请办理；本省内跨市调整的，需到省级毕业生就业主管部门办理；跨省或跨行业部门调整的，由学校凭有关证明材料到省级毕业生就业主管部门办理调整改派手续。

（10）毕业后的调整改派一般须在一年内办理，逾期不再办理调整改派手续。毕业生就业后的调整按在职人员有关规定办理。

3. 毕业生的报到和接收政策

（1）毕业生应按《报到证》上的报到时间和地点，在报到期限内，持《报到证》到用人单位报到。凡纳入国家就业计划的毕业生，地方政府不得征收市增容费。

（2）毕业生报到时，用人单位应在指定的县级以上医院对其进行健康检查，经体检合格的毕业生，准予报到。用人单位凭毕业生的《报到证》和毕业生就业计划，经单位所在地毕业生就业主管部门审核后，办理接收和入户手续。

（3）毕业生报到后，发生疾病不能坚持正常工作，按在职人员有关规定处理，不得把上岗后发生疾病的毕业生退回学校。

（4）鼓励企业接收毕业生。对三资企业、私营企业、股份制企业等无主管企事业单位及采用聘用方式使用毕业生的单位，必须到县级以上人才流动机构办理人事代理手续后，方可接收毕业生。

（5）人事关系由县级以上人才流动机构代理的单位，接收的毕业生，见习期考核、转正、定级手续，由其委托代理的人才流动机构负责。用人单位须按期提供有关毕业生见习期间工作表现等书面材料。在毕业生见习期间，解除聘用（任）合同的，由代理人事的人才流动机构继续负责毕业生的见习管理，毕业生可应聘到其他单位工作。待聘期超过一个月的，见习期顺延。

（6）军队接收毕业生的条件和规定。

① 拥护党的基本路线，忠于祖国，热爱军队，志愿献身国防事业，符合公民服役的政治条件。

② 学习成绩平均在良好以上。

③ 本、专科毕业生的年龄不能超过 25 周岁。

④ 身体健康。具体条件参照人民解放军院校招收学员的体检标准执行。到军队基层指挥岗位的毕业生还应具备良好的气质和强健的体魄。到专业技术岗位的毕业生的视力和身高，在不影响工作的前提下，可适当放宽。

4. 档案及毕业生的户口迁移

（1）毕业生档案是毕业生走向工作岗位前的家庭及本人基本情况，特别是在学校期间各方面表现的全部资料。下列材料必须归入毕业生档案：

① 参加高考原始档案；

② 毕业生登记表；

③ 毕业生体检表；

④ 学习成绩表及毕业设计答辩成绩；

⑤ 就业报到证通知书；

⑥ 入党（团）志愿书等；

⑦ 在校奖惩情况登记表；

⑧ 其他内容。

（2）毕业生档案属于机密材料，从日常管理到传递寄发都要严格遵守档案管理条例。学校派遣毕业生后，其档案材料一般要在两周内寄往有关部门。符合档案接收条件的，直接邮寄到单位；不符合接收条件的，档案寄至其单位所在地人事部门。对到三资企业、私营企业、股份制企业等无主管单位的毕业生的档案材料寄送其人事关系委托代理的县级以上人才流动机构。

（3）毕业生户口迁移。毕业生的户口凭《报到证》办理迁移手续。集中派遣时由所在学校户籍管理部门统一迁出并发放。接收单位所在地公安部门凭毕业生的《报到证》《户口迁移证》及接收单位介绍人办理户口迁入手续。《报到证》上的报到单位、报到地址与《户口迁移证》不一致又未按规定办理改迁手续的，当地公安机关将不予办理户口迁入手续。

（4）对截止规定日期尚未落实单位的毕业生，学校将其户口关系转至家庭所在街道或乡镇（入学前是农业户口的，保留其非农业户口），由当地毕业生就业主管部门按待业人员有关规定管理。毕业生应在户口所在的市、县通过多种形式、多种渠道自主择业，落实单位后可以录用，也可以聘用。对在次年年底前落实单位并需要办理派遣手续的毕业生，可由市、县人事部门报省级毕业生就业主管部门办理。

（四）大学生就业程序与途径

毕业生在就业过程中如果对就业的基本程序缺乏了解或了解不多，就会出现求职择业无所适从或者对用人单位及职业岗位的盲目选择，甚至形成就业选择不当的结果。这不但会直接影响自己顺利就业，还将给自己留下遗憾，进而影响未来发展。因此，作为一个即将走出校门的大学生，熟悉毕业生就业必须经过的具体步骤，掌握就业的基本程序是非常重要的。就业的基本程序一般如下。

1. 统计编报毕业生资源情况

毕业生就业工作一般从最后一学年开始。每年九月，学校按毕业生的专业设置、招生计划性质、生源类别、生源地区等内容进行统计、编制毕业生生源统计数据；将毕业生生源统计数据报告上级主管部门审核、备案，并向有关人事、教育部门通报。

2. 学习文件、掌握政策

对毕业生进行国家现行就业政策教育是就业指导的一个重要组成部分。通过认真学习国家现行就业政策，明确自己在择业过程中享有的权利和义务、应受到的约束等，减少就业的随意性和盲目性。

3. 学校推荐

教育部规定，毕业生参加各种"供需见面、双向选择"活动，必须持所在院校签发的"毕业生双选推荐表"（以下简称"推荐表"）。毕业生持"推荐表"参加不同形式的人才招聘活动。"推荐表"中应有毕业生的基本数据、在校奖惩情况、组织的鉴定评语及在教务部门备案的成绩等内容。

4. 了解需求情况，收集就业信息

就业信息是毕业生择业的基础，走向就业的桥梁。当今社会已经全面进入信息时代，及时获得大量、准确、可靠的就业信息已成为毕业生择业成功的一个十分重要的条件。从某种意义上讲，谁获得的信息多，谁的选择余地就大，就业的机会自然就多。毕业生在最后一学年中，应广泛收集人才需求信息，分析就业形势，根据自己的专业特点、适用范围、个人能力与特长，结合社会需要，确定自己的就业意向。就业信息主要来源于：各级人事、毕业生服务机构，新闻媒体，实习现场，亲朋好友，中介机构和各地人才市场等。

5. 参加"双选"，签订毕业生就业协议

毕业生对获取的就业信息要进行加工、整理、筛选，有目的地参加招聘活动。从每年的11月开始，各地的人才市场、高等学校及有关单位都会相继举办不同规模的人才招聘活动，毕业生可以有选择地参加。毕业生一旦与用人单位达成就业意向，就要签订有效的《毕业生就业协议书》。何为有效的《毕业生就业协议书》？就是《毕业生就业协议书》上不仅要用人单位签署意见盖章，还要有其单位的上级主管部门意见，同时，如果是地方单位（非省、部属单位），也应该有单位所在地人事部门意见（盖章）。《毕业生就业协议书》一经签好，要尽快交所在院校毕业生就业主管部门审核、备案。

6. 制订毕业生就业方案

5月开始，学校根据毕业生基本情况及通过不同渠道签订的《毕业生就业协议书》，制订出毕业生就业建议计划方案，经过协调、核实、调整，形成正式的就业方案并向主管部门报批。

7. 办理毕业生就业手续

6月底、7月初开始办理毕业生就业手续。学校依据国家下达的"毕业生就业计划"派遣毕业生，进行毕业鉴定，办理户口迁移手续，最后毕业生离校。

8. 毕业生档案材料的整理邮寄

毕业生档案7月份整理后由学生处保管和邮寄。所有的毕业生必须缴纳邮寄档案费。暑假期间逢十办理毕业生档案传递。毕业生档案在校免费保管两年，超过年限的，根据省文件规定须交纳档案保管费。

（五）人事代理制度

推行人事代理制度，是建立与社会主义市场经济相适应的人事管理体制，实现人事管理服务的社会化，更好地为经济建设服务的客观需要。

1. 人事代理的概念

人事代理是指各级行政部门所属的人才流动服务机构或者人事代理机构，受代理对象的委托，根据国家、省、市人事政策法规，运用社会化服务方式和现代科学手段，为诸如三资企业、私营企业、股份制企业、民办科研机构等无主管单位以及不具备人事管理权限的单位，要求委托人事代理的其他事业单位，自费出国、以辞职等方式流动后尚未落实单位的专业技术人员和管理人员提供档案保管或有关人事方面的服务工作。它是一种人事管理与人员使用分离的新型人事管理方式。

委托人事代理可分为单位委托人事代理和个人委托人事代理两种类型。单位包括事业单位、国有企业、集体企业、个体企业、私营企业、股份制企业、外商投资企业等。个人包括被辞退、退职、解聘、下岗、解除劳动合同的原机关工作人员、企事业单位专业技术人员和管理人员，毕业后暂未落实单位或自谋职业的大中专毕业生（含"五大"毕业生）、毕业研究生，户粮、人事关系在外地被借调到本地工作的专业技术人员和管理人员，因私出国、自费留学需要人事代理的人员，自我安置的军队转业军官，非国有企业和境外、外地驻本地代表机构录（聘）用的专业技术人员、管理人员，其他需要人事关系委托管理的专业技术人员和管理人员。

单位委托人事代理，各级人才服务机构可提供人事政策咨询、人事档案保管、聘用（任）合同鉴证，代办养老保险及失业保险，代办档案工作定级（晋升）手续，代为申报专业技术职称资格等人事代理服务。

个人委托人事代理，各级人才服务机构可提供人事档案保管，代办养老保险、中共党员组织关系转接，为因私出国者提供档案材料证明等人事代理服务。被其他单位重新聘用的委托人事代理人员，应及时变更人事代理手续。

各级人才流动机构与委托人事代理对象不发生行政隶属关系，仅为其代理有关服务事宜。

人事代理制度的建立是我国人事制度改革的一项重要内容。它的出现，对于拓宽毕业生就业渠道，改变传统的毕业生就业方式，保障毕业生和用人单位的合法权益都有着重要的意义。

2. 人事代理的服务内容

目前各地都根据本地的实际情况开展了范围、内容不相同的人事代理服务，一般来说，毕业生与当地人才服务中心签订委托代理合同后，可以得到以下代理服务：

① 人事档案保管；

② 鉴证聘用合同及负责办理代理单位接收的应届大中专毕业生见习期转正手续;

③ 按有关规定代办养老保险并计算工龄;

④ 接转人事关系、户籍和党组织关系;

⑤ 按国家政策规定代办档案工资定级、调资手续;

⑥ 代办专业技术职务任职资格初定、申报手续;

⑦ 办理人才流动手续;

⑧ 办理挂靠人员考研、出国、出境的政审（签署意见）;

⑨ 协助推荐尚未落实就业单位的代理人员就业;

⑩ 商定的其他人事代理事项。

3. 人事代理的作用

"海阔凭鱼跃，天高任鸟飞。"随着人事代理制度的进一步发展，社会将会为毕业生提供更为宽松的就业环境。人事代理是社会主义市场经济的产物，它能解决以往用人单位无法解决的问题。通过推行人事代理制度，逐步覆盖各种所有制的企事业单位，使人才由"单位部门所有"转变为"社会共有"。代理项目涉及人员的招聘、档案代管、职称申报等，消除了人才的思想顾虑，便利了人才的自由流动。人事代理制度通过对人才"进、管、出"中各个环节提供配套的服务，化解了"企业办社会"的包袱，有利于提高企业的效益。同时，人才服务中心通过组织专家组，还可为委托代理的企业提供诸如人事诊断、人才规划、人才测评等人事人才服务，从而化解用人风险，更合理地配置人力资源，提高人才使用效率。实行人事代理，对用人单位来说，既可以根据需要选到合适的人才，又可以解决一些过去难以解决的问题;对各类人员来说，既增大了择业的空间，拓宽了就业渠道，又解决了后顾之忧。实行人事代理，有利于把"单位人"变成"社会人"，打破人才的单位所有制，从而为人才自主择业、单位自主用人创造条件。

人事代理制度还改变了以往大中专毕业生单一的就业模式。未就业的毕业生在人才服务中心办理了人事代理手续，便可办理户口等落户手续，办理手续之日即为参加工作时间之始，以后若被用人单位接收，人才服务中心将负责办理行政关系接转手续，工龄连续计算。同时，将所有委托人事代理的大中专毕业生情况编入人才信息库，便于用人单位充分选择。有的地方还规定，委托人事代理的大中专毕业生在一至两年内，享受原毕业生就业待遇。

4. 人事代理手续的办理

（1）单位办理委托人事代理，须向当地人才流动机构提交下列证件:

① 委托人事代理申请书;

② 企业营业执照（副本）复印件、企业章程复印件;

③ 事业单位成立的批件复印件;

④ 委托代理人员的履历表、身份证复印件;

⑤ 代理项目相关的材料。

（2）个人办理委托人事代理，根据各自情况不同，须向当地人才流动机构分别提交下列有关证件:

① 应聘到外地工作的，须提交委托人事代理申请、聘用合同复印件、身份证复印件、聘用单位证明信等;

② 自费出国留学人员，须提交委托人事代理申请、原单位同意由人才流动机构保存人事

关系的函件、出国的有关材料等；

③ 辞职、解聘人员尚未落实单位的，须提交委托人事代理申请及辞职、解聘证明和身份证复印件等证件。

（3）凡需要毕业生的代理单位均需按照其委托代理的县级以上人才流动机构的要求填报毕业生需求信息，由人才流动机构统一向毕业生就业主管部门申报，经核准的需求信息即作为该单位的需求计划。

（4）代理单位按需求计划，有组织地与毕业生、学校进行"双选"。

（5）代理单位将拟接收的毕业生情况报当地人才流动机构，经批准后，代理单位可与毕业生、学校签订统一规定的协议书。

（6）毕业生凭就业主管部门签发的《报到证》等有关材料办理报到和户口迁移手续。

（7）对尚未落实单位的毕业生和要求自谋职业的毕业生，可以向生源所在地县级以上人才流动机构申请办理人事代理。

第二节 学生就业取向的确定

一、大学生的社会责任感与历史使命

社会责任感是人的社会属性在精神上的体现。大学生的社会责任感主要反映在把国家与社会的发展作为自己的终身重任，努力为社会做贡献，并能通过自己的努力去改变社会的现状，起到推动社会发展的作用。大学生的历史使命是其社会责任感的一个主要方面，是与大学生的个人价值观、人生观紧密联系的，具体地讲就是在社会发展过程中，大学生个体所担负的责任。大学生的社会责任感和历史使命感是与大学生对社会的认知程度和贡献期望相关联的。具有良好的社会责任感与历史使命感便可树立正确、崇高的人生目标，从而对大学生的择业观产生直接的影响。

社会责任感是指生活在该社会的个人对社会应承担的任务、应尽义务的一种自觉态度。它是一种道德认识、道德态度，也是一种道德行为的实践，是与大学生择业观的社会属性密不可分的。

我国是一个发展中的社会主义国家，与发达国家相比经济相对落后，人民生活水平不高。从当前国际形势来看，世界正向多极化方向发展，世界格局正在发生急剧变化，维护世界和平是我们不可推卸的责任。当代大学生应当清楚地认识到只有民族繁荣、国家强盛才能使中华民族屹立在世界强族之林，才能保卫和平、推动社会的发展。我们即将步入知识经济新时代，面临着知识创新的历史机遇与挑战，只有肩负起社会责任和历史使命，才能开创一个崭新的未来！

我国自改革开放以来就已明确把经济建设作为中心工作来抓，但由于我国底子薄，发展经济将是一项长期而艰巨的任务，这一现状对当代大学生来说确实是任重而道远的。大学生是社会的特殊群体，大学生作为先进知识与科技的代表，更应以祖国的繁荣与富强为己任。我们应有敢于承担这份责任的勇气和决心，认清形势、明确目标、勇担重任，为了祖国的繁荣富强而勇往直前！

经过几年的大学学习之后，大学生将直接参加现代化建设，以后的路该怎么走，以什么样的标准来衡量社会职业，择业过程中发生矛盾时又该如何取舍等，要解决这一系列的问题，就得先明确我们到底该具备什么样的社会责任和历史使命，对于即将走向社会，直接参加国家经济建设的广大毕业生来说，弄清自身的责任和使命具有重要意义。

（一）明确社会责任和历史使命，有助于我们树立正确的择业观

过去，由于国家统包统分，毕业生无须在就业上花太多精力和时间，分配到哪里就去哪儿，个人选择余地不大。现在，国家不再安排工作，实行自主择业。当然，择业时适当考虑专业是否对口、个人兴趣是否适合、待遇是否较好，这本身无可厚非，但如果我们不明确自身责任，盲目追求高工资、高待遇而不管社会需要，那么就会导致大家趋之若鹜地去竞争某一职业，而另一部分职业却无人问津，这种求职失衡无论对社会还是对个人都是不利的。

（二）明确社会责任和历史使命，对择业标准的确定有积极的指导意义

只有明确了自身的责任和历史使命，把个人的兴趣与祖国的需要相结合，当个人愿望与国家需要发生矛盾时，才能够主动服从大局，尽力转变自己的兴趣和爱好，为国家奉献自己的青春和智慧。

（三）明确社会责任和历史使命，有助于我们确定正确的择业价值取向

因为只有明白了这一点，我们才能正确处理好贡献与索取的关系，才能确定正确的价值观，才能正确对待择业过程中出现的各类问题。把社会地位和人生价值等同起来的想法是择业认识上的一个误区。要知道行行都可以出状元，并不是只有在舒适的工作环境中才能体现大学生的人生价值，相反，越是艰苦的地方越能锻炼自己的意志与业务水平，同样的，小岗位如真正符合个人发展，可能更有发展和晋升的机会，所谓"宁为鸡头，不为凤尾"就是此理。

二、大学生择业标准的确定及影响因素

择业标准是指在认识和选择职业时取舍职业的尺度。择业标准因个人的就业兴趣、爱好、特长、需要和对就业的认识不同而不同。正确的择业标准是选择职业的向导，不仅能使个人选择职业顺应时代潮流和社会发展需要，还能促进个人的职业发展，若处理不好二者的关系，就会导致人才的浪费，对个人的前途及社会的发展产生不利影响。大学生在确定择业标准时，既要从自身角度考虑又要结合国家和社会发展的需要，两方面统筹考虑，注意以下几个影响因素。

（一）政策及制度因素

就业工作是在国家的就业制度、方针政策和劳动人事制度的大框架下运作的，国家相关的政策及制度势必会对个体求职择业产生重要影响。

（二）经济状况因素

我国经济发展不平衡，地区之间、城市之间经济差异较大。大部分毕业生都想在经济发达的沿海城市和地区就业，造成中西部经济落后地区的人才匮乏，形成恶性循环。这也会对大学生就业择业产生一定影响。

（三）教育因素

由于每个人受的教育不同，其思想觉悟和认识水平也存在着一定差异。而教育又分为家庭教育、学校教育和社会教育，各方面教育不同，对大学生择业的影响也会有所不同。

（四）社会舆论因素

人们大多有从众心理。中国是一个比较传统的国家，人们大多求稳保守，不愿冒险。另外，父母、老师及朋友的干涉和帮助也会对毕业生择业产生影响。

总而言之，在确定择业标准时，要全面、客观、准确地分析自己所面临的形势和情况，要坚持以国家利益为先、个人利益服从国家利益的原则。

三、确定正确的择业价值取向

大学生的择业价值取向支配着其自身对职业的具体选择。大学生择业价值取向的确定主要同社会需要、个人的职业需要、职业对人的要求和人对职业是否胜任有关。

（一）个人需要服从社会需要

个人从社会的需要及职业的社会价值出发，努力探求自身在社会经济活动中的坐标，设计好自己的社会角色，从而为社会的发展做出应有的贡献。个人需要服从社会需要，这是主要的，也是最容易在实际的择业行动中被忽略的。

社会现实中有积极的社会需要，也有消极的社会需要；有发展的社会需要，也有萧条的社会需要。对于消极、萧条的需要，我们不把它列入社会需要范围，而认为它只是一种现象。社会需要从层次和内容划分，大致包括以下几方面。

（1）国家需要。国家为保证重点领域、行业、单位的人才需求而制定的有关政策、规定，如目前教育部对研究生服务范围的规定；近几年就业方针中的保证重点的要求；对部分学校、专业下达的重点保证计划等。

（2）社会发展需求态势或趋势。主要是经济建设和社会发展所要求的人才数量、质量、规格、专业类型等，如具有创新意识和创新能力的高素质人才备受社会欢迎。

（3）维系社会正常运转的各类需求，如党、政、学、工、农、商等。进一步可细分到各类职业。

（4）特殊的社会需求方面，如考研、参军等。

从职业的社会价值上来看，社会存在着职业分工，而社会需要的存在也必然要求人们在择业过程中充分考虑社会需要及职业的社会价值等方面的情况，但我们必须要明白职业对社会的贡献也只是社会分工的不同而已，社会分工不同，权力分工不同，权力有大有小，但都是在为社会做贡献。

社会要全面、协调、健康发展，仍然需要对人才流动与配置进行必要的调控，在充分发挥市场配置人才的作用的同时，通过制定政策、宏观计划等手段，增强宏观调控能力。大学生在择业过程中，必须以社会的需要为根本出发点，把职业的社会价值同自己的理想、抱负紧密联系在一起，积极、主动地培养对社会需要的职业岗位的兴趣，调整好个人与社会的关系，集中精力全身心地投入工作，在社会的大舞台上实现自我价值及个人的理想，成就一番事业。

（二）在社会需要中实现自我价值

在服从社会需要的基础上，积极寻找、确定个人的爱好、兴趣、专业、特长在社会需要、职业的社会价值中的特定位置及职业对个体的要求，为充分体现个人价值创造良好的环境。

在适应社会需求的基础上，应充分考虑自我价值的充分体现，考虑所选职业对自己的适合程度，综合、全面地考虑自己的身体素质（如身高、视力、体重、生理特点等）、智力、知识水平以及适应性（如耐受力、运动能力等）、自我调适性等是否适合这项工作，在该职业中能否真正地使自己大显身手、物有所值、力有所用。同时应注意正确、辩证地看待工作条件，当然，良好的工作条件无疑会给工作带来高效、快捷的效果，但也不能一味地盲目追求好的工作条件，有时艰苦的条件更能磨砺人、激发个人斗志，并能较为充分地挖掘个人潜力而做出非凡的成就。勉为其难是一种择业误区，应在各种职业的客观要求与其从职人员的个体条件中寻求最佳组合，经过综合考虑、综合分析、综合评论，再作出正确的选择。

总之，大学生确定择业价值取向时，应以自己的选择符合社会发展总需求为根本出发点，以有利于自我价值的实现为基本目标，努力寻找到在个体与社会两个价值之间的最佳结合点。总的原则是：视实际、讲奉献，求主动、重发展。只有在确定了良好的择业价值导向之后，方可以自己的一份才智找到人生、事业的最佳坐标，在个人价值得到充分体现、事业有成之际，尽可能地为社会做出最大的贡献，回报社会。

第三节　求职心理准备

一、大学生择业心理误区

随着我国用人制度和大学毕业生分配制度改革的不断深入，大学生在为自主就业欢呼的同时，也感受到了前所未有的就业压力，有些人甚至陷入某种就业心理误区而无法解脱。大学生就业心理问题已成为当前不容忽视的教育问题和社会问题。

（一）就业目标不恰当，大学生就业观念存在偏差，就业期望值过高

因受社会各种价值取向的影响，目前大学生就业观念存在五大误区：一是"到大城市去，到沿海发达地区去，到最能赚钱的地方去"；二是"宁愿到外企做职员，不愿到中小企业做骨干"；三是"宁愿失业，不愿到基层和农村去就业"；四是"创业不如就业"；五是"薪酬不到位，再去找机会"。这种较高的期望值从主观上直接加剧了大学生就业形势的严峻性。

就业者的就业目标和本人具备的实力相当或接近，有利于增强其自信心，从而使自己在就业中处于优势地位。这就要求毕业生避免就业定位的理想主义色彩,适当降低就业期望值,确保顺利就业。这种方法强调适时放弃刻意追求的不现实的定位,不错过其他较好的就业机会,尤其是对某些"脚踩几只船""这山望着那山高",不能及时调整就业期望值者较为适用。

有的毕业生在就业过程中不顾自身条件的限制,眼睛死盯着"好单位",宁愿在"上面"无所事事,也不愿到"下面"较适合自己的地方去施展才华。实践表明,就业期望值过高最终容易使人陷入两种困境:一是由于期望值超出现实而使自己在就业时屡屡失败;二是即使侥幸获胜,也会因自身能力不及,工作无法胜任而处于被动境地。

（二）从众心理，攀比心理

就业者处在就业洪流中,期望水平会受到其他就业者期望水平的影响。虚荣心、侥幸心理会使其改变原有的自我期望而采取不切实际的从众行为。学成从业、服务社会、实现自身价值,是每一名大学毕业生的美好愿望。一些大学生就业时不是从自身实际出发,而是与同学攀比,特别是看到与自己成绩、能力差不多的同学找到令人羡慕的工作、获得可观的收入时,觉得自己找不到理想职业很没面子,为了获得心理上的平衡,将就业目标设计得很高,其结果是高不成、低不就,陷入苦恼之中。

（三）依赖心理

有些毕业生在就业过程中缺乏自信,把希望寄托在拉关系、走后门之上。一些大学生缺乏独立意识,外出应聘总爱携父母、同学相伴,或一帮学友共同应聘同一单位,希望日后相互照应,这种无主见和无魄力的毕业生只会被用人单位抛弃。当今社会,挑战与机遇并存。在就业之初,树立自信心,敢于竞争,才能在众多的求职者中脱颖而出。然而,依赖社会外力,特别是依赖不确定因素,甚至于依赖社会不良风气就业,往往增加了就业者的心理压力,不一定获得心理的愉悦。相信自己、发展自己、锻炼自己,是克服依赖心理的基础。

（四）角色错位

一些大学生过惯了校园生活,对父母和学校的依赖性很强,一旦独立面对社会,面对社会角色的客观要求,面对复杂的社会关系,常常产生逃避心理和抵触情绪,因此,很难找到理想的工作。

（五）急功近利心理

一些大学毕业生一心只想留在大城市挣钱多、待遇好的单位,或者到合资企业、外企或沿海发达地区,为了功利不惜抛弃自己的专业和兴趣,但心理上难免会感到困惑。况且,越是大城市、大机关或沿海发达地区,人才就越密集,竞争也越激烈,离开专业优势竞争,使大学毕业生容易遭受挫折。

二、大学生择业心理障碍

就业是大学生人生中一次重大选择,因此给大学生带来很大思想、心理压力,使很多人背上沉重的精神负担，也使部分学生产生这样或那样的心理障碍。这既不利于就业，也影响了大学生的学习和生活。心理障碍是由心理压力与心理承受能力相互作用，使人失去应有心理平衡的结果。大学生在就业中出现的心理障碍有以下几方面。

（一）焦虑心理

焦虑是一种常见的神经官能症，是以发作性或持续性情绪焦虑、紧张、恐惧为基本特征的一种病态心理。许多大学生在毕业前夕都会产生各种焦虑心理。例如，担心自己的理想能否实现，能否找到适合发挥特长、利于自己成长的单位和工作环境；害怕被用人单位拒之门外，十年寒窗付诸东流，无颜见父老乡亲；担心自己的选择是否正确等。特别是一些长线专业、性格内向或有生理缺陷、成绩不佳、能力一般而又不善"包装"自己，在临近毕业就业单位仍无着落的大学生，表现得更为焦虑。

大学生就业中焦虑心理的一种特殊表现就是急躁，尤其在职业没有最终确定之前，这种心理表现得尤为明显。他们有时恨时间过得太慢，简直是度日如年；有时又恨时间过得太快，最后期限将至，单位仍无着落；他们埋怨用人单位优柔寡断，怨父母亲朋办事不力，希望能一帆风顺，一蹴而就；一旦遇到挫折后便暴跳如雷，怨声载道，特别是那些在规定期限内仍然没有落实单位的学生，心理更为急躁。这种急躁心理，往往使他们缺乏自我控制，心理紧张、烦躁不安、无所适从，有时会导致事倍功半甚至事与愿违等不良后果。

（二）虚幻型企盼心理

虚幻型企盼心理更多表现为幻想心理，是由心理冲突或害怕挫折引起的。即在就业过程中，有些大学生渴望竞争，希望能找到理想的单位、职业，但由于害怕面对屡受挫折后的竞争结果，而采取的一种逃避态度。他们往往幻想不参与竞争，就能如愿以偿找到理想的工作单位。更有甚者，陷入自我欣赏、自我陶醉的深渊，幻想用人单位能主动找上门来，哪个单位录用自己是其荣幸、"慧眼识金"等。有这种心理的大学生，很容易脱离现实，幻想代替现实，不思进取，整日处于幻想状态中，恍恍惚惚，使自己的就业目标与现实产生很大的反差，很难找到理想职业，也很难如愿以偿。

（三）自卑抱怨心理

自卑抱怨心理是由于受到暂时性挫折而产生的一种心理障碍。大学生在就业前，往往踌躇满志，跃跃欲试，很想一显身手，大展宏图。一旦受到挫折后，大学生就很容易产生自卑心理，自信心大大减弱，自尊心受损伤，对自己全盘否定，感到一种空前的失败和愧疚，从此自己看不起自己，自惭形秽，在就业中，往往缺乏自信心和勇气，不敢面对竞争。这在性格内向或有生理缺陷的学生身上表现得较为明显。自卑不仅使其悲观失望，不思进取，错失良机，而且也有碍自身才能的正常发挥。

（四）怯懦胆怯心理

怯懦胆怯心理在毕业生面试中表现得尤为明显。面试前，一些人如临大敌、紧张不安、手忙脚乱，大有"丑媳妇见公婆"之态。面试中，有的人面红耳赤、语无伦次、支支吾吾、答非所问、手足无措，辛辛苦苦准备的"台词""腹稿"，一急之下都抛到九霄云外，忘得一干二净；有的人谨小慎微，生怕说错一句话、一个问题答不好而影响用人单位对自己的"第一印象"，以致缩手缩脚，影响正常水平的发挥。为克服上述弱点，毕业生必须平时积极参加班集体和社团活动，培养自己的应变能力和语言表达能力。

三、大学生择业的原则

（一）符合社会需要的原则

符合社会需要即一个人在选择职业岗位时，把社会需要作为出发点和归宿，以社会对自己的要求为准绳，去观察、认识问题，进而决定自己的职业岗位。虽然大学生就业实行双向选择、自主就业，但自主就业是相对的、有条件的，并非可以不顾社会需要，一味地追求"自我设计"。社会的发展、科技的进步、经济的繁荣，也都期望着合格的大学生为之去奋斗。从另一个方面看，社会是由人构成的，社会需要本质上就是人类的需要。在现实生活中，个人需要的内容无论怎样丰富，个人需要的结构无论怎样复杂，总是受现实社会要求的制约。人们正是通过不同的职业活动，在满足社会需要的同时，也在满足着个体的需要。社会的每一步发展，都是种种上述职业活动共同作用的结果。

（二）发挥个人素质优势的原则

发挥个人素质优势即一个人在选择职业岗位时，综合自身的素质情况，根据自己的特长和优势选择职业岗位，以利于在职业岗位上能够顺利、出色地完成本职工作。发挥个人素质优势主要包括以下几个方面的内容。

1. 发挥专业所长

大学生经过大学阶段的学习，不仅具有较为扎实的基础理论知识，而且具有一定的专业知识，因此在选择职业岗位时，要从所学专业特点出发，做到专业基本对口。这样就可以在职业岗位上发挥所长，大显身手。

2. 发挥能力所长

同一专业的同届毕业生，由于各人的情况不同，能力也有差异，根据不同的能力选择不同的职业岗位，是充分发挥个人素质优势的最佳体现。比如，有的人语言表达能力较强，适合搞教学、宣传工作；有的人组织管理能力强，适合从事领导或管理工作；有的人文字表达能力较强，则适合从事文秘、编辑等工作。由此可见，根据自己的能力所长选择职业岗位，既是胜任工作的需要，也是发挥个人最大的潜力、进行创造性劳动的需要。否则，事与愿违，功不成、业不就，就会贻误事业与前程。

3. 适当考虑性格特点

就性格本身来讲，并不能决定一个人的成长方向和成就的高低。同一性格的人，有的人可能很有作为，有的人则可能一事无成。性格相异的人也可能在同一领域、同一职业中成才。但是，在选择职业岗位时，适当考虑自己的性格特点，充分发挥性格所长则是十分必要的。比如，在职业活动中，有的人总是用理智去衡量一切并配合行动，这样的人就适合从事基础理论研究工作；有的人很有主见，并善于发现问题和解决问题，这样的人就较适合从事科学研究或领导工作。

（三）主动选择的原则

大学毕业生在职业选择中不能消极等待，而应主动出击，积极参与。这里所说的主动选择，主要包括以下三个方面。

1. 主动参与职业岗位竞争

竞争机制的引入，冲击着各行各业，也冲击着人才就业市场。竞争使人们增加了紧迫感和危机感，也增加了责任感。从某种意义上说，职业岗位的竞争，是靠才华、靠良好的素质去争取一份比较理想的职业。

2. 主动了解人才供求信息和规范要求

由于社会对大学生的要求在不断发生着变化，因此主动了解用人单位对人才规范的要求和需求信息，对有的放矢地选择职业岗位有着重要的意义。

3. 主动完善自己

大学生应根据社会需要，加强学习，主动提高、完善自己，以尽快适应新的工作岗位。

（四）分清主次的原则

在就业选择过程中，摆在毕业生面前的选择是多方面的。比如，单位性质、工作地点、工作条件、生活待遇、使用意图、发展方向等诸多方面，不可能每项都满足其心愿，重要的是在就业过程中怎样权衡利弊，分清主次。在目前的社会条件下，很少有单位是十全十美的。作为新时代的大学毕业生，应从是否有利于自己才智的发挥、是否符合社会的需要出发，分清主次，作出抉择。切不可因一味求全、急功近利、好高骛远而失去良机。

（五）着眼长远面向未来的原则

毕业生在选择职业时，不能只看眼前实惠，而不看企业发展前景；不能只看暂时困难，而不看企业的未来；不能只图生活安逸，而不顾事业的追求等。选择职业时，要站得高，看得远，放开视野，理清思路，把自己的命运和祖国的命运紧紧地联系在一起，找到最佳位置，牢牢地把握职业选择的主动权。

四、大学生就业心理调适

（一）树立正确的择业观

就业本身就是大学生认识和适应社会的一个过程，在就业中遇到许多心理冲突和困惑，产生一些不良情绪也是正常的，关键是遇到就业问题时要学会调节自己的心态，使自己能从容、冷静地面对就业这一人生重大课题，并做出正确、理智的选择。

每个毕业生都希望找到一份适合自己、自己感兴趣、能发挥个人特长的职业，但客观上很难实现。这时，大学毕业生要树立正确的择业观。具体来说，就是要求学生在择业时注意以下几个方面。

（1）适用市场，合理定位。以社会需求为出发点，让毕业生个人意愿与社会需要结合，统一起来，以便能找到适合自己的工作岗位。

（2）实事求是，认清自己。不少毕业生缺乏对自身素养和能力的客观评价，或者因估计过高而盲目自信，或者因估计过低而信息不足，结果都容易导致在择业、就业过程中受挫，毕业生要对自己有一个清醒的认识和客观、公正的评价。

（3）分清主次，综合考虑。在择业过程中，工资待遇、工作环境、单位性质等多种条件不可能样样如意，所以择业应分清主次需要，从能否发挥自己的作用等主要方面出发，综合考虑各种因素，切不可一味求全。

（二）培养良好的择业心态

（1）参加一些有针对性的就业心理辅导，走出就业心理误区，建立正确的认知模式，以便能够正确地认识、客观地评价自我。择业定位不要过高，应立足现实而又放眼未来。要正确看待改革开放过程中的问题和矛盾，不能操之过急，既要抵制不公平竞争，又不能以偏概全，以冷眼看世界，把一切都看得暗淡无光，以致悲观失望。

（2）培养健康完善的职业心理。所谓职业心理，是指人们在选择职业、就业、失业及重新选择过程中，对周围环境的一种认识、情感和态度。健康完善的职业心理对于培养健全的人，构造健全的社会，犹如水之于鱼，有利于人的成长，有利于社会的进步。良好的职业心理并非一朝一夕形成的，需要生活的积累、意志的锻炼、品质的塑造、文化的熏陶，逐步培养形成。

（3）加强受挫能力锻炼。目前，就业竞争异常激烈，参与竞争就难免会遇到挫折，求职受挫现象屡见不鲜，因此要提高自己的耐挫能力。一是要学会正确分析挫折产生的原因；二是要树立信心，树立特色意识；三是要学会宣泄，采用合适的方式发泄受挫后的痛苦和不满；四是要悦纳自己，关注自己的特长，提高自己的竞争能力，培养竞争意识；五是增加受挫体验，保持良好的心态。

（三）提高就业意识

（1）转变就业观念，降低期望值。转变就业观念是解决当前毕业生就业问题的首要手段。一方面有单位招不到人，另一方面有学生找不到单位，这里有学生自身的问题，也有用人单位的问题。但主要原因还在学生自身，他们多半是嫌有些单位地域偏僻，或者收入不高，或者工作环境不佳，大学毕业生缺乏正确的职业观，不能把个人主观愿望与社会需要结合起来，缺乏吃苦耐劳和奉献精神。所以，要解决毕业生就业难的问题，毕业生首先要转变观念，降低期望值，可确定"先就业，后择业，再创业"的就业思路。

（2）全面提高综合素质，提高竞争力。就业的竞争，是知识的竞争，是能力的竞争，更是综合素质的竞争。毕业生要想在激烈的就业市场中取得一席之地，就要全面提高自身素质，主动适应市场，在学好专业知识和技能的同时，要注重各种能力的培养，如动手能力、表达能力、组织管理能力、协调能力、公关能力、适应能力等，这些能力是毕业生就业过程中不可缺少的。同时，还要有思想道德文化素质，这对毕业生也至关重要。

（3）面向基层，大胆创业，到祖国最需要的地方去建功立业。面向基层，应该包含两个方面的内容：一是面向基层岗位，二是面向基层地区。所谓基层岗位，是指用人单位处于管理金字塔中的最底层岗位；所谓基层地区，是指西部地区和内地乡镇以下地区，包括乡镇企业、村委会等单位。号召和提倡广大毕业生到基层就业的原因如下。

① 基层岗位和基层地区迫切需要大学毕业生去充实，去发挥作用。有关资料显示，西部地区国有企事业单位专业技术人才中，具有大专以上学历的仅占 4%。目前我国平均每百名劳动者中只有 0.23 名科技人员，每百亩耕地中平均只拥有科技人员 0.049 名，而发达国家农业从业人员中接受高等教育的达 45%～65%。

② 基层拥有大量的就业岗位，可以缓解大学生的就业压力。目前，用人单位招聘员工首先是大量需求基层岗位成员，从在高校选拔毕业生的用人单位来看，很少有直接招聘高层次管理人员的。从事一线营销、三产业一线、服务人员的需求量特别大。前不久召开的中央十七届三中全会，突出部署了未来农村、农业发展的制度、措施等问题，更为农村就业市场搭建了更为广阔的平台。

③ 基层是个大熔炉，它可以锻炼品格，磨炼意志，成就事业。天上没有掉下来的馅饼，大凡事业有成者均经历了基层的艰苦磨炼。众所周知，"杂交水稻之父"袁隆平院士曾在湖南安江农村从事过数十年的基层研究；十六大主席团人员吴奇修北大毕业后曾在农村待过 8 年之久，将一个特困村发展成为年产值 8 亿元的小康村。这样的事例举不胜举。

除了面向基层，创业也是目前我国广大毕业生应当要特别提倡的一种就业模式。毕业生经过几年的大学学习，拥有了自己的商业精神和文化素质，综合理论学习完全可以转化为一种创业实践。创业首先是一种就业，不仅为创业者本人，同时也是为他人创造就业机会。创业也是一种观念，是一种在自我意识的推动下，实现自我、超越自我的观念。更为主要的是，创业更是一种志向，是创业者对创业的一种锲而不舍的追求。创业成功将为社会创造更多的职业效益和社会财富。

（四）做好职业生涯规划

（1）开展职业测评，明确职业定位。通过职业测评，使大学毕业生更多地了解自己的职业兴趣、职业性格等。在选择职业时，结合自己的兴趣、能力以及知识储备，明确职业定位，达到人职最佳匹配。

（2）开展参与就业，明确需求标准。从低年级开始，就努力提高学生的就业参与意识，有意识地参加人才交流会，尝试与用人单位沟通，了解人才需求的标准和要求，以便做好自身的职业生涯规划。

（3）开展职业生涯设计，明确职业生涯路线。组织开展职业生涯设计，争取做出自己的职业规划书。做好职业生涯规划，早规划，早打算，早准备，充分做好就业前的心理准备，以实现理性就业。

天生我材必有用，我以我材献社会，大学毕业生现在正处于社会蓬勃发展的改革开放大潮中，每个人都有施展才华、表现自我的机会和空间。职业不仅是个人在社会中获得生活来源的保障，也是个人价值和个人理想不断实现的人生舞台，大学毕业生只有抓住机遇，及时就业才能更快、更顺利地步入自己的职业生涯。广大毕业生应坚定自己的信念，树立坚定的信心，将个人价值的实现与集体、社会乃至国家发展的价值紧密结合起来，为创造自己良好的职业生涯、谱写自己美好的人生篇章，从而推进社会的和谐繁荣而努力奋斗。

第四节　求职知识与能力准备

一、求职知识与能力的梳理

职业规划最重要的是要"知己"，而"知己"的核心是要找准优势，而不是缺点。从心理学的角度来说，没有什么好或坏的性格，而且优势和缺点往往是一个问题的两面，克服了缺点，优势可能就不明显了。当然，影响优势发挥的不足方面还是要改进的。

一般来说，个人取得成功85%是由人的个性决定的，而15%是由个人所受的教育决定的。所以关键是要对自己有一个清晰的认识，同时掌握一定的技巧和方法。

我们需要从以下五个方面认识自己：我是谁？我想干什么？我能干什么？环境支持、允许我干什么？我最终的职业目标是什么？

针对第一个问题"我是谁？"，应该对自己进行一个深刻的反思，一个清醒的认识，优点或缺点，真实地写出每一个想到的答案，一个一个地列出来，认为确实没有了，再按重要性进行排序。

第二个问题"我想干什么？"是对自己职业发展的一个心理趋向的检查。可以把思绪回溯到孩提时代，从人生初次萌生第一个想干什么的念头开始，然后随年龄的增长，回忆自己真心向往过想干的事，并一个个地记下来，写完后再想想有没有遗漏，确实没有了，再进行排序。

第三个问题"我能干什么？"则是对自己能力和潜力的全面总结，把确实能证明的能力和自认为还可以开发出来的潜能都一一列出来。一个人的职业最根本的还要归结于他的能力，而他职业发展空间的大小则取决于自己的潜力。对于一个人潜力的了解应该从几个方面着手去认识，如对事的兴趣、做事的韧力、临事的判断力以及知识结构是否全面、更新是否及时等。

第四个问题"环境支持、允许我干什么？"的回答则要稍做分析：环境，有本单位、本地区、本省、本国甚至其他国家，自小向大，只要认为自己有可能借助的环境，如人事政策、企业制度、职业空间都应在考虑范畴之内；在这些环境中，认真想想自己可能获得什么支持和允许，明白后一一写下来，再以重要性进行排列。

明晰了前面四个问题，就会从各个问题中找到对实现有关职业目标有利或不利的条件，列出不利条件最少的、自己想做而且又能够做的职业目标，那么第五个问题"我最终的职业目标是什么？"就会有一个清楚明了的框架。

二、求职知识与能力准备概述

为了更好地方便大学生掌握知识、认知信息，能在生活中发挥自己的长处，熟练运用分析、综合、抽象、概括、实践等能力解决实践中的一些问题，现将求职知识与能力准备分为五个分项任务：

（1）大学生分项能力简述；

（2）大学生的自我管理能力；

（3）大学生的敬业精神；

（4）大学生的团队精神；

（5）影响大学生提升就业能力的因素。

大学生自己可以对照能力目标，反复演练，有的放矢地依次完成各分项任务，直至完成本任务，为就业奠定良好的基础。

（一）大学生分项能力简述

1. 就业能力简述

1）能力的概念

所谓能力，是指人们在认识世界和改造世界的过程中通过教育和实践活动发展起来的一种力量，它是在知识及其他素质的基础上，经过不断的实践所表现出的多种技能的整合力，直接影响活动的效率，是活动顺利完成的最重要的内在因素。人们在完成任何一种活动的过程中都要靠多种能力的有机结合，比如，学习活动需要有阅读、理解、记忆、抽象和丰富的想象力；体育活动需要有身体素质、四肢协调、单项技能和运动意识等配合方能完成。

2）就业能力的概念

就业能力是指从事某种职业所需要的能力。一个人想要顺利地找到工作，在工作中做出成绩，就必须具备一定的就业能力。就业能力包括一般就业能力和特殊就业能力。

（1）一般就业能力。一般就业能力包括以下几个方面。

① 一个人的态度、世界观、价值观、习惯。

② 与工作有关的一些能力，主要是指处理与周围的人和工作环境的关系的能力，如怎样进行工作、如何与人相处等。

③ 自我管理能力。如决策能力、对现实的理解能力、对现实资源的利用能力，以及有关自我方面的一些知识、对学校所学课程与工作中具体运用之间的关系的理解能力。

（2）特殊就业能力。特殊就业能力是指某个职业所需的特殊技能和环境所需的某种特殊技能，如一个会计必须具备较好的数学功底，护士需要某种特殊的护理技能，美术工作者必须具备色调感、浓度感、线条感和形象感等。

一般就业能力和特殊就业能力在职业活动中都很重要。要成功地从事某种职业，常常需要一般就业能力和特殊就业能力的有机配合。如果一个人只有一般就业能力而无特殊就业能力是很难胜任某种职业的，比如一个不精通医术的大夫又如何能给病人治病呢？同样，只有特殊就业能力而无一般就业能力的人也是很难在事业上取得成功的，一个缺乏团结协作、全心全意为人民服务的精神，缺乏事业心和责任感的人，纵使有很娴熟的职业技术，最终也会成为职业的失败者。

在现实生活中，一般就业能力更为重要。这是因为以下几个方面的原因。

一是社会在发展，科学技术的更新在加快，一般就业能力强的人能更好地适应社会，在掌握新知识、更新技术方面更具主动性与积极性。

二是从事某种职业必须具备这种职业所需要的特殊就业能力，因此容易引起个人、学校或单位的足够重视，而一般就业能力由于与工作的关系不是十分明显，因而很少被注意到，而事实上，用人单位越来越看重一般就业能力，许多求职者就是因为一般就业能力不强而未被录用。

三是一般就业能力与失业关系密切。许多研究表明，人们失去工作不是因为缺乏特殊就业能力，而是因为缺乏一般就业能力。美国一份有关失业的报告指出，失业中的90%的人不是因为不具备工作所需要的技能，而是因为不能与同事、上司友好相处，或者经常迟到。实际上，这些人失业是因为他们缺乏一般就业能力而不是特殊就业能力。平时我们常说的就业能力通常是指一般就业能力。

2. 大学生就业能力的种类

1）专业能力

专业能力是指专业知识转化为应用的能力，是就业过程中对应的职业岗位工作所需的专门能力。

（1）专业知识掌握能力。专业知识掌握能力不是指对专业知识的记忆能力，掌握能力表现在不仅要熟悉各门课程的内容，而且要能够将不同课程变为系统专业技能。为实现这个目的，大学生不仅应该认真学习专业知识，而且需要自觉地主动求教于他人，探索如何将学习过的知识进行融合提炼。掌握信息能力就是能够通过浩如烟海的各种现象，最快地获得对自己有用的知识。俗话说"处处留心皆学问"，谁拥有的信息量大，谁会熟练地处理纷繁复杂的信息，谁就会在未来的社会竞争中占据优势地位。

（2）勤奋自学能力。在知识经济迅速发展的今天，终身学习已经成为人们生存和发展的第一需要，成为一种重要的生存方式和生活方式，同时也必将成为人们追求幸福与财富品质的主要原动力。学习的能力包括获取知识的能力、创造知识的能力、应用知识的能力三个方面。学习知识既要在广度上做文章，也要在深度上做文章，更要在创造上下功夫。大学生要学会自学，学会带着问题学，学会带着疑问学，要有目的、有针对性地学。但学习的最终目的还是应用和创新，能够将创新成果迅速转化为现实生产力。如果我们不具备创新能力，怎么能独立地、能动地接受知识突破常规呢？所以，大学生在学习基本知识和基本理论的基础上，特别要学会科学的学习方法、研究方法，大胆怀疑，大胆想象，敢于创新，勇于创新。

（3）创新学习能力。创新是一个民族进步的灵魂，是国家兴旺发达的不竭动力。创新能力就是人们产生新认识、新思想和创造新事物的能力。创新能力涉及一个人的多种能力，如认识能力、观察能力、记忆能力、判断能力、分析能力、想象能力、实验能力、自学能力、吸收知识能力、信息能力等，是一个人综合能力的具体体现。

大学生要有创新观念和创新欲望、创新的毅力、创新的兴趣、创新所需的观察力、创新性思维能力。

2）社会能力

（1）就业观察分析能力。就业观察是对就业环境、用人单位的认识、分析并善于发现和抓住就业机会，以及工作要点、事物发展特征的过程。

就业分析是对就业形势及过程阶段、与就业相关的一般性规律和特殊性要求，以及个人与用人单位之间如何选择、如何发展所进行的思考、推断和解决问题的过程。

就业观察分析能力就是上述两个过程中大学生应具备的能力。它对防止误判，导致错误决策起到把关的作用。

（2）就业环境适应能力。大学生从校园环境中走向社会，面对复杂多变的社会环境有些茫然，在千变万化的环境中大学生要调整好自己的心态，想方设法地去适应周围的环境，使自己置身于社会环境中，融入社会环境中。

大学生习惯了"象牙塔"里的生活环境，接触社会马上表现出不适应，而用人单位对大学生越来越觉得不可心，所以设置了"两年实践"锻炼后才重用，无形之中使大学生就业难上加难。解决燃眉之急的办法是培养大学生适应社会的能力，尽可能缩短其社会适应期。学校应该进行教学创新，为学生创造更多的接触社会的机会。大学生本身更应该利用一切机会，大胆走向社会，在毕业之前遭受社会挫折是一种"荣幸"，提前利用心理防卫机制，使个人具备一定"挫折抗体"，对就业能力的提高是一个有效的措施。

（3）就业语言表达能力。沟通能力是做人最本原的一些素质，如诚信、责任、意志、创造、视野、爱心、亲和、平实等的集合力。沟通其实就是做人。

国内外事业有成的名企无不视沟通为管理的真谛。企业实现高效率和充满生机，赖于下情能为上知，上意能迅速、准确地下达，部门之间互通信息、互知甘苦；同时，打破等级制度，充分强调家庭般的和谐和温暖。这就需要沟通，需要高速、有效的沟通。良好的沟通让员工感觉到企业对自己的尊重和信任，因而产生极大的责任感、认同感和归属感，促使员工以强烈的事业心报效企业。此外，沟通还能化解矛盾、澄清疑虑、消除误会。日本的一些企业别出心裁地设置"出气室"，里面放着企业主管及部门主管的塑料人体塑像，旁边还放着大棒。受到委屈的员工尽可以到那里用大棒把他们"痛打"一顿，怨气也就随之冰释。这种沟通办法实在高明。

（4）就业交际能力。交际能力就是在一个团体、群体内的与他人和谐相处的能力。人是社会人，很难想象，离开了社会，离开了与其他人的交际，一个人的生活将会怎样？有人存在，必须与人交往。如今，大学生大都是独生子女，平时与他人的交往较少，独处的时间较多，从而造成了一定的封闭性；学校中的人际交往相对简单，大学生在交往方面缺乏足够的锻炼，这与就业时社会对人际交往较高的要求是不相适应的。

从成功学的角度讲，人际关系是决定一个人能否成功的关键因素之一，从素质教育的角度讲，能否和谐相处影响到人的顺利发展。

人际交往的核心部分，一是合作，二是沟通。培养交际能力首先要有积极的心态，理解他人，关心他人，日常交往活动中，要主动与他人交往，不要消极回避，要敢于接触，尤其是要敢于面对与自己不同的人，不要因来自边远地区、相貌不好看或者经历不如别人而封闭自己；其次要从小做起，注意社交礼仪，积少成多；再次要善于去做，大胆走出校门，消除恐惧，加强交往方面的知识积累，在实际的交往生活中去体会、把握人际交往中的各种方法和技巧。另外，要认识到在与别人的交往中，打动人的是真诚，以诚交友，以诚办事，真诚才能换来与别人的合作和沟通，真诚永远是人类最珍贵的感情之一。

（5）自立能力。自立便是自我的独立，世上并无救世主，自己的命运完全掌握在自己的手中。

（二）大学生的自我管理能力

自我管理对于每个人来讲都是一种十分重要的能力。所谓自我管理，笼统地说就是自己管理自己，就是指个体对自己本身，对自己的目标、思想、心理和行为等表现进行的管理，自己把自己组织起来，自己管理自己，自己约束自己，自己激励自己，最终完成自我奋斗目标的一个过程。

1. 自我管理能力的内容

自我管理是一种开放式管理方法，它是指个体通过自我计划、自我组织和自我监督等环节，来协调个体内部与外部环境，从而更好地实现自我目标的过程。具备良好自我管理能力的人能够调节自己的认知、行为、情绪和外界环境，克服来自内外在的干扰或阻碍，最终达成任务目标。而大学生自我管理的最大特点，是要更多地、更充分地发挥大学生自身在教育管理中的主体作用和能动性，从而使大学生充分完善自己的个性，实现自我价值，把自己培养成既能适应社会发展要求，又能满足个人兴趣和发展需要的人才。

自我管理是每个人对自己生命运动和实践的一种自我调节。自我管理的核心思想就是自我认知、自我组织、自我激励、自我监督、自我调控、自我评价、自我意识、自我锻炼、自我反省，使个体通过科学的、有目的的反复锤炼，逐步走向自我完善和完美，从而达到自我实现、自我成就和自我超越的一门科学与艺术，也是去充分调动自身心灵的自动调节功能，最大限度地激发自身潜能，更有效地发掘和实现自身最大社会价值和责任的一门科学与艺术。

可从以下几个方面来进一步体会自我管理能力的内容。

1）自我评估

衡量自己的方法，包括了四方面：健康、技能、行动、身份，这四者是互相关联、互相依存的。

（1）知道自己，评估自己，不要失落了自己。我们早在从小开始上学的时候，大人就教我们有关其他人的事情，如是什么使得其他人有这样的行为，背后的动机是什么，哪些人做了些什么，有些什么成就，哪些人的想法、理论和解说是怎样的。很少有人鼓励我们替自己着想，或者是想一想自己，找出自己的能力是什么，有什么弱点，有什么作为、成就，对于其他人有什么影响等。

同样地，我们通常都受到这样的教导：别人比我们聪明，别人知道得比我们多，别人受的教育比较多，别人比较吸引人，别人比较会做人。简而言之，和其他人比较起来，我们应该贬抑自己。即使父母、老师、老板和其他具有权威的人并没有这样告诉过我们，我们还是很容易看轻自己，对于自己的形象、看法不佳。每当我们做的事情不尽如人意时，就准备接受批评吧！

这并不是说我们不喜欢受到批评，事实上，为了更了解自己，必须接受正面的回馈，也必须接受反面的回馈。不过，真正重要的是以什么态度来接受批评，知道了别人的批评以后要怎么办。例如，能不能利用别人反面的批评作为自己成长和发展的机会，或者因这种批评使自己丧失信心，觉得自己很没用，一点儿不吸引人，很差劲。

最后要谈到的是，我们要想成为真正的自己，经常会遇到许多阻碍，因此会觉得气馁。其他人（如父母、老师、老板）都希望照着他们的形象来塑造你，让你照着他们告诉你的方法去做，照着通行的往例去做，行为举止要正确，态度要对，要守规矩。

（2）了解你自己。思考一下，前三四次你有机会了解自己时的情形，你做了些什么？你有没有躲开哪些情形？如果有躲开的话，是怎样躲开的？为什么要躲开？或者你有没有趁机了解自己？如果有的话，你是怎样反应的？是建设性的反应还是破坏性的反应？就每一次机会来说，结果怎样？对于你、你的发展和自我管理有什么样的影响？对于其他有关的人又有怎样的影响？

你对于反馈有怎样的反应？有多大的影响？有什么异同？当然，关于反馈这方面有几个问题，其中之一就是你也许会不喜欢这个反馈。接受对于自己不好的评价，总是不愉快的，就是因为这个缘故，我们许多人都想避免获得反馈的机会。同样地，我们得到关于自己的信息时，如果觉得不满意，总有许多不接受的方法。这些方法包括了否决（那不是真的）、逃避（我必须到什么地方去）、找个理由来搪塞（没关系，因为……），以及混合这些方法的其他方法。你最喜欢采用的是哪些方法？

如果你觉得批评是正当的，或可能是正当的，就要听一听别人的批评，不要否认、攻击别人，或是逃避；应多和批评你的人沟通，要求对方说出更多想法，并加以澄清。

当然，有时候某些批评的确是没有道理的，不过无论如何，批评你的人一定有某些理由。如果你希望和那个批评你的人保持有利的关系，你就会发现，从长远眼光来看，澄清没有道理的批评并加以运用，要比忽略或不管能给你带来更多好处。

2）自我完善

要自我管理，就必须建立起支援的资源，这包括了人和环境。除了支援以外，你还需要其他富有资源的人给予协助和友谊。最好的方法和途径如下。

（1）找个朋友：和一个"谈话的伙伴"合作。

（2）寻找盟友：运用你自己扮演的角色。

（3）和人接触：联络网络。

（4）争取同意：建立自我发展的小组，或加入这样的小组。

这四点在大部分公司都能行得通，只不过有些地方比较容易，有些地方比较难，只要能和另一个人合作，就得到了"谈话的伙伴"，不过要建立自我发展的小组，则是比较困难的任务了。你也可以在公司以外的地方做这些事情，重点在于确定一些支援和协助的方法。

在组织中管理自己，要从朋友、盟友、联络人、同事的合作开始。不过除了个人的关系外，还有一些更广泛的重要问题，这是和整个组织有关的。我们在这里要讨论组织的三个主要层面，并且提供分析和行动的阶段，每个阶段都有其特征，像特别的需要，或必须完成的任务，就如同个人的生活也有这样的情形。组织发展的各个阶段中，都有不同的需要，为了完成当前的任务，就要以不同的目标来提升能力，或要求具有与众不同的特质。

3）自我管理

（1）先管理自己。"管理他人之前，必须先懂得管理自己。"如果我们能够为人师表，那么我们已经在使周围人走上正轨的路上踏出第一步。因此，应学会由内而外的管理，意即由自身而外界。

（2）有效的管理。求生存、保持最佳状态、求发展所应注意的事项如下。

① 健康：良好的身体与心理。

② 熟练：心理上的、技术上的、社会性的、艺术性的。

③ 行动：把事情做完、做好。

④ 认知：自我认识、自我接纳。

当然，这四者之间也有关联：如果你想要有熟练的技巧，或想把事情做好，就必须有健康的身心；同样地，做好事情必须有熟练的技巧与动机。而且你的技艺是建立在你的自我认知之上的。

健康、技巧、认知若不付诸行动，终归徒然，也可说那是你才能的浪费。所以对一个新时代的经理人而言，底线是自我负责。

（3）帮助他人管理。如果经理人已能达到自己的目标并排出优先顺序，可以在健康、技巧、行动、认知方面将自己的思想、感受、意志力发挥出来，以求生存，保持最佳状况以求发展。

没有人是个孤立者，我们与其他人工作、生活在一起，他们是我们的一部分一样，正如同我们也是他们的一部分一样。在管理时，我们必须投入大部分心力，考虑在如何以各种不同方式自我管理时，将会如何影响这些重要的人。

自私是管理中最受批评的。管理的首要任务是与他人一起工作，将焦点放在自己身上是自我纵容甚至是自恋。

（4）勇气和意志。有了勇气和意志，才能贯彻实行，所以勇气和意志是很重要的。

增强勇气和意志，就和增强肌肉的情形一样，越是经常使用，强度就越是增大。所以，倘若你经常要做某件事情，而且要发挥意志力才能做好这件事，而你的确能做这件事，那么你的意志就能日渐增强。

2. 提升自我管理能力的内容

很多成功人士都有一个共同的体会：要想有所作为，就必须重视提升自我管理能力。纵观古今中外，凡大成者，绝不仅仅是从被别人管理或管理别人中获得成功的，无不是通过严格的自我管理才获得大成和圆满的。

"现代戏剧之父"易卜生曾经告诫后人："你的最大责任就是把你这块材料铸造成器。只有学会了自我管理，才会把自己造就成一个能够持续成功的人。"

要想成功，必须注重以下 12 项自我管理能力的提升。

1）心态管理能力

在人们不断塑造自我的过程中，影响最大的莫过于是选择积极的态度还是消极的态度。自我心态管理是个人为达到人生目标进行心态调整以达到实现自我人生目标、实现最大化优化自我目的的一种行为。成功人士善于进行自我心态管理，随时调整自我心态，持续地保持积极的心态。

2）自我心智管理能力

主观偏见是禁锢心灵的罪魁祸首。心智模式是人们在成长的过程中受环境、教育、经历的影响而逐渐形成的一套思维、行为模式。每个人都有自己的心智模式，而且每个心智模式都会存在一定的障碍，人们要善于突破自我，善于审视自我心智，善于塑造开放而正确的心智模式。

3）自我形象管理能力

人们给别人的第一印象非常重要，很多情况下，人们都是最先通过一个人的表象来认识这个人的。而且人们只有一次给人留下第一印象的机会，所以外在社会形象很重要。人们要懂得如何更加得体地着装，要根据场合、时间、事件和自己的身份着装。即使在学校，也应根据自己的实际情况，树立自己的形象风格。注意外在形象，并不是靠名牌服装建立的。可以穿不起名牌，但不可以穿着邋遢，应以清秀干净的形象见人。人们必须知道如何适应社会对商务礼仪的要求，如何让自己的举止、谈吐和形象气质更有魅力，如何以优美的品行让别人更信任自己。

4）角色认知能力

每个人都要扮演各种社会性的角色。人们在角色定位上若没有一套正确的认知能力，往往会落到"上下难做人、里外不是人"的地步。正确认知自己的角色，是走向成功的重要环节。

5）自我激励能力

在每个人的生命里，都潜藏着一种神秘而有趣的力量，那就是自我激励。人的一切行为都是受到激励而产生的，善于自我激励的员工，通过不断的自我激励使自己永远具有前进的动力。自我激励是一个人事业成功的推动力，其实质则是一个人把握自己命运的能力。因此，人们要有健康的心理，善于运用一定方法进行自我激励。

6）人际管理能力

有人说"成功=30%的知识+70%的人脉"；更有人说"人际关系与人力技能才是真正的第一生产力"。因为人的生命永远不孤立，人和所有的东西都会发生关系，而生命中最主要的，也就是这种人际关系。因此，要想成功，就应该加强自我人际管理能力。

7）时间管理能力

每个人都同样地享有每年365天、每天24小时，但为什么有人能够在有限的时间里既完成了辉煌的事业又能充分享受到亲情和友情，还能使自己的业余生活多姿多彩呢？他们有三头六臂吗？他们会分身术吗？时间老人过多地偏爱他们吗？不！关键的秘诀就在于成功人士善于进行自我时间管理。

8）情绪管理能力

情绪能改变人的生活，有助于改善人际关系和说服他人。情商高的人可以控制、化解不良情绪。在成功的路上，最大的敌人其实并不是缺少机会，或是资历浅薄；成功的最大敌人是缺乏对自己情绪的控制。成功人士善于管理自我情绪。

9）行为管理能力

根据社会伦理和组织所要求的行为规范，每个人的行为都可以分为正确的行为和错误的行为。人们要坚守的是正确的行事规范，不断将自我行为进行管理以达到职业化行为规范的要求。能够对自己做好职业行为管理，坚守职业操守，是优良职业素质的成熟表现。

10）目标管理能力

生命的悲剧不在于目标没有达成，而在于没有目标。目标有多远，人们就能走多远。目标是指引人们工作的总方向。人们每天的生活与工作，其实都可以理解为一个不断提出目标、不断追求目标并实现目标的过程。

11）学习与成长的能力

学习是人类生存与发展的推动力。人不是生而知之，而是学而知之。知识和能力不是天上掉下来的，而是从学习和实践中获得的。学习能力是优秀竞争力的表现，也是人类灵性的表现。

12）自我反省管理能力

"反省是成功的加速器。"经常反省自己，可以去除心中的杂念，可以理性地认识自己，对事物有清晰的判断，也可以提醒自己改正过失。人们只有全面地反省，才能真正认识自己，而只有真正认识了自己并付出了相应的行动，才能不断完善自己。因此，每日反省自己是必不可少的。反省自己应该成为人们工作的一个重要组成部分。不断地检查自己行为中的不足，及时地反思自己失误的原因，一定能够不断地完善自我。

总之，人们只要坚持自我管理，成功就一定会是水到渠成的事情！

阅读与思考

认识你自己

经常询问自己以下几个问题，发现不足，是完善自我的万金油。

（1）你能在一分钟的时间里找到你已经归档的任何材料吗？

（2）如果必要，你的身体状态能否允许你今天加快工作速度？

（3）你知道今天的时间安排吗？

（4）你能查看哪些任务可以移到其他时间完成吗？

（5）你愿意帮助多少人摆脱困境？

（6）有多少人会帮助你摆脱困境？

（7）你遇到的重要问题是哪些？

（8）你怎样防止问题的再度发生？

（三）大学生的敬业精神

敬业是中华民族的传统美德。早在春秋时期，孔子就主张人在一生中始终要勤奋、刻苦，为事业尽心尽力。"敬业"就是"专心致志以事其业"，即用一种恭敬严肃的态度对待自己的工作，认真负责，一心一意，任劳任怨，精益求精。

1. 敬业精神概述

1）敬业精神的含义

敬业精神（Professional Dedication Spirit）是人们基于对一件事情、一种职业的热爱而产生的一种全身心投入的精神，是社会对人们工作态度的一种道德要求。它的核心是无私奉献意识。低层次的即功利目的的敬业，由外在压力产生；高层次的即发自内心的敬业，把职业当作事业来对待。

敬业精神是一种基于挚爱基础上的对工作、对事业全身心忘我投入的精神境界，其本质就是奉献的精神。具体地说，敬业精神就是在职业活动领域，树立主人翁责任感、事业心，追求崇高的职业理想；培养认真踏实、恪尽职守、精益求精的工作态度；力求干一行爱一行专一行，努力成为本行业的行家里手；摆脱单纯追求个人和小集团利益的狭隘眼界，具有积极向上的劳动态度和艰苦奋斗精神；保持高昂的工作热情和务实苦干精神，把对社会的奉献和付出看作无上光荣；自觉抵制腐朽思想的侵蚀，以正确的人生观和价值观指导和调控职业行为。

2）敬业精神的构成

（1）职业理想。即人们对所从事的职业和要达到的成就的向往和追求。它是成就事业的前提，能引导从业者高瞻远瞩，志向远大。

（2）立业意识。即确立职业和实现目标的愿望。其意义在于利用职业理想目标的激励导向作用，激发从业者的奋斗热情并指引其成才方向。

（3）职业信念。即对职业的敬重和热爱之心，表示对事业的迷恋和执着的追求。

（4）从业态度。即持恒稳定的工作态度，如勤勉工作，笃行不倦，脚踏实地，任劳任怨。

（5）职业情感。即人们对所从事职业的愉悦的情绪体验，包括职业荣誉感和职业幸福感。

（6）职业道德。即人们在职业实践中形成的行为规范。

3）敬业精神的基本要求

（1）有巩固的专业思想，热爱本职工作，忠于职守，持之以恒。

（2）有强烈的事业心，尽职尽责，全心全意为人民服务。

（3）有勤勉的工作态度，脚踏实地，无怨无悔。

（4）有旺盛的进取意识，不断创新，精益求精。

（5）有无私的奉献精神，公而忘私，忘我工作。

4）敬业精神的基本内容

培养敬业精神，要求正确处理与职业有关的"责、权、利"关系。人们如何看待自己所从事的职业和岗位，是否认同和追求岗位的社会价值，是敬业精神的核心。如果没有任何认同，就不会有尊重和忠实于职业的敬业精神；而认可程度不同，也会产生不同的敬业态度。因此，培养敬业精神首先应从树立职业理想入手，突出以下几个方面的内容。

（1）牢固树立职业理想。职业理想是敬业精神的思想基础。每位职工都应把自己的职业看成是为社会做贡献，为人民谋福利，为企业创信誉的光荣岗位，看成是社会、企业运转链条上的重要环节。只有这样才能树立起富有时代精神、健康向上的职业理想和目标，并以最顽强、最持久的职业追求把它落实在职业岗位上。

（2）准确设定岗位目标。高标准的岗位目标是干好本职，争创一流的动力。有了岗位目标，才能做到勤业精业，在本职工作岗位上创造性地开展工作。

（3）大力强化职业责任。发挥本职和岗位的职能，保持职业目标，完成岗位任务的责任，遵守职业规则程序，承担职权范围内社会后果的责任，实现和保持本岗位、本职业与其他岗位职业有序合作的责任，是职业责任的全部内涵。职业责任是主人翁意识的体现，作为企业的一员应视企业发展为己任，自觉履行职业责任和义务。

（4）自觉遵守职业纪律。职业道德规范、企业的各项规章制度，是职业纪律的内容。精心维护、模范执行是维护企业正常工作秩序的重要保证。

（5）不断优化职业作风。职业作风是敬业精神的外在表现。敬业精神的好坏决定着职业作风的优劣，而职业作风的优劣又直接影响着企业的信誉、形象和效益。从某种意义上讲，职业作风关系到企业的兴衰成败，关系到企业的生死存亡。优化职业作风，就要反对腐败和纠正行业不正之风，以职业道德规范职业行为。

（6）全面提高职业技能。企业内部要营造浓厚的学习氛围，促使职工不断掌握新技术、新工艺，不断增加技术业务能力的储备，不断更新知识结构，不断提高管理水平，成为本单位的业务骨干和技术尖兵，以过硬的职业技能实践敬业精神，为国家做贡献，为企业创效益、树信誉、争市场。

2. 敬业精神的体现

古往今来，事业上有所成就者，大凡离不开两条：一是有强烈的事业心和责任感，二是锲而不舍的勤奋和努力。这两条的有机结合，即为敬业精神。孟子说："天将降大任于斯人也，必先苦其心智，劳其筋骨，饿其体肤，空乏其身，行拂乱其所为，所以动心忍性，增益其所不能。"意思是，干一番事业，必定要呕心沥血，意志坚强，敢于吃苦，勇于奉献，才能有所成就。用现代的话来讲，就是要有敬业精神。

敬业精神是个体以明确的目标选择、朴素的价值观、忘我投入的志趣、认真负责的态度，从事自己的主导活动时表现出的个人品质。敬业精神是做好本职工作的重要前提和可靠保障。

敬业，就是全心全意地对待工作。对绝大多数人而言，事业将是其生命中最重要的部分。因此，敬业是一种人生态度，是珍惜生命、珍视未来的表现。每个人都有责任和义务责无旁贷地去做好每一项工作。敬业，离不开对自己工作的认真思考和奉献。明确自己的工作目标了吗？为这个目标付出了吗？"不以善小而不为，不以恶小而为之"，敬业需要脚踏实地，从现在做起，从身边做起。

在人们的身边经常有这样的事发生：当一个人被吩咐去做某事或需要其他部门的人协助时，自己或他人也许会睁大眼睛，满脸狐疑地反问道："怎样做？""这事儿我不知道啊！"，而很少去思考。其实有很多事情都是人们以前不曾碰到过的，但如果不去思考，不主动去做，而只是简单地重复过去，就不会得到提高，就没有创新的东西。在《把信送给加西亚》的故事中，"如果送信的那个人是我，我会不会也能像罗文那样出色地完成任务？"扪心自问，答案让人汗颜，并非说人们不能完成领导交给的任务，而是怀疑在重重困难险阻面前是否能始终保持有完成任务的信心而不退缩、不抱怨。与罗文相比，大多数人所缺乏的正是一种坚定的毅力和必胜的信心。

提倡勤奋精神。勤，做事尽力，不偷懒；奋，振作，鼓劲。对工作没有热情，缺乏主动性，得过且过，用现在的话说是"没激情"，不要去埋怨别人、埋怨单位、埋怨社会，要多去想想自己身上的问题，自己认真学习了吗？自己勤奋工作了吗？自己积极付出了吗？通常在这个时代，环境时时刻刻都在快速地变化着，每个人都要用积极的态度去适应，要用创造性的思维去工作。勤奋不是三分钟热情，而是一种持之以恒的精神，需要坚韧不拔的性格和坚强的意志。为了磨炼你的韧性，为了美丽自己的人生，那就勤奋地工作吧！

1）付出总有回报

就一个城市而言，没有人当市长是不行的；同样，如果没有人去扫地、清除垃圾也是不行的。想当市长的人多的是，想扫地的人肯定不多。但在一个城市里，市长只需要一个人，而清洁工人却需要几百人、几千人，甚至几万人。无论是心甘情愿的，还是不得已而为之的，只要是在自己既得的工作岗位上认真负责，尽心尽力，遵守职业道德，这就是一种普遍的奉献精神。在我国，如果大大小小的公务员、企事业单位职工、私营企业主、个体户都能够表现出这种奉献精神，人民就会更加富裕，国家就会更加强盛。

只有爱岗敬业的人，才会在自己的工作岗位上勤勤恳恳，不断地钻研学习，一丝不苟，精益求精，才有可能为社会、为国家做出崇高而伟大的贡献。焦裕禄、孔繁森、郑培民等一大批党和人民的好干部都是在本职工作岗位上呕心沥血，勤政为民；当"非典"疫情袭来，一大批平时并不引人注目的医生、护士和科研人员挺身而出，冒着生命危险冲上第一线，拯救了一个个在死亡线上挣扎的同胞的生命，有人还为此献出了自己宝贵的生命。爱岗敬业是平凡的奉献精神，因为它是每个人都可以做到的，而且应该具备的；爱岗敬业又是伟大的奉献精神，因为伟大出自平凡，没有平凡的爱岗敬业，就没有伟大的奉献。

具备爱岗敬业这种平凡而伟大的奉献精神的人，永远都是强大民族的脊梁！

拓展阅读

拿破仑·希尔生平所获得的一次最有利的晋升，是由一件小事情成就的：那是某个星期六的下午，一位律师走进来问拿破仑·希尔，他到哪儿能找到一位速记员来帮下忙，因为他有些工作必须在当天做完。拿破仑·希尔对他说，他们公司所有的速记员都去观看球赛了，如果他晚来五分钟，连自己也已经走了。但拿破仑·希尔很高兴留下来替他工作，因为拿破仑·希尔可以在另外的任何日子里去看球赛，而他的工作却必须在当天完成。拿破仑·希尔替这位律师做完了这些工作。律师问拿破仑·希尔自己应该付给他多少钱，拿破仑·希尔开玩笑地回答说："哦，既然是你的工作，大约要一千美元吧。如果是别人的工作，我是不会收取任何费用的。"律师脸上露出微笑，向拿破仑·希尔道谢。

拿破仑·希尔这样回答时，纯粹只是开玩笑，并未想到那位律师会为了那天下午的工作而付自己一千美元。但出人意料，六个月后，在拿破仑·希尔已经完全忘掉此事时，这位律师又来找拿破仑·希尔，问拿破仑·希尔当时的薪水是多少。拿破仑·希尔把自己的薪水数目告诉他之后，他对拿破仑·希尔说，他将把拿破仑·希尔上次替他工作后开玩笑说出的那一千美元付给拿破仑·希尔，他请拿破仑·希尔到他的办公室工作，年薪比拿破仑·希尔当时的薪水要多出一千美元。

在那个周六的下午，拿破仑·希尔放弃了球赛，提供了一次服务，而这次服务的提供，显然是出于乐于帮助他人的欲望，而不是基于金钱上的考虑。但是这次服务不仅为拿破仑·希尔增加了一千美元的现金收入，而且为他带来了一项比以前更为重要的新职位。

2）先讲奉献，后讲报酬

如果一个人只是从事自己报酬分内的工作，那么将无法争取到人们对他的有利评价。但是，当一个人愿意从事超过自己报酬价值的工作时，他的行动将会促使与他的工作有关的所有人对他作出良好的评价，这将增加人们对他的信任和敬佩。

杜兰特先生为什么会养成呼叫道尼斯先生的习惯？因为道尼斯自动地留在办公室使杜兰特先生随时可以看到他，让他为自己提供服务。他这样做获得了报酬吗？是的，他所获得的报酬是获得了一个很好的机会，使自己获得了某个人的注意，而这个人就是他的老板，有提升他的绝对权力。

拿破仑·希尔前去访问道尼斯先生时，询问他是怎样如此迅速地获得晋升的，他以短短的一段话道出了整个过程："当我刚去替杜兰特先生工作时，我注意到，每天下班后，所有的人都回家了，但杜兰特先生仍然留在办公室内，而且一直待到很晚。因此我也决定在下班后留在办公室内。没有人请我留下来，但我认为应该留下来，必要时可对杜兰特先生提供任何他所需的协助。因为他经常在寻找某个人替他把某公文拿来，或是替他做个重要服务，而他随时都会发现，我正在那儿等待替他提供任何服务。他后来就养成了呼叫我的习惯。这就是整个事情的经过。"

目前，在大学生就业过程中出现了种种问题：有的学生在面试过程中向招聘人员反复提及能否满足自己工资待遇、住房、保险等方面的条件；有的学生在找工作时挑三拣四，有一点不合自己心意的就不去考虑；有的学生签订了就业协议，但看到有"更好的"单位来了，便做出恶意违约的行为，给单位留下诚信缺失的坏印象；等等。这些问题如实反映了一些学生错误的就业心态和心理，从而反映出个人不健全的人生观和价值观。存在这种心理的学生无论到什么样的单位去就业，恐怕也不会建立起奉献精神和敬业精神，受"拜金主义"的影响，他们的头脑中更多的可能是攀比和享受。

无论到什么样的单位去就业，首先要考虑"自己能为单位的发展做些什么？""怎样在工作中体现个人的价值？"等问题。在有些情况下，很有可能自己所去的单位和想象中的有所差别，当自己身在暂时的困境中，有没有信心以自己的能力改变目前的状况？

假如一个人做的工作比所获得的报酬更多、更好，则说明其具有奉献敬业精神，表现了其乐于提供服务的美德，也可能因此会使其获得一种不寻常的技巧与能力，这种技巧与能力将产生足够的力量，使其摆脱任何不利的生活环境。

阅读与思考

李强，中国启智训练第一人，2008 年中国最有影响力十大名师之一，连续五年中国十大杰出讲师，巨思特教育集团董事局主席，清华大学、北京大学、浙江大学等 MBA、EMBA 客座教授，有 15 年的培训生涯。在国内及国外有 40 多个国家的超过 1 500 万人现场聆听过李强老师的课程，3 500 家以上的企业接受过他的辅导。政府、企业和个人给予他最高的赞誉，所到之处，受到学员极其热烈的欢迎，拥有极高的客户满意度。他的表达能力惊人流畅，是位一流的职业训练大师。

李强老师将巨思特教育集团一贯秉承的"演绎商业艺术，诠释商教精髓，传播商情文化"的企业发展理念亲授给每一位聆听感悟者，客户的满意就是最好的回报。行者无疆，他那卓越的领导力、创造力和亲和力感染着每一位要学习、改变的人。

列举身边有关敬业的例子，与同学一起讨论，看敬业精神都体现在哪些方面？

（四）大学生的团队精神

1. 团队精神概述

1）团队精神的含义

所谓团队精神，简单来说就是大局意识、协作精神和服务精神的集中体现。团队精神的基础是尊重个人的兴趣和成就；核心是协同合作；最高境界是全体成员的向心力、凝聚力；反映的是个体利益和整体利益的统一，并进而保证组织的高效率运转。

团队精神的形成并不要求团队成员牺牲自我，相反，挥洒个性、表现特长保证了成员共同完成任务目标，而明确的协作意愿和协作方式则产生了真正的内心动力。团队精神是组织文化的一部分，良好的管理可以通过合适的组织形态将每个人安排至合适的岗位，充分发挥集体的潜能。如果没有正确的管理文化，没有良好的从业心态和奉献精神，就不会有团队精神。

2）团队精神的作用

（1）目标导向功能。团队精神的培养，使店内员工齐心协力，拧成一股绳，朝着一个目标努力，对单个营业员来说，团队要达到的目标即是自己所努力的方向，团队整体的目标顺势分解成各个小目标，在每个员工身上得到落实。

（2）凝聚功能。任何组织群体都需要一种凝聚力，传统的管理方法是通过组织系统自上而下的行政指令，淡化了个人感情和社会心理等方面的需求；而团队精神则通过对群体意识的培养，通过员工在长期的实践中形成的习惯、信仰、动机、兴趣等文化心理，来沟通人们的思想，引导人们产生共同的使命感、归属感和认同感，反过来逐渐强化团队精神，产生一种强大的凝聚力。

（3）激励功能。团队精神要靠员工自觉地要求进步，力争与团队中最优秀的员工看齐。通过员工之间正常的竞争可以实现激励功能，而且这种激励不是单纯地停留在物质的基础上，还能得到团队的认可，获得团队中其他员工的尊敬。

（4）控制功能。员工的个体行为需要控制，群体行为也需要协调。团队精神所产生的控制功能，是通过团队内部所形成的一种观念的力量、氛围的影响，去约束、规范、控制员工的个体行为。这种控制不是自上而下的硬性强制力量，而是由硬性控制向软性内化控制；由控制员工行为，转向控制员工的意识；由控制员工的短期行为，转向对其价值观和长期目标的控制。因此，这种控制更为持久有意义，而且容易深入人心。

3）团队精神的重要性

（1）团队精神能推动团队运作和发展。在团队精神的作用下，团队成员产生了互相关心、互相帮助的交互行为，显示出关心团队的主人翁责任感，并努力自觉地维护团队的集体荣誉，自觉地以团队的整体声誉为重来约束自己的行为，从而使团队精神成为公司自由而全面发展的动力。

（2）团队精神培养团队成员之间的亲和力。一个具有团队精神的团队，能使每个团队成员显示高涨的士气，有利于激发成员工作的主动性，由此而形成集体意识、共同的价值观、高涨的士气、团结友爱，团队成员才会自愿地将自己的聪明才智贡献给团队，同时也使自己得到更全面的发展。

（3）团队精神有利于提高组织整体效能。通过发扬团队精神，加强建设能进一步节省内耗。如果总是把时间花在怎样界定责任，应该找谁处理，让客户、员工团团转，这样就会减少企业成员的亲和力，损伤企业的凝聚力。

阅读与思考

落 网 之 鸟

有一个猎人，在湖沼旁张网捕鸟。不久，很多大鸟都飞入了网中，猎人非常高兴，赶快收网预备把鸟抓出来，没想到鸟的力气很大，反而带着网一起飞走了，猎人只好跟在后面拼命追。一个农夫看到了，笑着对猎人说："算了吧，不管你跑得多快，也追不上会飞的大鸟。"但猎人却很坚定地说："不，你根本不知道，如果网里只有一只鸟，我就真追不上它，但现在有很多鸟在网子里，我一定能追到。"果然，到了黄昏，所有的鸟儿都想回自己的窝，有的要回森林，有的要回湖边，有的要回草原，于是那一大群鸟就跟着网一起落地，被猎人活捉了。

启示：团队成员之间只有合作、忍耐，抱成一团，才能到达成功的彼岸。

2. 大学生应当具有的团队精神

一位资深人力资源专家说，团队精神有两层含义，一是与别人沟通、交流的能力；二是与人合作的能力。如果你已经认识到了自身的不足，为时不晚，从这两点做起吧！

什么样的大学生最受企业欢迎？不少企业透露，在专业成绩相近的条件下，优先选择沟通能力较强的学生。有的企业直言不讳地说，对专业成绩要求不高，但沟通能力一定要过硬。再看看一些知名企业对职场新人的要求，"沟通能力"一定在最重要的衡量指标之列。普林斯顿大学对 1 万份人事档案进行分析发现：智慧、专业技术、经验三者只占成功因素的 25%，其余 75% 决定于良好的人际沟通。哈佛大学调查结果显示：在 500 名被解职的员工中，因人际沟通不良而导致工作不称职者占 82%。

良好的沟通能力是处理好人际关系的关键，同时学会沟通也是培养团队精神必不可少的一部分。表面上看，沟通能力似乎就是一种能说会道的能力，实际上它包罗了一个人从穿衣打扮到言谈举止等一切行为的能力，一个具有良好沟通能力的人，他可以很好地表达自己的思想和情感，获得别人的理解和支持，从而和上级、同事、下级保持良好的关系，同时将自己所拥有的专业知识及专业能力进行充分的发挥，并能给对方留下"我最棒""我能行"的深刻印象。沟通技巧较差的个体常常会被别人误解，给别人留下不好的印象，甚至无意中对别人造成伤害。

人是社会中的人，在人们的生活、学习和工作中，沟通无处不在，如果沟通得不够，人和人之间就会有一层膜，时间越久这层膜也就越厚，要想获得别人的支持与信赖，就必须进行有效的沟通。例如，小金从工作之初的自闭冷漠，到后来主动与同事沟通交流，两种做法所产生的效果是截然不同的。通过有效的交流，她与同事之间彼此更加了解，关系更为和睦，小金也适应了工作环境，体现了自己的价值。这个案例告诉大家，无论走到哪里都要适应大环境，建立良好的人际关系，沟通是必不可少的。

任何能力都是在后天的学习与塑造中获得、提升的，沟通能力也是如此。那么，如何提高沟通能力呢？下面提供几个培养沟通能力的途径，供大家参考。

（1）参加社团活动。学校社团是培养沟通能力的最佳舞台。社团常常组织各种活动，如演出、知识竞赛等，大学生可以尝试活动组织、节目主持、广告宣传等多种角色，获得丰富的体验；还能和学校内外各个层面的人打交道，小到借一间教室，大到去企业拉赞助，都要亲力亲为，使沟通能力得到全方位的锻炼。

（2）社会实践。参加各种各样的社会实践活动，可以与社会上形形色色的人接触，获得宝贵的社会经验，如到商场参与促销活动，在锻炼沟通交流能力的同时，也能使自己各方面能力得到提升。

（3）公司实习。利用寒暑假去企业实习，是培养沟通能力的传统方式。实习能使大学生熟悉公司文化，知道如何和上级、同事相处，等于提前补上了社会大学的课程，有未雨绸缪的功效。

（4）勤工俭学。部分勤工俭学方式也能有效锻炼沟通能力。做家教时，如何让学生听懂自己讲的课？如何让家长认同自己？在实现这些目标的过程中，大学生的沟通能力能得到提高。

↘ 小测试

测试你的沟通能力

1. 你跟新同学打成一片一般需要多少天？

　　A. 一天　　　　　B. 一个星期　　　　　C. 10 天甚至更久

2. 当你发言时有些人起哄或者干扰，你会：

    A. 礼貌地要求他们不要这样做　　　　　B. 置之不理

    C. 气愤地走下台

3. 上课时家里有人来找你，恰好你坐后排，你会：

    A. 悄悄地暗示老师，得到允许后从后门出去

    B. 假装不知道，但心里很焦急，老走神

    C. 偷偷从后门溜出去

4. 放学了，你有急事要快点走，而值日的同学想让你帮忙打扫教室，你会：

    A. 很抱歉地说："对不起，我有急事，下次一定帮你。"

    B. 看也不看地说："不行，我有急事呢!"

    C. 故意听不见，跑出教室

5. 开学不久你就被同学选为班长，你会：

    A. 感谢同学们的信任和支持，并表示一定把工作做好

    B. 觉得没什么大不了的，只是要求自己默默地把工作做好

    C. 觉得别人选自己是别有用心，一个劲儿地推托

6. 有同学跟你说："我告诉你件事儿，你可不要跟别人说哦……"这时你会说：

    A. "哦!谢谢你对我的信任。我不是知道这件事的第二个人吧？"

    B. "你都能告诉我了，我怎能不告诉别人呢？"

    C. "那你就别说好了。"

7. 老师布置你和另一位同学一起完成一项任务，而这位同学恰恰对你不怎么友好，你会：

    A. 大方地跟他（她）握手："今后我们可是同一条船上的人了。"

    B. 勉强接受，但工作中决不配合

    C. 坚决向老师抗议，宁可不做

8. 你和别人为一个问题争论，眼看就要闹僵了，这时你：

    A. 立即说："好了好了，我们大家都要静一静，也许是你们错了，当然，也有可能是我的错。"

    B. 坚持下去，不赢不休

    C. 愤然退场，不欢而散

计分方法：选 A 计 3 分，选 B 计 2 分，选 C 计 1 分。

解析：

8～12 分：表明你的沟通能力较低。由于你对沟通能力重视不够，而且也没有足够的自信心，导致你在成长的道路上常常与一些机遇擦肩而过。你应该以轻松、热情的面貌与同学交流，把自己看作是集体中的一员。同时，对别的同学也不可存有任何偏见。经常与人交流，取长补短，改变自己拘谨封闭的状态。记住：沟通能力是成功的保证和进步的阶梯。

13～19 分：表明你的沟通能力较强，在大多数集体活动中表现出色，只是有时尚缺乏自信心。你还需加强学习与锻炼。

20～24 分：表明你的沟通技能很好。无论你是学生干部还是普通学生，你都表现得非常好，在各种社交场合都表现得大方得体。你待人真诚友善，不狂妄虚伪。在原则问题上，你

既能善于坚持并推销自己的主张，同时还能争取和团结各种力量。你自信心强，同学们都信任你，你可以使你领导的班级充满团结和和谐的气氛。

3. 团队精神的培养与铸造

1）团队精神的培养

团队精神的培养有以下几方面。

（1）兼顾个人和团体。我们要发挥团队与个人的作用，这对培育组织的活力有重要的支撑作用。但是，我们也不能因强调个体而忽视团体精神的培养。过分限制个人的发展，会产生个人对权威的盲目崇拜，对集体和他人的过分依赖。总之，培养团队精神既要以个人发展为基础，又要"以义制利""以义取利"。

（2）要正确引导价值观与功利观。通过共同的价值目标与愿景，运用教育、舆论的手段推行一系列道德行为规范，并内化到人们的思想观念之中，引导人们产生团队协作行为，培养协作精神。同时，通过一系列制度安排，依靠利害关系的激励与约束机制，促使人们产生团队协作行为与团队精神，从而导入功利观。

（3）兼顾工作效率与员工关系。团队既要鼓励每个人的充分发挥，又要减少成员间的差距，使成员间和谐共处。在提高团队绩效的同时，也应理顺团队内部及外部的制度与关系，尤其要逐步建设与团队相适应的招聘制度、考评体系、激励与约束机制等。这样才能促进团队的建设和绩效的提高。团队既要创新又要稳定，这样才能持续、稳定、协调地发展。

2）锻造团队型领导风格

团队领导人的领导风格有三种类型：监督型领导、参与型领导及团队型领导。

监督型领导是传统型领导。这种领导者的风格特点为：指挥员工、解说决策、训练个人、独揽大权、容忍冲突、反抗变革等。监督型领导大权独揽，成员一般不参与决策，成员间缺乏合作精神。此类型领导注重对成员的控制，而不是充分授权，处理冲突采取压制态度，在对待改革的问题上持保守态度，因而这种领导难以适应快速多变的时代环境。

参与型领导的领导风格相对而言要民主得多。此类型领导者的风格特点是让员工参与、征求意见做决策、发挥个人能力、协调群体合作、解决冲突、推动变革等。在领导风格发展至参与型领导时，员工尝到了自主的味道，领导者在决策前会积极提出自己的看法，与员工进行彼此间的沟通。但领导者依然肩负重任，需要发布重要的命令，处理最棘手的问题，从事大部分的规则制定工作，在事情发生偏差时采取纠正行为。

团队型领导风格的特点为建立信任并激发团队合作，辅导并支持团队做决策，开拓团队才能，建立团队认同感，充分利用成员差异，预知并影响变革。

团队型领导有两种类型：一种领导与整个团队分担决策，拟订计划，解决问题，协调与其他团队的关系等，常把时间用于会影响团队表现的组织问题上；另一种领导虽然也会对整个团队的表现负责，但很少参与日常的团队决策和工作，他们通常把时间分成两部分，一是从事策略性工作，二是参加必要的团队会议。

团队型领导在团队建设中身兼球员和教练的双重角色。他们的作用主要是促进团队健康成长，为成员创造表现机会，当成员需要帮助和支持时全力帮助。在向团队型领导发展时也会遇到一些来自领导者本身与外部环境、团队成员等方面的障碍。例如，领导者因担心团队建设会削弱其地位，减少手中的权力，因而会有意无意地拒绝放弃控制，拒绝改变角色，这是一种认知上的障碍。其实，随着团队的日益成熟，领导者可以集中精力做原来不能做或没时间做的更高层次的工作，更重要的是，领导者的地位也随团队的进步而水涨船高。团队成员对改变领导风格的真诚度也存在怀疑，他们会采取观望等待、不合作等消极表现，对此，领导者要做出积极肯定的承诺，然后是自始至终地身体力行。

（1）营造相互信任的组织氛围。有一家知名银行，其管理者特别放权给自己的中层雇员，在一个月内他们可以尽管去花钱营销。有人担心那些人会乱花钱，可事实上，员工并没有乱花钱，反而维护了许多客户，其业绩成为业内的一面旗帜。相比之下，有些管理者把钱看得很严，生怕别人乱花钱，自己却大手大脚，结果员工在暗中也想尽一切办法谋一己私利。还有一家经营环保材料的合资企业，总经理的办公室跟普通员工的一样，都在一个开放的大厅中，每个普通雇员站起来都能看见总经理在做什么。员工出去购买日常办公用品时，除了正常报销之外，公司还额外付给一些辛苦费，这个举措杜绝了员工弄虚作假的心思。在这两个案例中，我们可以体会到相互信任对于组织中每个成员的影响，尤其会增加雇员对组织的情感认可。而从情感上相互信任，是一个组织最坚实的合作基础，能给雇员一种安全感，雇员才可能真正认同公司，把公司当成自己的，并以之作为个人发展的舞台。

（2）态度并不能决定一切。因为赢得利润不仅仅靠态度，更要依靠才能。那些重视态度的管理者一般都是权威感非常重的人，一旦有人挑战自己的权威，内心就不太舒服。所以，认为态度决定一切的管理者，首先要反思一下自己的用人态度，在评估一个人的能力时，是不是仅仅考虑了自己的情感需要而没有顾及雇员的？是不是觉得自己的权威受到了他人的挑战而不能从内心接受？

（3）在组织内慎用惩罚。从心理学的角度讲，如果要改变一个人的行为，有两种手段：惩罚和激励。惩罚导致行为退缩，是消极的、被动的，法律的内在机制就是惩罚。激励是积极的、主动的，能持续提高效率。适度的惩罚有积极意义，过度惩罚是无效的，滥用惩罚的企业肯定不能长久。惩罚是对雇员的否定，一个经常被否定的雇员，有多少工作热情也会荡然无存。雇主的激励和肯定有利于增加雇员对企业的正面认同，而雇主对雇员的频繁否定会让雇员觉得自己对企业没有用，进而雇员也会否定企业。

（4）建立有效的沟通机制。理解与信任不是一句空话，往往一个小误会就会给管理带来无尽的麻烦。例如，有一个雇员要辞职，雇主说："你不能走啊，你非常出色，之前的做法都是为了锻炼你，我就要提拔你了，我还要奖励你！"但雇员却认为这是一句鬼话，他废寝忘食地工作，反而没马屁精的收入高，让他如何平静？一个想重用人才，一个想为企业发挥自己的才能，仅仅因为沟通方式不畅，都很受伤害。我曾经听到一个高级雇员说："如果老板早一点告诉我真相，我就不会离开公司了。"这也是沟通不畅造成的。

📖 拓展阅读

团队精神的十大执行力

步骤一：制定战略规划——解决企业发展方向迷茫，向心力不足的问题；

步骤二：设计组织结构——解决岗位不清，分工不明的问题；

步骤三：编制岗位说明——解决职责不明，考核无据的问题；

步骤四：梳理管理流程——解决部门各自为政，不相配合的问题；

步骤五：制定目标体系——解决效率不高，工作被动的问题；

步骤六：考核员工绩效——解决工作无结果，分配不公平的问题；

步骤七：设计薪酬激励——解决工资大锅饭，工作不积极的问题；

步骤八：建设文化制度——解决企业无章可循，无法可依的问题；

步骤九：打造人才梯队——解决人员素质不高，能力不足的问题；

步骤十：管控措施到位——解决执行不力，推诿扯皮、拖拉的问题。

4. 学会与人协同合作

协同合作是团队精神的核心，最高境界是全体成员的向心力、凝聚力，反映的是个体利益和整体利益的统一，并进而保证组织的高效率运转。协同合作强调团队合力，注重整体优势，远离个人英雄主义。团队合作的最大特色是团队成员在才能上应该是互补的，在共同完成目标任务时必须发挥每个人的特长，并注重在流程中发挥作用，才能使之产生协同效应。团队合作不等于简单的相互帮助，其最终目的是为了使团队的工作业绩超过成员个人的业绩，让团队业绩由各部分组成而又大于各部分之和。

今天的事业是集体的事业，今天的竞争是集体的竞争，一个人的价值只有在集体中才能得到体现。成功的潜在危机是忽视了与人合作或不会与人合作。有些人的动手能力强，点子也不错，但当他的想法与别人的不一致时，就是固执己见，不知如何求同存异；有些人对别人总是很挑剔，缺乏客观看待事情的品质；有些人在家里都是被照顾、被包容的珍宝，特别是有一些人家庭环境比较好，由于有优越感，更不容易做到宽容待人和与人合作；有些人对周围的人缺少信任，使人无法与其沟通、合作；有些人因为自己的一点成绩而高高在上，对其他人不屑一顾，不懂得尊重和迁就别人。实际上，每个人各有长处和不足，关键是成员之间以怎样的态度去看待，能够在平常中发现对方的美，而不是挑他的毛病，培养自己求同存异的素质，对培养团队精神尤其重要。这需要人们在日常生活中培养良好的与人相处的心态，并在日常生活中运用。这不仅是培养团队精神的需要，而且也是获得人生快乐的重要方面。

一个人的能力是有限的，当一项工作或任务远远超出个人能力范围时，进行团队协作就势在必行。团队协作不仅能够完善和扩大个人的能力，还能够帮助成员加强相互间的理解和沟通，把团队任务内化为自己的任务，真正做团队工作的主人，这样的团队会战胜一切困难，赢得最终的胜利。而作为这样的团队的成员也会在团队协作这个过程中迅速地成长起来。成功的团队合作随处可见，无论一支足球队、一个班级，还是一支军队，成员的合作无间对于团队的成功至关重要，没有哪个成功的团队不需要合作。在一个团队中往往更能够充分体现个人的价值，因而宽容、善于合作、具有团队精神的人取得成就的机会就更大。协作永远是使自己受益也让别人受益，而只顾自己的人不会让别人受益自己也不会受益。只有懂得协作的人，才能明白协作对自己、别人乃至整个集体的意义。一个放弃协作的人，也会被成功所放弃。

由于当代大学生大部分都是独生子女，再加上受社会、家庭中不良因素的影响，致使许多学生在受教育的过程中缺少团结友爱的精神，互相协作的意识差，直接影响了教师的课堂教学，影响了教师、家长及社会教育工作者的工作。同时，也直接或间接地给学校的秩序、社会的和谐等带来了诸多不便。未来的社会需要具有团结合作意识的工作者，任何一项伟大的事业的成功都是离不开团结协作的。对于大学生来说，他们即将面对的是社会，是工作，而这些需要的正是团结协作，也只有懂得团结协作，才会懂得与人和谐相处。所以，培养大学生的团结协作意识也是社会发展的要求。

那么，如何培养自己的协作能力呢？建议从以下几点着手。

（1）欣赏。很多时候，同处于一个团队中的工作伙伴常常会乱设"敌人"，尤其是大家因某事而分出了高低时，落在后面的人的心里就会很容易酸溜溜的。所以，每个人都要先把心态摆正，用客观的眼光去看看"假想敌"到底有没有长处，哪怕是一点点比自己好的地方都是值得学习的。

欣赏就是主动去寻找团队成员尤其是自己的"敌人"的积极品质然后向他们学习这些品质，并努力克服和改正自身的缺点和消极品质。这是培养协作能力的第一步。

每个人都可能会觉得自己在某个方面比其他人强，但更应该将自己的注意力放在他人的强项上。必须保持足够的谦虚，这种压力会促使自己在团队中不断进步，并真正看清自己的肤浅、缺憾和无知。

总之，团队的效率在于每个成员配合的默契，而这种默契来自于团队成员的互相欣赏和熟悉——欣赏长处、熟悉短处，最主要的是扬长避短。

（2）尊重。尊重没有高低之分、地位之差和资历之别，尊重只是团队成员在交往时的一种平等的态度。平等待人，有礼有节，既尊重他人，又尽量保持自我个性，这是团队合作能力之一——尊重的最高境界。每个人都有受人尊重的愿望，希望能有更多的自我表现机会，以实现自身的价值，如果这种愿望能充分地得到满足，就会产生一种新的鼓舞力量。尊重能为一个团队营造出和谐融洽的气氛，使团队资源得到最大限度的共享。而如果一个团队中的每一个成员都能够将彼此的知识、能力和智慧共享，那么这对整个团队以及每一个成员来说无疑是一笔巨大的财富。

（3）信任。信任是合作的基础和前提，它能够提高团队合作，让大家把焦点集中在工作而不是其他议题上。一个团队内部之间缺乏信任，这时人们的注意力已经不可能放在目标上，而会转移到做人方面：怎样平息个人间的矛盾，怎样做完这个事以后不会得罪其他人，防卫心理增加，导致小团队利益和个人利益代替了团队利益。互信能产生相互支持的功能，相互支持是很多团队成功的关键，这种情形下团队成员会激发出一种平时没有的能量，面对各种困难的时候也能够克服。要想赢得别人的信任，就要诚实、正直、廉洁、不欺骗、不夸大，个人的表现都要一致，要以一种有尊严、光明正大的态度待人。

拓展阅读

沟通是一种艺术

沟通是一种艺术，是透过眼睛和耳朵的接触，把我们自己投射在别人心中的艺术。眼睛直视对方，全神贯注地倾听，是有效沟通的基本法则。此外另有一些秘诀，有些听起来极为平常，好像不值得一提，但却非常有效。

（1）首先要学会自我介绍。不论是与人当面交谈或电话联络，首先应自报姓名。交谈开始后，还让对方纳闷是在和谁说话，是煞风景的。

（2）练习热烈而坚定地握手。这对男性和女性同样适用。采取主动——先伸出你的手。

（3）记住别人的姓名。别人自我介绍时，留神倾听，然后立即重述他的姓名。例如，"汤姆，很高兴认识你。"如果你一时没有听清楚，可以说："对不起，我没有听清楚你的大名。"对方会感激你真心愿意知道他的确实姓名。

（4）你在说话时，目光要与对方接触；当别人在说话时，你也要直视他的眼睛。目光的接触既能表达你对自己的言论充满信心，也能显示出你重视对方正在发表的意见。

（5）抱着"我要让对方高兴与我交往"的态度。赞美对方，提出他感兴趣的问题，帮助他放宽心，侃侃而谈，他会高兴与你交往。

（6）言论乐观进取。乐观的见解会传染给别人。讲述你的工作乐趣、生活情趣和人生乐事给别人听，你会发现大家都乐于和你交往。同理，即使你认为自己理由充分，也要避免抱怨或诉苦。消极悲观的言论会使别人也意志消沉。各人有各人的烦恼，不要把你的重担压在别人肩上。

（7）学会判断。别人告诉你某些事，也许并不希望你转告他人。要让人对你有信心，觉得你会为他们保密。

（8）要以服务为目的，不可以自我为中心。要对别人关切的事表示兴趣，而不仅是关注自己。只要你真心关切别人的利益，别人会感觉得出来，而与你亲近。相反的，一般人若感到你心中只有自己，心里就会不痛快。

（9）让对方觉得自己地位重要。全神注意对方，好像他的工作、困扰或经验此时此刻对你同样重要。先注意对方的兴趣，对方会认为你是善解人意的，关心谈话伙伴。

（10）确定自己充分了解对方的语意。工作上的困难往往因误解和误会而产生，为了确定自己清楚对方的意思，你可以用自己的语句把对方的话重复叙述一遍，询问对方自己说得是否正确。对方会欣喜自己被人了解，也会对你的力图了解怀有好印象。

（11）开会或赴约要守时。迟到等于告诉别人这对我不重要。如果因不可抗力或无法预知的因素迟到，应先打电话告诉对方，坦诚说明延迟的原因，以及何时可以赶到。你的礼数周到会让人对你产生敬意，而不至于怪你姗姗来迟。

（12）设身处地为他人着想。学着感受并接受别人的需要和彼此的差异之处，尝试从别人的观点论事，也尝试由别人眼中看你自己："与我共事的滋味如何？""我的上司对我的表现满意吗？"若能看清别人眼中的你，你在沟通方面会容易得多。

↘ 小测试

测试你的协作能力

1. 如果某位中学校长请你为即将毕业的学生举办一次介绍公司情况的晚间讲座，而那天晚上恰好播放你最喜欢看的电视剧的大结局，你会如何选择？

　　A. 立即接受邀请

　　B. 同意去，但要求改期

　　C. 以有约在先为由拒绝邀请

2. 如果某位重要客户在周末下午 5:30 打来电话，说他们购买的设备出了故障，要求紧急更换零部件，而主管人员与维修师已经下班，你该如何处理？

A. 亲自驾车去公司以外的地方送货

B. 打电话找个维修师，要求他立即处理此事

C. 告诉客户下周才能解决

3. 如果某位与你竞争最激烈的同事向你借一本经营管理畅销书，你会如何处理？

A. 立即借给他

B. 同意借给他，但声明此书的价值并没有那么好

C. 欺骗他书被别人借走了

4. 如果某位同事为方便自己出去旅游而要求和你调换休息时间，在你还未决定如何度假的情况下，你会如何处理？

A. 马上应允

B. 告诉他你要回家请示妻子

C. 拒绝调换，推说自己已经参加旅游团了

5. 在你急匆匆地驾车去赴约的途中看到一位同事的车出了故障，停在路边，你会如何处理？

A. 毫不犹豫地下车帮忙修理

B. 告诉他你有急事，不能停下来帮他修车，但一定帮他找修理工

C. 装作没看见

6. 如果某位同事在你准备下班回家时，请求你留下来听他倾诉内心的苦闷，你会如何处理？

A. 立即同意留下来

B. 劝他等第二天再说

C. 以妻子生病为由拒绝其请求

7. 如果某位同事因要去医院探望妻子，要求你替他去接一位乘夜班机来的大人物，你会如何处理？

A. 马上同意替他去接

B. 找借口劝他另找别人帮忙

C. 以汽车坏了为由拒绝

8. 如果某位同事的儿子想选择与你同样的专业，请你为他做些求职指导，你会如何处理？

A. 马上同意

B. 答应他的请求，但同时声明你的意见可能已经过时，他最好再找些最新资料做参考

C. 只答应谈几分钟

9. 你在某次会议上发表的演讲很精彩，会后几位同事都向你索取讲话提纲，你会如何处理？

A. 同意，并立即复印

B. 同意，但并不重视

C. 不同意，或虽同意，但转眼就忘记

10. 如果你参加了一个新技术培训班，学到了一些对许多同事都有益的知识，你会怎么处理？

A. 返回后立即向大家宣布并分发参考资料

B. 只泛泛地介绍一下情况

C. 把这个课题贬得一钱不值，不泄露任何信息

解析：

全部回答为 A，表示你是一个极善良、极有爱心的人，但你要当心，千万别被低效率的人拖后腿。

大部分回答为 A，表示你很善于合作，但并非失去个性。你认为礼尚往来是一种美德，在商业生活中亦不可或缺。

大部分回答为 B，表示你以自我为中心，不愿意为自己找麻烦，不想让自己的生活规律、工作秩序受到任何干扰。

大部分回答为 C，表示你是一个名副其实的孤家寡人，团队配合精神比较差。

5. 团队矛盾管理

团队工作不同于一般的工作就在于它是一个管理矛盾的过程，管理者必须理解、接受并尽可能地平衡这些矛盾。

1）容纳个人的不同和达到集体的一致和目标

第一个矛盾是需要包容个体的不同和达到集体的一致和目标。团队的有效性常常需要混合不同的个体。团队为了从多样性中获益，它必须具有允许不同声音——观点、风格、优先权——表达的过程。这些不同的声音实际上带来了开放，但这不可避免地就有了冲突，甚至有了团队成员之间的竞争。过多的冲突和竞争会导致一个"胜负"的问题，而不是合作解决问题的方法。这样做的目的是集合个体的不同，从而激励他们追求团队的共同目标。有效的团队允许个体的自由和不同，但是所有团队成员必须遵守适当的下级目标或团队日程安排。

2）鼓励团队成员之间的支持和对抗

如果团队成员的多样性得到承认，不同的观点被鼓励，团队就需要发展一种成员之间互相激励和支持的文化。在这种文化环境下，团队成员之间有一种内聚性，他们对其他人的想法真正感兴趣，他们想听到并且区分谈论的内容，他们愿意接受其他具有专长、信息或经验和当前的任务或决策相关人员的领导和影响。但是，如果团队成员太过于互相支持，他们会停止互相对抗。在内聚力非常强的团队中，当反对不同意见时，保护和谐与友好关系的强硬的规范会发展成为"整体思想"，成员将会抑制他们个人的想法和感受，不会再互相批评对方的决策和行动，这时需要付出相当大的个人成本。团队决策时将不会出现不同意见，因为没有一个人想制造冲突。如果持续出现这种情况，团队成员很可能产生压抑的挫折感，他们将只是想"走自己的路"，而不是真正解决问题。有效的团队要想办法允许冲突，而又不至于因此而受损。

3）注意业绩、学习和发展

第三个矛盾是同时兼顾当前的业绩和学习。管理者不得不在"正确的决策"和未来的经验积累的支出之间选择。犯错误应该认为是学习付出的成本，而不是作为惩罚的原因，这将鼓励发展和革新。

4）在管理者权威和团队成员的判断力及团队自治之间取得平衡

第四个矛盾就是在管理者权威和团队成员的判断力以及团队自治之间取得微妙的平衡。管理者不能推卸团队业绩最终的责任，授权并不意味着放弃控制。给团队成员越多的自治，他们遵守共同的日程就显得越重要。有效的团队是灵活的，他们可以在管理者权威和最适合的团队解决方案之间取得平衡。实际上，在功能完善的团队，成员之间互相高度信任，管理者在做出某些决定时不必讨论，也不必解释。相反，无效的团队中缺乏信任感，即使管理者做最明白的事情或无关紧要的建议，团队成员都要提出疑问。

5）维护关系三角

对于管理者来说，由于他们最终具有正式的权威，而不是团队成员，所以他们理解这一点非常重要。团队管理者的作用是管理关系三角：管理者、个体、团队，三者处于等边三角形的三个顶点。管理者必须关心三方面的关系：他们和每一个团队成员个体的关系，他们和作为整体的团队的关系，每一个团队成员个体和团队整体的关系。任何一种关系都受其他两种关系的影响。当管理者不能很好地管理这个关系三角求得平衡时，团队成员之间的不信任和不良影响将呈螺旋式向下蔓延。

6. 团队管理的挑战

由于团队的复杂性，所以很多团队常常不能充分发挥他们的潜能。有效的团队不是自然形成的，管理者必须提前把团队成员团结在一起。很多管理者逐渐明白如果他们在管理团队过程中和团队成员分担责任和权威——从管理团队边界到管理团队本身，团队会更有效。如果所有团队成员齐心协力，将取得有效的团队业绩。我们又一次看到，授权是管理者面对竞争现实可以依赖的工具。一位优秀的团队管理者发现："我最终认识到我的责任包括把优秀的人员集合起来，创造良好的环境，然后制订出解决问题的方案。"当然，在事情进展过程中，这个责任说起来容易，做起来难。

（五）影响大学生提升就业能力的因素

名流教育专家认为，大学生就业能力的提升是一个逐步完善，多方面提升的过程，包括职业生涯规划、就业心理素质培养和社会实践的丰富化等。为此，安博教育集团联合世界500强企业，整合全国数十所顶尖培训机构和专业职业规划导师共同打造的"500强企业精英成长之旅——大学生名企行"系列活动，旨在通过一种全新的体验式游学模式，更好地为全球"500强企业"输送优秀人才，为各在校大学生及职场新人开启一条通往世界500强企业的成功之旅，提升自身价值，丰富精彩人生。

1. 职业生涯规划

职业生涯规划是提升就业能力的基础。

就很多毕业生而言，与其说是"就业困难"，不如说是"就业迷茫"，不知道自己应该从事什么样的工作。很多学生在初入大学时持有"大一大二先轻松一下，大三大四再努力也不迟"的心态，对自己的未来发展缺乏科学的规划，这往往成为他们面对就业压力时感到手足无措的一个重要原因。大学作为大学生职业生涯规划的第一站，起着至关重要的作用。首先，要树立正确的职业理想。大学生一旦确定自己理想的职业，就会依据职业目标规划自己的学习和实践，并为获得理想的职业积极准备相关事宜。其次，正确进行自我分析和职业分析。自我分析即通过科学认知的方法和手段，对自己的兴趣、气质、性格和能力等进行全面分析，认识自己的优势与特长、劣势与不足。职业分析是指在进行职业生涯规划时，充分考虑职业的区域性、行业性和岗位性等特性，职业所在的行业现状和发展前景，职业岗位对求职者的自身素质和能力的要求等。第三，构建合理的知识结构。要根据职业和社会发展的具体要求，将已有知识科学地重组，建构合理的知识结构，最大限度地发挥知识的整体效能。第四，培养职业需要的实践能力。除了构建合理的知识结构外，还需具备从事本行业岗位的基本能力和专业能力。大学生只有将合理的知识结构和适用社会需要的各种能力统一起来，才能立于不败之地。

从具体实施来看，职业生涯规划应从大一做起，并根据自己的长期目标，在不同阶段采取不同的行动计划。比如，一年级为试探期，这一时期要初步了解职业，特别是自己未来希望从事的职业或与自己所学专业对口的职业，但由于学习任务繁重，不宜过多参加实践活动；二年级为定向期，要通过参加各种社会活动，锻炼自己的实际工作能力，最好能在课余时间寻求与自己未来职业或本专业有关的工作进行社会实践，以检验自己的知识和技能，并根据个人兴趣与能力修订和调整职业生涯规划设计；三年级为冲刺期，在加强专业学习、寻求工作和准备考研的同时，把目标锁定在与实现自己的目标有关的各种信息上，大部分学生对自己的出路都应该有了明确的目标，这时可对前几年的准备做一个总结，检验已确立的职业目标是否明确，准备是否充分，对存在的问题进行必要的修补。

2. 社会适应能力

社会适应能力是提升就业能力的关键。

学校和社会是有差距的，其运行规则和社会的运行规则有很大不同。这种环境的隔离，往往使得"象牙塔"里的大学生对社会的看法趋于简单化、片面化和理想化。一些企业对应届毕业生表现出冷淡，其中一个重要原因就是刚毕业的大学生缺乏工作经历与生活经验，角色转换慢，适应过程长。他们在挑选和录用大学毕业生时，同等条件下往往优先考虑那些曾经参加过社会实践，具有一定组织管理能力的毕业生。这就需要大学生在就业前就注重培养自身适应社会、融入社会的能力。

借助社会实践平台，可以提高大学生的组织管理能力、心理承受能力、人际交往能力和应变能力等。此外，还可以使他们了解到就业环境、政策和形势等，有利于他们找到与自己的知识水平、性格特征和能力素质等相匹配的职业。

适者生存，生存是为了发展。对社会和环境的适应应该是积极主动的，而不是消极的等待和却步。大学生只有具备较强的社会适应能力，走入社会后才能缩短自己的适应期，充分发挥自己的聪明才智。因此，在不影响专业知识学习的基础上，大胆走向社会、参与包括兼职在内的社会活动是大学生提升自身就业能力和尽快适应社会的有效途径。

3. 良好的心理素质

良好的心理素质是提升就业能力的根本。

针对毕业生普遍表现出来的心理问题，高校心理健康教育机构可利用报纸、网络、广播等形式介绍一般知识，以缓解他们的负性情绪，提升其综合素质。针对个别学生因就业压力过大引起的严重心理问题，要及时开展个体心理咨询，对其进行系统的指导。同时心理健康机构还应为大学生就业提供心理学的帮助，使他们正确地认识自我、发展自我，提高毕业生的职业成熟度和心理抗挫能力。

近年来，在大学生身边经常发生一些令人难以置信的事情：马加爵一怒之下砍死自己的室友，起因竟是打牌这样的小事，几句争执、一场误解便上演了一出震惊全国的恶性杀人案件；大学生自杀、虐待动物事件也时有发生。这不得不引起我们的警惕：大学生的心理健康需要关注！在现实生活中，面对升学的压力和父母的期望，无数学子承受着巨大的心理压力，却没有得到社会的重视，因此才有了"马加爵"，"涌现"出为数众多的高分低能者。大学生不仅承担着建设祖国的重任，更是社会的中流砥柱，他们的素质体现着一个社会综合素质的高低。而当代大学生在求学期间只注重专业知识、忽视心理素质的情况，使一些人在面对困惑或逆境时总是表现出一脸的茫然，影响到自己的择业选择。尤其在求职过程中，有些学生一旦遭遇失败，便一蹶不振，这也是大学生就业难的原因之一。因此，大学生在求学过程中应注意提高心理素质，尤其是在日常生活中要注意锻炼自己坚韧不拔的性格；在求职中，应充分了解就业信息，沉着、冷静地应对所遇到的困难，用积极的心态扫除成功路上的障碍，直到到达胜利的彼岸。

4. 正确的择业心态

正确的择业心态是提升就业能力的保证。

毕业生更关注于从知识层面提高自己，认为"提高技能"和"提高职业素质"是最主要的；在企业界看来，首要的却是"学生调整就业心态"，"学生提高职业素质"和"提高技能"反倒退居其次。因此，为了提高大学生就业率，应当培养其良好的择业心态，树立与市场经济相适应的现代就业观。

首先，要积极、主动寻求就业，而不能被动地"等、靠、要"。很多毕业生把希望寄托在社会关系资源上，出现了求职"全家总动员"的现象；一些毕业生则期求依靠学校解决就业问题。事实上，在市场经济条件下，我国已经实现用工制度的双向选择，大学生主动"推销"自己是一个非常重要的实现就业的途径，因为能否胜任工作还是要靠自己的能力说话。

其次，要破除传统就业观念，实现多元化就业。大学生在择业时往往承受着来自社会和家庭中传统观念和传统心理的压力，仍然把留在大城市、端上"铁饭碗"作为首要选择，也有不少大学生倾向于选择外企、合资企业等薪酬较高的职业，很少有人选择去西部地区和基层，这就使就业成了过"独木桥"。其实，很多岗位还是非常需要大学生的，比如，近年来，一批新型适应非正规就业方式的职业正在不断涌现，自由演艺人员、软件开发人员、翻译人员、美工设计者和自由撰稿人等自由职业岗位在社会上走红，对于缓解大学生就业压力起到了积极作用。可见，只要大学生能转变观念、面对现实，就不难找到能够发挥自己特长的工作。

第三，避免盲目追求，正确认识自我。我国的高等教育正处于从"精英教育"向"大众教育"转变的过渡期，一些当代大学生缺乏应有的危机意识，"眼高手低"，盲目追求就业中的高层次、高薪酬，在择业类型和择业区域上出现"扎堆"现象，造成了供求脱节，这也是造成大学生就业难的原因之一。在这种情况下，大学毕业生只有改变以前的"精英就业"观念，树立"人职匹配"的"大众化"就业观，才有可能实现就业。

5. 社会实践活动

推进社会实践活动，促进大学生对国情、社情、民情的了解。

大学生与社会的脱节会造成他们不清楚自身和社会需要的高素质人才之间还有哪些差距，在校园内不能有针对性地锻炼、培养自己。应积极在大学生中开展社会实践活动，为他们接触社会、了解社会创造条件、提供舞台，使他们对国情、民情、社情有清晰的了解，从而发挥他们的主观能动性，缩小他们的认识与社会需求之间的差距，在实践中提高自身的心理素质。

6. 利用校园资源提升能力

作为在校大学生，要努力提升自身的职业能力与素质，要学会利用校园中的一切资源来帮助自己积累知识，提升能力。

（1）图书馆。要学会利用图书馆解决专业知识方面的难题。当专业上遇到问题时，可以到图书馆查阅相关专业书籍和工具书以解决专业难题。

图书馆是在校大学生增长知识、丰富阅历的朋友。除了一些相关的专业书籍外，还可以通过在图书馆博览群书以丰富阅历、增长知识。随着阅历的丰厚、知识的积累，会逐渐培养起自身看待问题、思考问题、得出见解的能力，会使自己越发成熟。

（2）学生会。学生会的宗旨是"服务同学、锻炼自我"。加入学生会，可通过自己的努力工作换取在生活和学习上的优良条件。

学生会是连接学生和学院各级部门的纽带。加入学生会，通过协助、配合老师开展教学、学生管理等工作，使校园环境更加和谐，使校园发展更加坚定，使自己的能力得以提升。

（3）社团活动。社团活动是在校大学生施展才华、培养兴趣的乐园。当自己具有某方面的才华时，当自己羡慕别人拥有某方面的特长时，也可以加入各色各样的大学生社团，以展示才华或培养某些方面的兴趣。

社团活动是培养创新能力的地方。社团的特点是由学生自发组织举办活动，只要大学生有想法，只要能标新立异，只要与众不同，就都可以到社团来实施自己的想法，为大学校园课余文化活动增添绚丽的色彩。

社团是培养兴趣的家园。当看到别人在众目睽睽之下进行精彩激昂的演讲时，当看到别人在校园舞台上展示歌喉博得阵阵掌声时，当看到别人具有熟练的动手能力时，自己是否会产生一种萌动和期盼？加入社团，在其中锻炼学习，自己同样可以拥有别人所拥有的。

（4）善假于物。《荀子·劝学》中有一句话叫作"君子生非异也，善假于物也。"大概的意思就是：君子的本性跟一般人没什么不同，只是君子善于借助外物罢了。在日常的生活和学习中，人们也应学会善假于物，培养他人所具备的优秀品质、学习他人某方面的才能、效仿他人出众的言谈举止。向他人学习体现在以下几个方面。

① 向学习成绩优异的同学学习。学习他们掌握知识、规划时间、把握主次的技巧和方法。

② 向能力突出的人学习。学习他们的语言表达能力、写作能力、组织能力、领导能力、分析问题及解决问题的能力。

③ 向自己的老师学习。学习他们身上优秀的品质，学习他们务实敬业的精神，学习他们孜孜不倦的态度。

④ 向讲诚信的人学习。学习他们诚信求知、诚信交友、诚信做人、诚信做事的态度。

⑤ 向懂得感恩的人学习。学习他们乐观向上，不向困难低头，知恩图报的精神。

⑥ 向优秀毕业生学习。学习他们爱岗敬业、踏实工作的工作态度，学习他们立足平凡岗位，不甘于平凡事业的精神。

大学生参加就业并不是一帆风顺的，往往会遇到各种困难与挫折，那么面对市场竞争的压力，大学生应该怎样武装自己，让自己在社会大潮中站稳脚跟？怎样抓住机会？怎样面对问题从容不迫？那就是能力。因此，大学生要提高自我管理的能力、任劳任怨的敬业精神、团结协作的团队精神，努力提升自己的就业能力，迎接新的挑战。

第五节 求职材料准备

一、求职材料准备概述

（一）求职材料准备的含义

求职材料准备是指在求职过程中，与求职相关的文字材料的设计、制作和使用的策划过程。

（二）求职材料准备中经常遇到的问题

1. 追求表面华丽

注重封皮设计，花里胡哨甚至自己都难以明白其含义。为了显示出自己的与众不同，有些同学会在求职材料中哗众取宠般写出各种标题，殊不知这反而暴露出自己华而不实的特征，更易引起招聘者的反感和误解。

2. 从众模仿性强

很多同学没有认真研究自己的个性和优势，没有研究自己内心向往的工作，不是认真设计符合自己的求职材料，而是从网上下载或借用别人的模式或请人帮助制作。尤其是一份标准模板下做出来的简历应用于多种行业、多个职位的求职，仿佛自己什么行业、什么岗位都适应。

3. 缺乏细节研究

一份好的简历应该清楚易读，形式、内涵都要注意优质，然而如今很多大学生的求职材料暴露出不注重细节的毛病，如不认真审阅错别字，闹出笑话。

有人在简历中这样写自我评价："我是一个非常感性的人，挺适合贵公司的职业规划师一职，不知你对我的感觉如何……"让人感觉莫名其妙。

分析衔接 ////

求职材料的十大致命伤

1. 96%的简历缺乏针对性

"一份简历求遍天下职"，没针对性，自然容易被扫一眼撇于一旁。

2. 89%的简历职业路径混乱

工作一年换两三家公司，五年内进过六七个不同行业，职业生涯太乱，企业不敢录用。

3. 85%的人电话沟通一问三不知

网络投出的简历多得连自己应聘什么职位都不知道，打电话询问，求职者丝毫不在状态，对自己投过的职位压根没印象，更谈不上对企业基本信息的了解。

4. 82%的简历信息表达不到位

描述工作经历只罗列工作内容，注重表达做过什么，没有表达出工作经历中所体现出的自己的价值。

5. 78%的简历投递职位与经历不匹配

不顾自己的经历与职位是否能够衔接，只要自己想就敢于参与。

6. 70%的简历未表达真实价值

描述很多的学习背景和工作经历，甚至是参加过怎样的特殊培训，文笔流畅，颇富感情，感受真实，却没有证明积累了多少宝贵经验和技能。

7. 36%的简历相片不合适

简历配张相片可以使招聘人对你留下印象，然而一些大学生爱搞怪，装嗔真人秀，有的是自拍狂，一张不适时宜的大头贴会将你直接淘汰。

8. 26%的简历信息错乱明显

简历中有明显的信息错乱，如工作经历重复填写，重要信息漏填，语句不通，错字连连。

9. 6%的简历多岗多投

同样的简历，既想做前台接待，又想当咨询顾问，还想进公司当助理。本想表现"我啥都能干，务必给个机会吧"，结果聪明反被聪明误。

10. 4.5%的简历隐瞒基本信息

简历不写真实姓名，用"李先生""张小姐"等字样代替；工作背景描述中，常常以"A公司""B经理"来替换，故意隐瞒其真实信息，给招聘方的印象是缺乏诚意。

二、求职材料的内容

求职材料包括个人简历、求职信、推荐信和证明自己在大学期间的奖励证明、实践成果证明及作品等。

（一）个人简历

1. 个人简历的基本要求

（1）篇幅适中。字数最好不超过一张纸，要使招聘人能在几分钟甚至几十秒钟看完，并留下一个深刻印象。

（2）布局得当。结构、逻辑、层次清晰，避免把所有信息掺杂在一起，让人理不出头绪。

（3）用词准确。少用虚夸的形容词和副词，既不要夸张，也不要消极。

（4）内容真实可信。不可随意抬高身价，求职资格和工作能力要有根据。

（5）有明确的求职目标。使招聘人员觉得你的各方面情况与你应聘的职位的任职资格相吻合，与招聘条件相一致。

2. 简历的作用

简历的根本功能在于尽可能地吸引招聘单位的注意力，能让负责招聘的人为之怦然心动，必欲先睹之而后快，并对求职者产生兴趣和好感。

个人简历也是自我推荐的一部分，不能仅从自己的需要角度出发。作为就业双方，是特殊的价值交换过程，因此应将证明自己能满足对方的需要放在首位考虑。

拓展阅读

一位应聘某著名公司的大学生，他的简历之所以能在堆积如山的简历中脱颖而出，在于这位大学生的求职简历比较特殊，突破了只简介个人经历的一般化模式，而是在一段时间内专为该公司的产品市场销售进行调研，提出合理的意见。而该公司的职位也正需要从基层扎实工作做起。他的成功之处在于从公司工作角度出发证明个人。

目前各大公司招聘最头疼的是面对众多的简历，没有多余的精力挑选，有许多简历都是被扫一眼就放在一边了。有记者曾拍到一些场面，招聘会开始，大学生人群拥挤、急迫地进入会场，将自己的档案尽可能投到自己喜欢的公司，似乎抢先一步就能获得成功。结果，在招聘会的尾声，学生们正在企业丢弃的简历中寻找自己刚刚投进去的简历。

简历写的好坏，是决定你能否获得面试机会的最重要的因素之一。

（二）求职信

求职信是大学生向招聘单位表示求职愿望的文字说明。

1. 求职信的基本要求

求职信带有一定私人信件的性质，应有一定的感情色彩，行文要简明流畅，晓之以理，动之以情，既有说服力，又有感召力，使人相信你的资格、能力和人品。

目前求职信往往采用电脑打字，优势中也容易带来失误，错别字必须杜绝。如果能够用一种潇洒的签名附在后面，对于一些工作岗位的应聘也许会收到意想不到的效果。

2. 求职信的作用

求职信与个人简历的相通之处是，它们都是要引起招聘人的注意，获得好感和认同，争取面试的机会。

求职信与简历的不同点在于，求职信是针对特定个人而写，主要表述求职者的主观愿望与特点，突出个人的求职意向，打动招聘人的心，是对简历的简洁概述与补充。

求职信是给应聘者提供展示个人风格、优势及个性的机会，不要做华而不实的表面文章，不要满篇尽是大话、空话的豪言壮语。

（三）自荐信

自荐信是自我推销采用的一种形式，推荐自己适合担任某项工作或从事某种活动，以便对方接受的一种专用信件。

自荐信最重要的在于它与履历表起着不同作用，许多履历表中的具体内容不应在自荐信中重复。

1. 自荐信的结构和内容

自荐信的重点在于"荐"，在构思上一定要围绕"为何荐""凭何荐""怎么荐"的思路安排，其格式一般分为标题、称呼、正文、附件和落款五部分。

（1）标题，是自荐信的标志和称谓，要求醒目、简洁、庄雅。要用较大字体在用纸上方标注"自荐信"三个字，显得大方、美观。

（2）称呼，这是对主送单位或收件人的呼语。如用人单位明确，可直接写上单位名称，如单位不明确，则用统称"尊敬的贵单位（公司或学校）领导"领起，最好不要直接冠以最高领导职务，这样容易引起第一读者的反感，反而难达目的。

（3）正文，是自荐信的核心，开语应表示向对方的问候致意。主体部分一般包括简介、自荐目的、条件展示、愿望决心和结语五项内容。

简介，是自我概要的说明，包括自荐人姓名、性别、民族、年龄、籍贯、政治面貌、文化程度、校系专业、家庭住址、任职情况等要素，要针对自自荐目的作简单说明，无须冗长烦琐。

自荐目的，要写清信息来源、求职意向、承担工作目标等项目，要写得明确具体、但要把握分寸、简明扼要，既不能要求过高又不能模棱两可，给人以自负或自卑的不良印象。

条件展示，是自荐信的关键内容，主要应写清自己的才能和特长。要针对所求工作的应知应会去写，充分展示求职的条件，从基本条件和特殊条件两个方面解决凭什么求的问题。基本条件应写清政治表现和学习活动两方面内容。政治表现要从活动和绩效方面写实，如党校学习、参加活动、敬业态度、奉献精神、合作意识等方面，并佐以获奖和资格证书。学习经历要写清主、辅修专业课程及成绩状况，对于英语、计算机和普通话等级的情况也须一一说明，对于为人处世、组织管理、社会调查、实习设计及论文答辩等方面的情况也要略加提及，有特殊技能的也要加以强调，如操作实践、文体书画、写作口才等特长，以展示自己的能力，突出个性特征。

愿望决心，要表示加盟对方组织的热切愿望，展望单位的美好前景，期望得到认可和接纳，自然恳切，不卑不亢。

结语，一般在正文之后按书信格式写上祝语或"此致，敬礼""恭候佳音"之类语名。

（4）附件，自荐信附件主要包括个人简历，证书及文章复制件、需要附录说明的材料，也可作为附件一一列出。

（5）落款，落款处要写上"自荐人×××的字样，并标注规范体公元纪年和月日。随文处要说明回函的联系方式、邮政编码、地址、信箱号、电话号码等。署名处如打印复制件则要留下空白，由求职人亲自签名，以示郑重和敬意。

自荐信写作虽有一定的自由度，但务必要注意文明礼貌，诚朴雅致，特别要注意突出才艺与专长的个体特征，注意展现经验、业绩和成果，精心设计装帧，讲求格式美观雅致、追求庄重秀美，使其象一只报春的轻燕，飞进千家万户，为你带来佳音。

自荐书范文如下。

自荐书范文（一）

尊敬的领导：

十分感谢您在百忙之中翻阅我的自荐书，为一名即将毕业参加到社会工作的我打开了一扇通往成功的期望之门！

我是××大学新联学院即将要毕业的一名市场营销专业本科的学生。获悉贵公司要招聘会计职位。我对会计这个工作岗位抱有极大的兴趣，并且一心想向会计方向发展，十分乐意为贵公司的发展了尽一份微薄之力。我很荣幸有机会向您呈上我的个人资料。

　　四年的大学生活，我并没有荒废，我将所有的精力都用在了学习上。因为市场营销专业有基础会计和财务会计的课程，在刚开始学习会计知识时我深刻的体会到会计知识的专业性极强，这个职位是我想作为事业奋斗一生的工作。因为它需要专业的知识和技能以及认真负责的态度，这些在性格方面都与我极其贴合，所以我考取了会计从业资格证，今年也参加了初级职称的考试，只是结果尚未出来。虽然我所学的会计知识不如会计相关专业学生精深，但是我相信通过我不断的学习和努力工作我会逐渐掌握会计工作所需的专业知识和技能，并为企业做出自己的奉献，在此真诚的期望贵公司给我一个机会！

　　在四年的大学生活里，我认真对待学习，专业课成绩平均分在80分以上，思想品德良好，在校期间为了充实自己的大学生活，我取得了教育部考试中心认证的计算机三级合格证，英语四级合格证，会计从业资格证，人力资源的三级证书。

　　本人能够熟练使用办公软件，对电脑有必须的操作潜力。四年中我利用课余时间和寒暑假时间做兼职，并透过各项工作的学习让我感觉到职责的重要。生活中的风雨让我有吃苦耐劳的精神，诚实守信也是我的品格，我深知对待账目是不能马虎大意的，更不能做假账，认真负责本职工作。我的性格属于中向型的性格，我富有上进心，做事认真吃苦耐劳。本人遇事冷静，具备必须的沟通协调潜力、团队合作潜力、抗压潜力。

　　尊敬的领导，如果我能喜获你带给的机会，我必须会尽职尽责地用实际行动向您证明：贵公司的过去我来为及参与；但贵公司的未来，我愿意奉献我毕生的心血和汗水！我期盼您的佳音。再次表示我最诚挚的谢意！最后祝愿贵公司生意兴隆、万事如意！

　　此致

　　敬礼

×××大学（学院）××专业　张××

　　自荐书范文（二）

　　尊敬的领导：

　　您好！

　　感谢您百忙中垂阅我的自荐书，为一位满腔热情的大学生开启一扇期望之门，相信我必须不会让您失望。

　　我是××医学院即将毕业的一名大学本科生，在贵医院招贤纳粹之际，鉴于扎实医学基础知识、熟练的操作技术、出色的社会工作潜力及较强的自学提高潜力，我有信心自己能够很快胜任临床相关工作。因此，特向贵医院毛遂自荐。

　　在××医学院寒窗苦读五年，学习临床理论知识及政治理论，并进行了临床实践。虽说我的母校离重点医科大还很远，但它一向持续着治学严谨的优良传统，一向坚信并流传着"诚以己，忠于群，继往思来。"的校训。在那里不但构成了我严谨的学习态度及严密的思维方式，而且提高了我道德修养；不仅仅将理论灵活运用于实践，而且对党有了新的认识，时时服从党的号召，虽然我此刻还不是一名党员，但是党组织已给了考验我的机会。

　　在一年的临床实习当中，透过实践培养了我严密而全面的临床思维及提高了我对疾病的认识和决定、分析、处理的潜力，实习单位充分给我动手实践的机会，让我熟练的掌握了基本的技能操作。锤炼了我强烈的职责感、浓厚的学习兴趣及扎实的理论知识，并且磨练了我理解新事物的潜力及出色的办事潜力，使我赢得了上级医师的一致好评，更使我信心百倍，成为我未来工作生活的根本。

　　此致

　　敬礼

×××大学（学院）××专业　张××

2. 自荐信的写作要求

　　（1）突出自己对行业的认识：你对所属行业有没有一些独特见解？或者同业常遇问题，你的解决方法如何？如果是人人赞好的，不妨在信中透露端倪，令雇主非见你详加查问不可。

　　（2）列出可为公司带来的利益：带出聘用我将为公司带来无穷好处的中心思想，具体的方法是，列出过往功绩，最好是营业额的增长，或销售数字等简单易明的数据。

　　（3）满足雇主的自我中心：写自荐信，必会注明收信人姓名职衔（如你根本不知道应写给谁，那就别写自荐信了）。如果是认识的人，可揣摸其性格，写上一两句赞美话语。

　　（4）表现自己对公司、工作的兴趣：毛遂自荐，最有力的解释就是对这家公司深感兴趣，充分表现出你对相关工作的热诚，雇主会放心见你。

　　（5）在行为上，要做到以下几点。

　　① 文风自然：使用简洁通俗的语言，句式结构尽量简单，不要为了求新求异而让人觉得拗口。行文的语言不妨口语化一点，要有灵气，就像是娓娓道来，但千万又不可丢了分寸，多用动词，少用形容词，更不要使用词典。

　　② 具体而开门见山：自荐信的目的是为了留给人事主管一个良好的印象，使他/她进一步阅读繁冗的简历。自荐信的重要之处在于它必须始终回答这样一个问题："我为什么要任用这个求职者？"

　　③ 避免陈词滥调：写自荐信不能落于俗套，像"我很有人缘"增加这类话最好还是少说为宜。积极地心态：不要再自荐信里抱怨以前的老板，或者用"无聊""没趣"来形容先前的工作。谁愿意任用一个总是有情绪的员工呢？除此以外，还要注意不要让人觉得你是在乞求一份工作，因为人事经理很可能会以为你的境遇不佳。

　　④ 自信但不自傲：不要自我否定也不要过于谦卑。告诉负责人你很适合某份工作，但是不要以命令语气。不要装作熟悉你根本就不了解的事情；说明你为什么会对公司感兴趣，这样就够了。

　　⑤ 礼貌而专业：也许在朋友面前，你是个天生的喜剧演员；面对人事经理，距离与尊重才是最佳的相处之道.

　　（四）推荐信

1. 推荐信的基本要求

　　推荐信分为两种，一种是正规的毕业生就业部门的推荐表，其栏目比较多，详细填写之后院系在规定栏内盖上鉴定公章。因推荐表具有代表校方向用人单位推荐毕业生的作用，故而推荐表具有唯一性，每个人只有一份原件。

　　推荐信的另一种是个人向用人单位推荐，如对导师承担的课题或科研项目辅助完成过一定的任务，具有一定的业务水准，导师给予客观的评价。

2. 推荐信的作用

　　目前很多大学生忽略推荐信的作用，尤其是大学扩招和所谓的提前就业，导致很多大学生与导师之间失去了彼此深度交流的机会，匆忙地选择就业，而官方推荐表又有唯一性，造成真正拿到毕业证时，寻找到理想单位并没有校方的推荐。而导师的个人推荐作用，更局限于那些好学校优秀学生碰到了有合作项目的精英教师之间。

导师的推荐信对应聘则有很大的参考价值，甚至教师的社会关系都能够对一些大学生就业起到帮助作用。如今的高职学院里，大学生毕业后连老师的姓名都说不清楚一点都不夸张，显然他们内心里根本没有意识到导师推荐的作用。无论在计划分配还是市场调整下就业，有知名人士的推荐信是很重要的。

📖 拓展阅读

1. 20 世纪 90 年代，由于一位专业老师经常深入公司指导实习，与公司一个工厂的高层领导建立了融洽的关系，在某个班级的学委有可能被分回家乡的时候，向工厂的领导推荐了这个学生。这个学生被工厂点名要去，并且在所有的二三十人中，是唯一一个被允许挑选工作车间的人。

2. 一个在东北影响很大的啤酒厂招聘，求职信、简历堆有两尺高，最后被录取的六个人都与推荐有关。其中一位高职毕业生被录用，是过去的校友推荐的。这个校友曾经是这个公司管理人员中的佼佼者，人际关系和诚信度增加了推荐的效果，使这个高职生获得了与本科生同等面试的机会。

推荐信的推荐作用不是否定大学生个人奋斗的能力，而是防止大学生的优势因为当今招聘会人群拥挤、时间有限而被埋没。

3. 毕业生在寻求推荐信的对象和方式时需注意的问题

（1）让合适的人来推荐你。许多学生会犯这样的错误：从有权有势的远房亲戚那里得到推荐信。这个策略经常会适得其反。你姑姑的邻居的继父也许认识比尔盖茨，但比尔盖茨不了解你，不能写出一封有意义的推荐信。这类名人推荐信会让你的申请看起来很肤浅。最佳的推荐人是同你一起工作过的老师、教练和导师。选择那些能够详细描述你在工作中所体现出热情和能力的人。

（2）礼貌地请求。记住，你是在寻求帮助。你的推荐人有权拒绝你的请求。不要认为某人有义务为你写推荐信，要知道写推荐信会占用大量时间，更何况你的推荐人已经有一大堆事情要做。当然，大多数老师会为你写推荐信，但在请求时应该附上合适的感谢词以表达你的感激之情。

（3）留出宽裕的时间。如果截止日期是周五，不要在周四才想起你的推荐信。尊重你的推荐人，给他/她最少几周的时间完成你的推荐信。你的请求已经加重了推荐人的负担，最后一刻的请求是一个更大的负担。

（4）提供详细的说明。确保你的推荐人知道推荐信什么时候截止，应该寄往哪里。而且，一定要告诉推荐人你上大学的目标，这样他们可以在信里重点强调相关问题。

（5）提供邮票和信封。你想让写信的过程对推荐人来说尽可能轻松。一定要给他们写好地址、贴上邮票的信封。这一步可以确保你的推荐信被寄往正确的地方。

（6）不要怕提醒你的推荐人。一些人做事拖延，而其他人健忘。你不想对任何人唠叨，但如果你觉得自己的推荐信还没被写好，偶尔的提醒是必要的。你可以用礼貌的方式去提醒。避免语气太过强硬，比如"史密斯先生，你写完我的推荐信了吗？"。而是要礼貌地说："史密斯先生，再次感谢您帮我写推荐信。"如果史密斯先生确实还没有写，你已经帮助他记起了自己的责任。

（7）寄送感谢贺卡。在推荐信被写完并且寄出去之后，随即对你的推荐人表示感谢。一张简单的卡片就可以表明你重视他们的付出。这是个双赢的结果：你表现出成熟和负责，而你的推荐人则觉得备受感激。

（五）相关材料

相关材料是指证明个人以前成果和荣誉，提请招聘方注意的各类证明。相关材料的提供，必须与所应聘职位具有正相关作用。

（1）毕业证书、学位证书。
（2）各类奖励证书。
（3）英语、计算机等级证书、职业资格证书。
（4）实践活动成果等。
（5）发表过的文章等。
（6）有关的专长证明材料。

三、简历设计

（一）简历的基本内容

（1）标题。
（2）个人资料：姓名、性别、年龄、电话、地址等。
（3）申请目标：写明要申请的职位。
（4）工作经历：指明工作过的单位、时间、担任过的职务、主要业绩。
（5）学历及资格证书：所读学校的名称、所修专业及通过考试的结果和资格证书。
（6）培训情况：指明接受培训的时间、地点及证书。
（7）语言能力、特别技能及出版作品。
（8）证明人。

（二）简历样本

个人简历样本如表 4-1 所示。

（三）简历的注意事项

（1）个人简历最好自己起草，然后再请有经验的人提供建议，帮助修改。这样既可以突出自身的特点，又可以避免犯一些常规性错误。
（2）主要业绩及工作经历要与所申请的工作相关。
（3）证明人不要选择自己的父母和亲戚。一般选择的证明人要对你特别熟悉，且能够联系得上，而且是其本人同意做你的证明人。

表 4-1　个人简历

姓名			性别			年龄		照片
政治面貌				婚姻状况				
毕业院校				所学专业				
学历				学位				
通讯地址								
联系电话				E-mail				
应聘职位								
教育情况								
获奖情况								
语言能力								
兴趣爱好								
工作经历								
其他说明								

四、求职信的设计

（一）求职信的内容

不论你的简历寄往何处，求职信总是要遵循简明扼要这一原则。通常用一页纸，一般不超过 4 段的文字，以符合商业信函的格式标准打印整齐。为了表示对对方的尊重，要写上对方的姓名及头衔。

（二）求职信的组成

一份有效的求职信一般由三部分组成，具体如下。

1. 引起读者注意的开头

第一部分的目的是使读者有读下去的欲望。在这里，你可以描述自己的素质和突出的成绩，同时说明你要申请的工作是什么，何处得知的，你为什么要选择这家公司并解释你为什么认为自己是此项工作的最佳人选。

2. 阐述你会给公司带来的好处

第二部分的目的是要告诉招聘人雇佣你会给公司带来的好处。在求职信中常会出现这样的错误，应聘者总是说对这项工作很感兴趣，而不强调自己会为招聘公司做些什么。有些人总是说："我相信贵公司将会给我带来工作上的挑战及责任感"，而忽略了让聘用者确信你的工作会给公司带来益处。如果你参加过培训，你不仅要陈述这一事实，还要告诉他们因为有过这种培训，聘用你会节省很多时间与金钱，并能够很快进入工作状态。

3. 促使招聘者采取行动

第三部分是最容易写的，也是最重要的。你应该给对方留下联系电话，并附加上："我们何时可以安排面谈？"由于公司都是希望你能打电话来，因此不要在结尾说这样的话："希望得到尽快回复。"或是"谢谢你们考虑我，下个星期我等你们的电话。"这样的结尾易引起对方的不快，在角色上有喧宾夺主之嫌。

（三）求职信开头的设计

开头是引导对方自然而然地进入你所突出的正题。开头的形式很多，列举几例供参考。

（1）概述性开头。用一两句话概括你具备的最重要的求职资格和工作能力，并简要说明这些资格和能力如何满足目标工作的需要。

分析衔接 ///

××公司×经理：

您好！

作为一名外贸专业的大学生，很高兴得到贵公司招收从事外贸工作驻外办事处代表的信息。作为平时酷爱外语学习，英语获得八级证书，对外贸易专业毕业的我，属于外向性格，平时养成喜欢交际的习惯，非常希望有机会成为贵公司的一名员工……

（2）赞扬式开头。赞扬目标单位近期取得的显著成就，然后表明自己渴望为其效力。

分析衔接 ///

××公司人力资源部：

您好！

我是××大学应届毕业生，贵公司管理先进、产品质量过硬，其业绩扬名业内。作为一名喜欢来贵公司××工作的大学生，非常渴望有机会与公司同甘共苦，开创自己的人生事业……

（3）个性化开头。从与求职目标有关的兴趣、看法与体会或个人目前的状况说起，谈自己为什么想到该用人单位工作。

分析衔接 ///

××公司：

您好！

贵公司招聘的××职位，既要求具备坚实的理论基础，又需要能深入一线掌握第一手资料的实践。我虽然是××大学应届毕业生，但由于对此种工作的偏爱，常利用业余时间尝试在本市进行基层情况的调研，如感兴趣请看求职信后面的附件。

（4）独创性开头。如果应聘的目标工作需要创造性的想象力，可以用一个新奇，能表现

这方面才华的句子开头。

分析衔接 ///

××公司:

您好!

贵公司招聘企划部工作人员，我个人认为应该在创造性思维方面有突出特点。我是一名大学生，社会阅历、工作经验并不多，但是在各种智力竞赛中多次名列前茅，这与我过去爱好思维发散练习有直接关系。从事企划工作不仅符合我的专业，而且我对此工作的特殊要求有所擅长。

（5）志愿性开头。表明个人的理想，把目标单位称作你的用武之地，决心为之奋斗。

分析衔接 ///

××学校:

我出生在教育世家，家庭的熏陶和个人的爱好，我选择了×××专业。知悉贵校所招聘的教师与我所学专业对口，从事教育工作又是我的夙愿，如果能在百忙之中审阅一下我的求职信，也许你会发现一个深爱教育事业的未来下属。

（四）求职信的主体部分

主体部分是求职信的重点，是全文的中心，要突出自己的长处和优势，使对方觉得你的各方面情况与招聘条件相一致，与有关职位要求、特点相吻合。比如，你现在申请的是生产部经理的职位，你就应将以前所干过的与生产管理有关的经历和业绩写出来。

求职信主体部分的内容一般包括以下五个方面。

（1）简述你的主要求职资格、工作经验、参加过的有关社会活动、个人的兴趣和爱好。

（2）以较成熟而务实的语气来证明所声明的资格和能力。谈论一下求职单位的有关情况，表明你对其已有所了解，并愿意为之效力。

（3）表述你具备的教育资历、工作经验和个人素质。教育资历不仅是指学校的学业；工作经验不一定单指社会实践经验，校内活动的合理组织过程也可以谈。有的大学生认为从没担任过班级干部就可以什么也不写，这是不对的，校园的一切活动都可以证明自己的素质和能力，如最简单的"我每天晚上提议大家讲一下如何做好××的看法，过一段时间又提议换个话题"，这也是一种能力。

（4）重申你的求职动机，简要说明你对未来的设想。

（5）提示说明你在求职信后的有关附录或附件。

（五）注意事项

（1）细心检查千万不要出现称呼不妥、自己地位不清以及出现错别字等失误。

（2）阐述个人能为公司创造价值时不能过高炫耀自己，什么"你给我个机会，我还公司一个奇迹"，好听并不中用。而且不要出现重点陈述的内容与职位要求不吻合。

（3）提示说明在求职信后的有关附录或附件。

（4）结语令人回味且记忆深刻，请用人单位能尽快答复你。别忘记向对方表示感谢。结束语可以注明本人的联系方式、通讯地址、电话、E-mail等。

（5）假如个人字体非常漂亮，应聘的岗位如果是办公室里面的工作，求职信不妨用手写，也许能收到意想不到的效果。

课内案例

一份成功的简历

应聘惠普（中国）有限公司的简历可以说是堆积如山，可是小陈的简历却脱颖而出。有的杂志评论他之所以成功就在于他"与众不同"的简历。

营销专业的小陈，很早就决定加盟惠普公司。他在投简历前，连续一周在中关村几个电子市场销售惠普打印机的摊位前观察，专门询问那些不买惠普打印机的顾客不买惠普打印机的原因是什么。一周后，他做了个详细的分析报告：有多少人不买惠普打印机，他们的年龄、性别、职业等情况如何，他们认为惠普打印机需要改进的地方有哪些。

小陈在个人简历后面附上调查报告，又在调查报告后面写了一句话："如果想知道详细情况，请与我联系。"

行为导航

1. 惠普（中国）人力资源部负责人欣赏小陈的原因在于：

（1）公司要招聘的是市场方面的职位，而小陈求职态度可嘉；

（2）小陈所调查的项目正是企业最关心的问题；

（3）小陈的思路新颖，求职方法独特。

问题1：小陈的态度可嘉表现在什么地方？

_____

_____

问题2：企业最关心什么问题？道理在哪？

_____

_____

问题3：小陈在调查报告最后写的那句话有什么重要作用？

_____

_____

问题4：案例中的可借鉴点有哪些？

_____

_____

2. 参考此案例，设想自己喜欢的工作岗位角色，进行设计。

问题1：正常应该准备哪些工作？

_____

_____

问题2：为了能达到出奇制胜的效果，应该做哪些工作？

_____

_____

复习思考题

1. 什么是就业焦虑？就业焦虑会带来哪些影响？

2. 什么是就业挫折？挫折本身是不是有害无益？

3. 就业压力有无好处？

4. 简述专业岗位细化的作用。

5. 职业能力分析对就业有何作用？

6. 求职材料准备包括哪几个方面？

7. 求职信的开头设计主要有哪些形式？

8. 练习写个人的求职信、简历。

9. 与同学分组讨论，如何培养大学生的团队精神，具体体现在哪些方面？你是否已经初步掌握了大学生的团队精神的实质？

10. 大学生要提升自己的就业能力需要从哪些方面入手？你是否已经掌握了大学生提升就业能力的本领？

第六章

就 业 指 导

就业指导可分为狭义和广义两大类。狭义的就业指导是指给要求就业的劳动者传递就业信息，做劳动者和用人单位沟通的桥梁。广义的就业指导则包括预测要求就业的劳动力资源，社会需求量，汇集、传递就业信息，培养劳动技能，组织劳动力市场以及推荐、介绍、组织招聘等与就业有关的综合性社会咨询、服务活动。在我国，就业指导还应包括就业政策导向，以及与之相应的思想教育工作。它的主要内容包括信息指导、思想指导和求职技术指导等。

一、信息指导

就业信息是对与就业有关的所有信息的统称。本章中的就业信息主要是指与大学应届毕业生求职就业有关的信息，包括国家和地区颁布的劳动与就业相关法规、政策，劳动就业主管部门，经济政治形势和发展趋势，就业现状和发展趋势，当年毕业生数量，不同行业不同职务的薪资水平，用人单位的岗位需求信息等。

就业信息按形式分，可分为有形信息和无形信息。有形信息是指以特定物质为载体的文字或图片信息，如报纸杂志、因特网上发布的信息；无形信息是指大家口耳相传的信息。

就业信息按信息的真伪分，可分为真实信息和虚假信息。求职信息的真实性是求职成功的根本保证，但由于各种原因经常会出现虚假求职信息的情况，从而误导求职者，因此求职者都应提高防范意识，避免受这类虚假信息的误导甚至落入"求职陷阱"。

就业信息按信息的作用分，可分为有效信息、低效信息和无效信息。真实的信息不一定是有效的，信息的有效性是因人而异的。例如，一条招聘计算机软件工程师的信息对一个有志于将来从事对外贸易工作的人而言就是低效或者无效的。

就业信息按信息的内容分，可分为背景信息和岗位信息。所谓背景信息，是指有关就业背景的资料、政策规定、就业形势等。例如，全国各省、市、自治区对接纳高校毕业生的规定，高校毕业生报考国家公务员的规定、流程和要求，各地对高校毕业生自主创业的优惠条件等均属背景信息。所谓岗位信息，是指与岗位直接相关的岗位需求、应聘条件、福利待遇等方面的信息。如用人单位或人才中介机构发布的招聘信息。

二、思想指导

思想指导是就业指导的中心，其内涵有三：一是帮助毕业生树立正确的择业标准，二是帮助毕业生确立高尚的求职道德，三是帮助毕业生选择正确的成才道路。

三、求职技术指导

求职技术指导是就业指导的基本内容之一，一般来讲，面临就业选择的毕业生普遍思想准备不足，有惶恐感，在供需见面时比较拘谨，甚至手足无措，有的因此而错失良机。还有一些毕业生不清楚有关的政策规定，不了解自己有哪些权利和义务，更不知道应该如何行使自己应有的权利。至于具体的招聘应聘程序，个人表格的填写、资料的整理和使用，面对用人单位如何介绍自己，以及应有的礼仪和言谈举止，也需要进行必要的指导。这样，可以避免由于不按时到会、介绍不着边际、材料不得要领、礼貌不周、言语不当、衣冠不整、手续不全等技术原因造成的求职障碍。

第一节　就业信息的收集

求职择业不仅取决于体力和能力等诸多因素，而且也取决于所掌握的就业信息。一个人如果掌握了大量信息，他的择业视野就会广阔，就能比较稳妥地掌握自己的命运，争取主动权，不失良机地选择自己的位置；一个人如果视听闭塞、信息失灵，就会盲目地、糊涂地从事某种工作。随着就业制度的改革，择业者越来越清楚地认识到信息是择业的基础，是通往用人单位的桥梁，谁获得信息，谁就获得了主动权；谁失去信息，谁就失去了主动权。可以说，信息是关系到事业兴衰、成败的大问题。

一、收集就业信息

就业信息的内容十分广泛，作为初次择业的大学毕业生应主要了解以下三个方面的就业信息。

1. 就业政策

第一，了解国家的就业方针、原则和政策。就业政策是毕业生就业的出发点和归宿，是不能违背的。

第二，了解相关的就业法律法规。了解法律法规，依法办事，不仅可以取得合法权益，而且可以捍卫自己的正当权利，减少不必要的损失。作为大学毕业生来说就必须清楚地了解就业法规、法令，学会用法律来保护自己。目前已出台和施行的有《中华人民共和国劳动法》《中华人民共和国反不正当竞争法》《中华人民共和国劳动合同法》等。

第三，了解地方的用人政策。各地区、各单位根据国家的有关规定，结合本地区的情况，对毕业生的引进、安排、使用、晋升、工资、待遇等制定了一系列更为具体的规定。不少地区为了吸引人才，还制定了许多优惠政策，这是大学毕业生应该了解的。

第四，了解学校的有关规定。为了调动学生学习的积极性，保证毕业生就业的顺利进行，学校一般会根据国家的政策要求制定若干补充规定，这也是毕业生应该了解和遵守的。

2. 就业方法

第一，了解就业体制。毕业生应该清楚毕业生的就业是由地方、学校哪个部门或哪个机构来负责管理指导，这样，当毕业生在求职过程中遇到了困难和问题时，就可以随时向有关机构咨询。

第二，了解就业程序。什么时间开始和终止联系单位；签订就业协议必须履行哪些手续；在学校规定的时间内没有同用人单位签订就业协议，户口和档案将转到何处；调整改派的程序和手续等问题，毕业生都要搞清楚。

3. 供求信息

第一，了解国家政治经济建设方针、任务和发展战略，了解产业的分类与结构，以及随社会发展，产业结构的调整和变化趋势；了解职业的分类与结构，以及该职业发展的趋势，使自己总揽全局，更好地把握自己，在国家建设的大背景下找到自己的正确位置。

第二，了解当年毕业生总的供求形势。即了解与自己同时毕业的学生全国有多少，用人单位的需求有多少，是供大于求还是求大于供，或者二者基本平衡，哪些专业紧俏，哪些专业供大于求。

第三，了解本专业的培养目标、发展方向、适用范围及对口单位的情况。

第四，了解同自己专业直接对口或相关的行业、部门和单位的现状及发展趋势。

第五，了解用人单位的信息。在大学生选择单位时，往往会出现这样一些错误：对用人单位情况不甚了解，又没有一定的对比，于是在择业时带有很大的随意性和盲目性，如只挑选大城市而不问用人单位的性质、业务范围；盯着有"关系"的单位，企图靠"关系"得到提拔和重用；还有的只图单位名称好听就盲目拍板等，这些都是片面的。那么如何避免一些假象，做到对用人单位有个比较客观的评价呢？关键在于掌握用人单位的信息。

一般来说，毕业生应该掌握以下几个方面的情况：用人单位的准确全称；用人单位的隶属关系，它的上级主管部门是谁（指人事管理权限）；用人单位的联系办法，如人事部门联系人、电话、通信地址、邮政编码等；用人单位的所有制性质；用人单位需要的专业、使用意图、具体工作岗位；用人单位对所需人才的具体要求；用人单位的规模、发展前景、地理环境、经营范围和种类等；用人单位的福利待遇（包括工资、福利、奖金、住房等）。对用人单位的信息掌握多一点，求职的选择机会就多一点；对招聘单位的了解多一点，求职成功的希望就会多一点。掌握和了解用人单位的信息量越大，判断准确率越高；反之，则越低。所以说，能否很好地收集、分析和活用用人单位的信息，是对一个高职毕业生三年大学生活所学知识和能力的一次检验。

二、收集就业信息的意义

毕业生若能充分利用上述各种就业信息，可以达到以下几个目的。

1. 可以更好地掌握和运用就业政策

近几年来，国家和各地方对高校毕业生的就业问题相继出台了一系列相应的政策。2002年国务院办公厅出台了《关于切实做好普通高等学校毕业生就业工作的通知》，这些文件充分体现了党和国家对开拓青年大学生就业问题的高度重视，同时也为高校毕业生的就业工作指明了方向，明确了任务，提出了要求。毕业生应认真学习努力掌握和积极运用这些就业政策，为自己的就业奠定良好的基础。

2. 可以更好地了解和融入人才市场

近几年来，我国的高等教育实现了前所未有的跨越式发展，毕业生人数迅速增加，相应地就业形势日益严峻，毕业生对此应有充分的认识，尽早了解人才市场，并以此来树立自己正确的职业定位，珍惜在校学习时间，全面提高自身素质，增强在人才市场上的竞争力。

3. 可以更好地寻找和确定就业单位

毕业生在就业单位确定之前，在一个不算短的时期内，他们可能会经历一场"寻寻觅觅"般的苦闷和焦虑的人生体验。不过，如果一个毕业生懂得如何去搜集和运用各种就业信息，他就有可能从容得多，他可能会在更短的时间内寻找到更多也更适合自己的就业岗位。同时，由于他对自己和就业单位都有相当的了解，他也更有可能在较短时间内确定自己的就业单位。

三、常见的收集就业信息的渠道

1. 各高校毕业生就业指导中心

学校的毕业生就业指导中心是为毕业生服务的常设机构，一般有专门的负责人和工作人员，他们都有较为丰富的就业指导经验，与各用人单位的人事部门保持有效联系和长期合作，他们通常会为毕业生提供与就业有关的政策咨询、前景分析、就业形势及用人单位的信息等。作为毕业生就业的重要中介机构，各高校毕业生就业指导中心与中央有关部委和各省市的毕业生就业主管部门以及有关用人单位保持着经常、密切的联系，它们提供的信息无论是数量还是质量，都有明显的优势。另外，用人单位通常也会把各种招聘信息直接传递给学校的就业指导中心，要求学校协助推荐所需人才。

2. 各级毕业生就业指导机构

每年教育部都要制定毕业生就业的有关方针、政策，各省、自治区、直辖市的主管部门也要相应地制定实施意见，各地的毕业生就业指导机构也要开展信息交流和咨询服务。这些相当级别的主管部门通常会发布一些指导性的文件，或举办大型的就业招聘活动，因此收集就业信息时不能忽视这一重要渠道。

3. 亲朋好友

人是社会人，我们反对"拉关系、走后门"，但正常的人际网络是必需的和有益的，良好的人际关系不仅可以提高生活质量，有时还能帮助毕业生找到一个合适的工作，为将来的成功打下坚实的基础。亲朋好友对毕业生都比较了解，不管是个性、兴趣、能力，还是对未来单位和岗位的期望，他们都很清楚，因此在他们帮忙推荐的时候比较能够兼顾求职者与岗位这两方面的需求，同时来自亲朋好友的就业信息相对来说其真实性和有效性更好一些。

4. 其他社会关系

除了亲朋好友以外，高校毕业生还可以通过其他的社会关系获取就业信息，比如本专业的教师，他们对学生都比较了解，同时由于科研协作、兼职教学等原因与专业对口的单位有着广泛的接触，因此也是重要的信息来源。再比如校友，他们大多在对口单位工作，不管是对所在单位情况，还是对本专业就业行情都非常熟悉，通过他们可以获得许多具体、准确的信息。

5. 各地的人才市场和人才交流会

各地通常都有固定的人才市场，毕业生可以由此了解到就业形势、薪资行情等，但这类人才市场提供的岗位一般要招聘有工作经验的，或具有一定社会经验的人才，因而它所提供的岗位并不一定适合应届毕业生。应届毕业生应该多参加由各地政府和人事部门举办的毕业生"双向选择"供需见面会，这种专门面向毕业生的供需见面会，有全国性的，有省、部级的，也有地方性的，还有一个或几个学校联合举办的，毕业生参加这种供需见面会的好处是显而易见的，一是用人单位数量较多，可以提供更多的工作岗位；二是这些单位和岗位欢迎没有工作经验的应届高校毕业生；三是这些单位大多具备一定的资质，提供的岗位信息比较真实、有效。这类人才交流会时间上多数安排在秋、冬、春三季，毕业生在参加此类招聘会时应充分准备好有关推荐材料，届时与用人单位直接见面，不仅可以直接获取许多就业信息，有时还可以当场拍板，签订协议，比较简捷有效。

6. 报纸杂志

报纸尤其是周末的报纸或就业类报纸杂志，如教育部学生司和毕业生就业指导中心主办的《中国大学生就业》杂志以及各地人才市场报等，都是比较重要的就业信息来源，求职者可以由此了解有关就业政策、招聘信息，毕业生可以通过电话了解用人单位的基本情况，表达自己的求职意向。不过值得注意的是，对这类就业信息，求职者需要多了解一下相关的背景资料，以免浪费时间和精力，甚至上当受骗。

7. 电视广播

毕业生就业作为社会普遍关注的热点问题，近来引起了新闻界的普遍重视，不少地方的电视、广播纷纷安排频道提供发布就业信息的服务，不少用人单位也会通过电视、广播等手段介绍自己的经营现状、发展前景和人才需求等，广大毕业生也不妨根据这些线索进行求职尝试。

8. 网络资源

这是当前网络时代获取就业信息最丰富、最快捷的渠道之一。人类社会进入信息时代，人才市场也在发生着深刻变化，网上求职、网上招聘已逐渐成为一种时尚。通过网络，求职者可以在几秒钟内查询到数万条信息，方便快捷地了解用人单位的背景资料、劳动状况等，可以在各种人力资源网站上发布个人求职信息，也可以直接将求职信、履历表等应聘资料用电子邮件的方式寄给对方，可谓省时省钱省力、方便、快捷、高效。

订阅电子邮件是获取网上求职信息的另一个重要途径。很多网站都开辟了求职信息邮件服务，会定期或不定期向注册用户发布有关就业信息。还有一个很好的办法是建立一个自己的个人主页，将大学期间的任职、获奖情况及自荐信、推荐书等都放上去让有关单位全面了解自己的情况。当然，计算机网络中有着丰富的信息资源，也存在着数不清的垃圾信息甚至有害信息，这些应引起广大毕业生的注意，在利用网络资源的时候，小心不要掉进虚假信息的陷阱。

9. 利用社会实践、毕业实习或业余兼职获取就业信息

大学生通过社会实践、毕业实习或业余兼职，可以增加对社会、对职业和岗位的感性认识，加强与有关单位的联系，增进彼此间的了解，便于直接掌握就业信息。事实上很多高校毕业生就是先在某个单位进行毕业实习，用人单位经过一段时间的考察就予以录用的。

10. 直接与用人单位联系获取就业信息

有的高校毕业生在经过初步的分析后，开始了"普遍撒网"式的求职，向他们认为适合的用人单位写自荐信，确定重要目标后，通过电话预约，然后亲自登门拜访。这种"毛遂自荐"的方式也不失为获取就业信息，获得就业成功的途径之一。

四、就业信息搜集的方法

（1）全方位搜集法。把与你的专业有关联的就业信息统统搜集起来，再按一定的标准进行整理和筛选，以备使用。

（2）定方向搜集法。根据自己选定的职业方向和求职的行业范围来搜集相关的信息。

（3）定区域搜集法。根据个人对某个或某几个地区的偏好来搜集信息。

第二节　就业信息的处理

一、处理就业信息的基本原则

1. 实事求是，客观认清形势

近几年来，随着国家经济的快速发展，社会对人才的需要量大大增加，但由于连续几年高校招生规模的扩大，特别是由于受传统教育理念的影响，有的专业设置不合理，招生时缺乏长远眼光，招生人数过多，有的专业课程设置过于陈旧，培养出的毕业生不适合社会的需要，导致近几年出现了人才需求的结构性矛盾。高校毕业生就业难问题日益突出，应届高校毕业生的薪资水平较前几年有下降趋势。作为即将走向工作岗位的毕业生，要看到大学生目前的总体数量并不太多，高校毕业生还是大有作为的，要自觉地投入到市场经济的浪潮中去，在实践中学习，在实践中实现自己的人生价值。

2. 摆正位置，正确评价自己

大学生面对严峻的就业形势，面对众多的竞争对手，要想获得择业的成功，首先应摆正位置，既不要盲目自信也不要妄自菲薄，要正确评价自己。多数大学毕业生找工作最大的困惑是不知道什么工作是适合自己的，怎样才能找到一份既符合自己的专业兴趣又能提供不菲收入的工作。所以求职者要给自己一个准确的定位，首先是需要清楚自己为什么选择某家单位，然后要同样清楚为什么这家单位要选择你。（它能给你什么？你能给它什么？）

在采取行动之前，不妨问自己四个问题：

（1）我想要什么样的生活？

（2）我选择的工作，能赖以谋得我要的生活吗？

（3）我喜欢做这份工作吗？

（4）我的能力足够做好这份工作吗？

有的同学盲目自信，认为自己来自名校、成绩优秀、专业需求旺、求职门路广，对未来就业的期望很高，而对自己的劣势和困难估计不足，在求职中高不成低不就；另一些同学则在求职中显得过于自卑畏怯，他们尽管具备了一定的实力和优势，但总觉得自己这也不行，那也不行，缺乏竞争的勇气和自信，一旦受挫，更加沮丧泄气；还有一些同学在择业时存在盲目的从众心理，缺乏对自己的正确评价，自己也说不清楚到底适合做什么工作，择业时人云亦云，什么岗位热门就往什么岗位挤，比如很多人一心只想进大城市，工资福利要好一点，全然不顾自己的实际条件。

3.“骑驴找马”，先就业再择业

不少高校毕业生就业指导中心的老师都遇到过这样的奇怪现象：一方面，有的毕业生迟迟没有找到工作；另一方面，有的用人单位主动提供的工作岗位却遭受毕业生的冷遇，很多同学面试都不愿意去，有的同学在面试通过后也不愿去上班，许多较好的就业机会就白白浪费了，很多老师的努力也付诸东流，实在让人感到惋惜。造成这种现象的原因是多方面的，有的毕业生期望值过高，用人单位或工作岗位达不到自己的要求，就宁愿不就业；还有些同学面临多个工作岗位时往往会“挑花了眼”，这山望着那山高，在择业时存在着患得患失的犹豫心理，由于缺乏对机遇的把握能力，结果总是像猴子掰玉米，掰一个扔一个，错过了一个又一个机遇，最后两手空空。大家都知道“骑驴找驴”是一个贬义词，但如果我们将驴比作一个相对较差的工作岗位，而用马来形容一个相对较好的工作岗位，那一个人一生可能要经历多次“跳槽”，不要企望第一个就业岗位就是十全十美的，只要是能基本符合自己要求的工作岗位，就可以采取“先就业再择业”的方式，先落实自己的就业岗位，积累经验，增长才干，如果将来找到更适合自己的工作，再“跳槽”也不迟。

二、处理就业信息的基本程序

1. 筛选

所谓筛选，是指求职者根据自身的求职需要对所收集到的就业信息进行一定选取。换言之，即要做好去伪存真、去粗存精的工作。这是处理求职信息的重要一步。

筛选的重点主要应考察以下四个方面。

（1）毕业生要认真分析就业信息的价值性，掌握重点。

将收集到的所有就业信息进行比较，初步筛选之后，把重点信息选出，标明并注意留存，一般信息则仅做参考。

对于那些真实度高、时效性强的就业信息毕业生要认真分析它们对于自己所具有的不同价值，比如说某些岗位信息符合自己的职业定向、爱好兴趣、发展要求等，那么这类信息就比较有价值；反之，就是没什么价值的就业信息。

（2）适合自己。每个人的情况不一样，毕业生应选择适合自己的信息。

（3）注意信息的时效性。搜集到就业信息后，应适时使用，以免过期。有的就业信息的确是真实的，但有可能是几周前，甚至几个月前的信息，这类信息的时效性就比较差，有可能当你知道信息时，用人单位已经招聘好了所需人员。

（4）确定信息搜集范围时不能局限于“热门”单位和周边较近的地区，这样一来，会大大降低就业的成功率。首先，高校毕业生要对自己收集到的就业信息的真实性予以考察分析，将那些不真实的信息筛选掉。一般来说，来自于各级毕业生就业指导中心的就业信息真实性较高，比较值得信赖；由各级教委或高教厅、人事厅、计委、人事局主办的毕业生供需见面会提供的信息也是比较可靠的；而那些来自于报纸杂志或互联网上的信息其可信度相对而言要低一些。

2. 求证

对于那些已经筛选过的信息，毕业生还要做一些求证工作，以验证自己对于这些就业信息的真实性、时效性和价值性的初步推断。比如，可以通过电话咨询、网上查询、实地访问等方式了解用人单位各方面的情况，还可以通过对该单位比较熟悉的亲朋好友或学长校友等了解有关情况以此来修正和补充有关就业信息。

3. 归类

就业信息虽经筛选和求证，但仍纷繁复杂，毕业生不管是查询还是利用这些就业信息还是不太方便，因此还需要对所有信息加以归类。毕业生不妨以就业信息的各种属性为依据，分门别类地加以整理，如按政策、趋势、岗位信息等分别整理。例如，与就业有关的岗位信息，可以根据自己的就业意向，按其行业、薪资、前景、兴趣、离家远近等进行归类整理，必要时可赋予各岗位信息不同的分值，最好能做成相应的数据库。通过归类，毕业生可以详细分析各种就业信息，并进行比较，最后做出决定。

4. 行动

上述三方面的工作都是为求职来做准备的，接下来就要开始最需要的行动了。行动有很多种，比如给用人单位人事部门打电话、寄自荐信，参加有关供需见面会，托亲朋好友打听或直接到用人单位拜访，毛遂自荐，说不定会有意想不到的收获。

三、避免和处理就业信息陷阱

（一）常见的就业信息陷阱类型

如前所述，现在社会上的就业信息来源很广，但泥沙俱下，鱼目混珠，很多信息是虚假、无效或无价值的，其中有些根本就是信息陷阱。有些人受利益驱使，有意设计骗局，制造就业信息陷阱。由于大学生缺乏社会阅历，所以在应聘过程中比较容易吃亏上当，下面介绍几种常见的信息陷阱类型，希望大家能在求职时提高警惕。

1. 骗财类信息陷阱

这是最为常见的信息陷阱。一些单位或个人打着招聘的旗号，收取高额报名费、介绍费、培训费、考试费、体验费、置装费、上岗押金等，或者要求必须购买一定数量的产品，他们还经常扣押求职者的身份证、毕业证，以便日后进行要挟。骗子常采用以下几种方式进行欺诈。

（1）黑心中介。有的中介公司以职业介绍为名，骗取职业介绍费。他们手上没有什么较好的工作岗位，有的根本就没有工作岗位，他们只从报纸或网络上抄袭一些招聘信息欺骗求职者，以骗取介绍费等。

（2）没人及格的考试。有些单位打着招工考试之名收取考试费，其实就算你题目全答对了，还是不会通过的，钱也不会退还给你。

（3）招而不聘的岗位。有些单位其实不需要人，也没有办理劳动用工手续，但仍然长期对外招聘，当然报名者要交报名费、产品押金等，一些求职者发现上当后要求退钱，他们不是拖着不给就是以暴力相威胁。

（4）子虚乌有的公司。有些不法人员到处贴一些"招聘启事"或在媒体刊登虚假广告后，临时在写字楼租一间（套）办公室，挂上"经理室""财务室"或"人事部"的招牌，进行虚假招聘，向应聘者收取名目繁多的各种费用后人去楼空。

（5）抵押陷阱。有的单位在录用毕业生之后，还要求将毕业生的身份证、毕业证作为抵押物，有的则收取一定的押金，一旦毕业生上班后发现单位真实情况想要离开，则要么失去押金，要么花费一定的金钱换取身份证或毕业证等。

（6）试用陷阱。有些单位在招聘人员时规定了3～6个月的试用期，但往往是试用期即将结束时便以各种理由炒求职者"鱿鱼"，这样一来，求职者白白做了几个月的廉价甚至免费劳动力。

上述种种只是形形色色的骗财类信息陷阱中的一部分，其实就业是一种双向选择的行为，求职之初，无论是求职者还是招聘单位，并没有为对方提供任何具体的服务，根本不应涉及费用。因此，毕业生但凡看到汇款或者带现金给面试方的信息就应多加警惕，如果是正规职业中介，收取费用时必须要有正规发票，至于收取押金或将身份证、毕业证作为抵押物的做法，更是一种违法行为，因为《劳动合同法》明文规定，任何企业在招聘员工时，不得以任何理由、任何形式收取求职者的押金，或者以身份证、毕业证等作抵押。

2. 骗色类信息陷阱

这类信息陷阱主要是针对女生，但近年来也有男生上当受骗的案件发生。有些不法分子刊登虚假招聘广告，广告内容多强调只招女生，且对专业、能力没有什么要求，然后将应聘者约到僻静处进行应试，实施不法行为，因此毕业生尤其是女生一定要避免到僻静或私人场所去面试。

3. 骗知识产权类信息陷阱

一些单位或个人以考试或试用的名义，要求求职者根据他们的设想写一篇文字材料，或拿出一套设计方案或计算机程序等，或要求求职者为其介绍客户、推销产品等，然后再找出种种理由作以推脱，而将求职者的劳动成果据为己有。

4. 合同陷阱

实习协议、就业协议或劳动合同本来应该成为保护劳动者合法权益的护身符，但有些单位针对应届毕业生涉世不深、社会阅历缺乏的特点，在与毕业生签订上述合同时采取欺诈、胁迫等手段设置陷阱，本来是平等协商的合同成了所谓的"暗箱合同""霸王合同"。其实《劳动合同法》第17条明文规定，订立、变更劳动合同，应当遵循平等自愿、协商一致的原则，不得违反法律、行政法规的规定。

📖 **拓展阅读**

一则典型的骗财信息陷阱

××：

你好！

从你的简历中得知了你的工作经历，对此我们表示满意。现在经过研究决定，本公司拟决定录用你为工作人员，收到此回复，请准备好你的个人证件于本月8日到本公司笔试。为工作需要，请到某银行汇100元人民币。此为考试费用，如未录取，可退，请保管好你的汇款凭证，××银行卡号0123567890，户名×××，请于4日前往银行办理，勿电访。

（二）就业信息真伪的辨别

1. 虚假就业信息的基本特征

（1）公交车站、大马路、广场等一些公共场合粘贴的招聘小广告；

（2）门槛低、薪酬高、设置责任底薪，必须完成规定业务额；

（3）莫名而来的就业机会；

（4）要求毕业生交纳数额不菲的工作保证金；

（5）不透露公司的名字或者名字像化名，公司的基本资料不完整，找不到地址等。

2. 就业"陷阱"的形式

（1）以招聘为名盗取信息。以招聘的方式获得求职者的身份证号码或复印件，以此骗取求职者信用卡号、银行账号、照片等，倒卖个人隐私。

（2）以招聘为名骗取钱财。以招聘方式收取报名费、抵押金、培训费、服装费等，钱骗到手就人去楼空。

（3）以招聘为名获得劳动力及成果。通过高职、高薪等条件来诱骗劳动力，其实行政经理等于打杂工。

（4）以试用期为名榨取劳动力。利用试用期与签约时间的时间差，来榨取劳动力。

（5）以"霸王条款"克扣毕业生。用人单位通过苛刻的条件来剥夺毕业生的既得利益。

（6）以"培训"为名骗取培训费。以高薪就业、保证就业之类的机遇进行岗前培训，但培训结束仍然不能工作，或者安排的工作根本不适合大学生，逼迫他自己违约。

3. 对招聘骗术的应对

（1）应该进入信誉度高的专业人才网站应聘，如各教育部门的官方网站。

（2）拒交各种名义费用。凡是附加了报名费、考试费等条件的招聘信息，一定要高度警惕。

（3）不要随意公开重要信息。求职者在填写网络求职登记表时，不要到处填写自己的求职信息，更不要轻易公开个人的重要信息，尽可能作一些必要的保留，特别是自己的家庭住址和家庭电话最好不要填写，只留电子信箱联系即可。

（4）不轻易许诺马上去外地工作，不论其待遇多么好。只有掌握了这家单位的真实情况，证明其可信之后，才可以去工作。了解单位情况的方法有：通过自己应聘单位所在城市的熟人，去打听这家单位的情况，或者通过工商部门、学校就业指导中心核实单位的真实性。

（5）不要将重要证件作抵押，尤其是身份证、毕业证等。

（6）多种途径了解公司背景，注意招聘单位的营业执照等相关证件。

（7）签订"普通高校毕业生就业协议书"或者"劳动合同"时，一定要注明双方谈妥的福利、保险、食宿条件等，毕业生与用人企业签合同时要"三看"：一看企业是否经过工商部门登记以及企业注册的有效期限，否则所签合同无效；二看合同字名是否准确、清楚、完整，不能用缩写、替代或含糊的方式表达；三看劳动合同是否有一些必备内容。

（8）接到陌生单位打来的电话时，要详细了解对方的情况，如对方名称、经营范围等，进行核实后再作决断。

（9）发觉被骗要及时报案。

复习思考题

1. 就业信息有哪些种类？如何收集？
2. 如何对就业信息进行筛选？
3. 如何有效利用就业信息？
4. 如何辨别就业信息？

第七章

择 业 指 导

第一节　毕业生就业程序

高等教育进入大众化阶段，高校毕业生的就业方式由被动就业变为主动择业，在如何选择自己未来职业的问题上，大学生有了自主权。择业程序不仅是指就业管理部门的一般工作程序，同时也包括毕业生就业计划的制订、执行过程，是毕业生自身在求职择业中所遵循的合理步骤。了解就业程序，有助于顺利就业。

一、就业管理部门的工作程序及管理与服务

（一）就业管理部门的构成与分工

大学毕业生就业管理机构大致由三个部分组成，其分工为：全国主管大学生就业的部门是教育部；各省、自治区、直辖市和中央各部委的有关部门分管本地区、本部门的大学毕业生就业；各高等院校和各用人单位负责本校毕业生就业具体事宜和接收安置毕业生事宜。

（二）就业管理部门的工作程序及管理职能与服务功能

1. 就业管理部门的一般工作程序

大学毕业生就业管理机构的工作程序大致分为以下五步。

（1）教育部对年度国民经济发展和国家重点建设工程情况开展调查研究，制定相应的政策，从而确定年度就业工作意见。各省、自治区、直辖市和中央各部委按照文件精神，制定出本地区、本部门所属高校毕业生就业工作的具体意见。这项工作一般应该在毕业生毕业前半年内基本进行完毕。

（2）教育部在每年的 10 月左右向各地区、各部门提供下一年度的毕业生资源情况，包括毕业生所在的学校、所学专业及毕业生来源地区等。各用人单位向教育部提供需求信息。教育部还负责向社会及时通报毕业生资源情况和需求情况，并适时组织毕业生供需信息交流工作。

（3）各地区、各部门、各高校的就业管理机构在每年的 12 月至下一年的二三月份，采取多种形式召开由学校和用人单位参加的"供需见面，双向选择"大会和开办大学生就业市

场，为毕业生求职择业创造条件，提供服务。毕业生在学校的指导下可直接参加这类活动。凡在这种"供需见面，双向选择"大会上和毕业生就业市场上签订的就业协议书，均系有效合同，双方必须履行。如果有一方反悔，不按合同规定执行，将视同违约，要负违约责任。学校将生效合同和已落实的就业建议计划于 5 月底报主管部门审批，经调整平衡后以正式计划下达。

（4）各高等学校在完成全部教学计划后，按照国家统一要求，一般从 7 月 1 日开始根据计划派遣毕业生。

（5）派遣工作结束后，各级就业管理机构对当年毕业生就业情况进行认真总结。教育部汇总全国毕业生就业计划，并连同毕业生就业情况报告国务院。

2. 省（市、区）高校毕业生就业办公室（就业指导中心）的管理职能及服务功能

近年来，随着高校毕业生就业指导工作的深入开展，各级地方政府的教育主管部门都先后设立了高校毕业生就业办公室（或就业指导中心），负责高校学生就业的日常管理工作。其主要职能包括以下几个方面。

（1）根据高校毕业生就业工作的政策，制定具体实施意见。

（2）指导高校和用人单位的毕业生就业工作，并为其服务。

（3）组织管理当地高校毕业生需求信息的登记、发布和"供需见面，双向选择"活动。

（4）组织实施当地政府委托的高校毕业生资格审查；负责高校毕业生的报到证签发、调整和接收工作。

（5）受委托协调当地高校毕业生就业过程中的争议。

与此同时，省（市、区）高校毕业生就业办公室（或就业指导中心）还面向高校毕业生实施如下就业服务工作。

（1）开展高校毕业生就业的咨询、推荐和招聘等相关服务工作。

（2）负责高校毕业生就业信息的收集、登记和发布。

（3）组织高校毕业生就业市场和信息网。

（4）开展与高校毕业生就业相关的各类培训。

（5）为高校毕业生提供人事代理（目前仅有部分地区实施）等。

总之，大学生从省（市、区）就业办公室（或就业指导中心）至少可以获得以下三个方面的服务与帮助：一是准确的政策信息，二是丰富的需求信息，三是得力的就业培训。

3. 学校毕业生就业工作部门的职责及工作程序

1）毕业生就业工作部门的职责

毕业生就业办公室或学生就业指导中心面向毕业生的主要职责包括以下几个方面。

（1）负责本校毕业生的资格审查，及时向教育部或当地政府主管部门报送毕业生资源情况及就业方案。

（2）开展毕业生教育和就业指导活动。

（3）为学生提供就业信息、就业咨询，提供双向选择机会和推荐等服务工作。

（4）负责毕业生就业协议书的签证或签证登记。

（5）负责办理毕业生的离校手续。

（6）开展其他与学生就业相关的工作。

2）毕业生就业工作部门的工作程序

一般而言，各高校学生就业工作部门的工作程序如下。

（1）根据上级部门的要求，制定本校毕业生就业实施办法。

（2）收集需求信息，向毕业生公布。

（3）开展学生就业指导和服务活动。

（4）组织校园招聘活动。

（5）根据毕业生签订的就业协议书，提出就业建议方案。

（6）组织本校毕业生离校活动。

大学生在择业期间打交道最多的要属学校的就业工作机构，这里是信息的集散地，是学校与用人单位建立联系与沟通的桥梁和纽带。建议每位大学生在择业阶段多留心一下学校的学生就业工作部门在校园内设立的公告栏和网站，在那里可以及时得到用人单位的需求信息、就业招聘活动及新的就业政策规定等。同时，要多到学校的学生就业工作部门走走，看看最近有哪些就业活动和信息。当然，你在求职择业中所遇到的问题也可以在那里得到解决，并能得到相关的就业咨询和服务。

二、大学生择业程序

在求职择业过程中，大学生不仅要了解就业工作运行的客观流程，同时自身也应当遵循合理的择业程序，以便最终顺利地达到就业的目的。大致而言，一个完整的大学生择业程序应当包括以下几个主要步骤。

1. 了解有关的就业政策

大学毕业生就业是一项政策性很强的工作，了解国家有关就业政策是大学生求职择业的关键一步。有人曾经形象地称求职择业中不熟悉就业政策的大学生"如同不懂得比赛规则而上场比赛的运动员"。的确，面临求职择业的大学毕业生如果不去了解国家及有关部门的就业政策而盲目地去选择职业，那么很可能会事与愿违，甚至碰壁。

大学毕业生就业政策是国家为实现一定历史时期的任务，适应经济建设和社会发展的需要而制定的有关大学生就业的行动准则，它将根据国家政治、经济形势的变化而不断调整。各地区、各部门也根据国家当年颁布的有关政策并结合本地区、本部门的实际制定本地区、本部门的一些毕业生就业政策。学校、毕业生和用人单位必须按照这些政策来指导和规范毕业生求职择业活动。因此，毕业生在面向社会求职择业时，首先需要主动向学校及有关部门了解当年国家在大学毕业生就业过程中的具体政策规定，学校及有关部门也会在适当时机向学生公布国家及有关地区、部门的就业政策。

2. 收集和处理就业信息

大学毕业生求职择业不仅取决于整个社会的政治、经济状况及自身的能力素养，而且也取决于是否占有大量的就业信息。应该说就业信息是毕业生求职择业的基础和必备条件，谁能及时获取信息，谁就获得了求职的主动权。因此，毕业生应当及时、全面地掌握有关就业方面的种种信息，并认真地对这些信息进行分析、筛选、整理，最终做出正确的选择。

1）收集就业信息

收集就业信息是大学生求职择业前的一项重要任务，高质量的就业信息往往存在于广泛的信息之中。职业信息是广泛的,并不仅仅是指需求数量的概念,还包括对人的素质要求及需求单位的隶属关系、单位的性质、人才结构、发展前景等。因此,必须充分利用各种渠道、运用各种手段准确地收集与择业有关的各种信息,为择业做好充分的准备。获取就业信息的途径一般有:个人走访收集,学校就业指导部门提供,参加毕业生供需见面会和人才招聘会,通过互联网获取,通过社会关系获取,通过社会实践和毕业实习获取,通过新闻媒介等途径获取。

2)就业信息的分析处理

在已经收集到的大量就业信息中,由于信息来源和获取方式的不尽相同,内容当然是杂乱的,有相互矛盾的,也难免有虚假不实的。求职者可结合自己的实际情况,对获得的信息进行去粗取精、去伪存真地分析、筛选、整理、鉴别,取其精华,使信息具有准确性、全面性和有效性,更好地为自己的择业服务。

3. 做好择业的思想准备与心理准备

毕业生择业前的思想准备包括:树立正确的择业观、客观地自我分析与评价、确定合适的择业目标等。

(1)在收集信息的基础上,大学生要联系自身实际,客观地进行自我分析。自我分析包括以下五点。

① 自身综合素质、能力的自我测评。如学习成绩在全专业中的名次,自己的兴趣、特长、爱好是什么,有何出众的能力 (包括潜能)等。

② 分析自己的性格、气质。一个人的性格和气质对所从事的工作有一定的影响,如果能从事与自己的性格、气质相符合的工作,就容易出成绩。可以用一些测试表对自己的性格、气质进行一定的分析。

③ 自己在择业过程中具有哪些优势、劣势,应该如何扬长避短。

④ 问问自己究竟想做什么。即自己想在哪一方面有所发展,想成为什么样的人。换句话说,即自己的"满足感"是什么,价值标准是什么。

⑤ 问问自己究竟能做什么。

(2)自我分析、评价的结果是确立自己的择业目标。从大的范围来讲,大学生首先需要确定的择业目标主要有以下三个。

① 择业的地域。即在沿海城市就业,还是在内地就业;是留在本地就业,还是去外地就业。此时,既要考虑是否符合政策规定,同时还要考虑生活习惯及今后的发展等因素。

② 择业的行业范围。即在本专业范围内就业,还是跳出本专业到其他行业就业;是从事本专业范围内的技术工作、管理工作、社会工作,还是从事教学工作、科研工作等。此时应多想自己的综合素质、能力及兴趣、特长。

③ 择业的单位。即是去大企业,还是去小公司或应聘公务员;是选择国有企业,还是选择三资企业或民营企业。在这些单位中,有哪些单位前来招聘,自己是否符合条件,自己最希望到哪一家企业工作?对于愿从事教育工作的大学生,是选择高校,还是选择中等职业学校或者其他学校?等等。

择业过程中,当然会遇到不少不可预测的变化。但是,事前给自己的择业确定一个比较明确的目标,可以使整个就业活动有的放矢,有条不紊。不然,就会出现乱打乱撞的盲目被动局面。

大学毕业生在选准求职信息，决定应聘之前，一定要做好必要的心理准备，这是确保求职成功的一项基础工作。

总的来看，现在大学生就业是个人能力与市场需要相结合的结果，国家的毕业生就业政策也是"自主择业，双向选择"，所以大学生在充分了解就业情况，准备参加应聘之前，还应对整个应聘过程可能出现的种种情况有个大致的心理准备，以免措手不及。心理准备主要包括：克服胆怯心理、逆反心理、过于自尊自卑心理和惰性心理。"双向选择"的心理准备包括：就业政策对人才导向的心理准备，不同或相似的用人单位对人才评价标准不一的心理准备，自己做主的心理准备，对招聘中客观存在的种种不合理现象的心理准备，先就业再择业的心理准备等。

4. 准备自荐材料

在确定了择业目标之后，大学生接下来即可准备自荐材料。自荐材料是反映毕业生个人总体情况和综合素质的主要材料，是毕业生与用人单位信息交流的载体，也是用人单位透视大学生的一扇"窗户"和决定是否面试的重要依据，故自荐材料被称为大学生求职择业、赢得面试的"敲门砖"。

自荐材料包括：学校推荐表、个人简历、自荐信及有关的辅助证明材料。这几种材料，虽然单独都能使用，但各自的侧重点不同。学校推荐表体现了学校对自己的认可，个人简历主要说明自己过去的经历，自荐信主要表明自己的态度，证明材料强调自己所取得的成绩。缺了任何一个方面，自荐材料都不够完整。

5. 参加招聘会（投寄材料）

在大学生就业活动中，招聘会或就业市场在用人单位与大学生之间架起了见面、沟通的桥梁。

在招聘会或就业市场上，用人单位与大学生之间只有初步结识：用人单位向毕业生宣传单位发展情况，同时收集众多毕业生的自荐材料（有的单位可能向应聘学生发放登记表）；毕业生则在了解用人单位的大致情况后，将自荐材料和登记表交给招聘单位。从某种意义上说，大学生参加招聘会或去就业市场，大多数仅完成了一项材料递交工作。当然，也有一些毕业生与用人单位"一见钟情"，当场签约。

6. 参加笔试

不少用人单位在招聘过程中采用笔试的方式考核应聘者的知识、能力与素质。

笔试主要检验大学生运用所学知识及所掌握技能处理实际问题的能力。当然，笔试不仅在卷面上考核你的知识能力，同时也在考核你其他方面的素养。比如，书写是否工整，卷面是否整洁，答题是否细心等。因此，你应珍惜并认真对待笔试。有关笔试的具体内容，可详见后面章节。

7. 参加面试

面试是众多用人单位考核大学生综合素质的重要手段。通过面对面的沟通、交流，用人单位可以了解大学生的表达能力、思维能力、处事能力、仪容仪表，以及对一些问题的看法和其他一些不能通过笔试反映出来的综合素质。因此，大学生在面试前要做好充分准备，适当进行形象设计。面试中要充满自信，用平和的态度应对主考官的提问，用简明扼要的言语回答问题，并运用合理的体态语言，积极主动地"推销"自己，展示自己的综合素质，以最终取得面试的成功。有关面试的具体内容，可参见后面章节。

8. 签订协议

用人单位通过自荐材料和供需见面、笔试、面试等招聘活动，选拔出自己合意的毕业生后，便向被录用的学生发出录用通知书。毕业生在接到录用通知书后，如果愿意到该单位工作，则双方签订《就业协议书》。《就业协议书》一旦签订，就不得随意变更。如果一方提出毁约，须征得另外一方同意，并要交纳违约金。

9. 派遣与报到

与用人单位签订好协议，并得到学校、政府教育主管部门的审核同意后，接下来大学生要做的事便是以优异的成绩完成学业，等待发放就业报到证，做好毕业离校的各项准备工作。至此，毕业生的求职择业程序完成，毕业生可在领取报到证、办理离校手续后，按照报到证规定的期限和指定的地点去单位报到上班。

以上就是一个比较完整的毕业生的求职择业过程，当然，在实际的择业过程中可能不会如此完整。毕业生择业的大致流程如图 6-1 所示。

了解有关就业政策
↓
收集和处理就业信息
↓
自我评价、确定择业目标
↓
准备自荐材料
↓
参加招聘会
↓
参加笔试、面试等
↓
签订《就业协议书》
↓
报到

图 6-1 毕业生择业的大致流程

📖 **拓展阅读**

中国和美国大学生择业的八大差异

美国《纽约时报》报道，2009 年美国的失业率创下 14 年来最高点，就业危机发生在各种人群中。2009 年美国有 150 万大学生毕业，将面临 5 年来就业情况最差的一年。大学生就业难问题不仅发生在中国，在发达国家美国同样受到了前所未有的挑战。以下对中美大学生择业差异作一比较分析。

1. 对工作地的选择不同

美国的大学生倾向于就近就业，而中国的大学生则倾向于到大城市工作。这主要是由于当前我国城乡差别、地区差别较大，大城市的生活水平相对较高，发展机会相对较多，对大学生吸引力较大。但大城市本来毕业生就多，各方毕业生都想方设法涌到大城市，不仅造成了人才资源的浪费，同时进一步加剧了大学生的就业难度。

2. 对职业的看法存在差异

美国某大学生就业服务网站进行的一次民调发现，80%的受访者认为："首先是要有活可干"，"找工作应该是有活就干"。即便暂时找不到自己有兴趣的工作，他们也会做一些兼职，直到找到全职工作为止。美国大学生一进校门都有长远打算，早早就为自己的未来进行规划。这主要表现为两点：一是及早规划，培养能力；二是不急于求成，不企求一步到位。他们即便找到工作以后，跳槽率也很高，对于他们而言，第一份工作更主要的是积累社会经验而非薪水和福利。然而中国大学生在择业过程中往往更注重物质利益，在选择上过分强调经济条件、生活环境、工资福利，对职业的选择首先考虑的不是是否符合自己的专业，而是职业的附属物如工资、住房、福利等因素，要求一步到位。所以，政府部门、事业单位是大学生就业的热门选择。中国大学生普遍不愿意到中小企业、私营企业工作，主要原因是嫌工资太低，工作太累，环境不好，工作不稳定等。

3. 学习实践不同

中美两国大学都有在校大学生实习的制度，美国大学生学习实践要通过 The STTEP 和 Service Learning 项目。The STTEP 包括两个项目，即 STT（Student Technology Training，学生技术训练）和 EP（Employment Program，招聘程序）。STT 是学生科技培训计划的一部分。按学生的资讯科技协定签署形式，每个学期他们将被要求参加一些预置讲习班。这些学生可参加训练营所提供的程序，只要他们没有缺席，部门将支付学生工资。他们不会被那些与自己专业无关的部门招募。这种训练可以根据自己的专业选择，让自己了解是否真的能胜任目前的专业。EP：这部分计划的目的是促进和招聘校园的 IT 岗位。这个项目（STTEP）是每个学生必须参加的，当然这个项目也为学生提供在学校的就业岗位，让学生不仅能学到就业技巧，而且给予学生在学校工作的机会。

一些美国大学实行"实习对调"制度，采用的是半年在校学习、半年外出实习的教育方式。为了推行这种实习制度，联邦政府制定了完善的实习生制度，让每个就业单位给各个大学提供充分的实习机会。美国社会也非常支持大学生实习，许多公司愿意为大学生提供实习机会，并给予他们真实的实习项目。美国大学生的实习有两个特点：一是实习机会学生可以挑；二是学生实习有收入，有的还不低。

在中国，缺乏经验已成为大学生就业的瓶颈。因此，强化实习是弥补大学生社会经验不足，促进大学生就业的有力措施。当前中国实行的大学生实习制度已不同于沿袭已久的教学实习和学校组织的各种社团活动，主要目的是在用人单位有计划、有目的地安置即将毕业的学生，给他们提供实习工作、尝试工作的机会，不是学校和企业之间一种简单的"对口实习"任务，而是涉及政府、学校、用人单位、大学生及其家庭的一种规范系统的常规化制度行为。但目前大部分用人单位对大学生实习缺乏认同感。据中央电视台《东方时空》节目组对 106 家用人单位的调查，愿意接受大学生实习的占 48%，不太愿意的占 52%。用人单位不愿接收实习生的原因有：担心影响正常工作的占 49%，担心泄露商业机密的占 39%，担心增加额外负担的占 34%，担心万一出事负不起责任的占 20%，担心不好管理的占 19%。可以说，用人单位对大学生实习的各种担心和不正确认识，主要是缺乏确保双方共赢的实习制度造成的。

4. 素质教育与学习思路不同

中美两国大学生在教育学习观念上存在很大差异，与美国大学生相比，中国学生的独立意识较差，他们过多地依赖体制、学校、老师和家长。正是独立意识的缺乏，使中国学生在学习态度上表现得比较被动。在许多中国高校，大学生上大学只是为了混一个毕业证，找一个报酬丰厚的工作，满足自己的高级物质生活享受。素质教育在中国提出已有多年，但是不少学生还缺乏必备的内在素质，内在素质包括很多方面，比如学习能力、工作能力、社会交际能力等，而这些内在素质往往是在大学阶段形成的。

在美国大学图书馆里，课余时间基本上都有很多人在看书、做作业、复习功课，因为在美国大学里平时作业、小测验、课程小组讨论很多，这在客观上也促进了他们平时好好学习。美国学生认为成绩是非常重要的，尤其是想继续深造的学生。美国学生也热衷于师生交流，学生们不仅会问一些上课没听懂的问题，还会告诉教授自己的人生打算和找工作时遇到的问题，教授们都很乐意帮助学生。

在人才市场上，好的成绩能带给雇佣者一个有价值的印象，至少说明你的学习能力不错，或者人比较勤奋。这种观念在会计、教育和电脑科学领域很普遍。好的成绩只是内在素质的一个方面，从长远看，良好的社交能力更重要。

5. 任课教师（教授）的推荐方式不同

美国学生找工作有点像申请北美研究生，需要推荐信。推荐信是由教授写的关于对该学生的客观评价，所以学生在校的表现显得特别重要。美国教授评价学生好坏很客观，不好就会写不好。

美国企业也比较看重教授的推荐信，当一个企业打算雇佣该校的学生时，他会打电话给学生所在系的老师，咨询那个学生的情况。教授也会非常客观地回答关于该学生的问题，不会胡编乱造。推荐信能够促使学生在大学期间不断提高自我素质，是展现一个学生价值的可靠工具，方便企业根据它来择优选择人才。

在中国，老师们可能为了提高该校的就业率更倾向于着重强调学生的优点，而往往忽视学生的不足，这样会让企业怀疑推荐信的可靠性和准确性，也就起不到推荐信的作用。

6. 学校方面提供的服务不同

美国大学有专门的网站给学生提供一些关于企业招聘的信息，网站主要由以下三个部分组成。

（1）Job Search Workshop（找工作的研讨会）。里面是一些关于找工作的讲座，比如某某时间、某个地点有关于如何写简历的讲座。这些讲座主要是为了帮助学生在面试时做好更充分的准备。

（2）Resume Reviews（简历的修订）。这里主要是为学生提供合适的环境去提高、修改、润色学生的简历，针对学生的简历提出切实的意见，让简历趋于完美。

（3）Mock Interviews（一种模拟招聘会）。这种招聘会以真实招聘会为背景，需要学生认真对待。学生如正规面试一样，携带简历，穿正式职业服装。在面试前有些小提示，如保持安静、手机需关机，要学生学会用眼睛与招聘人交流，不要出现胆怯的想法。这种模拟招聘会由学校组织，仿真现实招聘会给学生提供一个平台去发现自己在面试过程中的不足，积累更多经验。

虽然中国的大学（如暨南大学等）也有类似的模拟招聘会，但由于是学生社团组织的，宣传力度不够，参与率也较低。

7. 专门帮助就业的机构不同

美国有许多帮助大学生就业的非营利性机构，每个学校也有专门的就业部门，如果学生在就业方面遇到困难，随时可以去咨询。学校的网站也提供不少的就业信息，不仅仅是全职的，兼职岗位也很多。在美国的非营利性就业组织中，以全美高校和雇主协会最为著名，其会员包括800多家高校和1 900多家用人单位，每年为100多万大学生和毕业生提供就业服务。该协会的宗旨是帮助学生选择并获得满意的工作，帮助雇主制订有效的人员招聘计划并提供优秀人选。该协会还出版期刊，对就业市场的现状、发展趋势以及求职和招聘过程中遇到的法律问题等进行调查和分析。美国的校园里也有招聘会，不过规模比较小，以各系为主举办，一次只来几家企业，这样便于供求双方细细切磋。

当前，中国政府高度重视就业工作，助推大学生就业力度空前。由教育部、人力资源和社会保障部共同主办了2009年高校毕业生就业政策网上咨询，全国大型网络招聘活动已举办

10余场，最高日点击量达1 100多万人次。各省级高校毕业生就业工作部门和普通高等学校共同为2009届高校毕业生举办招聘活动已达6.3万余场次，出台建立了就业创业见习基地、实施国企人才储备计划、鼓励高校毕业生参加志愿服务"西部计划"等措施，为大学生就业搭建了众多平台。但就业供求信息不对称问题依然突出，需要打造全天候、多功能、广覆盖、高效率的就业公共服务平台。

8. 曲线就业——创业

大学生自主创业不仅能缓解社会就业的压力，而且也有利于促进社会经济的发展。引导毕业生走自主创业之路，既是就业形势的现实需要，也是大学毕业生实现自身价值的内在要求。美国大学有关于如何创业的专业，系统地教学生如何创业。美国政府也对大学生创业提供一定数额的贷款，鼓励学生创业。中国高校应把对创业型人才的培养逐步纳入学校人才培养的主渠道。社会各界应整合资源、创新机制、加大力度，培养、训练学生的创业意识，培育创业的氛围、优化创业环境，指导和帮助大学生逐步走上自主创业的道路，开辟大学生就业新途径。

（资料来源：连云港人才热线。）

三、用人单位招聘录用程序

用人单位根据国家就业政策和规定自主选择毕业生。用人单位的招聘程序是一套完整的科学过程，一般而言，用人单位的招聘录用有以下几步，根据企业的具体情况有所变化。

1. 确定需求和招聘计划

用人单位根据自身的建设和发展状况，确定当年需要招聘毕业生的岗位、人数和条件等，同时将根据要求制订详尽的招聘计划。为了确保在适当的时候，为适当的职位配备适当数量和类型的人员，用人单位的管理部门通常都要制定年度（或周期更长的）人力资源规划。通过这个规划，用人单位将其组织发展目标转化为需要通过哪些人来实现这个目标。在做规划前，通常由人力资源管理部门组织，其他生产、职能部门参与，对其现有的人力资源情况做一个科学的评价。根据这个评价，人力资源管理部门可以知道目前人力资源的短缺程度，包括数量和结构两个方面。

2. 发布就业信息

用人单位在确定了需求后会及时向外界发布信息，传递给大学生。其主要渠道有以下几种。

① 向政府教育主管部门所属高校毕业生就业指导中心登记。
② 向高校毕业生就业工作部门登记。
③ 在自己的网站上发布信息，供学生上网浏览。
④ 通过电视、报纸、广播等媒体发布需求信息。

3. 举行单位说明会

为在大学生中进行广泛宣传，一些用人单位（主要是企业单位）还会到学校举办单位说明会，介绍单位的发展建设情况、人才需求情况及发展机遇、用人制度及企业文化等，并回答大学生关心的各种问题。单位说明会是大学生全面了解招聘单位的好机会。

4. 收集生源信息

用人单位要招聘到优秀大学生，需要广泛收集学生信息。收集学生信息的主要渠道有以下几种。

① 从政府教育主管部门所属高校毕业生就业指导中心及学校就业工作部门获取学生信息。

② 参加供需洽谈会（招聘会或就业市场）收集学生信息。

③ 在网站上收集学生信息。

④ 通过学生的自荐获取学生信息。

⑤ 有的学生通过报纸杂志等媒体刊登的"求职广告"，也是用人单位获取学生信息的渠道之一。

5. 分析生源资料

对收集的学生信息进行分析处理，初选出符合自己条件的学生，以便进行下一轮筛选。一般而言，用人单位对学生分析的内容包括性别、专业、知识水平、综合能力及素质。

6. 组织笔试

为了考核学生是否具有在本单位工作所需的基本知识、能力和素质，一些用人单位以笔试的形式选拔学生。笔试的时间、地点、出题范围，用人单位会提前通知。

7. 组织面试

面试是许多用人单位考核学生综合素质的最后一关。有的用人单位还要组织几次面试，每次面试参加人员及考核的侧重点是不相同的。

一般而言，有经验的用人单位招聘人员不会故意提一些很难、很偏的问题，而是会创造一种较为宽松的氛围，与求职者进行双向沟通与交流，从中发现求职者的兴趣、特长，以及他所愿意从事的工作等。

8. 签订协议

签订《就业协议书》。有些用人单位还要与毕业生签订劳动合同，明确双方的责、权、利。

9. 上岗培训

每一个用人单位对新员工都有一套培训计划。培训的内容因用人单位而异，但其目的都是相同的，即通过培训，让你明确单位的创业精神、规章制度和企业文化，让你掌握成为一名称职工作人员的知识和技能，以便尽快适应新的工作和生活环境。

以上就是一份比较完整的招聘过程，在实际的招聘过程中可能不会如此规范，尤其对中小公司而言，如因为业务的拓展而增加的新职位不可能在年初的人力资源管理规划中体现出来。用人单位的招聘流程如图 6-2 所示。

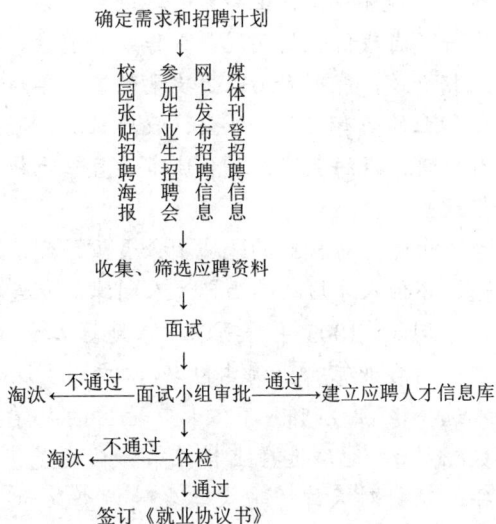

图 6-2 用人单位的招聘流程

拓展阅读

大学生择业趋势解读：追求实利关注自我发展

择业观是职业价值观的重要组成部分，对大学生的择业行为有着重要的影响。以 1985 年中央颁布的《关于教育体制改革的决定》为标志，我国大学生的就业制度从计划经济的统包统配开始转向市场经济的自主择业、双向选择，至今已走过了 30 年的历程。在大学生就业压力有增无减的今天，很多人认为大学生的择业观也是造成其就业难的原因之一。那么，大学生的择业观具有什么样的特点？在长达 30 年的历史发展阶段，不同年代大学生的择业观有没有明显的变化？如果说大学生的择业观有偏差的话，又该怎样调整这种偏差？

（1）当代大学生的择业观：追求实利、关注自我发展、趋高拒低、随机灵活。

为了能够比较准确回答上述问题，揭示当代大学生的择业观，我们采用文献分析的方法，在中国期刊全文数据库中以大学生择业观调查为主题搜寻 1980 年至今公开发表的有关大学生择业观的调查报告，查得 69 篇文献。通过进一步调查筛选，查找具有同质性、可比较性的文献，最终确定 24 篇作为研究样本。在文献搜寻中发现，20 世纪 80 年代初到 90 年代初的这方面调查报告很少。1994 年之后这方面的调查多了起来，所以选取的报告主要从 1994 年开始。这 24 篇文献调查的地域广泛，涉及京、沪、粤、浙、豫、皖等地；学科齐全，涉及文、理、农、医、工等学科；样本数量大，发放问卷的数量近 5 万份，回收率平均在 85% 以上，调查结果具有比较好的可信度和代表性。

从以上内容可以看出 20 世纪 90 年代以来大学生的择业观念相对稳定，比较一致，大学生所在地域、学校、所学专业及性别等对大学生择业观的影响并不显著。大学生选择职业时优先考虑的因素主要有两大类，物质因素首当其冲，如经济收入、物质待遇、工资福利、报酬、工作环境，甚至离家的远近等；第二类因素为个人职业发展因素，如个人兴趣、专长的发挥、自我价值的实现、工作发展前景、单位前景、晋升机会、发展机会、社会地位等。与此相一致，能够满足以上要素的工作单位和地域就成为大学生的最爱：大型国企，特别是垄断行业的国有企业、外企、政府机关、事业单位，这些单位因收入高、地位高而被大学生情有独钟；沿海城市、省会城市、直辖市机会多、空间大、经济条件好而被各地大学生一厢情愿地热恋。

大学生对就业的地域十分看重，到北京，去上海，下广州、深圳成为大多数大学生的首选，不但人才短缺的西部无人问津，就连中部的大中城市也很少进入大学生的第一视野。

例如，2003 年一项以北京地区本科生为调查对象的研究显示：有 74.8% 的大学毕业生首选留在北京，上海占 9.4%，广州、深圳占 5.9%，而西部大中城市在 2 290 人中只有 31 人选择，占 0.6%。不仅北京地区的大学生如此，1999 年一项针对西部地区大学生的调查数据显示，地域选择上排在第一位的是东南沿海占 57.5%，几乎没有人愿意留在西部；2002 年一项针对天津等地大学生的调查显示，100% 的被调查者回答最希望到京津沪渝等大城市就业，没有一人愿意到小城镇和农村地区。那么，他们是否愿意到中小企业去呢？75% 的被调查者不容置疑地回答"不愿意"，20% 的人回答"没想好"，只有 5% 的人表示可以考虑。

上述调查说明，选择不是个别地区的现象，而是大学生的群体性选择。由此我们概括出大学生择业观的特点：追求实利、关注自我发展、趋高拒低、随机灵活。

（2）"自主择业，双向选择"等分配制度的改革，不仅对大学生的价值观带来极大挑战，也对择业观产生重要影响。现在，人们经常喜欢用 20 世纪五六十年代大学生"我是一块砖，东西南北任党搬""一颗红心，两种准备"的价值理念来观照当代大学生的择业观，感叹大学生自我牺牲精神的消失；也喜欢用七八十年代大学生"到农村去、到边疆去、到祖国最需要的地方去"的理想主义激情反思当代大学生社会责任感的缺失。当然，这些批评并非没有道理，可也有失偏颇。现在，我们需要深入分析探讨当代大学生择业观形成的社会原因。

从新中国建立，直至 20 世纪 80 年代初，大学生是典型的天之骄子，不仅上学费用由国家承担，而且毕业后可以由国家分配当干部。"进了大学门儿，就是国家的人儿"，端的不仅是铁饭碗，走的还是节节高的仕途。按照社会交换理论，既然我的一切是国家给的，所以我的一切可以由国家来安排，既然我是天之骄子，也理应成为社会栋梁。这是一种合情合理的国家和大学生个人之间的相互心理预期。

另外，新中国成立以来的理想主义、共产主义教育，也渗透到当时大学生的血液中，服从和奉献是大学生价值观的主旋律，而这种主旋律得以弘扬的心理基础之一是国家为大学生的付出。1985 年开始，大学生的分配制度开始向"自主择业，双向选择"过渡，由此对人们的价值观念带来极大的挑战，上大学不等于进了就业保险箱，大学生也要接受市场的选择。这一观念还没有被大学生完全消化和接受，收费制度改革和招生并轨制度又开始实施。1988 年以前在我国上大学基本上是免费的；1989 年开始象征性地收费；1990 年有了少量的自费生；1997 年开始全面自费，学费也不断上涨。这意味着免费上大学的时代彻底终结。从此，个人的人力资本投资完全由家庭和个人承担，更严峻的是大学毕业即使找到了工作，住房、交通等等这些过去就业单位提供的福利项目也早已销声匿迹了，一切都要自己解决。生存的需要成了大学生最迫切、最直接的需要。

需要是人们内心体验到的某种重要事物的匮乏和不足，是渴望获取的一种心理状态。按照马斯洛的需求层次理论，从低到高组成一个需求层次体系：生存需求、安全需求、归属需求、尊重需求及自我实现的需求。生存需求解决的是一个人衣食住行的物质需要，它是基础的需要，因此大学生把物质因素放在择业的首位，追求高薪的工作，以便在短期内取得投资回报也是情理之中，势在必然。相反，绝大多数大学生并没有仅停留在物质层面上，他们自我实现的需求也很强烈，因此他们关注发挥才干、个人兴趣、发展机会。

尊重大学生的择业观，从适当物质激励、提供事业发展空间等制定出相应政策，因势利导，化解各种矛盾，需要引发动机，动机是一种行动的意图和驱动力，它推动人们采取某种行动，表现出某种行为。大学生对物质利益的需求一定会导致其追求利益的行为，在择业问题上就表现为对大城市、高薪工作的热衷和迷恋。我国经济的发展极不平衡，广大的农村和西部地区是人才极度匮乏的地区，急需智力投入和支持，但由于其经济落后，能够为人才提供的回报贫乏，吸引不住人才。而大学生云集在大城市，僧多粥少抢饭吃，这是一个尖锐的矛盾。

那么，如何吸引大学生到艰苦的地方去呢？仅靠政治动员和道德教育是于事无补的。重要的是要尊重大学生的择业观，根据其择业观的特点制定相应的政策，从适当的物质激励和事业发展空间的提供对大学生的就业行为进行引导是最明智也最容易奏效的选择。

事实上，我们国家已经开始了这方面的工作。例如，广东省 2006 年首批招收 150 名免试研究生，到 16 个贫困县支教 5 年，同时完成研究生课程，学费全免；财政部、教育部 2006 年 9 月联合发出《高等学校毕业生国家助学贷款代偿资助暂行办法》，决定对中央部门所属全日制普通高校应届毕业生自愿到西部地区和艰苦边远地区基层单位工作，服务期达到 3 年或 3 年以上的学生，其在校学习期间的国家助学贷款本金及其全部偿还之前产生的利息，由中央财政代为偿还。

在北京，2 000 多名高校应届毕业生到京郊农村担任村干部。根据北京市有关部门的规定，入选大学生将与乡镇签订为期 3 年的劳动合同，其中非北京生源北京高校毕业生，聘用两年连续考核合格者，经北京市人事局批准，可转为北京户口。工作满两年考研加 10 分。这些政策之所以能奏效，就在于它为大学生的择业动机提供了符合他们期望的诱因。一项调查结果显示，在接受调查的 2 000 余名城乡居民中，44.7 % 的人表示愿意让自己的大学生子女到农村当村干部。"这样可以让孩子在农村得到锻炼，可以学到更多的东西。"

（资料来源：http://www.360doc.com/content/07/0110/19/15540_325531.shtml）

第二节　面　试　策　划

一、面试策划的含义

1. 面试的含义

面试简单理解即面谈加口试，是指招聘者与应聘者在特定的场景下，面对面地观察、交谈，并对应聘者素质特征、能力、求职动机、工作态度以及业余爱好等进行了解、判断和甄别的方式。

2. 面试的过程

面试过程是大学生内在素质与外显行为的整个动态系统最佳的展现过程。如今的面试已突破传统意义上的面对面双向沟通，形式上引入了演讲、角色扮演、案例分析、无领导小组讨论等情境面试；内容上发展到在言谈举止、知识面基础上拓展到思维力、反应力、意志力、进取心等全方位的测评。

3. 面试策划的意义

面试策划是指围绕求职目标，面临求职面试现场所做的心理、行为准备，现场应对、自我推销的过程、细节的研究设计。面试策划的意义如下。

首先，面试是招聘者对大学生初步筛选后认为值得进一步了解的选拔，因此，必须高度重视每一次面试，即使失败也是为下一次成功做铺垫。

其次，要练习一些应聘技巧也要不迷信技巧。求职现场没有灵丹妙药，一些冠冕堂皇名义上的高招，僵化地模仿也可能导致"东施效颦"的后果。

最后，面试策划主要是使自己进入一种积极状态，因为有所准备产生心态平和的效果，临场表现能够稳定发挥，考官不完全满意属于正常。

面试案例借鉴

下面这些"奇葩"的面试经历你是否曾经有过？而哪些细节又可能影响你的面试成败呢？来吧，英雄！这就和"奇葩"面试官过两招。

奇葩经历：坐在第一排被录用了

小付是快要毕业的大学生，得知一家电缆厂在招销售人员，认真准备了简历小付来到了面试现场。"那次面试是在一个大教室，来了很多人，但同学们进教室后都选择离讲台较远一些的后排坐下了，随后就开始和旁边的同学或者与自己一起来的同学聊了起来。"小付回忆说。这时前排空荡荡地，而对于平时就喜欢坐在第一排听课的小付来说，在这样的场合要勇敢坐到第一排也算是个挑战，但她还是决定坐到第一排去。理由很简单："这样面试老师提出的问题我能听的清楚些。"此时的教室"坐阵"形成了两个极端，第一排一个人，后面直到第四排才开始有同学坐并且也没坐满。

正当大家都在窃窃私语等待面试开始时，面试官说话了，"第一排这位同学，你被录取了。"这让大家都感到有些惊讶甚至不解。

录取理由：宣布录取之后，面试官告诉现场的同学，求职者的积极性非常重要，尤其是销售岗位的人员，更应该主动接近我们的目标客户，在面试现场，我们就是求职者的目标客户。就这样，小付顺利进入了这家公司。

奇葩经历：没打电话问路被录取

"我印象最深的一次面试是那次在离市区较远的一家公司，他们要招的是文秘。"说起那次面试经历，当时还是待业青年的小谭感触颇深。

面试地点被安排在公司的会议室，而要从市区顺利并按时去到那家郊区的公司，这对本就不是本地人的小谭来说已是第一道面试问题了。由于平时面试不多，而且对这家公司也不够了解，小谭开始搜集公司的一些信息，当然包括如何从住所去到公司这个当前亟需解决的问题。

对线路有了清楚的把握后，小谭胸有成竹开始了这次陌生而又熟悉的求职长征。值得庆幸的是，在公司规定的时间内，小谭顺利抵达了公司指定的面试地点，虽然也是提前到，但会议室也已经有两个人了。

正当小谭气喘吁吁站到面试官面前时，面试官的一句话让她一下子平静了下来。"你是唯一一个没有打电话问我们路线的同学，你被录取了。"

录取理由：公司虽然离市区确实有些远，但考生能自己一个人找到并且提前到面试现场，足以说明你对这次面试的重视，而作为一名文秘，有较强的思考能力和对公司积极了解的主动性是非常重要的，面试官补充说道。

当然在面试中也很有可能因为一个小动作，一句脱口而出的话，都有可能让你与心仪的工作失之交臂。因为在这些细节后面，面试官看到了你对这份工作的态度。

失败乃成功之母，现在让我们来看看下面面试失败的案例，或者能对正在找工作的你有所帮助。

惨痛经历（一） 说错一句话我失掉第一局

小七，女，24岁专业：会计

那时我接到了一家知名的高薪企业的面试通知。这让我既高兴又紧张，因为我从来没有面试的经验。我在图书馆里泡了好几个晚上，啃《面试轻松过关》《面试宝典》之类的书，看得头昏脑胀。

真正面试的那一天终于来到了。我走进考场后才发觉，与我一同面试的其他五个人都是男生。考场是一个很小的会议室，中间是一张圆桌。考官坐在圆桌一边，我们几个人坐在另外一边。服务员拿来六杯水，其他几个男生直接拿起自己面前的水杯就开始喝。我一转念，不对啊，几个考官都还没有水喝呢，我们怎么可以抢先呢?于是很有礼貌地把杯子递给离我最近的一个考官。

"还是女孩子心细啊。"坐在中间的一位考官说，另几个正在喝水的男生立刻窘住了，面面相觑。我暗暗自得，不忘对考官们露出谦逊的微笑。

几位考官介绍了公司运营方面的具体情况，也聊了聊我们的专业和对公司的想法。由于刚才的"喝水事件"，另外几个男生都比较拘谨，反倒是我和考官们谈笑自如。这时，坐在正中央的主考官突然问我一个意想不到的问题："你的简历上写着会跳舞，你会跳哪种舞呢?"我立刻懵了。小时候我的确学过一点舞蹈，后来就没再进行过舞蹈训练。要是说实话，多丢面子啊。于是我就扯个谎说会跳新疆舞，说完之后就觉得脸有些发热。谁知考官要求我随便摆个姿势看看。我窘极了，从头到脚都无所适从，只好站起来原地转了个圈。

好不容易面试结束，考官们走出会议室讨论了一下，把我叫了出去。

"根据你的性格特点，我们想把你安排在外事部门，不过户口方面可能还需要再争取。"

听到这句话，我愣住了："你们不是答应可以解决吗?"后半句被我吞进了肚子，我的感觉越来越不妙。要是户口解决不了，我也许根本就不会来应聘……我左思右想，轻轻咬着下唇说："要不，我跟爸爸妈妈商量一下。"

主考官也突然愣了一下，我马上意识到，自己似乎说错了什么。

"好吧。"他微笑着说，"不过要记得，以后你参加面试的时候，不要说'和爸爸妈妈商量'的话，因为这样会显得你没有主见，明白吗?"

我抬头看了看他的眼睛，他眼里满是真诚。我意识到，我错失这个机会了。

惨痛经历（二）要把小动作留在面试场外

李×，女，24岁专业：法律本科面试岗位：文秘

都说现在工作难找，招聘信息铺天盖地，好岗位却是大海捞针，所以我一开始就把目标定得很低，没想到这也会失败。大学读的是法律，又有两年医药工作的经验，应该说我的资本还是有一点的，去应聘一个文秘的岗位，总觉得是十拿九稳的事情，也就没把别的竞争者放在心上。

面试当天我把自己的简历熟悉了一遍，也没怎么准备就去了。到了现场一看，已经有几个应聘者在了，看样子都经过一番细心打扮，一个个嘴里念念有词，显然是在温习。看他们那个认真劲儿，我有了竞争的真实感。面试官有两位，看上去都非常严肃，被他们眼睛一盯，我就慌了神，头不由自主地低了下去，事先准备的说辞全忘了，脑子里一片空白。这时候比

较年长的面试官让我作自我介绍，我几乎把自己的简历记得的都背了一遍，语调就像一根直线，声音也发虚，手又习惯性地去摸头发，一说完我就知道，这回完了。

另一个面试官问我，应聘这个岗位的优势在哪里。这本来是个好机会，只要我把自己的特长、经验说清楚，胜出的概率还是很大的。可偏偏一紧张，平时的那些小动作全出来了，一会儿摸摸头发、一会儿摸摸耳朵，擦鼻子……我都不知道手该往哪儿摆，两位面试官看着我直皱眉头，问了两个问题就叫我出去了。（责任编辑：）

惨痛经历（三）要给别人说话的机会

叶*，男，25岁专业：国际贸易应聘岗位：营销企划

有一句话说：把自己当成珍珠，时时害怕被埋没的痛苦。我想我就是那种把自己当成珍珠的人。毕业快一年了，简历投了不知道多少，可到现在工作还在天上飞着呢。昨天一个朋友好好给我上了一课，说我太爱表现，太咄咄逼人，虽然当他面我没承认，不过自己想想确实是那么回事。

不久前我去一家知名公司应聘，这是我经历的最正规的一场招聘，据说投简历的有数百人，最后跟我一起杀进面试的有30多人。虽然处在高手云集的环境当中，但这么一路过五关斩六将，我自我感觉非常良好，这份工作我是志在必得。

不知道是过于自信，还是过于紧张，面试的当天我居然睡过了头，幸好我排在中间偏后的位置。可是迟到毕竟影响了状态，还没轮到我呢，自己就紧张起来了。

当时我们被分成三人一组回答面试官的问题，而且为了避免泄露考题，面试的人进去了以后就不能出来。当我走进面试的会议室，里面已经站满了人，而且看上去都很自信，我觉得要脱颖而出必须表现得更积极。所以在回答问题的时候，我总是抢在别人前面，比别人多说两句。

我记得很清楚，当时面试官问：如果你的同事中有那种不那么好沟通的人，你怎么办？别人还没有说话，我就抢着回答：最重要的是工作，每个人都有自己的个性，不需要去勉强。整个面试下来，有2/3的问题都是我回答的，而且越说越顺根本忘了要收敛，看得出来另外两个组员不太高兴，但是我想面试本来就是表现自己的机会，就没在意。

结果一个星期后我收到通知，被客气地告知不需要参加复试了。因为公司觉得我不注重团体合作精神，太急于表现自己，不是他们需要的人才。

惨痛经历（四）不知天高地厚害了我

边奇：男，28岁专业：文科面试岗位：编辑

5年前，我信心十足地参加过一家大公司的招聘，结果却以意想不到的失败告终。现在，作为公司的一名人事主管，我时常参与招聘新人的活动。通过一个招聘者的眼光，我得以清楚地认识自己当年的失败。

我是文科毕业生，读书时就曾任校刊的副主编，同时在不少杂志上写稿，应该说对采编业务非常熟悉。我认为自己去应聘一家内刊的编辑有十拿九稳的把握。没想到，不知天高地厚的自负害了我。

那个内刊隶属于一家国际知名的大公司。说实话，我当时是看中了这家公司的知名度，并考虑到自己在其他方面的发展前景才去应聘的，从内心里对内刊编辑的位子多少有些不屑，

认为自己当个不对外发行刊物的编辑绰绰有余。所以，也就没对面试进行过多准备。

没想到的是，这样一个在我看来并不起眼的职位，却引来了许多应聘者，而且显然，大家都有备而来，手里拿着包装得非常漂亮的个人材料。相比之下，我的材料就显得很黯淡——但我只是担心了"一下"，是金子就会发光，我的实力是很明显的，我这么想。

面试开始，十几位面试者坐在环形桌前，先填写一份问卷，回答一些"你对本公司了解多少、个人有什么爱好、将来有什么打算"之类的问题。我觉得这张问卷一点儿也不显示专业水平，于是迅速作答，然后东张西望，看着那些略显紧张的其他应聘者。

问卷全部交上之后，主考官走了进来，同我们开始一场集体谈话。先是每个人自我介绍。不少人很详细地说明自己的姓名、籍贯、专业、特长、得过什么奖、参加过什么活动之类的，这在我看来，全是些没有什么新意的按部就班，而我别出心裁的个人介绍也确实赢来了考官关注的目光。我暗自得意。

接下来是回答提问。这时候，我发现自己犯了一个错误，没有很认真地了解公司情况。我所知道的只是一般大众都知道的该公司的形象。对于公司的业务领域、特别是一些技术进步方面的问题，我知之甚少，而这也绝不是一个文科生的特长。这时候，那些理科学生的优势凸现出来，他们表现活跃，而我有点插不上嘴。好不容易等到考官问有关杂志编辑的专业知识，我一下子逮住了机会，滔滔不绝起来。我看到考官很注意地在听，我想，自己应该能通过考试吧（责任编辑）！

可惜，我满怀希望等来的却是未被录取的消息，更让我受打击的是我得知公司录取了一个工科专业女生，我当时第一反应就是：主考官太没水准！

在我情绪低落之时，班主任和我谈了一次话。原来，他和给我们面试的主考官是大学同学。主考官告诉他：我未被录取的理由不是业务素质、个人能力不行，而是我不合适他们招聘的职位。他们认为，以我的个性和自我期望值，不会踏踏实实安心于本职工作。而且，我与他人的合作精神似乎也欠佳。

老师的话让我顿悟，而在这之前，我把面试失败的责任完全归罪于考官。在下一次的面试时，我吸取教训，认真准备，不再掉以轻心，被顺利录用。

4. 面试的内容

1）外在形象

外在形象主要是指仪表风度。一般认为仪表端庄、衣着整洁、举止文明的人，能够被联想是"做事有规律，注重自我约束，责任心强"的人。而片面追求时尚、打扮异常或衣冠不整都会在招聘者心中留下对己不利的印象。

2）知识与经验

（1）专业理论知识。面试中对专业知识的考察更具有灵活性，尤其对一些重要的或空缺的岗位，更关注其专业知识是否能符合职位的要求。

（2）工作实践经验。大学生一般不具备成熟的工作经验，这一点招聘单位是清楚的，招聘者对这方面的要求主要是通过求职者参加教学外的各种活动过程来了解其责任感、主动性、思维力、应变力等。

3）能力测试

（1）口头表达能力。笔试优秀者并不意味着口头表达能力也强，在面试中可以考察应聘者是否能将自己的思想、观点、意见顺畅地表达出来，考察其表达的逻辑性、准确性、感染力等，尤其对语言表达有特殊要求的工作岗位，应聘的大学生需下功夫准备。

（2）反应能力。主要看应聘者对所提的问题的理解是否准确贴切，回答的迅速性、准确性等。

（3）交际能力。了解应聘者的人际交往倾向和与人相处的技巧。

（4）自我控制力。考察应聘者受到不公、误解情况下的自我克制和工作的耐心。

4）个性测试

（1）工作态度。通过对应聘者过去学习态度的考察，推测其在新的工作岗位上的工作态度。

（2）求职动机。了解应聘者的应聘动机，判断本单位的条件能否满足其期望。

（3）业余爱好。了解应聘者的爱好是否有益于工作岗位的工作。

面试有其优势，招聘者可以通过连续发问及时弄清应聘者在回答中表述不清的问题，从而提高考察的深度和准确度，并减少作弊的可能性，了解应聘者的气质、风度、情绪的稳定性、工作态度及应变能力。

面试也有不足之处，每次面试对应聘者提出的问题不多，由于"取样"较少，对每个应聘者的评价不可能完全准确。另外，招聘者的主观因素、耗费时间较多因素，也说明面试不是十全十美的方式。

二、面试前的准备

（一）面试前的综合分析

1. 基本情况的掌握

（1）了解应聘单位。是否了解应聘单位，是目前大学生求职的障碍，即便找到了工作，也会有一个很长的适应过程。在目前就业竞争异常激烈的状态下，信息非常重要，缺乏对应聘单位的了解，会在面试中陷入被动。

分析衔接 ///

面试中有一个重要的评价要素，就是求职动机。如果询问到类似这样的问题：你对我们单位了解吗？你为什么来应聘？你对你要应聘的职位了解吗？假如你被录用后，你将如何展开你的工作？对于这类问题，如果你对应聘单位一无所知，回答就可能不着边际。

据调查，目前大多数大学生最关注的信息是求职的公司的待遇如何，并不了解自己想进入的公司的发展前景、用人制度、企业文化、人际关系等，这必然造成大学生对即将迈出的人生第一步没有具体目标，只有模糊认识。

面试前可以通过因特网、社会咨询公司，通过熟人、朋友或自己去应聘单位实习等不同途径对应聘公司进行了解。通过对应聘单位和工作岗位进行调研，会减少回答问题的盲目性，减少片面理解仓促求职后的懊悔。

目前用人公司喜欢了解公司的大学生，其原因是了解公司的人才能把握公司的需求，最终会有效地为公司创造价值。而那些只凭"大概想象"甚至"不清楚公司"的大学生，极易被认为并不是真心选择本公司。

（2）了解应聘面试者。人才市场求职的面试者多是经历过求职材料审核淘汰的"幸存者"，一般情况下，难以互相了解。可以在面试现场，通过观察、交谈获得一些信息；也可以在一些特殊的面试场合（众人一起面试），通过细节表现快速判断，获得有价值的信息，及时调整自己。

如果是校内面试，应该充分掌握一起面试人的个性、能力、准备情况等，注意扬长避短、发挥自己的优势，必要时有针对性地做面试行为预演。尤其是所了解到的面试者求职心态、欲望是否与社会用人单位需求相矛盾，有准备地提示自己不要产生类似的行为表现。

2. 分析招聘者

面试作为双向的沟通交流，是彼此传达引发对方的态度、情感、想法、希望的过程。在面试中，大学生并非完全处于被动状态，可以通过招聘者的行为判定其态度偏好、判断标准、满意度等来适当调整自己的行为。分析招聘者要明确以下几点。

（1）招聘者也是普通人。初次求职的大学生参加面试，大多数都带有一种忐忑不安的心理。一方面是对考场和考官有一种莫名其妙的怯意，觉得他有点高深莫测；另一方面是过于看重结果，担心面试不过关而前功尽弃。其实面试者也是普通人，在某些方面可能精练擅长，有些方面也可能存在不足，不要将招聘者神秘化和理想化。他们也有情绪（情感），也有不同的个性心理特征，对大学生回答的问题及行为表现的反应，也受其主观特征的影响。

（2）招聘者性格会充分体现。有的招聘者性格开朗、平易近人，可以消除或缓解应聘大学生的紧张和焦虑情绪；有的招聘者幽默风趣、热情友善，可以通过拉近彼此距离的话题，使应聘大学生心态放松。但是，也有的招聘者是性格内向、不善言谈；性情冷漠、不苟言笑；孤高自傲、目中无人；甚至刁钻古怪、别出心裁。如果遇到此类招聘者，无形中又增加了一些对大学生的考验。

（3）任何情况冷静对待。有的招聘者不顾及大学生初涉招聘现场的心理，上来横挑鼻子竖挑眼，提出刁钻古怪的问题，也许是考察应试人的应变力、情绪自控力，也许是装腔作势、追求虚荣心，无论何种情况，首先都要冷静，语调保持客气，内容要坚定有力。如果工作岗位对应变力、情绪自控力有重点要求，这是测试内容；如果不是岗位的特殊要求，大学生也要先满足他们的虚荣心，顺其意而为之，对招聘考官表现出尊重，是面试获得成功的必要条件。

（4）改变自己是唯一选择。也许碰到的考官不是自己所喜欢的人，也许考官真的有些刁难你，此时，你的权利不是评价考官，而是只能改变自己，因为来此的目的是应聘成功。不管对方是不是"伯乐"，大学生必须保证让自己能给招聘方留下好印象，获取他们的赞许。不能因为现实中存在一些不科学、不公正的社会现象就悲观失望，那样受损害的只能是自己。

（5）决策者也能隐名出现。有些招聘方的决策人以无关紧要的小人物身份出现在招聘现场，以旁观者的目光检验回答问题之外应聘者的行为，所以，进入面试现场前，面试已经发生，退出面试现场后，面试依然在继续。对于这一点每个应聘的大学生要做好思想准备，不要忘乎所以。

离开考场马上表现出不拘小节的行为，会被场外人员看见，在心中形成强烈反差，印象会一落千丈。

某高校在应聘训练中曾引用一个董事长以助理身份到面试现场的例子，教育学生要注意在应聘现场每一个言谈举止都可能与面试求职相关。有个女生不以为然，在进入应聘现场前，看到一个男士在人群中观看，时而用漂亮的手机接打电话，就嘟囔一句"显示什么，不就是有个好手机吗，转来转去的。"当初审合格进入复试面试现场时，非常巧合地发现考官正是当时的男士——公司的总经理，如果当时不是小声嘟囔，完全有可能造成不必要的失误。

3. 预想可能的发问

预先设想发问，目的是防止进入面试现场产生心里紧张，出现不该发生的失误。或者对有些难以回答的问题进行假设式的练习，做到有备无患。

（1）个人简介。面试时应聘者的简历已在考官手中，有的考官为了缓和紧张，可能让应聘者先简要介绍一下个人简历和家庭情况，借机也考验了应聘者的语言表达能力。虽然这是一个放松心态的机会，个人简介又是自己最熟悉的问题，但是不注意也可能失误。

在组织应聘训练时，老师为了缓解紧张，请学生先做自我介绍。一个男生在自我介绍时说：我叫某某某，男，23岁……显然背书式回答会引起别人的发笑和自己的尴尬。因为男生介绍自己的性别是多此一举。

在真实应聘现场，招聘者如果笑了，应聘者会紧张；如果招聘者没笑，应聘者自己感觉错了，也会产生自我干扰的心理暗示。

（2）实践经历。招聘者可能围绕应聘者的培训经历、工作经历发问，考察其是否有出色完成工作的技术背景和实力。

（3）验证简历内容。招聘者可能寻求一些事迹来证明应聘者简历所述内容，进一步了解应聘者的能力与天赋。

（4）考验能力。招聘者可能突然问出措手不及的问题，以检验应聘者的反应能力。

问一些诸如"在同等条件下，你的同事被提升为你的上级，你将如何对待？""在工作中，莫名其妙地受到上级批评时，你将如何对待？"等，以检验你的情绪控制力。

问一些能否认真倾听别人意见，与不同的人如何合作，发现矛盾如何解决的方法和实例，以证明人际交往能力。

问及目前社会存在的问题，考察综合分析的能力。

问一些趣味问题，检验思维能力。

（5）探知心态、欲望、办事风格。招聘者可能问及你为何会喜欢这类工作、为何选择本公司、近五年内想去哪里、职业会往哪些方面发展等，探知你的工作态度、求职目标、对公司的忠诚度、对事业的追求的程度大小等。

探知你薪水收入期望值，考察工资待遇是否满足你的要求。

问如果出现问题你是召集有关人员开会讨论还是自己解决，如何解决，以检验你的领导才能和风格。

通过预想可能的发问，研究用人单位的需求，写出文字答案，记忆后进行几次练习，对面试很有帮助。

4. 注意细小环节

（1）提前 15 分钟到现场的好处。面试时准时到达实质上是迟到，因为你取消了准备、放松、意外防范的时间。面试前有时有一些填表格及申请一类的事宜，现场还可以收集有价值的信息，可以通过观察别人以后，在暗中进行面试排练和相应调整。提前到达还可以放松自己，越见到他人紧张越应放松自己，增强自信心。提前到达也是留出交通堵塞或误车等意外的防范时间。

（2）带手绢的好处。如果自己紧张出汗可以用上，防止用手擦汗的狼狈。如果自己或考官打翻水杯可以用上，显示出做事细心有准备。

（3）多带一份简历的好处。面试前简历已经被公司留下，一旦面试中引起对方的浓厚兴趣，而考官不只一人的情况下，及时送上一份简历，可以帮助考官在最短时间内了解你。

（4）对考务人员热情的好处。面试时常先与考务工作人员接触，可能会遇到个别素质较低的考务工作人员，表情木然、神态冷漠、板着面孔，推开考场的门就把你放进去了；也可能遇到个别粗鲁的考务工作人员，大声点你的名字，不耐烦地扫你一眼，或念错你的名字引起周围哄笑，使你很窝火；还有可能招聘单位的真正负责人"低调出场"，混同在人群中，观察应聘者私下的行为表现。此时此刻，对素质低的考官不能表现出厌烦、憎恨的情绪，而且要对他们的"服务"表示诚恳的感谢。如果此情此景被考官发现或被人群中的暗访者看到，你的善于忍让，不计较小事，"海纳百川的心胸"和善于自控情绪的表现，将展示出个人素质水平较高，会大大提高自己在面试中胜算的把握。对考务人员表现出热情不仅体现了君子风度，也是放松心理的过程。面试结束时没忘记对考务人员致谢，本身用行为回答了你的修养水平，可以得到印象加分。反之，考务人员事后谈出你的真实表现是行为粗鲁、态度傲慢，再出色的答辩也会让考官有一种上当的感觉，你的应聘努力会大打折扣。

（5）表情放松适当谈话的好处。外面人群中不敢说没有招聘方的人在观察，表情放松不仅是内在气质外在形象的表现，同时也会给其他应聘者造成心理压力，给观察者留下美好的"第一印象"。适当谈话，通过谈话，引导大家的话题，体现出自己具备无领导小组讨论中主要角色的作用；也可以使嗓音不至由于紧张而说话发哑。如果考官真要是询问"你能证明你有组织能力吗？"不妨就举现场这个例子，"大家紧张而你能用话题牵制、引导别人"，本身就能证明组织能力、主动性、情绪控制力等。

如果无精打采地坐着，给人留下不自信的印象，冷丁进屋一紧张，说话连自己都感到像另外一个人，失败的幽灵会向你游来。

（二）大学生面试时易产生的心理偏差

当大学生面临面试时，心情各不相同，有人喜形于色、得意忘形，觉得万事大吉而放松自己；有人感觉无所谓，反正简历已投放几十份；更多的人是有一种忐忑不安的心理。不论何种状态，都易产生心理偏差。由于种种心理偏差，导致面试时会发生如下现象。

1. 普遍性心理偏差

（1）心理负担过重。初次参加应聘的大学生，有一定的心理负担很正常，假如心理负担过重就属于心理偏差，对就业影响很大。

心理负担过重的原因不同，有的是自卑心理造成的，由于平时对自己评价偏低，看到现场人群拥挤，表情各异，尤其面对一些表情轻松的人群，第一反应是"我不行！""今天要失败！"这种对自己的担心，首先便在心理上背上了包袱。

分析衔接 ///

> 在一个大公司来学校招聘之前，学院组织模拟面试，一位性格内向的女生，由于带着心理负担，越怕出事越出事，进去匆忙坐下。老师问：你贵姓？她直接答道："我贵姓张。"说完后马上吐了下舌头……其实这位女生在模拟面试中并不存在竞争被淘汰的情况，所有的错误完全是让自己背起的沉重心理包袱压得变形所造成的。

心理负担过重还可能是因为对面试期望过高造成的，似乎这不是一次面试，简直就是决定命运的关键，于是自我造成心理压力大、急躁、焦虑、思想不集中，对考官提的问题不能全神贯注地倾听，无法准确地回答，甚至将头脑中杂念一闪的话说了出来，严重者会出现晕场现象。

分析衔接 ///

> 曾有上学体检的同学有血压高的症状，换个医院验证一下，血压正常，来到规定检测点，血压又高。这说明人的心理会引发生理变化。当暗示自己这是决定命运的体检时，产生过重的心理负担，导致血压上升。而换个医院，暗示自己的是"这里不是体验点，我本来血压也不高"，于是检测出来正常。这就说明，大学生在面试现场，应把此次面试当作一件十分平常的具有多种选择的事，千万不能有任何"只许成功，不许失败"的想法。

（2）被动屈从考官。招聘方希望获得合格的人才，应聘方希望被招聘方认可，双方都是通过共同的指标"人的素质"来实现各自的目标的。从这一点来讲，不存在一方可以居高临下，一方只能依附随和，只有通过平等沟通交流才能实现"双赢"。既然称为就业市场，实际上是双方价值交易的过程，最后的成功一定是双方欲望"双赢"的满足。因此，在面试过程中，应聘方一定要坚持符合应聘规则下的自主性，充分展示出个人能力，也就是展示个人价值，而对方渴望的正是这种价值。而现实中，有许多大学生在面试时却人为地对自己进行误导，易产生被动屈从考官的心理偏差。

产生被动屈从心理偏差的原因之一，是应聘者的趋同心理。

分析衔接 ///

生活中的趋同行为，主要是由于想得到他人的认同，避免伤害他人的感情，扰乱他人的心绪，而不能坚持自己的观点。或者表达他们的观点、见解时，用一种很谨慎、很胆怯的方式。在应聘面试中，趋同心理往往是以为自己是被测试者，只能是被动服从让对方满意的角色，因此一味迎合、顺从主考官的意向。如果工作岗位需要的是必须具备独立自主性特点的人，显然这种心理偏差易导致应聘失败。假如主考官是为检验你而故意误导提出问题，会一下子暴露出你缺乏应有的个性品质、盲目模仿、无主见等，也意味着你在工作中通常会被人牵着走、苟且偷安。

产生被动屈从心理偏差的原因之二，是应聘者带有恐惧情绪行为。

分析衔接 ///

生活中预感有风险而缺乏应付能力时，往往产生这种心理："考官一定是比自己强许多的人，我恐怕会被问住。"仰慕之中而屈从，或放弃个人的主见，或就事论事地被动回答。实质上，面试过程是展示自己主见的过程，考官的任务是选人，竞争者是所有参加应聘的人，而不是考官。考官的水平再高，并不影响个人发挥自己的主观能动性，他的选择标准也不是用你与他本人比，而是应聘者之间横向对比。产生这种心理偏差，也容易导致失去成功的机会。

面试中也会遇到故意挑衅、令人难堪的事，也许这是一种"战术"应用，此时的正确做法既不是顺从，也不是反唇相讥，而是冷静地按照个人的理解去回答。

（3）认知问题偏执。应聘者不可能对面试问题回答得天衣无缝，对面试过程也不可能完全了解，发生一些偏差都是情理之中的。但是，有些心理偏差导致的行为偏差需要防止。

首先是带着掩饰心理参加面试，对一时难以回答的问题答非所问，为掩饰自身的不足而不懂装懂；或因为自身弱点怕被发现，表现出如下的行为偏差：支吾搪塞、抓耳挠腮、避开主考官视线；或因为虚荣心太强，想过分展示又难掩神色不安。

分析衔接 ///

实质上，考官面对初涉社会的大学生，并不会用成熟经验的老员工标准衡量选人。因此，应聘者用这种掩饰心理导致对面试认知的偏执，会弄巧成拙。即使自己不会或想不起来，即使身上存在弱点，坦诚地承认，不仅可以得到理解，有时甚至会被认为是诚实。目前有些企业已经对应届大学生带有成见，认为他们办事不踏实、缺乏诚信，所以更要在面试中注意，防止被误解。

其次行为偏执还因为是怀疑心理偏差造成对面试带着过于敏感和多虑倾向。在行为上表现出对考官的警惕性，"刚才这个问题这么难回答，是不是故意刁难我？""我回答完问题他没有说话，是不是我答错了？"也可能表现出对一些"战术"性面试做法不理解，在行为上产生自我怀疑，如"我刚才挺认真回答的，他为什么那么冷漠？看来是对我不感兴趣或要淘汰我？"

分析衔接

也许这是为了测试心理承受能力的"无言测试"，本来只要冷静放松就行，结果自我怀疑反而自误其身。也可能事先受社会风气影响，对面试的公正性持怀疑态度，使自己不能全身心地投入到倾听—分析—回答的面试中，对一些问题变化提法认为是故意刁难。其实不论面试是否公正，都不是大学生能改变的事。既然是不能改变的问题，没必要思考，更没必要在面试考场思考，唯一的选择是发挥个人的最佳水平，其他的想法都是自我干扰。

2. 高职学生的特殊性自我认知

（1）高职学生的竞争优、劣势。按照哲学的观点，一切事物都会发生转变，优势即劣势，就看是否与环境相适应地合理运用。高职学生如果形成竞争优势，专业知识比中专、中职学生深厚，文化基础相对较好，动手技能高于本科大学生。高职学生专业知识比本科生低浅，动手技能、工作心态不如中职学生稳定，即产生竞争劣势。

因此，在择业就业中，必须认知自我心理特征、教育层次特征、工作需求特征相适应的原则，才能扬长避短，否则就成为"高不成、低不就"的典型群体。

（2）社会对高职毕业生的认识存在一定"误区"。高职教育是我国的教育特色，目的是造就一批基层的、优秀的管理技能型人才。但是，社会用人单位往往将高职等同于过去的"专科"。如果一个高职专业教学仅仅是"本科压缩版"，所培养的大学生也不会具备实现培养目标的能力。专科学生容易被理解为低于本科一个层次的知识型大学生。教学变成"本科压缩版"，毕业生难以在求职中合理定位，在工作中根本不能发挥应有的作用。成功的高职大学生的作用与本科生不同，是不能相互取代的。

分析衔接

例如，北方一所高职学院在20世纪90年代是国家重点中专，毕业生深受某个公司欢迎。欢迎的根本在于，从生产操作现场到技术员、生产主任、生产调度一系列工作岗位上，这些非本科毕业生有着独特的优势。

（3）成绩高低不是用人单位的重点选择目标。偏科的学生不好使用，即使个别学科高分，但犹如"缺板"的木桶，依然无法发挥装水的作用。

高分的学生并不意味着"高能"，用人单位更担心"高分生"工作用心不专、好高骛远。分数综合平衡，但有实践经验（教训也可以）、低调从业的学生比较受欢迎。

（4）高职学生更需要良好的就业心态。因为高职毕业生先从第一线做起，和本科生的基层锻炼不同,高职生必须先成为基层的出色者才能逐级提升。因此,高职学生更需要注意心态调整。在应聘面试时,如果发挥得好,竞争优势不亚于本科生。但就业后必须及时适应社会环境,调整好心态,扎实地工作,赢得信任,今后有机会成为本科生一样的白领也有可能。如果就业后不能合理策划就业行为,极可能终生与中职毕业生同岗工作。

(5)高职学生做好就业后多元化发展的心理准备。高职学生既可以专一从事基层工作,如做销售,从普通业务员变成"打工皇帝"的杰出销售员,地位收入并不低,炒老板鱿鱼也是轻松的事;也可以向业务管理人员发展,如单项产品经理、区域经理、部门经理,进行就业行为策划;还可以自谋事业发展,或者边工作边学习,具备条件向"白领"转化发展。

根据高职大学生的特征,就业面试时,一定要从自身特点出发,扬长避短,合理定位与策划,力争提高面试成功率,选择适合高职大学生职业生涯发展和创业的就业单位。

三、面试技巧

(一)常见的提问方式与应答技巧

1. 连串式提问与应答技巧

1)连串式提问

连串式提问即考官向应聘者提出一连串相关的问题,要求应聘者逐个回答。这种提问方式主要是考察应聘者的反应能力、思维的逻辑性和条理性等。

2)应答技巧

回答这类问题,首先要保持镇静,不要被一连串的问题吓住,要听清考官问了些什么问题。这些问题都是相关的,要回答后一个必须以前一个问题的回答为基础,这就更要求应聘者听清题目及其顺序,逐一回答。

分析衔接 ///

例如,"你在过去的工作中出现过什么重大失误?如果有,是为什么?从这件事本身你吸取了什么教训?如果以后再遇到类似情况,你会如何处理?"

参考回答:

(1)有过重大失误(因为回答"无"会引起误解和反感,让人觉得你经历少或者有隐藏)。

(2)原因是初次接触突发性问题("初次""突发性"为自己阐明情有可原的理由)。

(3)解释:这是一个突然出现、缺少理智的顾客,我坚持用规则给予解释,结果对方暴跳如雷,多亏经理及时出现,采取婉转的方法先使顾客恢复冷静。我从中吸取的教训是:坚持原则办事同时要多采取技巧方法,最顺利解决问题是关键所在。这件事没有造成失误后果,假如不是经理及时出现,后果不知会有多严重(承认会有严重可能性后果。不是自己做得不对,只是因为参加工作时间短、没经验。定性为可能性重大失误而且是遇到缺少理智的顾客)。

(4)如果再遇到类似情况,先热情接待,让对方回归冷静,建立正常交谈的条件接着用带有同情心的语调倾听对方意见,并把握住工作规则标准,适时加以解释。

注意:世界上没有绝对完美的方法,大学生更不要追求表现自己经验丰富。出现回答不完全或遗忘问题都可以询问考官。

2. 开放式提问与应答技巧

1）开放式提问

所谓开放式提问，是指所提出的问题应聘者不能只用简单的"是"或"不是"来回答，而必须另加解释才能回答圆满。如果开放式提问按照"封闭式提问"回答"是""对""有"等，会出现考官等待进一步回答，本人以为回答结束的尴尬场面。

这类提问的目的是为了从应聘者那里得到大量丰富的信息，并且鼓励应聘者回答问题，避免被动。提问方式常用"如何……""什么……""为什么……""哪个……"。

方法提示 ///

"开放式提问"与"封闭式提问"回答的区别。

（1）A：你在大学期间承担过哪些社会工作？

B：你在大学期间当过班干部吗？

（2）A：学校所学的课程中有哪些对你现在的帮助比较大？

B：学校期间你学了多少门课？这些课对你现在的工作有帮助吗？

（3）A：什么原因促使你在两年内调换了三个单位？

B：你频繁调动工作，是否觉得原岗位难以施展个人才能？

上述三组题目中，A问题都具有引发应聘者详细说明的作用，不能用简单的"是"或"不是"来回答，属于"开放式提问"。

三组题目中的B问题，应聘者可以不加思索地用"是""有""是的"来回答，这类问题属于"封闭式提问"。

2）应答技巧

"开放式提问"属于一种非程序化的提问方式，具有结构松散，层次交错，气氛活跃，无固定模式等特点。这类问题具有随意性和投射性。"随意性"是指考官根据测试的目的、面谈对象以面谈情境和进展情况选择面谈题材或转换面谈方向；"投射性"是指所提问题具有深层含义，考官期望透过问题的表层挖掘人的潜意识的特性。

回答这类问题，应聘者应拓宽思路，对考官提出的问题给以尽量完整的回答，同时要注意做到条理清晰、逻辑性强、说理透彻，充分展示自己各方面的能力，这样才能让主考官尽可能多地了解自己，这是一个被录用的前提条件，如果应聘者不被考官了解，则根本谈不上被录用。

方法提示 ///

例如，"请你回顾一下前三年的生活，想想最难相处的一个人，并用语言描述该人的特点。"这道题，表层的含义是要求应试者描述自己不容易相处的人，而深层的含义则是期望探试受测者的人格特性，即他所描述的最难相处的人所具有的特性。

回答要点：一定要描述出此人难相处的特性，可以用其行为来说明。

开放式提问涉及内容丰富，也可获得大量信息，但对考官的谈话技巧提出了较高要求。

3. 封闭式提问与应答技巧

1）封闭式提问

这是一种可以得到具体回答的问题，如工作经历、学历、家庭状况、个性与追求等。

2）应答技巧

对这类问题，应聘者一般不需要像回答开放式问题那样有充分发挥的余地。

方法提示 ///

　　常见的问题如"你认为你过去工作中最大的成绩是什么？""你认为自己最缺乏什么？"

　　回答要点：最大的成绩不一定是很惊人的，大家不愿意做而自己能主动做，而且很成功的，就可以理解为最大成绩。最缺乏的千万不要是与工作相关的，那是自我否定。

4. 非引导式提问与应答技巧

1）非引导式提问

对于非引导式提问，应聘者可以充分发挥，尽量说出心中的感受、意见、看法或评论。它没有"特定"的回答方式，也没有"特定"的答案。

2）应答技巧

非引导式谈话中，应聘者可尽量多说，该说什么就说什么，把个人的阅历、经验、语言表达能力、分析概括能力等充分展现出来，有利于考官做出客观的评价。

方法提示 ///

　　例如，考官：请你谈一下担任班干部时管理方面的经验。

　　应聘者：我们班级共有 50 名学生；

　　考官：（保持沉默）

　　应聘者：其中男生 20 名，女生 30 名。

　　考官：唔（点点头）。

　　应聘者：在日常管理方面，我的主要做法是……

　　在这段面试中，考官没有步步追问，他的反应也许是沉默不语，也许是点点头，不含任何评论之意，只是对应聘者继续谈下去的一种鼓励。

5. 引导式提问与应答技巧

1）引导式提问

引导式谈话中，一方问的是"特定"的问题，另一方只好作"特定"的回答，这类提问方式主要用于征询应聘者的某些意向，需要一些较为肯定的回答。

2）应答技巧

对这种提问，应聘者只要对问题做出回答即可，不需做什么发挥。

例如，你在学校曾学过些什么课程？这些课程中你最喜欢什么？最不喜欢什么？

回答要点：有些大学生因担心招聘者产生想法，往往选择"我没有不喜欢的课程"作为回答。学校的课程与社会求职岗位需求完全接轨是客观现实，自己有不喜欢的课程不能简单定为是错误，有偏好和不喜欢一些课都属正常现象。

6. 清单式提问与应答技巧

1）清单式提问

在这类提问中，考官除了提出问题外，还给出几种不同的可供选择的答案，目的是鼓励应聘者从多个角度来看多个问题，并提供了思考问题的参考角度，鼓励应聘者陈述优先选择。

2）应答技巧

应聘者应根据考官提供的选择进行思考，不要偏离。

例如，你认为应届大学生在求职中最容易产生哪些心理偏差？自信心不足，高不成低不就，注重工资收入还是其他问题？

这样就为应聘者提供了回答问题的参考，使问题易于回答，同时也避免了应聘者曲解考官的意思。

回答要点：这三种心理偏差在大学生中都比较严重，最突出的心理偏差是注重工资收入。本质上讲，应聘者和招聘者不是针锋相对的关系，除非是为了检验应变能力等，否则故意为难大学生对招聘方也无好处。

7. 假设式提问与应答技巧

1）假设式提问

在这类提问中，考官为应聘者假设一种情境，让应聘者对这种情境做出反应，回答提出的问题，进而来考察应聘者的应变能力、解决问题的能力、思维能力。

2）应答技巧

回答这类问题，应聘者首先应该把自己置身于考官为其设定的一种特定的情境中，然后以这个情境中人的身份来思考考官提出的问题。

例如，招聘者讲授一个发生的故事，基本情节叙述后，问"如果你是我的话，你会怎么处理？"

回答要点：理解问题将自己置身于这个特定的情境之中，然后适度想象进行回答。

8. 压迫式提问与应答技巧

1）压迫式提问

对面试氛围的要求是，考官要尽力为应聘者创造一个亲切、轻松、自然的环境，以使应聘者能够消除紧张，充分发挥，但有些情况下，主考官会故意制造一种紧张气氛，给应聘者一定的压力，通过观察应聘者在压力情景下的反应，来测定其反应力、自制力、情绪稳定性等。

2）应答技巧

一旦明白了这一点，就不必在主考官的压力下惊慌，或者能迅速调整自己的心态，应付主考官的提问。另外，千万不要因主考官的"刁难"而发怒，甚至指责主考官。

方法提示 ///

例如，"你怎么连这样的问题都不懂？""你好像不适合在本单位工作，你认为呢？""你觉得你的才干能够胜任本工作吗？"

面对这些问题，应聘者首先要明白主考官不是真的要表示"你不胜任这项工作"或"连这样简单的问题都不懂"，而在其"另有用意"。

回答要点：微微一笑缓冲自己的情绪，接着回答："也许时间关系您还不十分了解我，如果给我一段时间，我自信你会感觉我在同学中还是比较出色的。"

9. 重复式提问与应答技巧

1）重复式提问

重复式提问是主考官向应聘者返回信息以检验其是否是对方的真正意图，检验自己得到的信息是否正确。

2）应答技巧

对这类问题应试者可以给出简单的"是"或"不是"的回答。

方法提示 ///

例如，将应聘者回答的问题重复一遍，之后问"你是说……""如果我理解正确的话，你说的是……"

也许是招聘者想再次确认一些问题，也或许是检验你对前面的回答是否坚持己见，因此，没有什么关键点，只要确定性回答即可。

10. 确认式提问与应答技巧

1）确认式提问

确认式提问表达出主考官对应聘者提供的信息的关心和理解。目的在于鼓励应聘者继续与之进行交流。

2）应答技巧

对这类问题应聘者可以不直接做出反应，可接着原来的话题往下讲。

方法提示 ///

这是一种不是提问的提问，仅仅是在应聘者回答问题时给予一种肯定性鼓励。例如，"我明白了，这很有趣。"

回答要点：不需要改变话题，可以适当微笑一下，继续原来的话题。

11. 投射式提问与应答技巧

1）投射式提问

投射式提问是指让应试者在特定条件下对各种模糊情况做出反应。这种方式又可以分为两种：一是图片描述式，即对应聘者展示各种图片，然后让应试者说出他们个人的反应；二是句子完成式，是指呈现给应聘者仅有句首而没有句尾的句子，让应聘者按照自己的感觉、思维来完成整个句子。

2）应答技巧

对于图片描述式，由于这些图片形象朦胧，主题模糊，应聘者对图片的感受、想象和反应各有差异，任何描绘都有可能。对于句子完成式，由于应聘者的心理素质各有差异，因此完成的句子也彼此不同。

回答此类问题，要保持冷静，按照自己的理解回答即可。但要知道招聘者的提问目的：是要通过描述，分析出你的人格特质。例如，通过对所完成的句子进行分析，可以了解到应聘者的一些特征。

方法提示 ///

例如，让应聘者描绘这样一张图：一位十四五岁的男孩坐在桌前，脸上表情淡漠，双目平视前方。桌上有平放的两本书，书本一厚一薄，看不清书名。

有的应聘者看后编的故事为：男孩看完了书，已感到困倦，他想去玩，又怕父母批评，正思索如何摆脱困境。

有的应聘者则认为：男孩很有抱负，期望将来成为哲学家，他近来认真看了两本书，现在正思考如何把书中精华提取出来，编制几张有价值的卡片。

主考官根据应聘者的回答就可以了解到其人格特质。

这种方式完全避免了应聘者主观故意行为以及由此造成的偏差，具有较高的可信度和效度。

例如，给你一些句子，然后让你接着回答：

我最希望……

我不相信……

我从不……

对我来说，快乐意味着……

我最难容忍的是……

我对钱的态度是……

对待陌生人，我通常的态度是……

回答要点：按照反映心态积极角度快速回答即可。

12. 案例分析式提问

这种提问方式是给应聘者提供一个案例，要求应聘者对案例进行分析判断，进而测定应聘者的思维能力、分析和解决问题的能力等。

（二）展示自信的技巧

任何一个公司招聘人才都喜欢自信的人，无论哪个大学生都知道自信心重要的道理，关键在于如何在面试中向招聘方展示自信。

1. 面试中对自信心的判断依据

1）从行为语言判断

行为语言是一个人的肢体和动作所表现出来的、被外界理解的内心表现。国际上著名的心理分析学家、非口头交流专家朱利乌斯·法斯特曾写道："很多动作都是事先经过深思熟虑，有所用意的，不过也有一些纯属于下意识。比如说，一个人如果用手指蹭蹭鼻子下方，则说明他有些局促不安；如果抱住胳臂，则说明他需要保护。"人才评论专家曾专门研究面试中自信心的判断，主要靠行为语言。

（1）目光。应聘的大学生的目光不敢正视主考官的眼睛或一触即躲或紧盯一个固定的地方，属于不自信。用略带嘴角上翘的微笑带动目光平和，目光以主考官为主向则可以显示自信。

（2）手势。如果应聘的大学生在面试中一直无意识抓什么东西（如衣角）或双手扭在一起或手不由自主敲击膝盖，都可能是恐惧心理的外显。双手平放在双膝上，回答问题合理使用手势并能放回原来的自然位置，是良好习惯的外显，是自信的体现。

（3）姿势。如果应聘的大学生在面试时姿势不自然，如双肩耸起、身体前倾、双臂交叉在胸前、身体不由自主地动弹弄得椅子发出动静，都可能被判定为不自信。而稳坐姿势、挺直上身，适当加些形体语言回答问题，都可以被人认为是有自信心。

2）从语言判断

除行为语言外，回答问题的语调、内容同样也会成为判断自信不自信的依据。

（1）语言表达。不自信的人在语言表达方面的显著征兆是声音低弱、语调犹豫、平淡或失音（不是自己平时的声音），声音洪亮清晰则易被认同是自信心的表现。

（2）语言内容。不自信的人会盲目赞同主考官的观点，不坚持自己的观点、缺乏主见。面试时为了特殊能力的需要，一旦主考官采取非常规方式，故意提出一些引导性问题，不自信的大学生会盲目地跟着走。

分析提示 ///

某高校的一次仿真面试中，几位中层干部充当考官，一位考官突然把水倒在烟灰缸中，说你看着我，把手指放在水中又快速放在口中。面试的女生在细致观察后笑着回答："您中间换手指了。"这个学生得到的评价是观察能力强、很自信。

这个考官实际上是使用了国际上一个医学研究老师的方法：用一根手指点烧杯里的尿液，要求学生跟着模仿，结果有些迷信老师的好学生真的将尿液点到自己口中。这说明死读书本听话的学生往往容易忽略自信心和细致观察的能力。

2. 表达自信的行为技巧

1）不自信行为的自我认知

面试是在特定的时间、空间的情境下，听其言、观其行、察其色、析其因、判其质的过程，体态所表达的内容占很大比例。在面试中有些体态表达具有先天性习惯，也存在失控性（如不知不觉、情不自禁、生理反应等）。尤其当注意力集中在语言回答时，体态行为处于松弛状态，下意识、习惯性动作往往处于失控状态，大大冲淡了语言的正面作用。从这一点看，只懂得面试原理无法避免错误结果的发生，只有先认知自我存在着哪些体态不利表现，才能有效改正。

分析提示

应聘前通过练习或询问他人，认知自身是否有下列习惯性、下意识行为：

（1）目光不敢与比自己地位高、能力强的人（如老师）对视；

（2）遇到难回答的问题时，目光暗淡、双眉紧锁；

（3）坐姿是否双肩微垂，双手是否习惯性做某个单调的动作（如身体晃动、脚尖有节奏地抖动、双手摩擦、乱挠头发、双手抱胸等）；

（4）嘴部是否有习惯性动作（如咬嘴唇）。

如果有这些行为，请加以改正。

2）动作程序设计

分析面试现场，进门—坐下—回答问题—离开的几个阶段，根据所要应聘的职位特点，根据个人前面的自我认知和演练，分析针对每个阶段，设计一两个关键提示。

分析提示

如进门：稳步进房间，转身关门，微停之后走到座位旁。

如坐下：在椅子三分之二的位置坐稳，双手放在舒适位置，挺身坐直。

如回答问题：放松，千万不要回避主考官的目光。

如离开座位：语言中伴随点头告别，稳步离开，转身关门。

3. 表达自信的语言技巧

1）合理使用自信"前置语"

许多大学生在面试时对提问习惯于直接回答，虽然也能够回答得很得体，但如果加上能体现自信心的前置语，即在原有答案前加上一句话，效果会更好。

分析提示 ///

例如，"我相信+原发言内容……您是怎样认为的？"

"我打算+原发言内容。"

"我的想法是+原发言内容。"

"我个人认为+原发言内容。"

还有遇到问题难以回答或没有十分把握，在已经听清问题时，也可以使用一些话。或者在回答问题期间为了缓冲紧张，可确认题目，以增加思考时间，比静坐一会儿效果要好得多。

分析提示 ///

例如，"您是让我回答……"

（得到确认后）"我的看法是……"

比如，"如果我理解正确的话，您说的是……"

（得到肯定后）"我个人认为……"

每个大学生都可以将平时收集到的信息及个人经验得知的常问题目拟好答案，进行演练，可以养成良好的习惯。

2）有效地反问

有效地反问是指适度性地向招聘者询问一些问题。

总是被动地回答，不仅使面试现场角色成为主次关系，而且容易被怀疑缺乏自信。在面谈对话中适时反问，不仅可以放松自己，还可以体现主动，表示自信。

也不要故作聪明，搞什么引诱式发问，故意设套，使考官认为自己非常聪明，这种展示"机智"的方式易引起反感，如果前面的面试已经比较成功，这种做法极可能"画蛇添足"。

分析提示 ///

有效地反问的要点：

有效地反问要采取开放式提问，使问题回答有很大的回旋余地，既可以获取有用的信息，又可以不让考官为难尴尬。

如果采取封闭式提问，一定要注意应便于考官回答。一定要防止连串式反问、压迫式反问，这些具有挑战性的发问方式是为了检验应聘者的其他能力的，容易被怀疑是有意为难考官。

3）语言中求职意愿要强烈

自信的语言的特点是简洁、有力，过多的重复性虽有强调作用，但也可能会使考官产生厌烦情绪。而在简练有力的语言中，流露出强烈的求职意愿是非常有必要的。即使不是真心想来此公司，可以事后不签合同，言语中没必要流露出三心二意。

求职意愿不强烈，招聘方会联想其他，担心你很快对工作厌倦，在目前大学生就业流失率过高的现状下，用人单位尤其担心。

分析提示 ///

一般常使用的结束语有："我非常希望能到贵公司工作。""我觉得个人很适合到贵公司工作。""与同龄人相比，我很自信自己能胜任贵公司的此项工作。""我非常渴望能有机会经常得到向公司老员工学习的机会。"

可以在结束之前使用类似语言，这样表达既表示求职愿望强烈，也体现了自信心。

4）合理使用告别辞

走出面试场门外，还不算面试结束，因为人群中存在各公司的人和该招聘单位的工作人员，所以告别阶段也很重要。可能的话可以留下联系方式，如果得到名片，要双手接过，认真默读，确认无误，收到上衣口袋。即使此次面试不成功，如果对这个公司情有独钟，也可在今后的工作中适当打下电话，进行沟通，也许会有机会替补成功。

分析提示 ///

可参考的室内告别辞："我非常有幸与各位领导谈了这么多，感觉收获很大，希望有更多的机会向您求教。"

出了门，依然应微笑，如遇询问，可以回答："场面很好，沟通的不错，公司管理有水平"等礼貌语言，绝无坏处。即使此公司不录用，也有可能引起其他公司的注意。

（三）发散性思维回答技巧

1. 发散性思维回答问题的必要性

发散性思维是一种无固定方向，无固定范围，不墨守成规，不固守传统的由已知求未知的线性思维模式，是根据已有信息，从不同角度向不同方向思考，从多方面寻求答案的一种求异性思维，流畅性、变通性、独特性是发散性思维的三大显著特点。

目前越来越多的面试并不直截了当地就事论事，旁敲侧击，测此而故问其彼也是常有的事。例如，问你是否喜欢辩论，是为了鉴别你的社交能力、性格倾向、语言表达能力。喜欢辩论的人基本上愿意参加社交活动，交际能力强，性格是外向型，喜欢讲话且善于表达。如果工作角色需要这些能力，而应聘者顺口答出不喜欢，恐怕机会就变得渺茫了。

2. 发散性思维提问的分析

有时问题表面上似乎是很容易的，但按照习惯性思维回答失败的可能性很大。例如：

问题一："前面有堵墙，你是跳过去还是绕过去？"

在条件不充分的情况下，有的大学生根据个人特点脱口而出。男生，体力好、爱活动的往往顺口选出跳过去。对方追问："如果是三米高的墙，而且距离很短或在墙边不远，还非跳不可吗？"女生，体弱，如果想象墙一定很高，平时没跳过墙，往往顺口答绕过去。如果对方又追问"如果墙延长几里也非绕不可吗？"显然，回答这个问题不能直接采取回答选择题的方式。

问题二：请谈谈你过去的实践经历，包括内容、效果、满意度等。

表面看是了解你的过去，实质上可能是了解你的工作经验和求职动机，如果你对过去有些实践兴趣不高、不太满意，而满意的实践活动与现在所求职的职业不相符，对方可能会猜测你的求职并不十分认真、迫切。

上述问题说明，回答问题有时要用发散性思维，尤其面对似乎简单的问题时更要警惕。

分析衔接 ///

反常规设想：如此简单的问题是否有其他含义？

思考一会儿再回答：如果里面包含其他含义，不妨思考两三秒钟再开口，这正说明了我们用心对待提问。

重复问题一次再答：重复一次可以有时间开发智慧潜能，有时灵感一触即发或稍纵即逝，急于回答可能马上会后悔。

（四）面试补救技巧

面试补救是指面试过程中对不利情况弥补挽救。面试中谁都可能出现失误，尤其初涉社会的大学生，出现失误不能慌张，留在后面补救。

1. 对紧张的补救

实在太紧张难以控制，已经在行为上反映出来，不妨坦白告诉考官。

分析提示 ///

直率回答："对不起，我有点紧张，可不可以让我冷静一下再回答？"唤起考官的"同情心"。

幽默回答："也许太急于进入贵公司了，使我变得如此紧张。"对方使用安慰的语言会产生时间空隙，可以借机调整一下。

2. 对"说错了话"的处理

人非圣贤，孰能无过。出错之后弥补更能证明自己有勇气，说不定会赢得考官的欣赏，如果职位需要这一点，也会因此赢得好感。

分析提示 ///

经验不足说错了话，不能懊悔万分或吐舌头，暴露出不成熟的表现。

可以在合适的时间进行更正并道歉，比较理想的方法是说："对不起，刚才我紧张了一点，好像说错了话，我的意思是……不是……请原谅。"

总之，面试成功要求不放过任何一个细节上的机会。

案例分析

一个国有地质单位招收两名化验员，前来报名面试的有高职生、本科生甚至来了一位研究生。大家羡慕的是这个工作稳定、环境洁净、地点在市中心。然而经过各方面的测试，最终选用的是两个从初中毕业读五年的高职生。用人单位高度评价了高职生的表现，话语中却很少提起专业水平如何，其中重点赞扬的有以下几点。

（1）演示使用分析用具的手法特别娴熟，简直可以与老员工相媲美。

（2）一起进到房间的不同应聘者，高职生坐的姿势好看，觉得这些大学生稳重有教养。

（3）高职学院的名声，以及老师亲自陪伴去应聘介绍，用人单位比较放心。

问题1：从案例中能发现哪些值得思考的问题？道理是什么？

_____

_____

问题2：用人单位注重的为什么不是专业理论水平？

_____

_____

第三节　自荐的技巧和方法

一、自荐方式的种类

自荐方式是多种多样的，有口头的、书面的，也可以通过他人介绍。

1. 口头自荐

这种自荐方式要求求职者必须亲临用人单位或招聘现场。其优点是直接面对用人单位，便于展示自己的风度和才华，容易给用人单位留下较深刻的印象，如果自己表现出色，可能会被用人单位现场录用。其缺点是涉及面有限，尤其对路途遥远的单位更难实现。对个人来说，如果自己风度翩翩、谈吐自如、反应敏捷，此种自荐方式更能发挥自己的优势。对用人单位来说，新闻、外贸、外事、旅游、教育等部门也更青睐此种方式。

2. 书面自荐

书面自荐即通过求职材料的形式向用人单位推销自己。求职材料可以通过邮局寄送，也可以当面呈递。在校期间学习成绩优秀，又有较好文笔和漂亮书法的毕业生多采取此种自荐方式。此种自荐方式有利于展示自己严谨、认真的工作态度。各工矿企业等注重实际的用人单位乐于接受此类自荐方式。

3. 广告自荐

这是近年来出现的一种新的借助于新闻传播媒介进行自我推销的自荐形式。这种方式覆盖面宽，可以扩大自荐范围。部分长线专业、非通用专业的本科毕业生和毕业研究生，以及一些有特殊专长的毕业生往往乐于采用此种自荐方式。

4. 学校推荐

学校推荐实际上是一种间接自荐方式。多年来，学校在向社会输送毕业生的过程中，与用人单位建立起了密切合作、相互信任的工作关系，再加上学校对毕业生的情况比较了解，而且以组织负责的形式向用人单位推荐，对用人单位具有较大的可靠性和权威性，所以较容易得到用人单位的认可。

5. 他人推荐

他人推荐即通过老师、父母、亲友推荐而达到自我推荐目的的一种自荐方法。一些骨干教师与对口用人单位的领导或业务骨干有较为密切的联系，或已在某行业中具有较高的学术威望，因此他们的推荐容易引起用人单位的重视和信任。当然，父母、亲友的推荐也可帮助毕业生扩大自荐的范围，对自己的成功也会助一臂之力。

需要指出的是，上面介绍的五种自荐方式并不是独立存在的，在现实的求职活动中往往要综合应用才能达到自我推荐的目的。一般来说，适当的口头自荐再加上书面自荐和学校老师的推荐，效果会好一些。

选择恰当的自荐方式，在择业过程中无疑是十分重要的。就每一个择业的大学生而言，究竟采用何种自荐方式，首先应当从自己的实际情况出发。例如，善于语言表达且有一口标准普通话的求职者，采用口头自荐似乎更能打动人心；写得一笔隽秀的字或漂亮的文章的求职者，选择书面自荐方式更能显示出求职者的能力。当然，选用哪种自荐方式主要还要看用人单位的要求。对招聘播音员、节目主持人的用人单位来说，口头自荐方式更受重视；招聘文秘职员的用人单位，则可能希望求职者先呈递书面的求职材料。此外，求职材料的递送方式也应注意。在竞争激烈的情况下，邮寄的求职材料可能不易引起用人单位的注意和重视。求职者亲自登门至用人单位或在招聘现场当面呈递求职材料，则易于加深用人单位对自己的印象，从而增加求职者成功的可能性。

二、掌握自我介绍的技巧

灵活掌握自我介绍的一些基本技巧，有助于顺利打开求职的大门。自我介绍时，应注意以下几个方面。

1. 积极主动

自荐是求职者的主动行为，任何消极等待都是不可取的。自荐信、个人简历等求职材料的呈交、寄送要及时。在了解到需求信息时，更不能迟疑，否则就可能错失良机。为使用人单位更全面地了解自己的情况，事先应做好各种求职材料的准备，不等对方索要，主动递交；不等对方提问，主动向对方介绍；不消极等回音。这样，往往会给人一种"态度积极、胸有成竹"的感觉。

2. 重点突出

在介绍自己时，应重点突出自己的能力和知识，本人基本情况和家庭情况简单介绍即可。对于自己的专长、经验、能力、兴趣等，可以详细介绍。为了取得对方的信任，有时还要举例说明，比如，大学期间发表过的论文、获得的奖励、承担的社会工作或某些工作经验、社会阅历等。要突出自己的优势和闪光点，因为与众不同的东西可能就是你的能力所在。平铺直叙，过分谦虚，有碍用人单位对自己的全面了解和正确评价，而容易将自己埋没在求职的大军中。

3. 如实全面

光彩夺目点要突出，但介绍自己各方面的情况时一定要实事求是，优势要谈，缺点也不掩饰，是一说一，是二说二，客观全面，不能吹嘘或夸大，尤其是在介绍自己以往学习、工作上所取得的成果时，一定要恰如其分，否则效果会适得其反。同时，自我介绍材料要全面、完整，切忌丢三落四，个人基本情况、社会关系、工作简历、学习成绩、业务特长及爱好，缺少其中任何一项都会给人一种不全面的感觉。自荐信、推荐表、个人简历、证明材料应全部具备，才能给人以系统、全面的整体印象。

4. 有的放矢

即针对用人单位的具体要求，强调自己的社会经验和专业所长，这样才能使招聘者相信你就是最理想的应聘者。比如，用人单位招聘文秘人员，你介绍自己如何具有公关能力，就不如介绍自己文、史、哲的知识及写作能力；用人单位招聘科研人员，你表现自己的语言才能，就不如展示学业成绩和科研成果来得实在；用人单位招聘管理人员，你的学生干部经历及组织管理才能会更受重视。强调针对性的同时，也不能抹杀相关知识才能的作用，专业特长加上广泛的知识面和兴趣爱好往往会更受用人单位青睐。

温馨提示

见到心仪职位后如何与公司方进行电话联系？面试后如何打电话询问结果？突然接到公司打来的电话面试怎样从容应对？接到猎头电话如何巧妙对答？如今，电话作为最为便捷的通信工具之一，被频繁地运用于应聘双方的初次沟通上。"会打电话"，是职场人都该学的一课。

场景一：看到广告后

Sunny 下午 5 点多在报摊上买了份招聘类报纸，查阅到了一个心仪职位。为在第一时间与招聘方联系，就立刻拨通了对方电话："喂，请问是公司吗？我看了报纸，想来应聘……"还没等她说完，对方就表示人力资源部负责人正在开会，且下班时间快到，没空细聊，但还是记下了她的手机号码，表示第二天会联系她。

求职一点通：Sunny 没有在合适的时间找到合适的人，主动致电变为了被动等候，是一次很失败的电话应聘。正确的电话应聘应该注意以下几点。

（1）选择恰当的通话时间。一般来说，应该在公司工作时间打电话，上午9:30~11:00及下午1:30~4:30之间较为合适。此外，在刚上班的时段内，对方会比较繁忙，而临近下班时又会归心似箭，无心工作，应该避开这些敏感时段。

（2）找到合适的人。求职者要注意广告上的联络人姓名，避免转接或误接，甚至给人留下糊涂的印象。

（3）找到安静的环境。不要在喧嚣的马路或吵闹的环境下打电话，避免漏听、重复叙述的情况发生。

（4）准备通话要点。虽然是简单应聘，但还是需要准备好问题，以免遗漏。如职位要求、招聘人数；简单概括出自己符合职位的特长和擅长的技能，简明扼要地介绍自己的经验；询问招聘流程、面试时间、上岗时间等。

场景二：突然的电话面试

廖远正逛街，突然接到某公司的电话面试。此时周围有商场背景音乐和人群的嘈杂声，对面试不利。于是廖远非常礼貌地告诉对方："不好意思，我正在外面，环境比较吵闹，是否能过10分钟给您打回去？"对方应允，并留下电话。

求职一点通：很多企业在收到简历后，为节约时间，会先通过电话面试做初步筛选。电话面试会准备几个目的性问题，用以核实求职者的背景，考察求职者的语言表达能力。通话时间一般在15~20分钟左右。不管企业是否有电话面试环节，为获取胜利，求职者最好还是做好充分准备以备不时之需，这样当突然接到来电时就可顺畅对话。若接电话时正好有事，上面这位求职者的做法值得借鉴，同时也可利用"时间差"来理清思路。"喂，您好！""请问""谢谢"等礼貌的电话用语能给自己加印象分。此外，电话面试还应做好以下几点。

（1）拿着简历回答问题。若接电话时正好手边有简历，记住一定要把它拿出来，对照着回答问题。一般来说，面试方会进行常规的简历信息核实。对于一些跳槽多次、工作经验复杂的求职者，对照着简历可以避免错报数次及跳槽时间等内容，免得留下"不诚实"的印象。

（2）在手边准备纸和笔。有时公司会出一些小技术题或逻辑题请应聘方回答，手边有纸、笔可方便记录和计算。

（3）注意语速。人的语速有很大差别，注意尽量配合面试官的语速。若面试官语速相对较慢，你就该放弃一贯快速的说话方式，转为和对方语速同步。同时注意不要抢话，要等对方提问完毕后再回答。另外，回答时不要滔滔不绝，也不能只答"是"或"好"。

（4）控制语气语调。在通话时要态度谦虚，语调温和，语言简洁，口齿清晰，并且语气、态度也应该配合对方，这样有利于双方愉快地交流。

场景三：应对猎头

月薪8 000元的Tommy突然接到猎头电话。对方首先询问Tommy是否会技术，在等到肯定答复后说："现在市场上会技术且有6年经验的人不多，现有个月薪1.5万元的职位，你是否有兴趣？"Tommy谦虚地答："我走了要赔钱给现在的公司的，其实会技术的人多了，我的同学、周围同事都会的。"

求职一点通：Tommy的做法一方面过于谦虚，否认了自己的价值；另一方面过快回绝一个月薪翻倍的职位，也是不明智的。接到猎头电话，首先，应与猎头顾问保持良好的关系，即使目前没有跳槽的打算，也不要贸然回绝；其次，通过对话了解猎头公司的背景，确认公司的可信度和专业性，了解猎头本人的专业性；再次，倾听职位信息和要求，这也是了解市场行情、充分认清自我价值的一个良好途径。

场景四：查询结果

李明自认第一轮面试回答顺利，应该能有复试结果，然而三天后仍未接到电话。焦急的他按捺不住致电对方："喂，您好！我是李明，我想请问一下你们第二轮复试是否已经开始？""对不起，我们的复试已经开始，若你没有接到通知说明没有进入第二轮面试。"公司方简单地回绝了李明。

求职一点通：若没有接到再次参加面试的通知，表示此次应聘失败，即使打电话询问也无可挽回。当然，若是第一次面试自认为给对方留下了非常深刻的印象，且双方交流愉快，那么也不妨打个电话提醒一下。要注意一点，就是找到当天和你对话的面试官。因为一般会有很多位面试官面试不同的人员，你必须找到和你对话的那位，然后报出你的名字，提醒他面试当天的场景，当他回忆起来后，可以给你一个真实的理由。

阅读与思考

世界歌王帕瓦罗蒂到北京音乐学院参观访问，很多家长都想让这位歌王听听自己子女唱歌，目的就是想拜他为师。帕瓦罗蒂出于礼节，只得耐着性子听，一直没有表态。

黑海涛是农民的儿子，凭着自己的刻苦努力考入这所著名的音乐学院，他也想得到帕瓦罗蒂的指点，但他知道自己没有背景。难道白白浪费这么好的机会吗？黑海涛不甘心，灵机一动，就在窗外引吭高歌世界名曲《今夜无人入睡》。一直茫然的帕瓦罗蒂立即有了反应："这个年轻人的声音像我！他叫什么名字？愿意做我的学生吗？"黑海涛就这样幸运地成为这位世界歌王的学生。1998年，意大利举行世界声乐大赛，黑海涛取得了第二名的优异成绩，由此成为奥地利皇家剧院的首席歌唱家，名扬世界。

这个成功案例说明：要取得毛遂自荐的成功，至少应具备三大要素，即胆大心细，适时果断出击；表现手段能立刻吸引考官注意；要有真才实学。如果黑海涛没有两下子真功夫，他就是唱破了嗓子，也没人理会。所以，胆量是前提、技巧是关键、水平是保证，三者缺一不可。

第四节 网 上 求 职

一、网上求职前的准备工作

要进行网上求职，首先要明确目标，网上求职最忌盲目。网上求职不必是唯一的岗位目标，但一定要有一个方向。求职者不妨将其写在纸上，比如，市场营销类，可以包括营销员、销售代理、客户服务、营销策划等岗位，求职者应当根据自己的专业特点、工作经验、个人兴趣专长等情况确定自己的求职方向，同时还要明确求职区域，也就是以后上班的地区，不然再好的机会也会因为距离过远而不能赶去而浪费自己的求职时间。

其次要准备好适应网上求职的个人资料，如求职信、个人简历等。网上求职的一大优点就是求职者可以随时调整自己的求职资料，求职者可以根据应聘职位的特点调整自己的简历，求职者也应该将自己的照片、学历、证书、获奖证明、身份证这些资料扫描存入电脑，虽然不是每一个企业都需要这些资料，但是资料准备详细一些，总比需要时再去仓促准备要好。注意，求职资料一定要保持真实性，不要提供虚假的资料，正规的企业是不会欢迎在求职上都会弄虚作假的求职者的。

再次求职者要有一个稳定的邮箱或便于企业与你联系的通信方式。网上求职主要是通过电子邮箱进行联系的，求职者一定要选择一个性能稳定的邮箱，性能不稳定的邮箱可能会影响你的求职。比如，发出的求职信无法到达企业邮箱，或者被企业邮箱认定是垃圾邮件，求职者无法按时收到企业回复的邮件，从而错过机会。还要注意的是，多数企业在看到求职的电子邮件后，会通过电话与求职者联系，因此求职者一定要有一个可以随时联系到自己的电话号码。笔者在做人力资源工作的时候就有过类似的经历，看到求职者的资料后，感觉挺适合的，打电话通知对方面试，但是电话要不是关机，要不就是无人接，自然就会放弃这个求职者。

二、寻找合适的招聘网站

求职者明确了自己的求职方向，也准备好了相应的求职资料后，就要找到相应的招聘网站寻找合适的职位信息，这是网上求职一个重要的环节。找到一个合适的网站求职，可以获得比较高的成功率。

从 1997 年智联公司开通了我国第一家招聘网站开始，到今天，中国各类招聘网站总数已经达到上千家，有一定影响力的网站也达到上百家之多，如何从众多的人才网站中找到适合自己的职位信息，这是一个值得求职者重视的问题。

1. 招聘网站的类型

现有招聘网站按网站的服务区域分为全国性招聘网站、地区性招聘网站；按网站职位种类可以分为综合性招聘网站、行业性招聘网站；按网站功能可分为完全招聘类网站和为招聘进行配套服务的网站，比如一些网站并不提供职位信息，而是提供求职技巧、求职指南、网址导航方面的信息；按照网站的独立性可以分为专门的招聘网站、门户网站的招聘频道、普通企业网站的招聘栏目。对于求职者而言，应根据自己的实际情况，选择相应的招聘网站。例如，你是一个想在北京工作的求职者，可以登录一些北京企业职位信息比较多的招聘网站，可以根据自己所求职职业的特点，直接去登录一些自己感兴趣的北京企业的网站，看看企业网站里有没有招聘方面的信息，有没有适合自己的工作机会。如果你是一个对求职不是太熟悉的应届生，不妨多上一些求职指南类的网站，或多看一些招聘网站里面关于求职的技巧介绍方面的内容。

2. 寻找招聘网站的途径

（1）通过搜索引擎的分类查找。如通过新浪、搜狐、雅虎、中华网、21cn 等网站分类搜索。这些搜索引擎的招聘网站分类里通常都收录了上百甚至上千个与招聘相关的网站，求职者如果有时间可以去逐一了解。

（2）通过网址导航类网站查找。目前国内一些门户网站均增加了网址导航这方面的内容，求职者可以登录相应网站去了解。

（3）通过其他途径查找。比如，网站里的友情链接、媒体报道、朋友推荐等，有时间的求职者也可以登录一些与求职相关的论坛，如天涯社区的职场天地，效果不错。

对于求职者而言，选择三到五个招聘网站作为自己网上求职的主要网站应该就足够用了。求职者应该善于学会使用收藏夹，将一些对自己求职有帮助的招聘网站收藏进来，方便日后登录。如果没有专门的上网电脑，不妨将一些招聘网站的网址抄下来或记下来，以备自己登录之用。一些对网上求职比较熟悉的求职者在选择合适的招聘网站时是基于这样一个原则：全国性招聘网站一个、区域性招聘网站一个、行业性招聘网站一个，这样立体式的选择通常可以保证求职者能获得足够的招聘信息。

三、登录招聘网站注册个人资料，搜索相应信息，发送求职信与个人简历

目前国内招聘网站一般都是免费向求职者开放的，求职者只需要注册为会员就可以查询相关的招聘信息了。为了提高求职的成功率，求职者应该认真填写相关内容，用人单位在查询求职者的网上资料时，通常不会理会资料不全的求职者，如果条件许可，最好在网上资料中留下详细的联系方式，而不是只留下一个邮箱或者 QQ 号码。求职者应注意及时更新网站上登记的个人资料，保持网上简历的时效性。

在招聘网站完成登记并不意味着求职者就万事大吉可以坐等用人单位看到你的资料与你联系了，虽然也有一些用人单位会主动在网站上搜索求职者的资料，主动约求职者面试，但是事实告诉我们，这样的情况是很少的，而且这样的工作通常是一些求职者不太感兴趣的工作。不错的工作机会通常都会有大量求职者主动提交个人资料，用人单位根本不需要到网站去搜索，因此求职者需要在网站上主动出击，及时了解相关职位信息，要充分利用招聘网站上为求职者设计的求职功能，如职位搜索引擎、职位收藏夹、职位订阅等。搜索引擎使用起来很方便，求职者只要设定时间、地点、招聘职位名称或公司名称等查询条件，便可直接查询到想要查询的信息，直达目标。职位收藏夹使用起来也很方便，只要设定要收藏的职位类别，系统便会把设定的信息发送到收藏夹里，一目了然。职位订阅也是一个不错的办法，网站可以用时将相应的职位信息发到求职者的信箱里，这样求职者只要经常打开邮箱就不会错过一些重要的职位机会。搜索到感兴趣的职位信息后，求职者就可以及时将自己的个人求职资料（求职信与简历）发给用人单位，有的网站有在线提交的功能，有的则需要求职者记下企业的招聘邮箱，将资料发到用人单位的邮箱里面。求职者一定要看清楚用人单位的招聘要求，比如有的是要求直接上门面试的，有的是要求电话联系的，这样的情况下发邮件过去就会失掉机会。

求职者也可以直接进入一些自己感兴趣的企业网站，看看网站的人才栏目里有没有最新的合适自己的工作机会，通过人才栏目将自己的资料提交给企业，等待合适的机会，这也是一个寻找合适职业的有效途径之一。许多求职者喜欢在企业的顾客留言板留下自己的个人资料，这是不适合的，基本不会有什么效果。

对于一些专业性较强的求职者，可以进入一些相关行业的人才网站进行求职，比如求职者想找广告方面的职位，可以考虑登录广告行业的一些门户网站的人才频道，因为专业性较

强，相关专业的职位机会更多一些，成功率会高一些。

四、网上求职的一些技巧

因为是网上求职，这里就不对如何写求职信，如何写个人简历进行介绍了，网上求职的主要环节就是通过电邮发送个人的求职资料（许多求职者并非在网上获取职位信息，但是同样也会用电子邮件发送求职资料，这也算是一种网上求职），现就这方面的一些技巧给大家作一介绍。

（1）求职邮件应该简明扼要、重点突出。既要把自己在某一方面的特长讲清楚，又不要过于冗长。应该在邮件的主题里及邮件正文中注明申请的是何职位。许多用人单位同时招聘多个职位，如果求职者没有写明自己的求职范围，会导致工作人员不知所以而失去机会。

（2）如果不是用人单位特别要求，不要把简历贴在附件里发送。一是因为邮件太多，有时看邮件的工作人员不愿意打开；二是因为电子邮件病毒流行，许多用人单位不愿打开电子邮件的附件；三是因为格式的不同，有些附件在用人单位那里可能是打不开的。同时，要注意把简历转化为文本文件，不要出现字词及语法类的错误。

（3）一封电子邮件应聘一个职位，不要同时在一家公司应征数个职位。一般来说，在用人单位看来，你越是对某一职位志在必得，他们越会感觉你是认真的，这样应聘的成功率自然也就比同时应聘几个职位要高。

（4）用邮件发简历的时候，应该写一封求职信同时发出。求职信应该有足够的内容介绍自己，但要控制字数，不宜过长；求职信和简历都应该用文本格式.txt 来写，这样虽然会限制一些文本修饰功能，如粗体、斜体等，但你可以用一些符号（如"+""–""△"等）来突出重点；还要注意措辞，信中千万不可有错别字。求职者可以在电子邮件的草稿箱里创建并保存一个求职信样式，这样稍加修改就可以用它来申请其他的职位了。

（5）求职信发出后可以在适当的时间向用人单位询问结果，向用人单位表示诚意，也让自己心中有数。询问的时候应该表示你对他们公司的职位仍然感兴趣并再简短介绍一下自己的专业特长和工作经验。但是不要反复询问结果，这样是不受欢迎的，许多公司每天都会收到上百份个人简历，他们是不愿意被求职者反复打扰的。

（6）若有资格不符的职位，可以主动以电话或 E-mail 的方式询问该职位所需求的条件与要求。许多招聘单位会对一些有特长的求职者放宽某些方面的条件，比如，如果你的经验丰富，用人单位可能不会非要坚持一定要本科以上学历。这样求职者就会多一次机会。

（7）不必要大量邮寄简历。许多求职者不管对方的职位要求如何，大量发送求职邮件，效果反而不理想。求职者应该仔细研究空缺职位的具体情况，确定的确符合你的兴趣和背景之后再去应征。不要简历"满天飞"，无目的地投简历等于没投。

（8）求职的自荐材料内容应突出专业、学校、社会实践、自身性格、是否具有工作经验等重点内容。面面俱到、内容太多、太花哨的简历往往最容易被淘汰。

（9）求职者可以建立个人的求职网站。求职者可以在发求职信的同时将自己的网址告诉用人单位，利用求职网站充分展示自身特色，吸引用人单位的目光。个人求职网站应该图文并茂，内容包括自己的求职信、简历、论文、实习报告、日记、个人论坛以及见报文章等。当然，网页粗糙的求职网站最好不要使用，那只会适得其反。

五、网上求职的注意事项

（1）网上求职要保持平和的心态。求职者要坦然地面对挫折和困难，不必自卑胆怯和过分焦虑，要积极调整心态迎接挑战。求职时不要将全部的希望都寄托在网上求职，网上求职只是求职的一个渠道，有可能的话仍然要通过网下的方式求职。去人才市场参加人才招聘会，或通过邮局发送求职信仍然是求职的主要方式。

（2）注意防范网上求职的一些骗局。求职者为了防止网上诈骗，一定要登录正规网站。一般正规网站在刊登人才需求信息时都会仔细验证招聘单位的真实性，要求对方能提供单位营业执照、办理人员的身份证件以及加盖公章的单位证明等，严防虚假信息的发生。因此，在网上求职时，应尽量寻找那些比较正规、知名的网站，以减少不必要的麻烦。网上求职的骗局通常有两类：一类是骗子公司要求职者汇款作为报名费、押金、手续费，凡是这类情况，求职者应当立即放弃，甚至可以举报；另一类是网上传销的骗局，声称只需要交几十元会费就可以在家创业云云，这只不过是搬到了网上的传销而已。

求职者在无法确定所要应聘单位的真实性与可靠性时，可以登录当地的工商局网站查询企业的注册情况，或者直接在"百度"或"Google"里输入"公司名+骗子公司"，看一下搜索结果，或者到一些求职论坛发帖请教，应该会有一个结果。

（3）网上求职，注意保密。网上求职要注意对一些私人的信息进行相应的保护，比如不要在网站上透露家庭地址，求职者只需要留下个人的电话、电邮及自己的大概位置就可以了，以防为一些骗子所利用。对于一些在职的准备跳槽的求职者，如果不想为现就职单位了解到自己的求职资料，可以用自己的英文名，或者在个人资料设置中将自己的个人资料设置成对部分单位保密（目前多数招聘网站都有这一功能）。

六、网上求职可能用到的一些网站及其网址

中国人才热线：http：//www.cjol.com/
前程无忧：http：//www.51job.com/
卓博人才网：http：//www.jobcn.com/
南方人才网：http：//www.job168.com/
528 招聘网：http：//www.528.com.cn/
中华英才网：http：//www.chinahr.com/
智联招聘网：http：//www.zhaopin.com/

第五节　多途径就业

高职高专学生毕业时要把就业工作摆在突出位置，通过多种途径积极拓宽就业渠道，从以下几个方面推进自己就业。

一、签就业协议形式就业

1.《就业协议书》概述

《就业协议书》的全称是《全国普通高等学校毕业生就业协议书》，是由教育部高校学生司统一制定的。根据国家规定，在达成就业意向后，毕业生、用人单位、学校三方必须签订《全国普通高等学校毕业生就业协议书》。所以《全国普通高等学校毕业生就业协议书》俗称三方协议，经毕业生、用人单位、学校三方签署后生效。

《就业协议书》具有一定的广泛性和权威性，是学校制订就业方案派遣毕业生、用人单位申请用人指标的主要依据，对签约的三方都有约束力。所以毕业生就业时一定要签署《就业协议书》。协议书一经签署，协议各方须严格履行协议内容：毕业生要保证自己能正常毕业，按时到单位报到；用人单位要按照合法的用人程序接收毕业生，妥善安置毕业生的户口、档案；学校要按照规定程序派遣毕业生。

《就业协议书》是明确毕业生、用人单位和学校在毕业生就业工作中权利和义务的书面表现形式。其一般由国家教育部或各省、市、自治区就业主管部门统一制表。《就业协议书》是作为学校列入派遣计划的重要依据，由学校发给、毕业生签字、用人单位盖章，毕业生本人保存一份作为办理报到、接转行政和户口关系的依据。

签订《就业协议书》是国家为规范高校毕业生就业工作，避免混乱，杜绝就业欺诈行为，维护高校毕业生就业工作严肃性，维护毕业生、用人单位和学校的合法权益而采取的一项必要措施。

2.《就业协议书》的性质和特征

从法律意义上说，协议书若要具有法律效力，它就要具备合同（或契约）的性质和特征。因此，《就业协议书》应是人（毕业生、用人单位）之间确立劳动关系（聘用关系），明确权利、义务的协议。

《就业协议书》应具有以下特征。

（1）双方当事人意思表示必须一致。协议是毕业生和用人单位双方的民事法律行为，必须双方当事人意思表示相一致才能成立。只有一方当事人的意思表示，或者双方当事人都有意思表示，但相互之间意思表示的内容不一致，协议就不能成立。

（2）协议双方当事人法律地位平等。协议的双方当事人，一方是毕业生，另一方不论是行政机关、事业单位还是大型企业集团等，毕业生和用人单位的法律地位一律平等，双方没有上下和高低之分。

（3）协议应具体明确双方当事人的权利和义务。协议是双方当事人为确立一定的民事权利义务关系而订立的。因此，不发生任何法律后果、不涉及当事人之间权利义务的协议是没有法律意义的。

（4）协议是具有法律效力的行为。协议既然是双方当事人依法达成的，就会产生相应的法律后果，因而对双方当事人都具有法律约束力，同时也得到国家法律的承认与保护。因此，双方当事人必须认真、严格地履行各自应承担的义务。

3.《就业协议书》的签订步骤

（1）首先由毕业生如实填写基本情况。

（2）用人单位签字、盖章，毕业生签字，将双方约定的其他条款填写于备注栏。

（3）协议书应加盖院办公章。

（4）毕业生所在院系初审后，学校就业指导中心加盖公章，纳入就业计划。

（5）协议书一式三份，学校、用人单位、个人各留一份。

二、签劳动合同形式就业

劳动合同是劳动者与用人单位确立劳动关系，明确双方权利和义务关系的协议。《劳动法》规定，建立劳动关系应当订立劳动合同。

1. 劳动合同与就业协议的相同之处

就业协议是高校毕业生与用人单位确立劳动关系的法律依据。就确立劳动关系这一点来说，就业协议与劳动合同是相通的，可以这样认为，就业协议的实质就是准劳动合同，是劳动合同的一种特殊表现形式。它们的相通之处表现在以下几方面。

（1）合同的性质一致。用人单位对大学毕业生这类劳动者与面向社会公开招聘的劳动者，在培养、使用、待遇等方面可能有所不同，但从确立劳动关系这一点来说，就业协议与劳动合同是一致的。

（2）主体的意思表达一致。签订就业协议的双方在表达主观愿望，意思表示真实、无强制胁迫这一点上，与劳动者和用人单位之间签订劳动合同时双方的主观意思表达所处的状态完全一致。

（3）法律依据一致。由于就业协议是确立劳动关系的一种协议，用人单位对毕业生录用、接收之后，要有见习期（或试用期）、最低劳动年限的规定，这与劳动合同的要求相一致，因此就业协议应当遵循《劳动法》中劳动合同的有关规定，发生争议纠纷，应依法解决。

2. 劳动合同与就业协议的不同之处

（1）适用的法律、法规不同。劳动合同适用《劳动法》及劳动人事部门颁布的有关劳动从事方面的规章。而就业协议因目前无《就业法》，也无国务院颁布的有关毕业生就业方面的法规，因此只能适用教育部颁发的《普通高等学校毕业生就业工作暂行规定》和有关政策。

（2）适用主体不同。劳动合同是劳动者与用人单位之间确立劳动关系的协议，只要双方当事人协商一致，符合国家的法律、行政法规，无欺诈、胁迫等手段，经双方签字盖章，合同即生效。目前的就业协议除毕业生与用人单位双方签字、盖章外，尚需学校和签证机关（人事部门）介入。

（3）内容不同。依据《劳动法》的规定劳动合同的内容比较详细，而就业协议的条款比较简单，主要是毕业生如实向用人单位介绍自己的情况，愿意在规定期限内到用人单位报到，用人单位如实向毕业生介绍本单位情况，同意录用该毕业生等，另外还有一些简单条款。

（4）适用的人员不同。劳动合同可以适用于各类人员，凡是中华人民共和国公民只要有劳动能力并符合法律规定的条件，经过供需见面、双向选择，一经录用都可以与用人单位签订劳动合同。而就业协议适用的人群相对单一，只适用于高校毕业生、毕业研究生。

（5）签订时间不同。一般来说就业协议签订在前，劳动合同订立在后。就业协议是毕业生在找工作过程中落实用人单位后签订的，就业协议的签订在学生离校前。劳动合同是毕业生到用人单位报到后订立的。如果毕业生与用人单位在工资待遇、住房等方面有事先约定，可在就业协议的约定条款中注明，附后补充，日后订立劳动合同时对此内容应予认可。

三、其他录用形式就业

1. 科研助理

科研助理顾名思义就是老师（科研工作者）在进行相关领域的科学研究工作时的助手，帮助老师在做科研工作时处理一些小的问题，用自己力所能及的力量帮助老师更快、更好地完成科研工作的人。

科研助理的工作内容大概是以下几个方面。

（1）帮助老师在科研期间查找所需的资料。

（2）帮助老师完成科研期间的各项信息的汇总和整理工作。

（3）对科研期间发生的一些事情进行详细的记录。

（4）帮助老师在科研期间处理一些杂事，如工作室的环境卫生的打扫等力所能及的事情。

（5）首先是把项目做好，要发论文。这也是为自己以后的职业发展铺路。

（6）帮忙带学生。实验室如果人多的话，也应该承担一部分带学生的任务，或者是具体问题的解决，或者是提供思考方向，尤其要培养学生的自我科研的能力。这也是自我锻炼，除了要求自己以身作则，也要善于沟通。

（7）根据自己的喜好和实验室的需要安排好工作。包括组织实验室的活动（如读书俱乐部，郊游等），联系其他实验室、公司的合作项目，建立维护实验室网站等。最好的是建立一套体系，能够让大家参与负责，而自己又不用太累。其实这既是建立人脉的过程，更是对自己的考验。

2. 应征义务兵

兵役制度是国家关于公民参加军队和其他武装组织、承担军事任务或在军队外接受军事训练的一项重要的军事制度。它随着国家的出现而产生，又随着国家的经济情况、政治制度和军事需要而变化。兵役制度的种类很多，就其性质而言，基本上分为两种。一种是义务兵役制，又称征兵制。这种制度是国家利用法律形式规定公民在一定的年龄内必须服一定期限的兵役，带有强制性。另一种是志愿兵役制，又称募兵制。这种制度是公民凭自愿应招到军队服兵役，并与军方签订服役合同。服义务兵役的士兵，称为义务兵。

1）义务兵征集对象范围

男兵征集的主体对象为具有高中（含中专、职高、技校）毕业以上文化程度的青年，部分地区农业户口青年可放宽至初中毕业。年龄为年满 18～20 周岁，高中毕业生可放宽至 21 周岁，高校在校生放宽到 22 周岁，高职（专科）毕业生放宽到 23 周岁，本科及以上学历毕业生放宽到 24 周岁，根据本人自愿，可征集年满 17 周岁的高中应届毕业生入伍。

女兵征集对象为普通高中应届毕业生和普通高校的应届毕业生、在校生。普通高校应届毕业生年龄放宽至 22 周岁，普通高校在校生年龄放宽至 20 周岁，普通高中应届毕业生（含当年度新入高校就读的学生）年龄为 17～19 周岁。

2）报名时间

男兵报名时间：4 月 10 日至 8 月 5 日；

女兵报名时间：6 月 20 日至 8 月 5 日。

3）男兵报名应征程序

（1）网上报名。登录"全国征兵网"（网址：http：//www.gfbzb.gov.cn）填写基本信息报名。应征报名前须进行兵役登记，可结合网上填写兵役登记信息一并进行报名。关于"应征地"，普通高校应届毕业生和在校生既可选择学校所在地，也可选择入学前常住户口所在地，其他青年只能选择常住户口所在地。

（2）打印表格。信息填写完整后，普通高校毕业生、在校生打印《大学生预征对象登记表》和《应征入伍高校学生补偿学费代偿国家助学贷款申请表》，高校应届毕业生、在校生交所在学校武装部，高校往届毕业生将《应征入伍高校学生补偿学费代偿国家助学贷款申请表》交由原就读学校资助管理部门审核盖章后，连同《大学生预征对象登记表》交常住户口所在地县级兵役机关。其他青年打印或下载《男性公民兵役登记/应征报名表》交常住户口所在地乡镇、街道武装部，兵役登记时已打印并提交过的不再打印。

（3）初检初审。根据兵役机关的通知、安排，参加身体初检、政治初审。

（4）领取预征对象通知书。在初检初审合格的青年中，择优确定预征对象，发给预征对象通知书。高校应届毕业生和在校生选择回入学前常住户口所在地应征的，到学校武装部领取经兵役机关审核盖章的《大学生预征对象登记表》和《应征入伍高校学生补偿学费代偿国家助学贷款申请表》，在征兵体检开始前，持表回到入学前常住户口所在地县级兵役机关报名应征。

（5）体检政审。8 月 1 日开始，根据报名应征地兵役机关的安排，按时参加征兵体检、政审，符合条件的择优批准入伍。

（6）优待政策办理。批准入伍的，根据批准入伍地兵役机关和民政部门的要求，及时提供指定开户银行的账号及相关资料，以便办理义务兵优待金；普通高校毕业生、在校生或其家长，持《入伍通知书》及兵役机关复核盖章后的《应征入伍高校学生补偿学费代偿国家助学贷款申请表》，到原就读高校学生资助管理部门办理学费补偿和国家助学贷款代偿；在学校所在地应征入伍的高校应届毕业生和在校生，1 个月以内，由家长持《应征公民入伍通知书》到入学前户口所在地县级兵役机关、民政部门登记。

4）女兵报名应征程序

（1）网上报名。登录"全国征兵网"（网址：http：//www.gfbzb.gov.cn）填写基本信息报名。

（2）确定初选对象。报名截止后，网上报名系统自动对学籍进行审核，计算高考相对分数，并以应征女青年户籍（应征地）所在省为单位，根据高考相对分数由高到低顺序选择初选预征对象。

（3）打印表格。网上报名系统通过短信通知初选对象本人，初选预征对象登录网上报名系统，打印《应征女青年网上报名及审核表》，高校应届毕业生、在校生同时打印《应征入伍高校学生补偿学费代偿国家助学贷款申请表》。

（4）初检初审。初选预征对象根据兵役机关的通知，参加初审初检。合格的按照高考相对分数由高到低顺序，确定征集任务数的 3 倍作为体检对象。

（5）综合考评。结合体检工作，采取查验证书、现场问答、体能测试等方式，对送检对象的政治思想、身体素质、文化素质、入伍动机等进行综合素质考评。

（6）批准入伍。对全部合格的女青年，按照综合素质考评分数由高到低顺序，依次批准入伍。

（7）优待政策办理。与男兵要求相同。

3. 国家和地方基层项目

近年来中央有关部门主要实施了四个引导高校毕业生到基层就业的专门项目，主要有选聘高校毕业生到村任职、农村义务教育阶段学校教师特设岗位计划、高校毕业生"三支一扶"计划、大学生志愿服务西部计划。

（1）选聘高校毕业生到村任职。2008 年，由中组部、教育部、财政部、保障部等部门，用五年的时间选聘 10 万名高校毕业生到农村担任村委会主任助理、村党支部书记或团支部书记、副书记等职务。聘期 2～3 年。

（2）农村义务教育阶段学校教师特设岗位计划。2006 年，教育部、财政部、原人事部等联合启动"特岗计划"，公开招聘高校毕业生到"两基"攻坚县农村义务教育阶段学校任教。聘期 3 年。

（3）高校毕业生"三支一扶"计划。"三支一扶"是支教、支医、支农、扶贫的简称。2006 年，中组部、原人事部等八部门联合下发通知，以公开招募、自愿报名、组织选拔、统一派遣的方式，连续 5 年，每年招募两万名高校毕业生，主要安排到乡镇从事支教、支医、支农和扶贫工作。期限 2～3 年。

（4）大学生志愿服务西部计划。由共青团中央、教育部、财政部、人事部等部门共同组织，从 2003 年起，每年招募一定数量的高校应届毕业生到西部贫困县的乡镇从事为期 1～3 年的教育、卫生、农技、扶贫以及青年中心建设和管理等方面的志愿服务工作。

四、待就业

因未有接收单位，待就业报到证上的报到单位为该生原籍的教育局人事部门或是户籍所在地人才中心，其档案、户籍也将会被高校所在省教育部门派回原籍。持待就业报到证的应届生，报到期限内办理落户、转档、报到手续后，可在户籍所在地人才交流中心办理档案托管，档案托管后即成为人事档案，该机构会为应届生办理一切人事管理事宜：转正定级、职称评定、工龄计入、缴纳保险等。

持待就业报到证的应届生，如在回户籍所在地教育局人事部门办理报到手续期间及时落实了就业单位，可根据就业单位是否具备人事管理权，用报到证派发的教育单位办理报到手续后，再将档案由教育部门转至就业企业或是当地人才交流中心，即可办理转正定级等人事管理事宜。待就业报到证与就业报到证的主要区别在于毕业前是否与就业单位签订就业协议，对应届生就业并无重大影响。

五、不就业拟升学

目前，很多大学生在毕业后并未考虑就业问题，而是专注于考研或是参加公务员考试、出国留学等。

六、其他暂不就业

1. 自主创业

所谓自主创业，是指劳动者主要依靠自己的资本、资源、信息、技术、经验以及其他因素自己创办实业，解决就业问题。也可理解为具备就业条件的人放弃就业机会，依靠自己的力量开展创业活动，为社会经济发展贡献智力、财力的行为。

2. 自由职业

自由职业是指摆脱了企业与公司的制辖，自己管理自己，以个体劳动为主的一种职业，譬如律师、自由撰稿人等。推而广之，大街上练摊的小商小贩也是自由职业者。

自由职业是改革开放以来渐露端倪，慢慢发展形成的。之前是没有自由职业的，所有人都隶属于某个企业或某个单位，少有人能游离"组织"，智力程度再高的劳动同样受到种种清规戒律的限制，受到方方面面的监督干涉。作家写作要受制于领导意图、社会形势，所谓的结合创作小组就是那个时期的怪胎。改革开放之后，百业振兴，各路精英脱颖而出，人们再也不满足于安全却无色彩的"大锅饭"生活。尤其某些经济与文化领域，一些人表现出了强烈的独立个性，希望摆脱"组织"限制，恢复传统自由职业者的身份。于是乎，一大批"自由人"破土而出。

3. 出国（出境）

出国留学旧称出国留洋，一般是指一个人去母国以外的国家接受各类教育，时间可以为短期或长期（从几个星期到几年）。这些人被称为"留学生"。

移民是出国（出境）的一种重要方式。移民又可分为技术移民和投资移民。技术移民是指到国外参加工作即可获得外籍身份。例如，荷兰高技术移民项目，是指欧盟以外国家合法注册并稳定经营的企业，在荷兰境内设立子公司，并从母公司派遣高管携带配偶和未满18周岁子女赴荷兰工作和生活，荷兰政府为高管全家办理居留许可，五年后可申请永居或入籍。投资移民是指具有一定资产，并且符合其他一些限制条件的投资者将资金投资到目标国政府批准的投资基金或合适的商业项目的一种行为。技术移民和投资移民的不同点是，技术移民需要通过一定的语言考试，通过后才可。考试类型如雅思的 G 类考试等。

跨国婚姻也是出国（出境）的一种方式。这是比较理想而浪漫的一种方式，或娶或嫁，既扩大了个人自由，又印证了国际友谊，只是涉外婚姻的离婚率相当高，要做好充分的心理准备。

复习思考题

1. 毕业生就业程序是怎样的？请熟悉之。
2. 毕业生择业主要有哪些途径？
3. 大学生择业的程序有哪些？你是否已经初步掌握了大学生择业的步骤？
4. 简述面试的主要内容。
5. 面试前需做哪些综合分析？
6. 简述常见的提问方式与应答技巧。

7. 面试时如何表达自信?

8. 面试补救有哪些技巧?

9. 你是否已经初步掌握了用人单位的招聘录用程序?

10. 自我练习应聘细节。

11. 请进行自我测试:给自己设置一个面试场景,试着分析在自荐时应该注意哪些问题及其解决办法。

12. 什么是网上求职?如何进行网上求职?有哪些注意事项?

13. 求职有哪些途径?

14. 试着总结大学生在就业时自荐的技巧,具体的方法有哪些?

第八章
职业适应与发展

第一节 角色转换

角色转换就像演员在舞台上扮演不同的角色一样，人处在不同的社会地位，从事不同的社会职业（或中心任务），都要有相应的个人行为模式，即扮演不同的社会角色。

社会角色就是个人在社会关系体系中处于特定的社会地位，并符合社会要求的一套个人行为模式。在社会化的过程中个体要不断地扮演或转换各种角色，角色转换又叫角色过渡，简单地说，就是新旧角色的转换、更替。这种角色的变换是经常的。比如，从上级到下级角色的转换、从学生到老师角色的转换、从领导到子女角色的转换等。角色的转换意味着个体需要摆脱前一种角色行为模式和心理特点的影响而发展另一种角色所需要的一整套的行为模式和心理特点，调整状态进入新的角色，以期更好地实现新的角色所赋予的任务。

角色转换时期，个体是否存在角色冲突与心理健康有着相当紧密的联系。当个体的角色行为与角色认知或角色期待处于协调状态时，个体就会产生愉悦、舒畅的心理感受；反之，个体便处于角色冲突状态，产生焦虑、烦恼的情绪，如果是严重的角色冲突还会对个体的心理健康产生非常不利的影响。研究证明，角色冲突是使人紧张的一个源泉。总是生活在角色冲突中的人，会出现心率加快、血压增高等生理反应。美国社会心理学家米德把这种现象称为"角色紧张"，角色紧张对社会及个体的身心健康都非常有害。因此，探讨角色转换时期如何消除角色冲突，加强角色协调能力对于个体更好地适应社会具有实际的意义。

一、角色转换时较常见的心理问题

新旧角色的转换必然会产生角色冲突（Role Conflict）的问题。角色冲突是指当一个人扮演一个角色或同时扮演几个不同的角色时，由于不能胜任或与角色期望相矛盾，而出现的心理上和行为上的不适应和不协调状态。

角色冲突大致可以分为角色内冲突和角色间冲突。当个体扮演一个角色，由于人们对该角色的期望与要求不一致，或者角色承担者对该角色理解的不统一，或者由于个体感觉到没有达到理想角色所要求的一些素质，即理想角色与个人在社会活动中实际表现出来的角色行为存在差距时，角色扮演者内心产生矛盾焦虑、冲突与不安，称作角色内冲突。譬如，一名女企业家，同事期望她能够更多地为公司做出贡献，而丈夫和孩子又要求她能够多照顾家庭，但人的精力是有限的，把大量的心思花在事业上，分配给家庭的时间就会相应地减少。这样由于人们对同一角色期望和要求的不一致，使角色承担者感觉到内心冲突。作为一名母亲，既想作为一个独立的个体去享受休闲惬意的生活，又考虑到需要对子女履行更多的职责，这些对角色理解的不统一同样也会引起个体内心的冲突。再比如，一名主持人认为优秀的节目主持人不但应该具备较强的语言表达能力，还应该具备较好的临场应变能力，当个体发现自己具备的素质与理想角色规定的素质存在一定的差距时，内心就会被这种冲突所困扰。

当个体同时扮演几个不同的角色时，不同的期望使个体感到无法同时满足这些要求而产生矛盾，称作角色间冲突。现实生活中的人们，社会关系错综复杂，一个人往往是多种角色的承担者，各角色之间在时间、空间、行为模式和内容上就可能出现矛盾，产生冲突。例如，一名女医生，作为医生她需要救护病人，而作为妻子，她可能同时需要照顾生病的丈夫，如果两个角色同时要求她履行相应的角色行为，个体的这两种不同的角色实现时在时间上就出现了矛盾，结果只能扮演其中一个角色而放弃另一个角色。再比如，一名法官，要做到依法判案，刚正不阿，但作为罪犯的亲属，又会产生非常强的同情倾向，这时候个体就会处于激烈的角色冲突之中。这时角色间的冲突表现为行为模式或内容上的冲突。

人的一生要变换很多的社会角色，而社会角色的转换往往不是那么容易实现的，角色冲突时有发生，甚至有些角色冲突是十分复杂的，可能需要角色扮演者在两种相矛盾或相反的角色行为之间做出痛苦的选择。毫无疑问，这种角色的冲突成了我们健康的大敌。

二、大学生如何完成角色转换

由一个学生的角色向一个职场工作者转变，只有做好充分的准备才能更快、更好地走进社会。

（一）大学生完成角色转换时遇到的问题

一是对待人处事的方式不适应。在学校里同学之间可以相互称兄道弟、姐长姐短的，现在呢，对不同职务、不同单位、不同场合的人要有不同的说话方式。

二是对压力的承受不适应。当学生时做错了事，同学和老师、学校和社会都会比较宽容，可一旦参加工作，我们就是一个独立承担责任的人，有什么错误必须要有勇气自己来承担。

三是时间性、纪律性要求发生了很大变化。上大学时，不想听的课可以不听，不想参加的活动可以不参加，落下的课程可以在考试前两周抓紧突击，还不耽误拿奖学金。参加工作后就不一样了，上下班要遵守考勤制度，领导交办的工作任务得按时完成，不遵守劳动工作纪律，轻者影响考核得分和工资待遇，重者还会受到处分，甚至有解除劳动合同、丢掉工作的风险。

四是感觉理想与现实的落差较大。大学生步入社会，就意味着要从学生角色向职业化角色转变。大学生刚参加工作，被人认可的愿望十分强烈，但刚参加工作，往往会被上级或领导指派做一些简单性、操作性、流程性的工作。就行业来讲，可能会派你到基层的基层去锻炼一两年，干一些最基础的工作，如去分拣线分拣卷烟、给零售商户送货、去烟站种植、收购烟叶、去卷烟或烟叶仓库当保管员，甚至是一些打杂跑腿的工作。而我们这些大学生，曾经都是学校里的高才生或者说是所谓的"天之骄子"，如今却只是一名普通员工，做着简单的工作；我们进的是名牌大学，学的是热门专业，但却没有获得期望的薪酬和机会。这种期望值的落差，让许多应届大学生无所适从，无法安心工作，尤其看到本单位的部分领导干部或者中层干部无论是学历还是能力都跟自己没法相比的时候，这种心理的落差更大。这种心理的落差将导致应届大学毕业生心态浮躁，无法看见自己的前途，越加对未来迷茫，感觉自己郁郁不得志，最后可能会破罐子破摔，甚至跳槽。

五是急于求成，遭受挫折后不能承受压力。一方面，应届大学生对于工作急于求成；另一方面，应届大学生遭受挫折后，心理负荷较大，无法承担工作压力。大学生在校期间学到的知识非常有限，很多书本知识由于教育的滞后性，在工作中已经过时，很多工作知识需要在工作实践中不断学习、锻炼和提高。因此，应届大学生真正参加工作后，还需要摆正心态，放下架子，重新去学习，以使自己胜任现有工作。而且，在工作中的任何过失和错误都有可能造成本单位的经济损失，所以任何小小的失误也难免招致同事或上级的批评或斥责，感觉难以承受压力。对于刚毕业的大学生，这些心理压力如果不能得到有效的释放或者化解，就可能转化成对企业或同事的抱怨，无法使自己在技能上提高，无法融入集体，无法同他人建立良好的人际关系，最终造成心理失衡的现象更加严重。

（二）做好职业转换的心理准备

即将毕业的大学生面临的是从学生角色转变成职业角色，环境对这两种不同角色提出了不同的要求。单纯的学生角色，其主要的心理压力来自于学习，其所要求处理的人际关系也相对简单，集中表现为学生与学生之间的交往以及学生与教师的交往等。而职业角色则复杂得多，首先，就是复杂的人际关系的出现，不能随性而行；其次，社会发展的压力、就业竞争压力会促使大学毕业生需要不断地去提升自我，以适应竞争和发展，但是每个人并不总是能够提高自己的素质水平，这样就会在现实与压力下产生很多心理问题。

处在这两种角色交替之间的大学生，对于角色的认知很容易产生混乱，怎样成功实现角色的过渡，怎样从生活的一端走向另一端，解决在角色转变中带来的一系列冲突和矛盾，最重要的就业心理准备就是要转变角色。由于社会竞争的加剧，当代大学生的择业难度不断增加，这就要求我们在大学阶段就做好充足的准备，才能以较好的姿态进入社会，占据一席之地。这些准备，包括硬件上的，如知识、技能等，也包括软件上的，如价值观、思维方式、心理承受能力等，要学会作为一个成人而思考，而行动，学会独力承担。

（三）增强角色意识

一个人对于自己在某种环境中应该做出什么样的行为反应的认识，就是角色知觉。我们做出某种行为反应，是以我们对于别人希望我们怎样做的解释为基础的。而别人认为你在一个特定的情境中应该做出什么样的行为反应就是角色期望。角色期望往往以角色规范的方式对各种角色行为提出要求，它不仅规定了角色行为准则，而且规定了行为方式。角色规范是指群体中每一角色必须遵守的行为规则，它是在长期的社会生活中通过对角色期望的提炼而形成的，并在个人的社会实践活动中表现出来。个人接受角色规范的过程，就是实现社会化的过程。角色规范是社会影响个人的重要中介环节，为人们的角色扮演确定了具体的行为界限，个人只有掌握了一定的角色规范，才能成为一个合格的社会成员，成为一个合格的职业人。

社会好比一个大舞台，每个人都有自己的角色位置。每个角色扮演者只有在理解角色知觉和角色规范的基础上，用实际行动满足了社会对角色的期望后，才称得上是合格的"演员"。高职大学生增强角色意识，正确认识角色转换首先要给自己进行角色定位，应认清自己在工作环境中所承担的工作角色以及这个角色的性质、职责范围，弄清楚工作关系中上级赋予自己的职权和自己承担的义务，认识到职位和社会对自己的期望。如果角色意识淡薄，一意孤行，我行我素，该请示的擅作主张，该自己处理的事情不敢做主或推给上司、同事，势必与新环境格格不入。

1. 避免角色偏差

初涉职场的毕业生，由于角色意识不强，或对角色理解错误，因而容易产生角色偏差。首先是角色冲突。当一个人改变原来的角色，担任新角色时，新旧角色之间发生矛盾，这种矛盾即为角色冲突。其次是角色错位。即行为处事超越自己的角色规范。角色错位易引起他人的反感，不利于良好人际关系的建立。再次是角色泛化。由于同时担任的几个角色的规范不一样，因此，在担任角色的过程中互相干扰，从而影响工作。

2. 有意识地培养角色意识

职业偏差会影响职业环境的适应，必须引起高度重视。首先，在校期间就应该注意角色意识的自我表现和培养，学习和掌握角色知识和角色技巧；其次，模拟将来所要担当的职业角色，自觉进行角色训练，积极参加社会实践；再次，走上工作岗位后，要严格按照角色规范行事，使自己能够尽快地进入工作角色，从而缩短"角色距离"。

3. 正确认识角色转换

社会角色是社会赋予人的社会权利和义务，它揭示了每个人在社会中的地位和在人际关系中的位置，代表了每个人的身份，以及人们所要遵守的行为规范。学生角色和职业角色是根本不同的。学生角色是受教育，储备知识，掌握本领，接受经济供给和逐步完善自己的过程；职业角色则是用自己掌握的本领，通过具体工作为社会付出，独立作业，具有一定的权利和义务，以自己的行为承担责任的过程。毕业生初入社会必须明确工作角色的责任与权利，必须对新单位的特点和对新角色的要求做出恰如其分的评析，并在此基础上初步明确自己将担任角色的任务、内容、职责、权利和义务，以确定自己的角色规范。

三、完成角色转换

个人在社会中的位置是随着社会环境和职业岗位的变动而变化的。高职毕业生即将走出"象牙塔"，走上工作岗位，要实现由一名学生到一名"单位人"或"企业人"的转变，角色发生了变化，就必须按照社会与工作岗位对角色的要求来塑造自己。高职毕业生必须调整心态，树立积极正确的观念，才能尽快适应社会，有所作为。

要从现在做起，向行动化转变。学校是一个同质性比较高的小社会、小群体，人员构成比较单一，相对比较单纯，而在社会上各种各样的人都有，与学校相比，社会是一所更大的大学。职场文化和校园文化在时间安排、人际交往、学习方式、评价体系等很多方面都大有不同。因此，当我们在跨出大学的校门、跨入职场的门槛之际，要顺利实现社会化、职业化转变，就要从现在做起，从我们生活、工作、职业发展中的一点一滴做起，向行动化转变。

（一）要正确地认识自我与社会，向社会化转变

现在不少大学生在思考自我与社会的关系、自我与职业的关系时将社会化等同为"丧失自我"，并从内心排斥社会化。从中我们也可以看出，从学生向员工的角色转变，表面上表现为职业化，但深层的东西其实是对于社会和自我的正确认识，是一个社会化的过程。大学生工作适应最突出的障碍就是以自我为中心，不能正确认识自我，不能正确地认识社会、人性、职业和他人。

（二）脚踏实地地做好本职工作

安心本职工作是角色转换的基础。刚走上工作岗位的高职大学生，应尽快从学生的状态中解脱出来，尽快全身心地投入到新的工作中。"工作是一个安全的基地"，只有在工作，人才有归属感和安全感。把第一份工作作为了解社会的一个窗口，利用第一份工作，来重新认识自己，适应社会，完成从学生到职业人的转变。在这个过程中，要给自己一个计划，要给自己一个思考。许多高职大学生工作后几个月还静不下心来，"人在曹营心在汉"，三心二意，不安心本职工作，这对角色转换的实现是十分不利的。

（三）客观全面地评价自己

大学毕业生大都自视较高，在走出校门之前，大都有"天高任鸟飞，海阔凭鱼跃"，创造一番业绩的宏大抱负，但他们对社会生活的估计往往失之于简单或片面，他们的理想目标不是建立在客观条件之上，一旦遭遇挫折，很容易产生不安或不满情绪，失去竞争的勇气。其实，社会是一个万花筒，其中既有好的、有利于人发展的一面，又有不好的、不利于人发展的一面，作为大学生，只有正视现实，接纳现实，正确地了解、认识自己，恰当地评价自己，将主观愿望与客观实际结合起来，才能站稳脚跟，找到真正改造世界创造业绩的切入点。

要培养良好的职业素养，向职业化转变。职业素养是大学生角色转换的重点。在人才交流市场上，我们常常会发现，多数单位在招聘员工时希望应聘者具有一定的工作经验。其实，大学生在学校所学的专业知识和经验离社会的实际要求肯定有很大的差距，用人单位真正看重的并不是简单的成绩单，也不是表面的学历学位，而是职业意识和职业素养。专业知识和经验不是阻碍大学生角色转换的最大难题，我们本来就是学生出身，从小学到大学毕业，十几年的学习经历让我们积累了丰富的学习经验，参加工作后的岗位专业知识我们一定能轻松搞定，工作经验我们也一样能扎实积累。但是，职业态度、职业意识、职业道德、职业行为、职业技能等职业素养才是大学生的"软肋"，这些方面的欠缺在职业适应阶段都会表现出来。

（四）主动调整心理状态

大学生应从以下几个方面主动调整心理状态。

（1）要学会适应。不要习惯性地像在学校里一样，以对待周围老师和同学的方式与同事、上司、老板相处。千万不要试图去改变别人，而是要学会适应与不同的人和谐相处，求同存异，适者生存。

（2）要控制情绪。要自觉地意识到校园文化和职场文化的不同，学会控制自己的情绪，不要把喜怒哀乐全表现出来，更不能随便发脾气，以免影响工作。

（3）要热情主动。对刚参加工作的大学生来说，更要热情、主动、外向，以尽快、尽可能地让上司、同事和周围的人愉快地接受你。这一点不要说大学生不大会考虑，我们很多人即使工作多年，或者终其一生，都不大会去考虑这个问题。如果我们能使自己的整个人激励、感染、影响、愉悦身边的人，那将会达到超越职业化的境界。

（4）要不断学习。大学里学的那些知识不是我们的救命稻草，那些看起来丰富渊博的知识根本解决不了工作中的问题、满足不了我们职业发展的需要。要树立活到老学到老的终身学习理念，要树立向同事、向上司、向朋友、向社会学习的理念，不断学习党政理论，学习法律法规，学习专业知识和工作方法，来不断提高工作技能和职业素养，不断满足你职业发展不同阶段的需要。

（5）要时刻反省。要有自省、自知、自觉的意识和理念，时刻注意在为人处事的细节中发现自己的不足。要学会通过工作和为人处事来发现自己的不足，使你今后能有针对性地、更加积极主动地弥补自己的不足，提高自己的技能，使自己能够更快、更好地融入集体和团队。要永远记住：失败不是成功之母，检讨与改进才是成功之母。

（五）主动调整生活节奏

结束了宿舍—教室—图书馆三点一线的学校生活，来到了一个生活节奏全然不同的新环境，只有主动调整自己的生活节奏，才能尽快适应新环境。首先，作息时间的变化要适应。早上睡到九点，下午三点起床的"九三"学社生活方式千万要不得了。如果你是在医院、部队、公安等单位工作，还要适应三班倒或夜间值勤的规律。其次，由于南北方的生活习性、饮食结构、风土人情等的差别，还要学会调整原来的生活习惯，培养新的生活习惯，顺利度过异地生活关。再次，要学会安排自己的业余生活。在学校里课余有作业，晚间有自习，周末有丰富的文化活动。参加工作以后，业余时间的学习和文化生活主要靠自己来支配、安排，不善于支配自己的业余生活，同样很难适应新环境。

（六）完善自己的知识结构

任何一个毕业生都不可能在学校就学到工作岗位上所需要的全部知识，这是因为学校培养的是专门人才，而实际工作中碰到的问题往往是综合性的，涉及跨学科、多领域的知识。你是学工的，领导要你写一篇新闻报道或调查报告，动起笔来你会感到很吃力；你是学新闻的，到工厂、科研单位采访，会因自然科学知识贫乏、科技专业术语不通而力不从心。社会需要的是"通才""复合型人才"，要使自己胜任工作、适应新环境，必须不断根据工作需要学习新知识，完善自己的知识结构。

总之，走向社会的大学毕业生必须明白，社会不会再像家长和老师一样，欣赏你的天真、清纯，社会将会关心但不会迁就你这样一个年青的新成员，社会要求你遵守规则，社会期望你劳动、贡献。社会与自然一样奉行一条法则：适者生存。现实中的角色适应虽然复杂，但只要注意加强平时的个人修养，严格要求自己，是完全可以胜任自己所承担的角色的。

其实，每个大学生心中都有一座山峰，雕刻着理想、信念、追求和抱负；每个人心中都有一片森林，承载着收获、芬芳、失意和磨砺。一个人，若要获得成功，就要拿出勇气，要付出努力、拼搏和奋斗。成功，不相信眼泪；成功，不相信颓废；成功，不相信幻影；未来，要靠我们自己去打拼！

第二节　征服你的第一份工作

一、积极主动地适应工作岗位

（一）主动、积极地工作

"谁是最可爱的员工？"在新经济时代，昔日的"听命行事"不再是"最可爱的员工"模式，今天的老板根据时下所需，要求的是"不必老板交代，积极主动做事"的一代新人。主动就是不用别人告诉你，你就能出色地完成工作。

1. 主动地去适应工作

当你新进入一家企业时，也许你所面对的只是一些简单的，或者艰苦而单调的工作，你可能对这些工作既没有兴趣，也难以从中得到挑战，然而这正是考验你积极性的时候。高职毕业生应该学会控制自己偷懒或厌倦的欲望，充分适应这些工作，并显示出你的积极性和主动性。这是区别你和其他新进员工的唯一方法。由此，你可以得到领导的器重，也决定了你是否在这个企业有进一步发展的机会。

2. 积极学习工作所需要的各种知识

高职毕业生走上工作岗位后，可以通过参与那些并非自己必须参与的工作了解企业对不同岗位的要求，并得到多方位的锻炼；也可以向有经验的员工或主管学习他们如何思考和迎接新的挑战；还可以充分学习那些在这个企业中可能用到的其他知识，甚至是为了自己将来的发展所需要的后备知识。通过不断的学习使自己成为工作的多面手，为自己创造更多的晋升机会。

3. 积极主动地工作还要求你比其他人付出更多的努力和牺牲

比如牺牲自己的休息时间，承担艰苦和困难的工作，主动地加班完成更多的任务，提高自己的工作标准，等等。

总之，一个能够自我激励、坚持学习、不用监督就能做好工作的人，是一个企业最欣赏的人，也是领导最看重的人。在工作中，积极主动的人总会比其他人有更多的发展机会。

（二）操之在我的工作态度

要成为一名优秀的员工，无须高智商或者圆滑的社交技巧，只需改进你的工作态度。研究表明，一个人职业生涯的成败 60%取决于他的工作态度。很多成功的人士都证明，有才能使你有机会受雇，而拥有才能之外的东西才使你有机会晋升。其中一个显著的方面就是操之在我的工作态度。

1. 操之在我的含义

操之在我是一种工作态度。一个人应该可以控制并引导自己的情感，使之积极健康，以有利于自己的工作。操之在我与过于自我并不相同，操之在我的前提是个人的行为和心态是健康的、积极向上的，与社会的需求是吻合的。

所以，操之在我就是要协调好自己的情感、行为与周围环境的关系，有意识地控制自己的情感，采取积极的态度和行为，从而创造一个积极的职业环境，即操之在我的环境。

操之在我的反面就是受制于人。

与操之在我相反，受制于人即个人的情感和行动被别人所左右，不利于自己主观能动地干好本职工作。在现实生活中，很多人往往总是自觉或不自觉地受制于人，处于被动的工作状态。这种情况的出现，实际是把自己的工作主导权交给了他人，从而使自己的职业生涯经常被他人所主导，这样一来也就常常与成功无缘了。

2. 操之在我的表现

具体来讲，表现为控制自己的情绪和行为。

首先要保持一种平静的心态，进而进行换位思考，站在对方的立场，考虑一下对方的利益，这样才能真正做到操之在我，有效地解决冲突，更好地进行工作。

其次要创造操之在我的环境。要学会先处理心情，再处理事情。通过改变自己的心态、行为，用自己的心态和行为影响你所共事的同事和你所服务的顾客的心态和行为，从而创造一个十分理想、良好的沟通环境，也就是一个操之在我的环境。

3. 操之在我的工作态度，可以产生对工作的正面影响

（1）改善工作的原动力。使我们可以更主动、更努力地去工作。

（2）提高个人绩效。当我们更努力、更主动地去工作时，个人的业绩也会相应地得到极大提高。

（3）提高组织绩效。企业是由众多的个人组成的，如果每个人都能用积极的态度对待工作，那么整个企业就会发达。

总而言之，当今社会已经不是"酒香不怕巷子深"的时代了，你一味地等待别人去发现你，那么你会永远被遗忘的。只有用"积极主动"武装起来，才能进攻职场。

二、当一个有效的职业化员工

所谓职业化，是指从业人员任职能力与本行业或企业相关职位行为要求相结合的过程。即要求从业人员把社会或组织交代下来的岗位职责专业地完成到最佳，准确地扮演好自己的工作角色。

真正的职业化不在于你从事什么样的工作，扮演什么角色，处于什么职位，而在于你对工作的信仰、努力的程度、奉献精神和忠诚度。

无论在哪个行业，决定一个人是不是高手的根本因素都不是技术，技术到了一定的程度，大家都一样，能分出高下的是人的心，即爱心、信心、责任心。

所以职业化是一种精神，是内在的精神动力，而不是专业知识和技能；是对职业的价值观和态度。

（一）一个人的核心能力来自于持续的专注

有一个故事，名字叫作"知了的翅膀"。有一天，孔子带着学生去楚国，途经一片树林，看到一个驼背老头儿拿着竹竿粘知了，好像是从地下拾东西一样，一粘就是一个。孔子问道："你这么灵巧，一定有什么妙招吧？"驼背老头儿说："我是有方法的。我用了五个月的时间练习捕蝉技术，如果在竹竿顶上放两个弹丸掉不下来，那么去粘知了时，它逃脱的可能性是很小的；如果竹竿顶上放三个弹丸掉不下来，知了逃脱的机会只有十分之一；如果一连放五个弹丸掉不下来，粘知了就像拾取地上的东西一样容易了。我站在这里，有力而稳当，虽然天地广阔，万物复杂，但我看见的、想的只有'知了的翅膀'。如因万物的变化而分散精力，又怎么能捕到知了呢？"

做工作也需要这三个层次：第一个层次就是仅仅会做；第二个层次就是能够做到熟练，就像"竹竿顶上放三个弹丸掉不下来"；第三个层次就是要做到不分散精力，看的想的只有"知了的翅膀"。要知道，能力不是完全取决于专业知识，而是取决于持续的专注。有实力才有魅力！

（二）有责任地工作

在公司或企业里，老板心目中的员工，个个都应是负责的人。只有主动对自己的行为负责、对公司和老板负责、对客户负责的人，才是老板心目中良好的公司人。如果你推卸责任，即使你有其他长处，老板也会觉得你是一个不可信的人。因为在现代社会里，责任感是很重要的，不论对于家庭、公司、社交圈子，都是如此。它意味着专注和忠诚。

有责任地工作包括两个方面的内容：岗位责任和全局责任。岗位责任就是在自己的岗位上应承担的责任。全局责任就是岗位的工作要服从全局的工作，当全局的形势发生变化时，个人的工作要进行相应的调整和变化。

岗位责任和全局责任包括了不同的内容。

1. 主动承担岗位责任

首先，岗位责任要求你在做工作时应掌握重点，一定要知道你该做什么，你的工作重点究竟是哪一部分，这就好像一台机器上的螺丝钉一样，你明明是负责这个点的，你却总想在别的点上施展功能，这样一来势必会出问题。你只要尽最大努力去做好自己的工作就可以了。

有责任心的职业人要以"做对事"为目标，不能以盲目地"多做事"为目的，要对工作的结果负责。

其次，还要把分内事做好。公司是以工作绩效来衡量责任的。不但对你的岗位有具体明确的要求，而且还会进行岗位评估。工作不像考试，60分万岁。工作不要60分，只有每件工作都做到百分之百，才能完成自身的责任目标。比如，你卖手机，只要做到卖货收钱，也算基本及格。但是，你的工作目标是为顾客提供优质的服务，只做到上述几点就差很远。要让顾客有被尊重的感觉，了解手机的各种信息，获得满意的服务，用60分的标准来衡量肯定是无法圆满完成工作的。

当然工作也没有100分，职场变化快，对于工作目标的要求也是不断变化的，精益求精是没有止境的。如果你想把岗位工作做得更好，就要不断地总结经验，在实践工作中提高解决问题的能力。

2. 要有全局责任

全局责任主要有：组织的目标、领导的意图。

首先，要清楚组织的目标。全局责任要注重组织的目标是什么。每个组织都有自己的目标，比如，做安全评价，目标是经过评价的客户不能因为你的疏忽造成任何事故；再比如，做规划，一定要数据翔实，实事求是。组织的目标，每个人都应该清楚。

其次，要领会领导的意图。比如，经理开一个会，需要一些数据，他的下属生怕会有某一个数据没有提供到，为了以防万一，就统计了所有的数据。这样做的后果是什么？不仅使自己的工作量增加也相应地增加了相关人员的工作量。如何才能避免做这些无谓的工作呢？应学会领会领导的真正意图，不做徒劳无功的工作，白白浪费宝贵的时间。第一，接受任务时一定要确认这项工作是否重要，一定要问清楚上司真正想要的是什么。如果问了还不明白，说明你与上司缺乏共鸣，上司还会认为你缺乏全局观念，对本单位所从事的工作的现有进度缺乏了解。第二，与上司建立良好的沟通关系（情感）。争取让上司与你像朋友一样谈话，你就可以不用再像猜谜一样去猜上司到底想什么了。

在工作中认真负责，一要关注细节，能够勤奋而谨慎地做好每一件事；二要勇于承担责任，承认错误，做一个诚实的人；三要认真地履行承诺，不要找任何借口，使自己成为一个可信赖的人。

（三）敬业、忠诚的工作品质

1. 敬业

1）敬业的含义

敬业，顾名思义就是敬重并重视自己的职业，把工作当成自己的事业，并对此付出全身心的努力，抱着认真负责、一丝不苟的工作态度，即使付出更多的代价也心甘情愿，并能够克服各种困难，做到善始善终。

敬业是职业人最基本的素质，敬业是一个职业人应具备的职业道德，敬业是人类工作的行为准则。

在竞争如此激烈的现代社会，毫不夸张地说，一个公司的存亡，就取决于其员工的敬业程度。松下幸之助创业时目睹信徒在寺庙里虔诚而愉快地参加义务劳动时，感慨颇多："如果员工带着宗教般的虔诚参加工作，企业肯定会无往而不胜。"

每个员工的敬业所带来的直接结果当然是企业的不断发展，但同时也会带来员工个人事业的成功。

2）敬业对员工的好处

（1）敬业让你出类拔萃。无论从事什么行业，只有全心全意、尽职尽责地工作，才能在自己的领域里出类拔萃，这也是敬业精神的直接表现。

📖 拓展阅读

在年度总结时，某企业一名口吃的业务人员成为整个销售团队里成绩最好的。这个业务人员虽然口吃，但工作热诚毫不输人。更因为口吃，了解别人没有耐心听他把话讲完，因此下班后老是看见他在整理资料，一会儿是表格，一会儿是各家产品差异对照图，再加上一些实在不怎么高明的亲手插画，全心全力企图让客户可以一目了然。又因为仅仅一次的拜访，正常人可以说完的内容他说不完，因此只好多跑几趟。看对方忙，自知对方不会抽出时间来听自己说明，只好规规矩矩地鞠躬、结结巴巴地打过招呼就自动告退，所谓"一枝草，一点露，天无绝人之路"，几十次地拜访下来，客户很少不被他如此热心的行动所感动，甚至还帮他介绍客户。

你如果有强烈的敬业实干精神，你自然能得到重视，受到重用，得到提拔。

（2）敬业容易受人尊重，容易得到重用。任何老板都喜欢敬业的人，因为你的敬业可以减轻老板的工作压力，同时一个人敬业，自然就会成为公司的"骨干"和"中坚"，受到大家的敬重。

所以敬业不仅是职业人最基本的素质，也是一种高尚的职业道德。

3）把敬业当成一种习惯

在职场中的许多人都有这样的感觉，自己做事都是为了老板，为老板挣钱。其实，这是情理之中的事。如果老板不挣钱，你怎么可能在这家公司待下去呢？也有人认为，反正为人家干活，能混就混，公司亏了也不用我去承担，甚至还扯老板的后腿。其实这样做对老板、对自己都没有好处。

敬业的人所获得的不仅仅是工作报酬，更重要的是从工作中发展了自己的能力、增加了自己的社会经验、提升了个人的人格魅力。老板支付给你的是金钱，你自己赋予自己的是可以令你终身受益的无价之宝。因此，要把敬业变成一种习惯。把敬业变成习惯的人，从事任何行业都容易成功。从短期来看"敬业"是为了老板，长期来看还是为了你自己！因为敬业的人才有可能由弱变强。

现代社会中，由于经济高速发展，工作机会很多，因此常有企业招募员工，但是你千万不要以为到处都有机会而对目前的工作漫不经心，或者喜新厌旧。记住：机会是留给有准备之人的，机会是留给敬业的人的。

2. 忠诚

在一项对世界著名企业家的调查中，当问到"您认为员工应具备的品质是什么"时，他们几乎无一例外地选择了"忠诚"。忠诚是职场中最应值得重视的美德，也是一个职业人最基本的职业道德。因为你选择了一个公司作为你职业生涯的支点，就意味着你对公司有了一种承诺。

首先要对工作忠诚。你对工作忠诚，就会忠心耿耿地把你该做的事做好，就会很有责任感，尽最大努力为公司创造价值，不做损害公司利益的事，就会得到老板的信任，从而得到晋升的机会，并被委以重任。其次对工作忠诚就是对老板忠诚，就能够让老板拥有一种事业上的成就感，同时还能增强老板的自信心，更能使公司的凝聚力得到进一步增强，从而使公司得以发展壮大。

对工作忠诚，对老板忠诚，实际上就是忠诚于自己。因为你的忠诚是在为自己的职业声誉负责。

（1）把忠诚当成我们的做人之本。当你选择了这家公司，就要把公司当成自己的公司，与公司同舟共济、荣辱与共，全心全意为公司工作，公司成功了，你自然也就赢得了成功。如果失去了忠诚，那你就失去了做人的原则，失去了成功的机会。

（2）保守秘密。职业人对于曾服务过的和正在服务的组织都要严格保守机密。身在职场，要守住公司和老板的秘密。不该问的不问，不该说的不说，公司的各种事情都不可以随便张扬，绝对要守口如瓶。

在一些高新技术企业，保守机密被作为基本的职业操守之一，尤其对于知识型员工及高层管理者，他们了解大量的核心技术和商业机密，这是企业至关重要的核心能力。

一个有职业道德的人，心里要有一条准则：可为与不可为。需要坚守的信条是：绝不选择良心的堕落。

（3）频繁跳槽，就是缺乏忠诚。很多公司不惜代价对员工进行培训，但是当员工积累了一定的工作经验后，经常是不打一声招呼就跳槽而去，这样的人对公司是缺乏忠诚的。

频繁跳槽直接受到损失的是企业，但从更深层次的角度看，对员工的伤害更深。一是不利于个人核心能力的形成。人力资源管理学家认为，一个人一生中调整七次职业都是可以接受的，超过这个限度会对职业生涯造成不利的影响。因为频繁跳槽，就无法积累某个领域的核心知识和经验，就无法在个人竞争中形成自己的优势。我们经常看到许多上知天文、下知地理、口若悬河、夸夸其谈的人往往一事无成，而那些术业有专攻的人却成绩斐然。一些人刚刚积累了一些职业经验和社会资源，经受一点诱惑或者一点点挫折就转换门庭，结果将自己长时间积累的全部资源弃之不用，核心能力自然无法形成。没有核心竞争能力的个人，注定一辈子拿死工资。二是会养成"这山望着那山高"的习惯，会使员工的价值有所降低。三也是最重要的一点是会影响你的职场信誉。换工作毕竟是一件大事，它是检验一个人忠诚度的根据。如果你在短期内换了好几份工作，再去找工作的时候，招聘企业就会想"这人的忠诚度恐怕有问题……"那你日后的麻烦可就大了。

所以最好不要动不动就想以跳槽来改变自己的境遇，你可以在岗位上勤恳工作，努力提高自己各方面的能力，积极进取，这样才能更好、更快地接近成功。当然，人一生更换几次工作是很正常的事情，但不管做什么工作都要把工作做好，这是对所从事的职业的高度责任感，是对职业的忠诚，是承担某一责任或者从事某一职业所表现出来的敬业精神。

如果你渴望成功，那就要保持忠诚的美德，让它成为你工作的一个准则。

（四）不要只为薪水而工作

在有些人眼中，薪水是自己身价的标志，绝不能低于别人。他们的"理想远大"，刚出校门就希望自己成为年薪几十万的总经理；刚创业，就期待自己能像比尔·盖茨一样富甲一方，他们只知向老板索取高额薪酬，却不知自己能做些什么，更不懂得从小事做起，实实在在地进步。

只为薪水而工作让很多人缺乏更高的目标和更强劲的动力，也让职场上出现了几种不正常的现象。一是应付工作。他们认为公司付给自己的薪水太微薄，他们有权以敷衍塞责来报复。他们工作仅仅是为了对得起这份工资，而从来没想过这会与自己的前途有何联系，老板会有什么想法。二是到处兼职。长期处于疲劳状态，工作不出色，能力也无法提高，最终谋生的路子越走越窄。三是时刻准备跳槽。由此对工作三心二意，很容易失去上司的信任。

这样做的结果，最终受欺骗的是自己。因此要谨记以下几点。

1. 工作中有比薪水更重要的东西

薪水是企业对员工所做的贡献——包括实现的绩效，付出的努力、时间、学识、技能、经验与创造所付给的相应回报与答谢。

职业所给予人的薪水仅仅是员工工作报酬的一部分，而且是很少的一部分。除了薪水，职业给予的报酬还有珍贵的经验、良好的训练、才能的表现和品格的建立。这些东西与用金钱表现出来的薪水相比，其价值要高出千万倍。

2. 掌握技能不仅仅是为了薪水

由于工作中存在着比薪水更重要的东西，所以不要太多考虑工资，无论你目前从事哪一项工作，一定要使自己多掌握一些必要的工作技能。当你从一个新手、一个无知的员工成长为一个熟练的、高效的管理者时，你实际上已经大有收获了。你可以在其他公司甚至自己独立创业时充分发挥这些才能，从而获得更高的报酬。因为你不可能永远受雇于一个公司，当你流动时，这些能力、经验、技巧不会遗失也不会被偷。在公司中，如果你掌握了必要的工作技能，自然就会提升自己在老板心目中的地位，变得不可替代。获得锻炼的机会比薪水更重要。

3. 使自己变得不可替代，薪水自然会提高

无论你目前从事哪一项工作，如果你做的工作比你所获得的报酬更多、更好，那么你不仅建立了"任劳任怨，不计报酬"的美德，也因此发展了一种不寻常的技巧与能力，你将对你的工作感觉愉快，最后将产生足够的力量，改变自己的命运。

4. 现在的放弃是为了未来的获得

如果你的努力老板没有注意到，也不要懊丧，我们可以换个角度来思考：现在的努力并不是为了现在的回报，而是为了未来。我们投身于商业是为了自己，是为了自己而工作。人生并不只有现在，还有更长远的未来。

我们要时刻告诫自己：我要为自己的现在和将来而努力。无论你的工资收入是多还是少，都要清楚地认识到那只是你从工作中获得的一小部分。尽管薪水微薄，但老板交付给的任务能锻炼我们的意志，上司分配给我们的工作能发展我们的才能，与同事的合作能培养我们的人格，与客户的交流能训练我们的品性。所以，优秀员工必备：不把薪金看成工作的终极目标，重视在工作中获取知识和经验。

第三节　培养良好的职业素质与遵守职业规范

一、培养良好的职业素质

（一）职业素质的含义

教师、法官、导游、飞行员、律师……人们从事着职责各异、形式不同的职业，不论从事何种职业，必须要具备一定的职业素质。那么，什么是职业素质？所谓职业素质，是劳动者对社会职业了解与适应能力的一种综合体现，其主要表现在职业兴趣、职业能力、职业个性及职业情况等方面。实际上，人的职业素质的形成既包括生物进化过程中所获得的特性，也是接受和掌握人类社会历史发展成就的结果。因而在不同社会发展时期的人，通过职业实践所积淀的职业素质是不同的。客观上，不同的时代会对人的职业素质提出不同的要求。在人类历史发展的长河中，已经经历了农业时代、工业经济时代，现在我们又迎来了一个新的时代——知识经济时代。知识经济时代明显不同于以往任何时代，它对人们的职业素质提出了特殊的要求。知识经济时代是以知识为基础的时代，一个人既要掌握本民族通用语言，也要掌握外语、计算机语言；不仅要掌握专业技能，而且要掌握专业技术，否则个人的活动和交往将受到语言的、技术的制约。因此，一个人职业素质的形成既受自身条件的制约，又受时代发展的影响，必须从时代发展的需要出发，不断地发展和完善自身的职业素质。

（二）职业素质对人生的重要意义

良好的职业素质是人生存的根本。生存是人的第一需求，它是人们维持和发展生命的首要条件。人类这一需求的满足总是同一定的物质条件相联系，在不同发展阶段人们对生存的要求是不同的。职业是人们解决生存需求的重要手段。在社会主义市场经济初步确立的今天，良好的职业素质已经成为人们维持生存和提高生存质量的根本，这主要是基于以下几个方面的原因。

1. 日趋激烈的竞争使人们的就业难度增大

实行社会主义市场经济，使我们可以自由选择学校，选择职业，选择单位；可以自主立业、创业；可以通过竞争上岗担任国家公务员和领导干部。然而，市场经济也使人失去或正在失去长期禁锢个人自由发展的单位所有制、部门所有制、职务和职业终身所有制、劳动就业的计划分配制、住房无偿分配制、公费医疗制等。因此，市场经济带给我们的不仅仅是个性发展的自由，更多的是生存的压力和发展的竞争。在进入新千年的今天，就业与失业已经成为一个严峻的话题。我国在进入 20 世纪 90 年代以后，经济进入了调整时期，进而开始了一个新的发展阶段。同时以"服务市场经济，提高办事效率"为宗旨的政府机构改革也逐渐开始。这一切都使就业形势更加严峻。就业形势尽管严峻，但是机遇和挑战从来就是一对孪生兄弟，人们只有根据市场经济的要求调整和不断地完善自己，不断地提高自身素质，提高自己谋生的本领，才能实现个性化的发展，才能生活得更好。因此，优良的职业素质是我们生存的根本。

2. 知识经济的出现对人们的职业素质提出了更高的要求

知识经济作为充分利用高科技成果，以知识的生产、传播和使用为基础的新的经济，已显示出勃勃生机。这种新的经济已经引起了发达国家产业结构的变化，劳动密集型和资本密集型产业向技术密集型、知识密集型产业转化，使用高新技术发展传统产业，不断进行设备和工艺的更新及产品的换代，从而赋予了传统产业新的活力。这种新的经济形态不仅意味着经济的增长、产业结构的升级，也意味着劳动力结构的调整。以世界第二大汽车制造商福特公司为例，从 1995 年开始，福特公司的每一个地区性子公司不再独立研究自己的车型，不再对新车型的某个部件的现成设计进行修改来使之适合于新车型，而是运用最现代的信息技术，通过视频和计算机网络进行设计，以建立全球一体化的经营体制。研制、采购、销售，这一切福特公司在全球范围内都力求做得尽善尽美，避免任何重复的劳动，即使最偏僻地区的分公司都是如此。福特公司所进行的改造节省了高达数十亿美元的开支，并可望削减成千上万个高技能的报酬优厚的工作岗位。由此可见，经济全球化的新技术革命使人们面临的竞争更加激烈，昨天还从事着颇有前途的工作的人们，很可能在一夜之间就要失去工作。此外，随着教育、科技的发展以及家庭办公等新的工作方式的盛行，新就业岗位将层出不穷，这使得企业对从业者的职业素质要求不断提升。

3. 良好的职业素质是创业的基础

创业就是创办一项事业，具体到个人来说，它是创业者寻求自我生存与发展的过程，它需要创业者有百折不挠的意志，奋发进取的精神，吃苦耐劳的作风，敢于创新的勇气。因此，创业必须以良好的职业素质为基础。

（1）职业素质决定着人职业决策的正确态度。选择一种适合自己的职业，是人创业的第一步，也是关键的一步。这一步迈得如何，直接关系到事业是否成功。具有一定职业素质的人，往往能够准确地选择出既适合于自身特点，又能与社会需要相联系的职业作为自己创业的起点。

本田汽车的创办人本田一郎，1906 年生于日本的一个小村庄。他年纪很小时便对机器有着浓厚的兴趣。他在自传中说："当我开始生产摩托车时，很多好朋友都预言我会失败，千方百计地阻止我……我不听他们这些悲观的论调。因此，在 1948 年 9 月 24 日我开设了本田摩托车公司。今天，本田的摩托车遍布全球。"1967 年，本田又决定主要生产小型而耗油量低的汽车。这又是一个正确的决策，因为 70 年代的石油危机使美国家庭摒弃惯用的大型车，"本田汽车"转瞬间成为美国的新宠儿，缔造了一个"日本奇迹"，间接地使日本工业在国际舞台上由小配角成为主角之一。本田的创业经历提示我们，只有具有一定的职业素质，才能找准创业的基点，才能做出正确的决策，才能在创业过程中少走弯路。

在日常生活中，常看到有些人胸怀雄心壮志，也能吃苦耐劳，但是他们的创业往往屡战屡败，只见耕耘不见收获。这在一定程度上是由于没有一定的职业素质，找不准正确的事业的起飞点所造成的后果。

（2）职业素质决定人对事业的开拓能力。如果说选择一个准确的创业基点是创业中关键的一步，那么如何进一步拓展已有的事业则是创业过程中非常重要的一步。人们常见有些创业者在事业稍有起色时或沾沾自喜、坐吃山空，或茫然无措、裹足不前。这主要是由于创业者缺乏对职业发展前景的预见能力造成的，而这种预见能力正是由一个人的职业素质决定的。

石油大亨保罗·格蒂就有着惊人的远见，敢于忽略大众意见。由于他的性格与决策时常"超越常思"，他被视为一个反叛即成制度的人物。第二次世界大战结束以后，据说中东有丰富的石油，格蒂决定到中东的"中立区"去发展。要打入这个所有大公司都垂涎三尺的市场是件很不容易的事，他花了很多钱，才签到合约。在许多人眼里，格蒂签这么一个合约实在是个笨蛋，许多人甚至预言他会丢掉所有的钱！在经营的头四年里，格蒂一滴油也没打出来，但格蒂一点也没有泄气，他的坚持终于在 1953 年得到回报。后来，格蒂对"中立区"进行纵深钻探，发现这一地区确实有丰富的石油。他不墨守成规，不肯听信必定失败的论调，使他能一而再、再而三地找石油。相反，如果一个人不具备一定的职业素质，即使是因为一定因素使他拥有了一定的财富，往往也会在创业过程中失去自身的优势，甚至会一蹶不振。据有关部门统计，我国改革开放后的第一代富翁 70%出身贫寒，没有接受过中等、高等教育，他们饱尝贫穷的辛酸，当改革开放为他们打开致富之门时，他们很快就富了起来。但是，他们当中也有一部分人，一旦功成业就，进取心就消失殆尽，摆脱贫穷的渴望使他们把享乐作为占有财富的唯一目的。他们的职业素质限制了他们的发展，使他们昨日的辉煌渐渐暗淡下来。由此可见，一个人职业素质的优劣，直接关系着自身的长远发展，关系着人生价值的最终实现。

（三）职业素质的构成

一般来说，我们把职业素质分为四个方面：思想政治素质、科学文化素质、专业技能素质和身心素质。其中思想政治素质是职业素质的灵魂。

1. 思想政治素质

1）思想政治素质的含义

思想政治素质也称思想道德素质，是指人们在理想信念、人生价值观和道德修养等方面的水平或状况。理想信念是思想政治素质的核心，它是一种推动和鼓舞人们前进的强大的精神动力，也是一种支持人们克服困难、经受严峻考验的坚强精神支柱。那么，我们的理想信念是什么？邓小平曾经指出："我们多年奋斗就是为了共产主义，我们的信念理想就是为了搞共产主义"。确立什么样的人生价值观是每个人都无法回避的重大问题，人生在世总要回答这样一些问题：我们的一生该怎样度过？怎样确定人生的目标和道路？做一个怎样的人？什么样的人生才是积极的、有价值的人生？生活在社会主义中国的青年人应该确立的是无产阶级的人生价值观。

道德作为调解人与人之间关系的规范，是任何社会都不可缺少的，但不同的社会及在同一社会的不同发展阶段，人们的道德有所不同。社会主义初级阶段的道德内容是：以为人民服务为核心，以集体主义为原则，以"五爱"为基本要求，加强人们的社会公德、职业道德、家庭美德的修养。

2）思想政治素质的内容

（1）崇高的理想。理想是人们在实践中形成的具有实现可能的，对未来的一种追求和憧憬。理想是人类特有的一种精神现象，是社会存在的反映。任何理想都是一定的社会历史条件和经济关系的产物，它随着社会历史条件的变化而变化，随着社会经济关系的发展而发展。作为社会主义社会的从业人员，我们的理想就是社会主义、共产主义理想。它有最高理想和共同理想之分。最高理想就是实现共产主义的社会制度，这是共产党人的最终目标。这个最高理想的实现是一个漫长的历史过程，在这个过程中又制定了阶段性的理想目标。在现阶段就是为建设有中国特色的社会主义，把我国建设成有高度文明、高度民主的社会主义现代化国家而奋斗。这不仅是现阶段共产党人的理想，也是我国各族人民的共同理想。在这一理想的指导下，还应从现实出发确立正确的职业理想，树立为社会主义现代化建设服务的坚定信念。正确的职业理想是事业成功的精神动力。

（2）正确的人生价值观。人生价值观，就是人们认识和评价自己在社会中所处的地位和作用时，所持有的基本观点。不同的阶级有着根本不同的价值观。无产阶级在马克思主义世界观的指导下，科学地认识了自己的历史使命和人生真谛，建立起正确的价值观。在无产阶级看来，人生的真正价值在于对社会的共享或创造，只有在为人类创造幸福的过程中才能获得个人的幸福。这是迄今为止，人类历史上最科学、最高尚的人生价值观。生活在社会主义中国的青年人应该树立这种科学的人生价值观。为此，在职业活动中，要正确处理个人利益和社会利益的关系，树立为人民服务、为社会服务的人生价值观，把国家和人民的利益放在首位，既要关心个人利益，又要提倡无私奉献，努力做到个人利益与社会利益的和谐统一。当个人利益与社会利益发生矛盾时，要勇于牺牲个人利益，维护党和国家的利益。

（3）良好的道德素养。道德渗透到社会生活的方方面面，广泛地干预、调整着人们的行为规范。良好的道德素养主要体现在社会公德，职业道德和爱情、婚姻家庭道德三个方面。

第一，在社会公德方面，在处理人与人关系时要文明礼貌，互相尊重；诚实守信，言行一致；乐善好施，热心助人。在公共场所，应遵守秩序，爱护公物；尊老爱幼，见义勇为。

在人与环境的关系上，要维护环境的卫生，制止污染环境；爱护生态环境，保护矿产资源。

第二，在职业道德方面，要爱岗敬业，诚实守信，办事公道，服务群众，奉献社会。

第三，在爱情、婚姻家庭道德方面，要尊老爱幼，夫妻和睦，勤俭持家，邻里团结。具体来说就是要求人们在婚恋中要尊重对方的感情，以互爱作为缔结婚姻的基础，要恪守男女平等的原则，对爱情要忠贞，不损害妇女儿童的权益，抚养、爱护子女，尊敬、赡养老人；在家庭生活中不铺张浪费，不讲排场摆阔气，勤俭持家，处理好与邻居的关系，互相关心，互相帮助。

2. 科学文化素质

1）科学文化素质的含义

科学文化素质是指人们对自然科学、社会科学、思维科学等人类文化的各种基本知识的认识和掌握的程度。

自然科学是研究自然界的物质形态、结构和运动规律的科学，它是人类改造自然的实践经验的总结；社会科学是以社会现象为研究对象，研究并阐述各种社会现象及其发展规律的科学；思维科学是研究人们思维的发生、变化规律的科学。在现代社会里，任何人的职业素质都是以一定的自然科学、社会科学和思维科学等知识为基础而形成的，一个不具备一定科学文化知识的人，在现代社会是难以立足的。

但是，需要指出的是，科学文化知识与科学文化素质是两个根本不同的概念。科学文化知识是人类在实践的基础上对自然和社会环境以及人类自身认识的结果，是人类活动经验的概括与总结；科学文化素质则是指人们对一定的科学文化知识内化后，形成的相对稳定的身心特性及其结构。科学文化知识可以脱离于活的人体而存在于书本、磁盘、录音、录像等实物性媒体中，可以用文字、语言、图像及其他符号性工具得以表现。而科学文化素质不能脱离活的人体而独立存在，科学文化素质同人的生命及其活动是联系在一起的。因此，要具备一定的科学文化素质，仅仅依靠知道一些科学文化知识是不够的，还必须要内化为自身的品质。

2）科学文化素质的内容

作为高等职业学校的学生，要从自身的爱好、特长出发，结合所学专业的具体情况，形成具有自身特色的科学文化素质。具体来说，其基本内容包括以下几个方面。

（1）具备较强的科学精神。我国著名科学家竺可桢在《科学之方法与精神》一文中将文艺复兴以后的欧洲近代科学精神总结为以下三点：不盲从，不附和，一切以理智为依归。如遇横逆之境，则不屈不挠，只问是非，不畏强暴，不计利害；虚怀若谷，不武断，不专横；专心一致，实事求是。概括起来，科学精神主要包括求实、创新、进取、怀疑、献身等等。居里夫人是一位杰出的科学家，由于她对世界科学与医学的杰出贡献，曾经两次荣获诺贝尔奖。她的一生充满了磨难，她生于多灾多难的波兰，在巴黎大学求学时她一贫如洗，寒冷的冬天只能将报纸压在身上取暖，饥饿常常使她昏厥。中年的时候又失去了相濡以沫、志同道合的丈夫。但所有这些都没有动摇居里夫人对科学的不懈追求，她不向贫困弯腰，不向财富低头，更不为荣誉所累，在她身上所体现出来的这种伟大的科学精神，同她发现的镭一起成为世界人民的共同财富。

同样的，对每个人来说，也只有具备一定的科学精神，才能在职业生活中脚踏实地，勤于探索，勇于创新，善于合作；相反，如果缺乏科学精神，不仅工作上、方法上难以创新，工作质量上难以提高，而且还难以抵制伪和反科学思想的侵袭。这些年，打着科学旗号的伪人体科学、伪生命科学、伪气功、伪科学发明、伪劣产品、虚假信息，以及某些部门中出现的虚报工业产值、瞒报出生人口、多报农民人均收入等行为的出现都缺乏起码的科学精神。科学精神是人们创造性地完成职业任务的根本保障，是科学文化素质的重要内容。

（2）具有浓厚的求知欲望和创新意识。求知、创新是一个民族繁荣昌盛的动力所在，也是一个民族科学文化素质高低的重要标志。强烈的求知欲望表现在许多方面，如不耻下问、敢于向权威质疑、善于在实践中发现问题等。除此之外，它还表现在热爱书籍上。书籍是人类进步的阶梯，是知识的系统化和理论化。世界上凡是科学文化素质较高的民族，没有一个不是酷爱读书的民族。犹太人的智力水平在世界各民族中占有优势。尽管犹太人四处颠沛流离，却依然能产生像马克思、爱因斯坦、门德尔松等无数杰出的思想家、科学家和艺术家。犹太人在全世界的富豪中名列前茅，在历届诺贝尔奖得主中占有惊人的比例，其重要的原因之一，就是这个民族酷爱书籍。在每一个犹太人家里，当小孩稍微懂事时，母亲就会翻开《圣经》，滴上一点蜂蜜在上面，然后叫孩子去吻《圣经》上的蜂蜜。其用意在于告诉孩子：书本是甜的。古时候犹太人的墓园常常放有书本，因为"在夜深人静时，死者会出来看书的"。这种做法的象征意义是：生命有结束的时刻，求知却永无止境。犹太人家庭还有一个世代相传的传统，那就是书橱要放在床头，要是放在床尾，就会被认为是对书的不敬而被禁止。犹太人不焚书，即使是一本攻击犹太人的书。联合国教科文组织 1988 年的一次调查表明，在以犹太人为主要人口的以色列，14 岁以上的以色列人平均每月读一本书，全国的图书馆有 1 000 多所，平均 4 500 人就有一所图书馆。在有 450 万人口的以色列，办有借书证的就有 100 万人，在人均拥有图书和出版社及每年人均读书的比例上，以色列超过了世界上任何一个国家，为世界之最。

江泽民指出："创新是一个民族的灵魂，是一个国家兴旺发达的不竭动力。"只有创新才能促进社会发展，实现人类进步。第二次世界大战后的日本，遍地瓦砾，满目疮痍。但是，就是在这样一片废墟上却迅速崛起了一个现代化的国家。日本一跃成为世界"经济大国"，成为世界上最富有的国家之一。总结其成功的经验，其中最重要的一条就是日本重视科技人才的创新意识、创新能力的培养。日本就是通过科学的教育与普级、技术的引进及创新，使产业结构不断优化，从而使日本成为当今世界的经济强国。日本成功的经验提示我们，在社会主义现代化建设过程中，要重视教育的发展和国民创新意识、创新能力的培养，这也是我们的事业能否兴旺发达的重要因素。作为 21 世纪的建设者，必须要有意识地培养自己的创新能力，这既是为社会多做贡献的需要，也是个人展现自我的创新能力、实现自身价值的途径。要具备一定的创新能力就要了解创新的条件、创新的办法、创造性思维、创新的技能等知识。创新并不是单纯的标新立异，它蕴含着深刻的科学精神，必须要以深厚的科学文化功底为基础。因此，一方面要刻苦学习科学文化知识，开阔自己的视野；另一方面也要勇于实践，增长自己的才干。

3. 专业技能素质

1）专业技能素质的含义

专业技能素质是指人们从事某种职业时，在专业知识和专业技能方面所应具备的基本品质。随着职业日益的分化、细化，无论从事何种工作，都必须具备过硬的专业技能素质，否则根本无法履行自身的岗位职责。专业技能素质是职业素质中的核心内容。

一个人的专业技能素质越强，在职业中所发挥的作用就越显著，创造力也就越强。专业技能素质是通过内化专业知识和掌握专业技能而形成的。专业知识和专业技能是相辅相成的，专业知识是专业技能形成的基础，而专业技能又是实际运用并不断获取专业知识的必要条件。

2）专业技能素质的内容

（1）扎实的专业知识。专业知识是指建立在一般科学文化知识基础之上的与其所从事的职业密切相关的知识。以写武侠小说而闻名于世的金庸，"文笔深厚大气，布局新颖，蕴藉空灵，雄奇浩瀚，卓然成家"。金庸如果没有专业知识，是不会取得如此辉煌的成就的。但是，其专业知识的获取又是建立在一般的科学文化知识基础之上的。例如，金庸的私人藏书量在香港无出其右，他每天坚持读书6个小时以上。他有一个绰号"活辞海"，同事们有了疑难问题不用去查书，直接去问他。如此深厚的基础文化知识，运用到写作方面，金庸的成名就是顺理成章的事了。

要具备扎实的专业知识，首先，要勤于学习，这是掌握专业知识的重要途径。在勤奋学习的过程中，还应善于思考，因为专业知识本身并不是素质，它只是一种潜在的能量，只有将其融会贯通，并在现实生活中加以运用时，它的能量才能释放。其次，要处理好基础知识和专业知识的相互关系。一个人的专业知识结构越宽泛越扎实，他的韧性就越强，对工作的适应就越快。因此，不能将视野局限在自己的专业上，而是应该结合自己的爱好、特长，广泛地涉猎各种知识。凡是优秀的专业人才，都是建立在宽厚的基础知识和广博的知识面的基础上的。

（2）熟练的专业技能。相声艺术大师侯宝林是中国相声界学唱第一人。他深入地钻研了戏剧艺术，并为自己树立了学谁像谁的标准，经过刻苦的钻研和练习，其学唱技艺达到了炉火纯青的境界。有一次他表演了《四进士》中宋世杰的唱段，是地地道道的程派，连在座的周信芳先生也跷起了大拇指称赞说："您把我的缺点都唱出来了！"接着他又唱了《锁麟囊》的唱段，又是地道的程派韵味。侯宝林之所以成为蜚声中外、家喻户晓、深受各阶层人民热爱的艺术家，是与其精湛的专业技能分不开的。

所谓专业技能，是指在领会专业知识的基础上，经过反复训练而形成的技术能力。专业技能的形成应以专业知识的领会为基础。比如，要熟练掌握五笔字型的打字方法，首先就要学习五种笔画的分区、拆字原则等，然后才能开始练习。掌握了专业知识并不等于形成了专业技能，技能的形成必须要经过反复练习。比如，一名经验丰富的警察在茫茫人海中仅凭双眼就能识别出窃贼；技艺精湛的外科医生能将断开的肢体接补得天衣无缝；特警战士在坚硬的水泥地面上猛摔狠打却毫发未损。他们的这些技能并不是天生的，也不是一朝一夕就能形成的，而是经过反复练习才获得的。

专业技能是做好工作的必要手段。专业技能可以使人从对细节的思考中解放出来，把意识集中到最重要的任务与内容上，这样就能使人们在完成这个活动的过程中有更多的创造性。

要具备熟练的专业技能，首先要认真学好、弄懂专业知识，这是形成专业技能的第一步。特别是在职业的专业化、知识化的程度日益提高的形势下，更需要有扎实的理论基础。其次，专业技能都具备一个反复训练的过程，这一过程有时是相当枯燥的，在练习的初始阶段更是如此。这就要求我们在技能训练的过程中，要有吃苦耐劳的精神和不畏艰难的顽强意志。赵忠祥是中国最受欢迎的节目主持人之一，他的成功是在其持之以恒的刻苦学习和练习中取得的。他在刚走上播音岗位时就为自己制订了学习计划，决定利用当时的优越条件拜师访友，博采众长。他向歌唱家学习发音的基本功，在三年的学习期间，他每天坚持五点以前起床，乘第一班公共汽车去北海公园练声，而且不管头天晚上播后会开到几点，即使睡得再晚，第二天也照常坚持练习。赵忠祥在他的《岁月随想》一书中回忆起这段时光时说："练声就是熬时间，就是坚持不懈。这不断锻炼人的技能，也磨炼人的意志。冬练三九，夏练三伏，这并不是一件容易的事。"其实，任何技能的形成都需要经过不懈的坚持与努力。

4. 身心素质

1）身心素质的含义

身心素质是指人们在身体和心理两个方面所表现出来的稳定的基本品质。

身体素质是指人体在先天遗传和后天影响的基础上所形成的体格和精力等。体格是指人体的生长发育水平、体质锻炼程度所表现出来的状态。它主要包括体质、体力、体能和体形。精力是指人们在处理日常事务、从事工作、学习、娱乐和人际交往过程中所表现出的精神状态。人的体格和精力，既有先天遗传的因素，同时也受社会环境、营养保健、运动锻炼及自我生活规律等因素的影响。比如，有些生来体弱多病的人，经过后天的锻炼和自我保健，身体就会得到很大程度的改善。因此，形成健康体魄的主动权是掌握在人们自己手中的。

心理素质主要是指人的个性心理品质。个性心理品质是指人在各种心理过程中经常地、一贯地表现出来的，具有一定倾向性的心理特征的总和，也就是指一个人的基本精神面貌。

2）身心素质的内容

（1）身体素质的内容。

第一，体格强健。体格强健主要是指以下几个方面。① 发育正常。人体生理组织的功能健全，智力、感觉能力、语言能力、运动能力正常，五官、四肢和内脏等方面无障碍、残疾和缺陷。② 身体健康。对外界的各种刺激感应准确、敏锐，适应快，耐受能力强，在各种环境中都能积极有效地从事工作和学习；肌体有较强的免疫力，不生病或很少生病。③ 动作协调。这主要是指人的力量、速度等素质较好，动作协调准确，行动迅速有力，能克服较为强大的阻力。④ 人体的耐力好，能从事长时间的肌肉活动。⑤ 灵敏素质高。在日常的工作生活中，能够灵敏地发现和处理各种情况，并能迅速而果断地采取措施。

要形成强健的体格，除了得益于先天的遗传以外，主要在于持之以恒的体育锻炼和饮食营养。长期坚持体育锻炼，能提高人体体温的自我调节能力和御寒能力，提高肌体的免疫力，加快人体的新陈代谢，改善大脑的营养程度，提高大脑的工作能力。不仅如此，体育锻炼还可以塑造健美体形，使身材匀称，肌肉健壮优美，动作灵活协调，举止端庄优雅。合理的营养是保证人体正常的因素之一，也是体格强健的物质基础。为此，要建立合理的膳食制度，一日三餐的分配要适应工作和活动的需要，"早吃好，午吃饱，晚吃少"；要均衡地摄取各种营养素，要食不厌广、食不厌新；在进餐时，不可暴饮暴食，狼吞虎咽。过度饮食，会使胃肠发生急性扩张，引起胃肠消化吸收功能紊乱，严重时会引起胃肠疾病。

第二，精力充沛。精力反映着人的意志、悟性、灵敏性及身体活动的持久性和稳定性等特征。精力充沛主要表现在工作中精神饱满旺盛，意志坚定，反应敏捷，动作果断有力，能够长时间地在各种环境中工作。

充沛的精力首先来源于体格的强健。一般情况下，体格健壮，精力就充沛；相反，体弱多病，体力减弱，体力就会不支。其次，充沛的精力还来源于人的执着追求和坚定信念，以及各种良好的生活习惯。一个人如果有着坚定的思想信念和追求目标，对生活充满信心，他就会合理地安排自己的生活作息，始终保持着旺盛的精力。

（2）心理素质的内容。

第一，健全的能力。能力是指个人能够顺利地完成某种活动的个性心理特征。能力主要在学习、工作和完成各种具体任务的活动中表现出来，能力的高低直接影响着活动的效率、水平及成果的质量。

能力可以分为一般能力和特殊能力两大类。一般能力是顺利完成各种活动都必须具备的基本能力。它是人们有效掌握各种知识、顺利完成各种活动所必不可少的心理基础。它主要包括观察力、记忆力、想象力等基本的认识能力。特殊能力则是反映从事某种专业活动所必需的能力。比如，相声演员的模仿能力特别出色，而画家的色彩辨别能力和空间想象力则特别强。

一般能力与特殊能力密切相关。一般能力往往寓于特殊能力之中，并通过特殊能力表现出来；另外，一般能力的发展为特殊能力的发展创造了有利条件，而特殊能力在发展的同时也促进了一般能力的发展。因此，一般能力与特殊能力对于从业人员来说是同等重要的。对于高等职业学院的学生来说，有意识地培养自己的一般能力，对形成特殊能力有着极其重要的作用。为此，要在有意识地锻炼和发展自己的基础上，根据工作特点和工作要求，在学期专业成绩、实习和训练中逐步养成特殊的职业能力。

第二，健康的情感。情感是人对客观事物所持态度的主观体验。"人有悲欢离合，月有阴晴圆缺"，在每个人的人生历程中，都会经历酸、甜、苦、辣，都会感受喜、怒、哀、乐。当客观事物符合或满足人的某种需要时，就会使人产生愉快、喜悦、满意、幸福之情；当客观事物不符合或不满足人的需要时，就会使人产生沮丧、失望、悲哀、愤怒之情，这就是人的情感。

情感作为人的精神生活的重要组成部分，对人的自身发展和职业活动起着十分重要的作用。现代医学研究证明，长期精神紧张的人易出现消化道和心血管方面的疾病。所以，情感失控往往会导致身体功能的失调，情感和谐则可以增进身体健康。在进行职业活动的过程中，积极健康的情感能使人思路开阔、思维敏捷、身心处于活动的最佳状态，从而能够顺利地完成工作任务。相反，如果产生了消极的情感体验，就会抑制人的积极性，降低工作效率。健康的情感还有利于人适应社会。迈出校门后，高职高专毕业生首先面临的就是如何适应社会，比如，有的毕业生满怀信心走向社会，但当面对复杂的工作关系和人际关系时，却茫然无措，甚至陷入消极苦闷之中，久而久之，毕业生就会感到生活烦闷、人生无味，有的甚至会成为精神病患者；还有的整天心事重重，当一天和尚撞一天钟，浑浑噩噩地混日子。因此，毕业生必须学会有意识地调节自己的情感，时时保持乐观、轻松、镇定、平静等积极的情感体验，使自己的生活逐步充实起来，以积极的态度对待工作和人生。

要养成健康的情感应从以下几个方面着手。一是要树立正确的人生观。只有树立正确的人生观，才能不计个人得失，始终保持乐观情绪；才能不畏艰辛，积极进取；才不会怨天尤人，脚踏实地，乐观自信，热爱生活，适应生活。二是要积极参加各种有益的活动。在活动中，可以不断获取新知识、新经验，充分发挥自己的聪明才智，丰富生活内容，开阔思路，使自己获得充实感和满足感等健康、积极的情感体验。同时，丰富多彩的文娱活动还能陶冶情操，使情操有适当的表现机会，并有利于培养高尚的情操。三是要学会自我控制。每个人都有喜、怒、哀、乐，但是不能任由自己的情感如脱缰的野马无节制地狂奔。要善于调节、控制自己的感情，特别是在情绪比较激动时，应保持清醒的头脑，以逐渐缓和猛烈的情绪，使自己的言行更富有理智和分寸。为此，要学会几种调控情绪的方法，如倾诉法、发泄法、转移法、回避法、升华法等，从而排除悲愤、抑郁、憎恨、恐怖、绝望等消极情感，保持积极、稳定的心境。

第三，坚强的意志。意志是自觉地确定目的，并根据目的来支配和调节自己的行动，克服困难，从而实现预定目的的心理过程。意志是人类所特有的心理现象，是人主观能动性的集中表现。凡是人们有意识的活动都含有意志成分，都需要意志的参与和表现。例如，奥斯特洛夫斯基在 23 岁时因枪伤等原因造成了终身瘫痪，接着又双目失明，但他并没有自暴自弃，反而克服重重困难，躺在病床上完成了世界名著《钢铁是怎样炼成的》。这种表现在人的行为中，有预定目的并根据目的来调节自身的行为就是意志行为。

坚强的意志是成就事业的基石，这是由坚强的意志所包含的四个方面的品质特征所决定的。① 自觉性。具有自觉性的人在行动中不轻易受外界的影响，也不拒绝合理的建议，具有很强的独立自主性，总是千方百计地克服困难，以实现自己的目的。② 果断性。具有这一品质的人善于明辨是非，在紧急情况下能当机立断，即使冒很大的风险也迅速行动；而且在情况发生变化时，又能立即停止执行已做出的决定。③ 自制性。自制性强的人，善于控制自己的情感，能克服不利于达到目标的心理障碍。④ 坚韧性。意志坚韧的人在执行决定时能长期保持充沛的精力，以坚韧的毅力，克服重重困难，达成目标。由此可见，坚强的意志品质是从事任何一种职业的基础，没有坚强的意志将一事无成，没有坚强的意志将碌碌无为。

作为 21 世纪的主人，高职高专毕业生肩负着神圣的历史使命，为此要磨炼自己的意志，以良好的姿态迎接新的挑战。培养坚强的意志，应从以下几个方面着手。① 要培养坚定的信念。这是培养意志自觉性的基础，一个人只有具有坚定的信念，才能产生正确的动机、远大的目标和果敢的行动。② 要在实践中磨炼自己的意志。坚强的意志并不是一日之功，它来自于长期的自觉磨炼。只有在困难和挫折面前迎难而上、克服它、战胜它，才能逐渐形成坚强的意志品质。③ 要为自己选择学习的榜样。选择自己最为钦佩的人作为学习的榜样，用他们的事迹和豪言壮语来激励、鞭策自己，在遇到困难和挫折时，以它们为精神力量，战胜困难，向自己的目标奋进。总之，意志的培养并非是一朝一夕的事情，必须要付出不懈的努力。

（四）职业素质的培养

1. 接受系统的专业教育与训练

1）系统的专业教育与训练的重要意义

随着职业的日益分化、细化，各种职业的专业性越来越强，不接受系统的专业教育和训练就从事某种职业几乎是不可能的。正因为如此，各种类型的高等职业学校、专业技能培训班层出不穷，下岗职工再就业培训也成为当今社会的一道风景线。

职业学院的学生，在学校接受正规、系统的教育和训练，这种系统的学习对养成良好的职业素质有着十分重要的意义。这是因为学校的教育是根据特定专业的性质和任务，从构建从业人员合理的整体素质出发来组织教学内容，并按照教育规律，对学生进行理论教育和技能训练的。这种教育方式可以增强职业素质养成的目标性和目的性，避免自我发展的盲目性。另外，由于当今世界新理论、新知识、新技术的更新速度日益加快，每个从业人员都将面临终身教育的问题。正规的中、短期职业培训，是更新知识、掌握新技能的重要途径。

2）珍惜学习机会，刻苦努力学习

每个人的学习机会都来之不易，正处在吸取知识、完善自我的黄金时代的高职院校学生，更应该把握住大好时机发奋学习。在学习中应注意以下几点。① 要树立正确的学习观念，真正从思想上认识到学习的重要性，克服急功近利的思想，坐得住"冷板凳"，不为外界的浮躁所干扰，这样才能在短暂的学习时间里掌握到扎实的理论知识。② 学习要持之以恒。这一方面是说学习贵在坚持，要每天坚持学习，不可"一日曝，十日寒""三天打鱼，两天晒网"；另一方面是说学无止境，每个从业者的知识和技能都要随着时代的发展而不断地更新、充实。因此，将来走上工作岗位后，也要孜孜不倦地学习，使自己跟上时代发展的步伐。③ 学习要从自身的特点出发。就个人而言，由于遗传基因、后天环境、教育和家庭影响的不同，每个人的爱好、特长会各不相同，从素质教育的观点出发，在学习过程中，要结合自己的爱好和特长，充分发挥自身的潜能，克服学习中的盲目性，少走弯路，为形成独特的职业素质打下基础。

2. 注重实践的磨炼

1）积极参与实践活动

养成良好的职业素质，是为了能够更好地从事职业活动，从事职业活动又是检验职业素质水平高低的标准。为此，高等职业院校的学生不仅要注重理论知识的学习，更应该积极地参加到各种实践活动中去，在实践中学习知识、完善自我。

在投入实践的过程中，首先要虚心向有经验的同行学习。当踏上社会这个大课堂时，会面临许多课堂上、课本中找不到答案的问题。这一方面需要做有心人，仔细观察，认真思考，探寻解决问题的途径；另一方面就是要虚心向有实践经验的同行请教学习，他们的经验是在长期的职业实践中积累起来的，具有很强的针对性和实用性，注意学习他们的经验，汲取他们的教训。这种学习比书本上的学习更为直观、具体、有效，是提高职业素质的有效途径。其次在实践活动中要有不怕吃苦的精神。经验的获取没有任何捷径可走，必须经过切身的实践与体验。在实践过程中会遇到很多困难和问题，比如工作环境艰苦，工作任务繁重、枯燥等，这就要求人们克服不利因素的影响，自觉地磨炼自己、增长才干、积累经验。

2）勤于思考，善于总结

在参加实践的过程中不仅要勤奋，能吃苦耐劳，还应勤于思考，善于思考，善于总结，找出实践过程中的成绩和不足，并通过学习和思考制订出改正的计划和方案，在以后的实践中才能发扬成绩，克服不足，从而使自己的职业素质在实践中不断地完善、提高。在总结的过程中，要实事求是，一分为二，既不可妄自菲薄，只看到问题的存在，看不到成绩的取得，丧失信心；同时也不能狂妄自大，过高地估计自己，满足于成绩的取得，从而裹足不前。要全面、正确地看到问题的存在，这样才能制订出切合实际的改进计划，为下一阶段的实践活动打下基础，使自己的职业素质每经过一次总结和实践就能得到收获和提高。

3. 注重自我反省

自我反省就是要不断地反思过去、解剖自己、省查自己，同自己的不正确思想做斗争。它的作用主要有两个方面：一是通过内心的自我反省和检查，一旦发现自己言行有不正确的地方，就要勇敢地改正过来；二是如果自己的言行是正确的，就要坚定地坚持下去，并发扬光大。

自古以来，许多有作为、有修养的人都十分注重自我反省。孔子说："内省不疚，夫何忧何惧？"他认为自我检查，问心无愧，不自感内疚，就会无忧无惧，心安理得。曾子更强调

"吾日三省吾身",也就是说每天要从多个方面反省自己。老一辈无产阶级革命家彭德怀同志也非常重视自我反省,他说自己一月一省自身,不论工作多么忙,每月总是抽出半天的时间把自己做过的事思考一番,看哪些做对了哪些做错了,以便少犯错误或不犯错误。著名教育家陶行知先生坚持"每天四问",即一问我的身体有没有进步,二问我的学习有没有进步,三问我的工作有没有进步,四问我的道德有没有进步。因此,自我反省是一种高度自觉的行为,他能推动人们追求更高的职业修养目标,达到较高的修养境界。

在自我反省的过程中,应注意以下几点。① 要辩证。即学会运用一分为二的观点来评价自己,既要看到自己的优点与长处,又要发现自己的弱点与不足。② 要客观。对就是对,错就是错,正确的就坚持,错误的就纠正。③ 要实事求是。反省是一种自我意识,来不得半点虚假,一定要胸怀坦荡,既不能欺骗别人,也不能欺骗自己。④ 要经常化。自我反省是一项长期的工作,自省不是一次、两次就能完成的事情,而是一个不断升华的过程,需长期坚持下去。

二、遵守职业规范

遵守职业规范、做好本职工作,是从业人员起码的职业道德要求。如果每个人都能在职业岗位上做好自己的那份工作,那么社会的道德生活秩序就会朝良善的方向转化。那些英雄式的道德典范理应得到全社会的赞赏,但对于大多数人而言,平凡的职业岗位既是其生存和发展的平台,也是他们服务他人的场所,普通人的平凡行为同样应该得到鼓励。面对当前的社会道德状况,虽然个人的道德力量是微弱的,然而社会道德风尚的改善又需要每个人道德力量的积聚,因此在对不断改善民生、努力保障公民生存和发展的权利、提升各级政府和官员在公众中的道德形象怀有期待的同时,每个人都应坚守自己的良知与道德底线,从践行微小的道德行为做起,释放个人道德的正能量。

(一)职业道德概述

所谓职业道德,就是同职业活动紧密联系的符合职业特点所要求的道德准则、道德情操与道德品质的总和。每个从业人员不管从事哪种职业在职业活动中都要遵守道德,比如,教师要遵守教书育人、为人师表的职业道德;医生要遵守救死扶伤的职业道德;等等。职业道德不仅是从业人员在职业活动中的行为标准和要求,而且是本行业对社会所承担的道德责任和义务。职业道德是社会道德在职业生活中的具体化。

要理解职业道德需要掌握以下四点。

1. 内容方面

职业道德总是要鲜明地表达职业义务、职业责任以及职业行为上的道德准则。它不是一般的反映社会道德和阶级道德的要求,而是要反映职业、行业以及产业特殊利益的要求;它不是在一般意义上的社会实践基础上形成的,而是在特定的职业实践的基础上形成的,因而它往往表现为某一职业特有的道德传统和道德习惯,表现为从事某一职业的人所特有的道德心理和道德品质,甚至造成不同职业的人在道德品质上的差异。

2. 表现形式方面

职业道德往往比较具体、灵活、多样,它总是从职业的交流活动实际出发,采用制度、守则、公约、承诺、誓言、条例及标语口号之类的形式，这些灵活的形式既易于为从业人员所接受和实施，也易于形成一种职业道德习惯。

3. 调节范围

职业道德一方面用来调节从业人员的内部关系，加强职业、行业人员的内部凝聚力；另一方面它也用来调节从业人员与其服务对象之间的关系，用来塑造本职业从业人员的形象。

4. 产生的效果

职业道德与各种职业要求和职业生活结合，形成比较稳定的职业心理和职业习惯。

（二）树立职业道德的条件

职业道德虽然是一种社会意识，但它是直接作用于社会行为的特殊意识，具有其他道德所不具有的社会现实性和具体性。例如，一个人是不是从事着自己喜欢的职业？是不是把自己的工作当作自己的人生理想来实现？如果一个人从小热爱着一种职业，并树立起相应的理想追求，那么长大以后终于能够从事这个职业时，或许会保持一种较高的职业理想追求，因而具有较好的职业道德。但是在很多情况下，大学生是被动地选择职业，或者是由于学习的专业限制了职业的选择，这就在某种程度上使理想与现实发生了矛盾。如何正确地树立职业理想，如何适应经济发展的需求，发挥自己的才能，成为一个重要的问题。

应该说，职业理想的形成对今后职业道德建立的影响是很大的，而树立正确的职业理想，一般需要以下几个条件。

（1）把生活看作一个劳动过程，当确定自己依靠劳动创造未来时，就会使自己的职业理想建立在客观、现实的基础上，就会努力创造条件，不断追求，使职业理想不断升华，人生更加光彩。

（2）热爱祖国，热爱家乡。这看似与职业理想关系不大，其实它是树立职业理想的基本思想条件，当从心底里建立起这两方面的热爱，就会把个人职业理想与祖国的命运、父母的期盼、家乡的发展联系在一起，从而把个人理想与平凡伟大的职业联系在一起，有了这样的职业理想就一定会有高尚的职业道德。

（3）正确地评价自己的职业理想，客观地看待社会发展条件是否允许实现个人职业理想，只有当理想与现实达到一致时，职业理想才能成为现实。

（三）不同行业的职业道德

职业道德规范的学习，首先来自社会，来自从事这个职业的从业者的集体意识和社会给予的评价，这种影响有时候不受政府和舆论的左右；其次是来自社会需求和专业素质的培训；最后是在职业活动中逐步学习。从总体上看，在职业道德规范的学习中，这几种途径是同时发挥作用的，只不过有的时候某一方面作用大一些，有时作用小一些。

每个从业人员，不论从事哪种职业，在职业活动中都要遵守道德。要理解职业道德需要掌握以下四点。

首先，在内容方面，职业道德总是要鲜明地表达职业义务、职业责任以及职业行为上的道德准则。它不是一般地反映社会道德和阶级道德的要求，而是要反映职业、行业以至产业特殊利益的要求；它不是在一般意义上的社会实践基础上形成的，而是在特定的职业实践的基础上形成的，因而它往往表现为某一职业特有的道德传统和道德习惯，表现为从事某一职业的人们所特有的道德心理和道德品质，甚至造成从事不同职业的人们在道德品貌上的差异。比如，人们常说某人有"军人作风""工人性格""农民意识""干部派头""学生味""学究气""商人习气"等。

其次，在表现形式方面，职业道德往往比较具体、灵活、多样。它总是从本职业的交流活动的实际出发，采用制度、守则、公约、承诺、誓言、条例，以至标语口号之类的形式，这些灵活的形式既易于为从业人员所接受和实行，也易于形成一种职业的道德习惯。

再次，从调节的范围来看，职业道德一方面是用来调节从业人员内部关系，加强职业、行业内部人员的凝聚力；另一方面它也是用来调节从业人员与其服务对象之间的关系，用来塑造本职业从业人员的形象。

最后，从产生的效果来看，职业道德既能使一定的社会或阶级的道德原则和规范"职业化"，又能使个人道德品质"成熟化"。职业道德虽然是在特定的职业生活中形成的，但它绝不是离开阶级道德或社会道德而独立存在的道德类型。在阶级社会里，职业道德始终是在阶级道德和社会道德的制约和影响下存在和发展的；职业道德和阶级道德或社会道德之间的关系，就是一般与特殊、共性与个性之间的关系。任何一种形式的职业道德，都在不同程度上体现着阶级道德或社会道德的要求。同样，阶级道德或社会道德在很大范围上都是通过具体的职业道德形式表现出来的。同时，职业道德主要表现在实际从事一定职业的成人的意识和行为中，是道德意识和道德行为成熟的阶段。职业道德与各种职业要求和职业生活结合，具有较强的稳定性和连续性，形成比较稳定的职业心理和职业习惯，以致在很大程度上改变了人们在学校生活阶段和少年生活阶段所形成的品行，影响道德主体的道德风貌。

（四）职业道德的基本原则

所谓职业道德的基本原则，是指最根本的职业道德规范，它不是具体的行为规范，而是从业人员从事职业活动时应该遵守的具体职业道德行为规范中所体现的价值方针的高度概括。在职业道德体系中，职业道德的基本原则处于统帅地位，起着职业道德灵魂的作用，职业道德原则的贯彻，可以赋予每个具体道德行为以不同的社会属性，赋予外观相似的行为以不同的灵魂。职业道德原则不仅是从业人员进行职业活动的根本指导思想，而且也是对每个从业人员进行职业道德评价的最高标准。

社会主义职业道德的基本原则是集体主义，这是因为集体主义贯穿于社会主义职业道德规范的始终，是正确处理国家、集体、个人关系的最基本准则，也是衡量个人职业行为和职业品质的基本准则，是社会主义社会的根本要求，是社会主义职业活动获得成功的保证。

1. 集体主义是社会主义的客观要求

集体主义是从社会主义的经济关系中引申出来的，它充分体现了无产阶级和广大人民群众的利益。在以生产资料公有制经济为主体的社会主义社会，集体主义的原则贯穿于社会生活的三大领域，即社会公共场所、职业岗位与家庭。社会主义道德所包括的社会公德、职业道德与家庭美德都是在社会主义职业道德原则——集体主义原则的指导下形成和发展起来的。人们无论是在经济活动、政治活动，还是思想活动中，都应当按照社会主义的集体主义道德原则指导自己的行为。

2. 集体主义原则是社会主义职业活动获得成功的保证

在一个人的社会生活中，职业生活占的比重很大，职业生活比家庭生活、社会公共生活所涉及的对象和范围要复杂得多。职业活动的对象和范围不仅有经济方面的、政治方面的，还包括思想与意识形态方面的，其中涉及经济领域的特别多，涉及国家、集体、个人多方面利益。因此，只有按照集体主义原则办事，才能处理好这些关系和利益问题。

（五）职业道德的基本规范

《公民道德建设实施纲要》规定："要大力倡导以爱岗敬业、诚实守信、办事公道、服务群众、奉献社会为主要内容的职业道德，鼓励人们在工作中做一个好建设者"。《公民道德建设实施纲要》对职业道德的这种规定，既体现了时代的鲜明特征，又概括了社会主义市场经济条件下各种职业道德的共同特点，所以它适用于各行各业，是对各种职业道德的共同要求。

1. 爱岗敬业

爱岗与敬业是紧密联系在一起的。爱岗是敬业的前提，敬业是爱岗情感的进一步升华，是对职业责任、职业荣誉的深刻认识。不爱岗的人，很难做到敬业；不敬业的人，很难说是真正的爱岗。所以，不论做任何工作或劳动，只要认真负责，精益求精，不辞辛苦，就可以说是爱岗敬业。一般说来，工作条件好、工作轻松、收入高的职业，做到爱岗敬业是比较容易的；相反，环境不好、工作艰苦、收入不高、远离城市，要做到爱岗敬业就不那么容易。那些在环境艰苦、工作繁重、收入不高的岗位上认真工作劳动的人，受到人们的尊敬。在社会主义社会，任何职业都是社会生活所离不开的，所以总要有人去干。

如果没有亿万农民辛勤种田，没有千百万工人在茫茫沙漠或高山峻岭上采油、采矿、修筑铁路，没有广大人民解放军在天涯海角守卫祖国的边疆大门，没有千万清洁工人清除城市垃圾，没有几千万人民教师、科研人员埋头教学和科研，社会主义建设事业能取得如此伟大的成就吗？我们每个人和家庭能享受到今天这样幸福的生活吗？人总是要有点精神的。

一个人的价值大小就在于他在平凡的工作岗位上爱岗敬业，为社会、为祖国做贡献。另外，改革开放以来，择业机会的增加和选择方式的多元化为人们选择自己喜爱的职业提供了很好的机会，也为人们爱岗提供了坚实的社会基础。同时，要看到，爱岗敬业是市场经济发展的必然要求。市场经济是一种自由竞争的经济。一个从业人员要想在激烈竞争中获得生存和发展的有利地位，实现自己的职业利益，就必须爱岗敬业，努力工作，提高劳动生产率和服务质量。否则，一个不履行职业责任的人，将被职业组织所淘汰。

2. 诚实守信

诚实守信是做人的基本准则，也是社会道德和职业道德的一个基本规范。在中国传统儒家伦理中，诚实守信被视为"立政之本""立人之本""进德修业之本"。孔子曾说："民无信不立。"他把信摆到了关系国家兴亡的重要位置，认为国家的朝政得不到人民的信任是立不住脚的。《公民道德建设实施纲要》把诚实守信列为社会主义职业道德的一项基本内容，真可谓顺应天意，合乎民心。

诚实就是真实无欺，既不自欺，也不欺人。对自己，要真心诚意地为善去恶，光明磊落；对他人，要开诚布公，不隐瞒，不欺骗。一句话，诚实就是表里如一，说老实话，办老实事，做老实人。守信就是信守诺言，讲信誉，重信用，忠实履行自己承担的义务。诚实和守信是统一的。守信以诚实为基础，离开诚实就无所谓守信。在我们的社会生活中，每个人每天都要与他人或单位打交道，根据与他人、与单位达成的协议来安排自己的会议、学习、工作、劳动和其他活动。如果人人都不诚实，不守信，那么人和人之间的一切交往就无法进行，一切会议、学习、工作和劳动就无法开展，整个社会就会陷入无序、混乱之中。

3. 办事公道

办事公道是指对于人和事的一种态度，也是千百年来人们所称道的职业道德。它要求人们待人处世要公正、公平。公正、公平要以公心为基础，从个人的感情和利益出发，很难做到公正、公平。当然，公正、公平也包括平等的内涵。

4. 服务群众

服务群众就是为人民群众服务。在社会生活中，人人都是服务对象，人人又都为他人服务。服务群众作为职业道德的基本规范，首先是对党和国家机关干部、公务员的要求。服务群众也是对所有从业者的要求。在社会主义市场经济条件下，要真正做到服务群众，首先心中时时要有群众，始终把人民的根本利益放在心上；其次要充分尊重群众，要尊重群众的人格和尊严；再次要千方百计方便群众。

5. 奉献社会

奉献社会就是积极自觉地为社会做贡献。奉献，就是不论从事任何职业，从业人员的目的不是为了个人、家庭，也不是为了名和利，而是为了有益于他人，为了有益于国家和社会。正因为如此，奉献社会就是社会主义职业道德的本质特征。在以私有制为基础的社会里，少数统治阶级的利益和广大人民的利益是相对立的，虽然他们也提倡职业道德，但出发点和最终目的却是为了少数剥削阶级的私利。社会主义建立在以公有制为主体的经济基础之上，广大劳动人民当家做主，因此，社会主义职业道德必须把奉献社会作为自己重要的道德规范，作为自己根本的职业目的。

奉献社会并不意味着不要个人的正当利益，不要个人的幸福。恰恰相反，一个自觉奉献社会的人，他才真正找到了个人幸福的支撑点。个人幸福是在奉献社会的职业活动中体现出来的。个人幸福离不开社会的进步和祖国的繁荣。幸福来自劳动，幸福来自创造。当我们伟大的祖国进一步繁荣富强的时候，我们每个人的幸福自然就包括在其中。奉献和个人利益是辩证统一的。奉献越大，收获就越多。一个只索取不奉献的人，实质上是一个不受人们和社会欢迎的个人主义者。如果人人都只索取不奉献，社会物质财富和精神财富从哪里来？社会还能进步和发展吗？

复习思考题

1. 什么是角色转换？大学生如何完成角色转换？
2. 如何才能积极主动地适应工作岗位？
3. 什么是职业素质？它包括哪些方面？
4. 如何培养良好的职业素质？

第九章

权益保护

第一节　毕业生就业过程中的权益及保护

在毕业生就业过程中还存在信息独用、不公平录用等侵犯毕业生权利的情况。在对毕业生进行就业指导过程中亦经常有毕业生担心自己在就业中的合法权益能否得到维护，担忧自己因权益受到侵害而在就业竞争中处于不利地位。以下就毕业生权益及保护作些介绍。

一、毕业生就业权益

毕业生作为毕业生就业的一个重要主体，在就业过程中享有多方面的权益，根据目前就业规范的有关规定，毕业生主要享有以下几方面的权益。

（一）获取信息权

就业信息是毕业生择业成功的前提和关键，只有在充分占有信息的基础上，才能结合自身情况选择适合自身发展的用人单位。

毕业生获取信息权，应包括三方面含义。

（1）信息公开，即所有用人信息向全体毕业生公开。例如，上海市已建立高校毕业生需求信息登记制度，凡需录用高校毕业生的用人单位，须到上海市高校毕业生就业指导中心和有关高校办理信息登记，由市高校毕业生就业指导中心通过高校向毕业生发布用人需求信息，任何单位和个人不得隐瞒、截留需求信息。

（2）信息及时，也就是说毕业生获取的信息必须是及时、有效的，而不能将过时、无利用价值的信息传递给毕业生。

（3）信息全面，即毕业生有权获得准确、全面的就业信息，以便对用人单位有全面的了解，从而作出符合自身要求的选择，而不是盲目的。

（二）接受就业指导权

毕业生有权从学校接受就业指导，学校应成立专门机构，安排专门人员对毕业生进行就业指导，包括向毕业生宣传国家关于毕业生就业的有关方针、政策；对毕业生进行择业技巧的指导；引导毕业生根据国家、社会需要，结合个人实际情况进行择业，使毕业生通过接受就业指导实现准确定位，合理择业。

当然，随着毕业生就业真正市场化，毕业生也将由从学校接受就业指导而转为主动到市场中接受就业指导，这种市场指导可以是有偿的。

（三）被推荐权

高等学校在就业指导工作中的一个重要职责就是向用人单位推荐毕业生。历年工作经验证明，学校的推荐往往在较大程度上影响到用人单位对毕业生的取舍。

毕业生享有被推荐权包含以下几方面内容。

（1）如实推荐，即高校在对毕业生进行推荐时，应实事求是，根据毕业生本人的实际情况向用人单位进行介绍、推荐。不能故意贬低或随意捧高对毕业生在校表现的评价。

（2）公正推荐，即学校对毕业生进行推荐应做到公平、公正，应给予每一位毕业生就业推荐的机会，不能厚此薄彼。公正推荐是学校的基本责任，也是毕业生享有的最基本的权益。

（3）择优推荐，即学校根据毕业生的在校表现，在公正、公开的基础上，还应择优推荐，用人单位在录用毕业生时也应坚持择优标准，真正体现优生优分，学以致用，人尽其才，这样才能调动广大毕业生和在校生学习的积极性。毕业生在就业过程中只能凭自身综合素质的提高来取胜。

（四）选择权

根据国家有关规定，实行招生并轨改革的高校毕业生，在国家就业方针、政策指导下自主择业。毕业生只要符合国家的就业方针、政策，就可以自主地选择用人单位，学校、其他单位和个人均不得干涉。任何将个人意志强加给毕业生，强令毕业生到某单位工作的行为都是侵犯毕业生选择权的行为。毕业生可结合自身情况自主与用人单位协商，要求学校予以推荐，直至签订就业协议。

（五）公平受录用权

用人单位录用毕业生的过程中，也应公平、公正，一视同仁。但在当前，毕业生的公平受录用权受到很大的冲击，也最为毕业生所担忧。由于各项配套措施滞后，完全开放、公平的就业市场尚未真正形成，用人单位录用毕业生还不同程度地存在不公平、不公正的现象，如女生就业难仍然是困扰女毕业生就业的一大问题。公平受录用权是毕业生最迫切需要得到维护的权益。

（六）违约及求偿权

毕业生、用人单位、学校三方签订就业协议后，任何一方不得擅自毁约。如用人单位无故要求解约，毕业生有权要求对方严格履行就业协议，否则用人单位应对毕业生承担违约责任，支付违约金，毕业生有权要求用人单位进行补偿。

二、毕业生权益保护

毕业生享有上述权益，但在就业过程中往往会出现一些侵害毕业生权益的行为，毕业生可通过以下途径对自身权益实施保护。

1. 毕业生就业主管部门的保护

毕业生就业主管部门可通过制定相应的规范来维护毕业生的权益，并对侵犯毕业生权益的行为加以抵制或处理。例如，《上海市高校毕业生就业信息登记制度具体实施办法》规定：对不履行就业信息公开登记手续，侵犯毕业生获取信息权的，市高校毕业生就业办公室不予审批非上海生源高校毕业生进沪就业；不予审批就业计划和打印就业派遣报到证；同时对这种情况给予通报批评，严重者将取消其录用毕业生的资格。

2. 高校的保护

学校对毕业生权益的保护最为直接。学校可通过制定各项措施来规范毕业生就业指导和就业推荐，对于用人单位在录用毕业生过程中的不公平、不公正行为，学校有权予以抵制以维护毕业生的公平受录用权。对于用人单位与毕业生签订不符合有关规定的就业协议，学校有权不予同意，未经学校同意的就业协议不发生法律效力，不能作为编制就业计划的依据。

3. 毕业生自我保护

毕业生权益保护的一个重要方面就是毕业生自我保护，毕业生自我保护体现在三方面。

（1）毕业生应了解目前国家关于毕业生就业的有关方针、政策和规范以及它们之间的关系，熟悉毕业生在就业过程中的权利和义务，这是毕业生权益自我保护的前提。如果在就业过程中因为所谓的公司规定或部门规定与国家政策法规有抵触，侵犯了自己的权益，则可以依据法规办事，维护自己的合法权益。

（2）毕业生应自觉遵循有关就业规范，接受其制约，保证自己的就业行为不违反就业规范，不侵犯其他毕业生的合法权益。

毕业生如有下列情形之一，有关部门将不再为其办理就业手续：

① 不顾国家需要，坚持个人无理要求，经多方教育仍拒不改正的；

② 自派遣之日起，无正当理由超过 3 个月不去就业单位报到的；

③ 报到后拒不服从安排或提出无礼要求而被用人单位退回的；

④ 其他违反毕业生就业规定的。

（3）在用人单位接收毕业生的过程当中，毕业生也应对自身权益进行自我保护。

例如：按照国家规定毕业生在报到后应享受正常的福利待遇（如养老金、公积金等）；对某些工作岗位的特殊体质要求，用人单位应在与毕业生双向选择时就明确提出，否则不得以单位体检不合格为由（比如仅仅是肝功能表面抗原阳性等）将学生退回学校；另外正常的人才流动也应根据国家和当地的有关人才流动规定，不应受到限制；报到后毕业生发生疾病不能坚持正常工作的，则按单位在职人员有关规定处理，不能退回学校。毕业生应对自己的上述权利有正确认识。

（4）毕业生应学会运用法律手段维护自身的合法权益。针对侵犯自身就业权益的行为，毕业生有权向用人单位上级主管部门和学校进行申诉并听取他们的处理意见，同时也可提交给当地的劳动争议仲裁机构进行调解和仲裁，也可以直接向人民法院提起诉讼。

第二节　毕业生就业过程中的义务

权利与义务是一对孪生姐妹，毕业生在享有国家规定的权利的同时，还必须履行一定的义务。义务是指国家通过宪法和法律规定的公民从事某种行为的必要性。毕业生就业过程中的义务包括以下方面。

（一）服从国家需要的义务

虽然毕业生在就业时有了相当大的自主择业的权利，但是并不能排除服从国家需要的义务。当国家重点建设项目或某些行业急需人才的时候，应积极为国家的重点建设工程或项目服务。西部志愿者、三支一扶、服兵役。

（二）向用人单位实事求是介绍个人情况的义务。毕业生在向用人单位进行自我推荐、自我介绍和接受考察时，有义务全面地实事求是地反映个人情况，以利于用人单位的遴选，不得夸大其辞、弄虚作假。

（三）接受用人单位组织的测试或考核的义务。用人单位为了招聘到符合要求的毕业生，一般都要通过一些测试或考核手段来了解毕业生的情况，通过比较，做出是否录用的决定。因此，毕业生应予积极配合，充分展现自己的能力，接受用人单位的测试和考核。

（四）严格按照就业协议及其他合法约定履行相应的义务。《合同法》第八条规定："依法成立的合同，对当事人具有法律约束力。当事人应当按照约定履行自己的义务，不得擅自变更或者解除合同。依法成立的合同，受法律保护。"毕业生应认真履行协议或合同，不得无故擅自变更或自行解除。如果单方违约，必须主动承担违约责任。

（五）依照职责完成工作的义务。

（六）不断提高职业技能的义务。

第三节　就业协议与劳动合同

一、就业协议、劳动合同的含义

1. 就业协议的含义

"毕业生就业协议书"作为专供用人单位与毕业生之间签订的一种就业协议，普遍存在于毕业生毕业之前、用人单位招用毕业生的过程中。就业协议是大学生和用人单位在签订劳动合同前，双方确定就业意向和权益的依据，是明确毕业生、用人单位和学校在毕业就业工作中权利和义务的书面表现形式。就业协议一般由国家教育部或各省、市、自治区就业主管部门统一制表。就业协议具有民事合同的性质。订立就业协议应该遵循以下两个原则：一是主体合法原则。签订就业协议的当事人必须具备合法的主体资格。对毕业生而言，就是必须取得毕业资格，如果学生在派遣时未取得毕业资格，用人单位可以不予接收而无须承担法律责任。对用人单位而言，用人单位必须具有从事各项经营或管理活动的能力，单位应该有录用毕业生计划和录用自主权，否则毕业生可解除协议而无须承担违约责任。对高校而言，高校根据用人单位的要求如实介绍毕业生的在校表现，也应如实将所掌握的用人单位的信息发布给毕业生。高校是毕业生就业协议的一个重要组成部分。二是平等协商原则。就业协议的三方在签订就业协议时的法律地位是平等的，任何一方不得将自己的意志气强加给其他方。学校也不得采用行政手段要求毕业生到指定单位就业（包括有特殊情况的毕业生），用人单位亦不应在签订协议时要求毕业生交纳过高数额的风险金、保险金。三方当事人的权利和义务应是一致的。除协议书规定内容外，三方如有其他约定事项可在协议书"备注"内容中加以补充确定。

2. 劳动合同的含义

"劳动合同"是劳动者与用人单位确立劳动关系、明确双方权利和义务的协议。这是《劳动法》第十六条规定的。劳动合同具有如下四个法律特征。

（1）劳动合同的形式是一种协议，即当事的合意，这种合意可以各种外在形式出现，比如承诺书、意向书、契约、合同、协议等。

（2）劳动合同的内容是有关劳动的权利和义务。根据劳动合同，劳动者须在一定期间内为用人单位进行工作，用人单位负责提供劳动条件和工作报酬。劳动者通过劳动获得的收益来维持自己的生存和履行法定的赡养、抚养和扶助义务。用人单位通过支付报酬来换取职工的劳动力以取得利润。这样在劳动合同中以劳动付出和劳动报酬互为条件，实现了主体双方权利和义务的统一。

（3）劳动合同的主体是劳动者和用人单位。

劳动者包括：与在中国境内的企业、个体经济组织建立劳动合同关系的职工；与国家机关、事业单位、社会团体建立劳动合同关系的职工，不包括与国家机关、事业单位、社会团体没有建立健全劳动合同关系的公务员和其他工作人员。

用人单位包括：在中国境内的企业、联营企业、外商投资企业、外国公司在我国的分支机构、股份制企业等；国家机关、事业单位、社会团体等与劳动者订立了劳动合同的单位；个体工商户、个体承包经营户等个体经济组织。

劳动合同具有法律约束力。劳动合同是约束用人单位和劳动者之间权利和义务之契约或协议，实践中的叫法或形式有多种，如劳动协议、就业协议、聘用合同等，它们之间并无本质不同，效力是一样的。实践中许多人认为"协议"的效力低于"合同"，其实不然，此属一种误解。依法签订的劳动合同是具有法律效力的，此类合同属于当事人之间的"法律"，必须严格履行遵守，否则将承担不利的法律后果。

3. 劳动合同的分类

劳动合同可以按不同标准划分为不同的种类，常见种类如下。

（1）聘用合同。聘用合同是录用合同的一种，是指以职工雇用为目的，用人单位从社会上招收新职工时与被录用者依法签订的，缔结劳动关系并确定权利和义务关系的合同。聘用合同主要是用人单位招聘在职和非在职劳动者中有特定技术业务专长者为专职或技术专业人员时使用的。例如：有的单位或企业高薪聘请外地或本地的技术专家、法律工作者、高级管理人员等用以改善本地区或本企业的经营状况，或为本企业提供特定服务。

（2）录用合同。录用合同是指用人单位以长期雇用劳动者为目的而订立的劳动合同，如大学生就业协议。它是由用人单位在社会上招收新职工时或续签合同时使用的合同类型，其内容约定的是一般劳动权利和义务，是劳动合同中的基本类型。

（3）借调合同。借调合同是指借调单位、被借调单位与借调人员之间所签订的约定将某用人单位职工调到另一方单位从事短期性工作并确定三方权利和义务关系的合同。借调合同一般适用于借调单位急需又是临时性的情况。这种合同中一般由借调单位支付借调人员劳动报酬和福利待遇。

（4）停薪留职合同。停薪留职合同是指职工为了在一定期限内脱离原岗位与用人单位签订的合同。在停薪留职合同中，劳动者继续保留原用人单位劳动者的身份，但不在原用人单位工作。原用人单位停止对劳动者工资的发放。

二、"毕业生就业协议书"与"劳动合同"的关系

毕业生就业协议书（简称就业协议）与劳动合同是用人单位录用毕业生时所订立的书面协议，但两者分处两个相互联系的不同阶段，两者的关系主要表现在以下几方面。

（1）毕业生就业协议是毕业生在校时，由学校参与见证，与用人单位协商签订的，是编制毕业生就业计划和派遣毕业生的依据。劳动合同是毕业生与用人单位明确劳动关系中权利和义务关系的协议，学校不是劳动合同的主体，也不是劳动合同的见证方，劳动合同是上岗毕业生从事何种岗位、享受何种待遇等权利和义务的凭据。

（2）毕业生就业协议的内容主要是毕业生如实介绍自身情况，并表示愿意到用人单位就业、用人单位表示愿意接收毕业生，学校同意推荐毕业生并列入就业计划进行派遣。劳动合同的内容涉及劳动报酬、劳动保护、工作内容、劳动纪律等方方面面，更为具体，劳动者的权利和义务更为明确。

（3）一般来说就业协议签订在前，劳动合同订立在后，如果毕业生与用人单位就工资待遇、住房等有事先约定，亦可在就业协议备注条款中予以注明，日后订立劳动合同对此内容应予以认可。

（4）就业协议是毕业生和用人单位关于将来就业意向的初步约定，对于双方的基本条件以及即将签订劳动合同的部分基本内容大体认可，并经用人单位的上级主管部门和高校就业部门同意和见证，一经毕业生、用人单位、高校、用人单位主管部门盖章，即具有一定的法律效力，是编制毕业生就业计划和将来可能发生违约情况时的判断依据。

（5）处理"毕业生就业协议"引发的争议不能适用劳动法律法规，应引用《民法通则》和《合同法》，而处理劳动合同引发的争议则应当适用劳动法律法规。

三、签订"毕业生就业协议书"与建立劳动关系的关系

"毕业生就业协议书"应当是在毕业生正式毕业之前，与用人单位之间签订的毕业生正式毕业后在招用单位工作的一种协议，其要解决的核心问题是毕业生正式毕业后要到单位报到上班，单位在毕业生报到上班时要无条件录用。同时，单位应当提供"毕业生就业协议书"中约定的劳动报酬、工作岗位等内容。签订"毕业生就业协议书"后，双方并没有建立真正的劳动关系，双方劳动过程中的权利和义务还没有开始履行，双方的行为不受劳动法律法规的调整。当毕业生毕业后，正式到单位报到上班开始，双方即建立关系，完成了从将要建立劳动关系的约定到实现劳动关系的过程，可以说此时"毕业生就业协议书"重要、核心的问题已基本完成。而双方的权利和义务应当严格按照劳动法律法规的规定执行，一切行为应当

符合劳动法律法规的规定，这时关键的也是最为重要的程序，就是用人单位应当依据《劳动法》的规定与毕业生签订书面的劳动合同。因为建立劳动关系必须依法签订劳动合同，双方应当以劳动合同的形式约定权利和义务。这里包括双方在"毕业生就业协议书"中约定的工作岗位、劳动报酬、服务期、试用期（见习期）的约定，如果双方就以上事项达成新的协议，则可以改变，以新的约定为准，如果任何一方不愿变更，则应将"毕业生就业协议书"中的内容原原本本地完成了以上程序，才真正实现了《劳动法》规定的建立劳动关系的过程，否则就是违法的行为。

四、"毕业生协议书"与事实劳动关系的关系

虽然法律明确规定建立劳动关系应当签订劳动合同，但目前还存在着毕业生到单位上班后，单位不及时签订劳动合同的现象。根据劳动部印发的《关于贯彻执行〈中华人民共和国劳动法〉若干问题的意见》第17条，用人单位与劳动者之间形成了事实劳动关系，而用人单位故意拖延不订立劳动合同，劳动行政部门应予以纠正。用人单位因此给劳动者造成损害的，应按劳动部《违反〈劳动法〉有关劳动合同规定的赔偿办法》的规定进行赔偿。有的单位认为"毕业生就业协议书"就是劳动合同，但此时，虽然双方形成了劳动关系，但这种劳动关系只能是事实劳动关系，而非劳动合同法律关系。在这种状况下，双方就劳动权利和义务虽然有"毕业生就业协议书"的先行约定，但如果发生劳动争议，在处理时，根据《关于贯彻执行〈中华人民共和国劳动法〉若干问题的意见》第82条的规定，用人单位与劳动者发生劳动争议不论是否订立劳动合同，只要存在事实用工的关系，并符合劳动法的适用范围和《中华人民共和国企业劳动法争议处理条例》的受案范围，劳动争议仲裁委员会均应受理，只能以事实劳动关系而非劳动合同法律关系处理，毕业生或用人单位很难以"毕业生就业协议书"中的约定作为强有力的证据来维护自己的合法权益。

在此，特别提醒毕业生注意，在签订就业协议时，一定要认真谨慎，因为就业协议具有法律约束力，而且是就业后签订劳动合同的依据，所以一定要仔细斟酌后再签，切不可草率。毕业生一旦签订就业协议，就不能轻易违约，否则就要承担相应的法律责任。

第四节　就业过程中的陷阱及对策

（一）求职陷阱的种类

陷阱一：招聘单位收费

有公司上来就让你先交报名费，那一定的趁火打劫的骗子公司。毕业生在应聘时遇到收取报名费、面试费、培训费等额外费用的企业，最好都不要相信。毕业生应该警惕招聘单位入职培训费、员工管理费等任何名目的收费。

陷阱二：招聘单位"无限期试用"

"有的企业招了人，就无限期地让学生实习，待遇也是按实习发放。这也是一种招聘陷阱。"近来，很多求职的大学生被所谓的实习期三个月，再加上试用期三个月，搞得一头雾水。

那么，为何会出现漫长而又有些奇怪的现象呢?依据有关规定，试用期人员底薪通常是正式员工的 1/4，劳保用品、物质奖励、各种保险和其他福利等又不与正式职工享受同等待遇。因此一些用人单位为降低人力资本，大量招募短期员工，且不签订劳动合同，待三个月试用期满，就以各种各样的借口予以解雇。这样一来，求职者总是辛辛苦苦给单位低薪干了几个月，然后被扫地出门。就这样，一群又一群学生被单位榨取劳动果实。实习期过长，以有问题为名予以辞退，这是大学生以往找工作的普遍遭遇。

根据实际经验表明，有这样做法的企业往往并不是真正地需要人才。其表现有两大特征，一是会很快就提出签订劳动协议，然后马上开始工作。二是一次招收的学生数量比较多。因此，学生求职招聘时要注意以上特征，看清单位是否有真正的用人诚意。

其实，对于劳动合同中的试用期，《劳动法》早已规定：劳动合同期限在 6 个月以内的，试用期不得超过 15 日；劳动合同期限在 6 个月以上 1 年以内的，试用期不得超过 30 日；劳动合同期限在 1 年以上 2 年以内的，试用期不得超过 60 日；劳动合同期限在 2 年以上的，试用期不得超过 6 个月。试用期包括在劳动合同期限内。

陷阱三：通过招聘剽窃求职者作品

企业以选人为名，在笔试、业务考察等环节中让求职者撰写策划案、翻译文章，而这些都应是公司员工的本职工作。

专家介绍，除了把求职学生当免费劳力外，学生在简历中把自己的毕业设计和研究理念写得一清二楚，也让不少企业坐享其成。

陷阱四：传销公司网上设求职陷阱

求职材料刚挂到网上，先后有三家公司通知电话面试。仔细一查就会发现这些公司是在利用网络搞传销，正在找工作的大学生当心掉入网上"求职陷阱"。

政府为方便大学生找工作，开通网上求职平台，一些不法分子利用大学生求职心切，在网上设"求职陷阱"骗人。大学生网上求职要选择一些大型的、正规的招聘网站，不要轻易在不熟悉的网站填写简历。求职过程中，要注意甄别用人单位，查实用人单位是否正规、真实、可靠。

陷阱五："三金"协商放弃，假高薪陷阱

在大学生求职招聘中，一些单位声明高工资，以此为诱饵，但却以不给职工交纳社会保险为条件。

正忙于四处求职的学生小张对记者说，他在通过一家私营公司的最后一轮面试后，人事主管对他说："我们和公司的员工协商一致，都不缴纳'三金'，因为，几年来公司没有一名员工离开公司后失业，失业保险费都是白缴。而且，公司给员工的工资都很高，里面就有包括这部分钱。所以，希望你也能与公司达成一致。"

一些不良的用人单位为了剥夺求职者的权利，经常会在合同中出现一些不合法的内容，这些都是签订劳动合同时应该注意的问题，因此在签订合同时不仅要仔细审阅内容，当合同中出现异议时，还要运用自己的沟通技巧同用人单位谈判，争取自己应得的利益。

（二）求职骗局的特点

1. 骗子公司多数不规范

骗子公司往往在居民区临时租房，大学生在应聘时首先要看招聘公司像不像正规公司。

比如，如果是经贸公司或电脑公司，即使没有自有的办公大楼，通常也会选址在中高档写字楼中，其办公设备也一应俱全。

2. 骗子公司最愿招文员

专以求职大学生为诈骗对象的骗子公司与一般的骗子公司和黑职介不同，他们招聘的多数是文员、公关人员或部门经理。一般情况下，如果仅是一处几十平方米面积的小公司，不太可能大张旗鼓地打广告招聘许多文员、公关人员，更不可能招什么经理。

3. 高收费肯定是骗局

骗子公司诈骗名目一般有"报名费""工作卡费""押金""培训费"及"服装费"，个别的还以需要在公司食宿为名，收取"住宿费"和"伙食费"。

4. 细节处见骗局

求职大学生还可以通过分析招聘广告来识破骗局：第一，对应聘者的条件要求过低，学历、工作经验，甚至年龄等条件都可放松或根本没有要求，但承诺的工资待遇却比较高；其次，一个小公司，却招聘工种、职位繁多的人员；第三，招聘程序简化，只留地址或联系电话，让求职者直接前去面试。

5. 骗知识产权类信息陷阱

一些单位或个人以考试或试用的名义，要求求职者根据他们的设想写一篇文字材料，或拿出一套设计方案或计算机程序等，或要求求职者为其介绍客户、推销产品等，然后再找出种种理由作以推脱，而将求职者的劳动成果据为己有。

6. 合同陷阱

实习协议、就业协议或劳动合同本来应该成为保护劳动者合法权益的护身符，但有些单位针对应届毕业生涉世不深，社会阅历缺乏的特点，在与毕业生签订上述合同时采取欺诈、胁迫等手段设置陷阱，本来是平等协商的合同成了所谓的"暗箱合同"、"霸王合同"。其实《劳动合同法》17 条明文规定，订立变更劳动合同，应当遵循平等自愿、协商一致的原则，不得违反法律、行政法规的规定。

下面是一则典型的骗财信息陷阱。

××：你好

从你的简历中得知了你的工作经历，对此我们表示满意。现在经过研究决定，本公司拟决定录用你为工作人员，收到此回复，请准备好你的个人证件于本月 8 日到本公司笔试，为工作需要，请到某银行汇 100 元人民币。此为考试费用，如未录取，可退，请保管好你的汇款凭证，××银行卡号 0123 567890，户名×××，请于 4 日前往银行办理，勿电访。

（三）如何辨别信息的真伪

1. 虚假就业信息基本特征

（1）公交车站、大马路、广场等一些公共场合粘贴的招聘小广告。

（2）门槛低、薪酬高、设置责任底薪，必须完成规定业务额。

（3）莫名而来的就业机会。

（4）要求毕业生交纳数额不菲的工作保证金。

（5）不透露公司的名字或者名字像化名，公司的基本资料不完整，找不到地址等。

2. 就业"陷阱"的形式

（1）以招聘为名盗取信息：以招聘方式获得身份证号码或复印件、以此骗取求职者信用卡号、银行账号、照片等倒卖个人隐私的生意。

（2）以招聘为名骗取钱财：以招聘方式收取报名费、抵押金、培训费、服装费等，钱骗到手就人去楼空。

（3）以招聘为名获得劳动力及成果：通过高职、高薪等条件来诱骗劳动力，其实行政经理等于打杂工。

（4）以试用期为名榨取劳动力：利用试用期与签约时间的时间差，来榨取劳动力。

（5）以"霸王条款"克扣毕业生：用人单位通过苛刻的条件来剥夺毕业生的既得利益。

（6）以"培训"为名骗取培训费：以高薪就业、保证就业之类的机遇进行岗前培训，但培训结束仍然不能工作，或者安排的工作根本不适合大学生，逼迫自己违约。

3. 如何应对招聘骗术

（1）应该进入信誉度高的专业人才网站应聘，如各教育部门的官方网站。

（2）拒交各种名义费用。凡是附加了报名费、考试费等条件的招聘信息，一定要高度警惕。

（3）不要随意公开重要信息，求职者在填写网络求职登记表时，不要到处填写自己的求职信息，更不要轻易公开个人的重要信息，尽可能作一些必要的保留，特别是自己的家庭住址和家庭电话最好不要填写，只留电子信箱联系即可。

（4）不轻易许诺马上去外地工作，不论其待遇多么好。只有掌握了这家单位的真实情况，证明其可信之后，才可以去工作。了解单位情况的方法有：通过自己应聘单位所在城市的熟人，去打听这家单位的情况，或者通过工商部门、学校就业指导中心核实单位的真实性。

（5）不要将重要证件作抵押，尤其是身份证、毕业证等。

（6）多种途径了解公司背景，注意招聘单位的营业执照等相关证件。

（7）签订"普通高校毕业生就业协议书"或者"劳动合同"时，一定要注明双方谈妥的福利、保险、食宿条件等，毕业生与用人企业签合同时要"三看"：一看企业是否经过工商部门登记以及企业注册的有效期限，否则所签合同无效；二看合同字名是否准确、清楚、完整，不能用缩写、替代或含糊的方式表达；三看劳动合同是否有一些必备内容。

（8）接到陌生单位打来的电话时，要详细了解对方的情况，如对方名称、经营范围等，进行核实后再作决断。

（9）发觉被骗要及时报案。

复习思考题

1. 我国毕业生享有哪些方面的权益？

2. 什么是就业协议、劳动合同？分别有哪些注意事项？

下篇

大学生创业教育

开展大学生创业教育，是知识经济时代培养大学生创新精神和创造能力的需要，是社会和经济结构调整时期人才需求变化的要求。在我国高校中，广泛开展大学生创业教育，不仅能够增强高校思想政治教育的实效性，而且还能够促进大学生的全面发展和充分就业。随着我国经济社会的发展与时代的变化，大学生就业问题日益成为一个突出的社会问题。解决这一问题需要多方面的努力，其中一个十分重要的方面，就是要更新大学生的就业观念和择业理念，引导他们由被动就业转为自主创业。因此，深入开展大学生创业教育研究，既是破解大学生生存与发展的重大现实问题，又是关系到构建和谐社会的重大现实问题。

大学生就业难，这已是一个不争的事实，尤其近年受金融风暴的影响，高校毕业生的就业形势更加严峻。近年来，为解决大学毕业生就业问题，政府已陆续出台各种政策，在2009年，又不断加大了对大学毕业生就业的扶持力度，进一步来引导大学毕业生转变就业思想观念，使高校毕业生就业率保持稳中有升的发展势头。"大学生志愿服务西部计划"自2003年实施，广大大学生积极响应党中央的号召，来到基层从事志愿服务，有效地缓解了高校毕业生的就业压力。此外，国家的征兵政策也开始向大学毕业生倾斜，国家有关部门打破陈规，就征集高校毕业生入伍制定了优先选拔使用、优先考学升学、学费补偿和贷款代偿等优惠政策。部队尽可能多地征集高校应届毕业生入伍，既从源头上提高士兵队伍的整体文化素质，又不失时机地增加了高校毕业生的就业几率。军队无疑是一个好的去处，乘着国家政策的"顺风车"，有相当一部分的大学生踊跃报名参军。

2009年，各地政府相继出台了如设立"大学生创业资金"、大学生创业税费减免等各种创业优惠政策，鼓励和引导大学毕业生转变就业观念，实行自主创业。在困难面前，毕业生们就业的关键是要树立正确的就业观，进一步转变传统的就业观念，要敢于从基层做起，尤其是从基层岗位做起。同时要积极主动学习和掌握就业技巧，提高择业能力。只有这样，才能在激烈的就业竞争中立于不败之地。

教育部信息显示，2015年高校毕业生将达749万人，加上往年未就业的毕业生，大学生就业形势仍然严峻。面对找工作的巨大压力，许多大学生选择创业代替就业，于是，"创业"这个曾经还略显遥远的词语渐渐在大学生中热门起来，大学生创业文化已经越来越浓厚。

与发达国家相比，我国比较缺乏大学生创业成功的案例。有调查显示：在创业所面临的最大障碍中，99%的大学生认为是资金不足，85%认为没有经验，60%的人认为缺少社会关系，10%的人认为没有管理、营销等方面的专业知识结构，47%的人认为没有好的项目，5%的人认为没有好的团队。

我国高校毕业生的创新能力一直为社会所诟病，有关方面已经注意到这一弊端的危害，并已经动员高校着手开展创业教育，鼓励大学毕业生自主创业。社会各界也对大学生创新能力的发挥给予了特别关注，比如各种形式的创业大赛就为大学生发挥创造力、为有创业打算的大学生提供了不可多得的机会。通过创业竞赛，大学生不仅可以检验自己的专业知识，充分发挥创造力，更能了解到创业过程中所要面对的问题，为日后创业提前打下预防针。创业竞赛的奖金还能够成为大学生创业的启动资金。大学生要充分发挥创造力，实现成功创业，需要有一个良好的创业环境。有了良好的创业土壤的培育，才能有更多的大学生成功创业。

创新是创业的必要条件，但不是唯一条件。创业是一个艰苦的实践过程，对创业者的专业知识、社交能力、心理素质等多方面都有很高的要求，这些远不是参加一次或者几次创业大赛就可以具备的，而是需要大学生在社会实践的摸爬滚打中不断总结，在总结中积累经验，创业才有成功的基础。

第十章

创业准备

第一节　自主创业概述

从 20 世纪 90 年代后期起，"创业"在中国成为非常引人关注的字眼。创业园区不断涌现，有关创业的政策纷纷出台，一个鼓励创业、保护创业、崇尚创业的氛围正逐渐形成。创业在当今是一个十分重要的社会现象，它已成为这个时代经济增长的一个源动力。"创业"究竟是什么呢？长期以来，从创业的动因、过程等不同角度展开的研究使得创业成为一个跨学科、多层次的研究对象，引起了许多学者的关注。

一、创业的定义及理解

创业是指某个人发现某种信息、资源、机会或掌握某种技术，利用或借用相应的平台或载体，将其发现的信息、资源、机会或掌握的技术，以一定的方式，转化、创造成更多的财富、价值，并实现某种追求或目标的过程。

创业是一种劳动方式，是一种无中生有的财富现象，是一种需要创业者组织、运用服务、技术、器物作业的思考、推理、判断的行为。

对创业的概念，可以从以下四个方面理解。

（1）创业是一个复杂的创造过程——它创造出某种有价值的新事物。这种新事物必须是有价值的，不仅对创业者本身有价值，而且对社会也要有价值。价值属性是创业的重要社会性属性，同时也是创业活动的意义和价值。

（2）创业必须要贡献必要的时间和大量的精力，付出极大的努力。要完成整个创业过程，要创造新的有价值的事物，就需要大量的时间，而要获得成功，没有极大的努力是不可能的，而且很多创业活动的创业初期是在非常艰苦的环境下实现的。

（3）创业要承担必然的风险。创业的风险可能有各种不同的形式，取决于创业的领域和创业团队的资源。但通常的创业风险主要有人力资源风险、市场风险、财务风险、技术风险、外部环境风险、合同风险、精神方面的风险等几个方面。创业者应具备超人的胆识，甘冒风险，勇于承担多数人望而却步的风险事业。

（4）创业将给创业者带来回报。对一个创业者来说，最重要的回报可能是其从中获得的独立自主，以及随之而来的个人的物质财富的满足。对于追求利润的创业者，金钱的回报无疑是重要的，对其中的许多人来说，物质财富是衡量创业成功的一种尺度。通常，风险与回报呈正相关关系。创业带来的回报，既包括物质的回报也包括精神的回报，它是创业者进行创业的动机和动力。

综上所述，创业是创造具有更多价值的新事物的过程，必须要贡献出时间，付出努力，承担相应的财务的、精神的和社会的风险，并获得金钱的回报、个人的满足和独立自主。

对于一个真正的创业者来说，创业过程不但充满了激情、艰辛、挫折、忧虑、痛苦和徘徊，而且还需要付出坚定、坚持不懈的努力，当然，渐进的成功也将带来无穷的欢乐与分享不尽的幸福。

（一）创业前要慎思

第一，我为什么要创业？是否有足够的决心，愿意承担风险吗？过去的利益是否舍得放弃？

第二，我是否具备创业者应有的能力与素质，是否能承受挫折，是否具有综合全面的素质，还是有专项技术特长？

第三，我创业成功的核心资源优势是什么？我具备的条件是：足够的资本，行业经验，客户资源，技术创新，还是商业运作能力？与即将面对的竞争对手相比是否有明显的优势？

第四，是否有足够的耐心与耐力度过创业期的消耗？估计通过多长时间走过创业瓶颈阶段？自己有多长的准备时间？

第五，创业最大的风险是什么，最坏的结果是什么，我是否能承受？不要只想到乐观的一方面，对风险一定要有充分的心理准备，否则一碰到现实状况与想象不一样，马上会造成信心动摇。

（二）国内创业者的基本类型

随着经济的发展，投身创业的人越来越多，《科学投资》调查研究表明，国内创业者基本可以分成以下几种类型。

1. 生存型创业者

生存型创业者大多为下岗工人，失去土地或因为种种原因不愿困守乡村的农民，以及刚刚毕业找不到工作的大学生。这是中国数量最大的创业人群。清华大学的调查报告显示，这一类型的创业者占中国创业者总数的90%。其中许多人是被逼上梁山，为了谋生混口饭吃。一般，这种类型创业者的创业范围均局限于商业贸易，少量从事实业，即使有也基本是小型的加工业。当然也有因为机遇成长为大中型企业的，但数量极少，因为现在国内市场已经不像20多年前，如刘永好兄弟、鲁冠球、南存辉的那个创业时代，经济短缺，机制混乱，机遇遍地。如今这个时代，用句俗话来说就是狼多肉少，仅想依靠机遇成就大业，早已是不切实际的幻想了。

2. 主动型创业者

主动型创业者又可以分为两种，一种是盲动型创业者，另一种是冷静型创业者。前一种创业者大多极为自信，做事冲动。这种类型的创业者，大多是博彩爱好者，喜欢买彩票，喜欢赌，而不太喜欢检讨成功概率。这样的创业者很容易失败，但一旦成功，往往就是一番大事业。冷静型创业者是创业者中的精华，其特点是谋定而后动，不打无准备之仗，或是掌握资源，或是拥有技术，一旦行动，成功概率通常很高。

3. 赚钱型创业者

赚钱型创业者除了赚钱，没有什么明确的目标。他们就是喜欢创业，喜欢做老板的感觉。他们不计较自己能做什么，会做什么。可能今天在做着这样一件事，明天又在做着那样一件事，他们做的事情之间可以完全不相干。甚至其中有一些人，连对赚钱都没有明显的兴趣，也从来不考虑自己创业的成败得失。奇怪的是，这一类创业者中赚钱的并不少，创业失败的概率也并不比那些兢兢业业、勤勤恳恳的创业者高。而且，这一类创业者大多过得很快乐。

二、大学生创业利与弊

在商品经济时代，越来越多的大学生也选择了创业作为实现就业的手段，也有越来越多的人开始关注大学生创业。国家相继出台相关的政策来扶持和帮助大学生自主创业，社会也通过舆论和导向引导大学生健康创业。同时大学生创业也是缓解扩招所带来的大学毕业生就业压力的一个重要手段和措施。

大学生创业的主要形式集中于两个方面：新兴技术行业和小投资传统行业。

大学生创业同时会面临社会经验缺乏和资金缺乏的困难，这需要社会对于大学生创业给予越来越多的重视，同时营造更好的大学生创业环境，为大学生创业提供更好的条件和机会。

1. 创业的利

（1）独立性。大部分的创业者都喜欢"自己当老板"的滋味与感觉，他们享受自己做主的自由。虽然独立性伴随着很多的责任，但他们仍然愿意承担。

（2）工作的安全性。创建自己的事业，工作安全便有了保障。老板可以自己决定工作多少时间，多大年龄退休。重要的是，没有下岗的担心。创建自己的事业，可以为家人，也包括亲朋好友提供一个就业的场所。

（3）挑战性。创建自己的事业，另一个明显的好处就是"挑战性"。成功的创业者都喜欢从事一项似乎有可能成功，但也有可能失败的具有挑战性的事业。而且，最后的成败很大程度上取决于自己的能力。

2. 创业的弊

（1）收入的波动性。自己做老板，生意的周期性波动，必然导致收入的波动，这个月可能赚，下个月可能赔。

（2）市场竞争。创业成功后企业通常会面临竞争的威胁。一方面，由于市场或许有很大的变化，生意被新的竞争对手或者新的产品抢走。另一方面，企业的经营成本也增加很多，缺乏创业初期的成本优势。

（3）每天工作的时间可能很长，甚至没有固定的作息时间。

（4）失败是创建自己事业的最后与最大的风险。

三、大学生创业教育的内容

创业教育，是指开发和提高受教育者的创业精神和创业能力，培养未来企业家的教育思想和教育实践。

大学生创业教育的内容有以下几个方面。

（1）创业意识教育。创业意识教育，是开展大学生创业教育的基础。所谓创业意识，是指在创业实践活动中对人起动力作用的个性心理倾向，包括创业需要、创业动机、创业兴趣、创业理想、创业信念和创业世界观等。

（2）创业知识教育。创业知识教育，是开展大学生创业教育的核心。所谓创业知识，是指创业者在创业过程中所必须具备的专业知识、经营管理知识以及财务知识等综合性的知识。

（3）创业能力教育。创业能力教育，是开展大学生创业教育的关键。所谓创业能力，是指影响创业实践活动效率，促使创业实践活动顺利进行的主体心理条件，包括具有比较扎实的基础知识、基本技能，较宽的知识面，较强的实践能力和一定的实践经验等。

（4）创业心理教育。创业心理教育，是开展大学生创业教育的条件。所谓创业心理，是指在创业实践的活动过程中对创业者的心理和行为起着调节作用的个性意识特征，即情感和意志，以及情感过程和意志过程。

第二节　了解大学生创业政策

大学生自主创业优惠政策为鼓励高校毕业生自主创业，以创业带动就业，财政部、国家税务总局发出《关于支持和促进就业有关税收政策的通知》，明确自主创业的毕业生从毕业年度起可享受三年税收减免的优惠政策。其中，高校毕业生在校期间创业的，可向所在高校申领《高校毕业生自主创业证》；离校后创业的，可凭毕业证书直接向创业地县以上人社部门申请核发《就业失业登记证》，作为享受政策的凭证。

一、相关政策

（一）大学毕业生在毕业后两年内自主创业，到创业实体所在地的工商部门办理营业执照，注册资金（本）在 50 万元以下的，允许分期到位，首期到位资金不低于注册资本的 10%（出资额不低于 3 万元），1 年内实缴注册资本追加到 50% 以上，余款可在 3 年内分期到位。

（二）大学毕业生新办咨询业、信息业、技术服务业的企业或经营单位，经税务部门批准，免征企业所得税两年；新办从事交通运输、邮电通讯的企业或经营单位，经税务部门批准，第一年免征企业所得税，第二年减半征收企业所得税；新办从事公用事业、商业、物资业、对外贸易业、旅游业、物流业、仓储业、居民服务业、饮食业、教育文化事业、卫生事业的企业或经营单位，经税务部门批准，免征企业所得税一年。

（三）各国有商业银行、股份制银行、城市商业银行和有条件的城市信用社要为自主创业的毕业生提供小额贷款，并简化程序，提供开户和结算便利，贷款额度在 2 万元左右。贷款期限最长为两年，到期确定需延长的，可申请延期一次。贷款利息按照中国人民银行公布的贷款利率确定，担保最高限额为担保基金的 5 倍，期限与贷款期限相同。

（四）政府人事行政部门所属的人才中介服务机构，免费为自主创业毕业生保管人事档案（包括代办社保、职称、档案工资等有关手续）2 年；提供免费查询人才、劳动力供求信息，免费发布招聘广告等服务；适当减免参加人才集市或人才劳务交流活动收费；优惠为创办企业的员工提供一次培训、测评服务。

二、各地自己特有的大学生创业优惠政策

（一）北京

贷款金额：最高 50 万，且由区财政进行贴息。

优惠政策：由区财政进行贴息。

除拥有北京《再就业优惠证》的人员外，持有北京户口的未就业大学毕业生想要从事个体经营或自主、合伙开发创办小型企业自筹资金不足的，也可申请小额担保贷款。

（二）青岛

贷款金额：最高不超过 5 万元。两人及以上团队创业的可放宽到 20 万元。

贷款方式：小额担保贷款。

优惠政策：对从事微利项目的，由同级财政据实全额贴息。

（三）上海

贷款金额：5 万至 30 万元。

优惠政策：专门设立了大学生创业"天使基金"。

（四）重庆

申请对象：半年以上未就业，有固定户口的大学毕业生。

贷款金额：3 000～4 000 元。

贷款方式：抵押贷款，担保贷款，主创业小额贷款。

（五）太原

申请对象：有登记失业的高校毕业生贷款金额：不超过 5 万元。

贷款方式：小额担保贷款。

优惠政策：各县（市、区）财政部门可委托指定担保机构，为其提供担保，小额担保贷款基金运行中出现缺口，由各县（市、区）负责补足。

（六）安徽

申请对象：高校毕业生。

贷款金额：最高 5 万元。

优惠政策：财政按中国人民银行公布的同期贷款基准利率上浮 3 个百分点以内给予全额贴息。

（七）成都

（1）2007 年 7 月，成都市工商局为支持全市试验区建设，促进民营企业发展，颁发了《关于进一步促进民营企业发展的实施意见》，首次推出了公司设立"零首付"登记政策。2009 年

11 月 23 日，成都市工商局注册分局在成都市金融办公室的协助下，与多家银行达成共识，建设银行、交通银行、中信银行等 21 家商业银行及其支行，同意为"零首付"公司开户。

（2）2009 年 12 月，据成都市劳动和社会保障局局长胡昌年介绍，《成都市关于进一步做好促进城乡充分就业工作的实施细则》规定，当年新招用 3 名以上劳动者，签订 1 年以上期限劳动合同并缴纳社会保险费的自主创业者，可享受社会保险补贴。对于成都市在领取失业保险金期间的就业困难人员，在辖区内自主创业成功的，给予一次性 5 000 元创业补贴。

（八）西安

2011 年起西安市政府办公厅下发《进一步推进大学生自主创业贷款工作的通知》，将享受优惠政策、自主创业大学生户籍范围由西安市暂扩大到全省范围内，同时对于能按期归还本息的，将由财政给予企业 50%的贴息。

创业贷款受益范围扩大到全省。资金短缺可能是不少大学生创业中面临的难题，为了帮助他们渡过这一难关，《通知》明确要求一步调整和优化贷款模式，同时要按照大学生创办企业所处的阶段和状况，提供不同的贷款支持。

对大学生初创企业，符合小额担保贷款条件的项目，按小额担保贷款政策予以支持；对大学生创办企业达到一定规模，内部管理、财务制度较为规范、经营状况明显改善的，对其贷款要逐步与商业化贷款接轨，适用大学生创业贷款，能按期归还本息的，由财政给予企业 50%的贴息；对于大学生创办的企业完全走上正轨的，将鼓励承担更多社会责任，经认定符合劳动密集型企业的，按照劳动密集型企业的政策予以支持。

为了让更多大学生享受到政策支持，本次西安市还将自主创业大学生户籍范围，由西安市暂扩大到陕西省内，外省籍大学生创业的根据其项目情况，经审核可适度放贷。

政策支持大学生创业"首违免罚"。除了贷款支持外，《通知》要求各相关部门要继续强化服务，对于大学生自主创业，工商、税务、城管等部门要简化手续，放宽市场准入。其中，将免收大学生申办个体工商户各项费用。此外，大学生创办的企业减半收取企业开业注册登记费。

对大学生创业将落实"首违免罚"政策：即工商、城管执法等部门在对大学毕业生在创业过程中首次出现的情节轻微、没有对社会和他人造成危害后果的一般性违法行为，只给予警示告诫，帮助大学生创业者纠正，不给予行政处罚。

培训指导招募成功企业家当"志愿老师"。从校园到"商海"，为了帮助大学生能够顺利进入角色，我市将针对大学生的不同需求，多途径、多渠道开展大学生创业培训工作，提高创业成功率。

西安市将成立创业专家辅导团，在全市范围内招募具有社会责任感、有成功创业经验，愿意为大学生创办企业进行辅导的企业家作为志愿者，为大学生创业提供一对一或一对多的创业指导服务。在有条件的情况下，通过这些企业家为大学生创办企业提供上下游配套产品的支持合作，帮助其度过初创期。市政府可给予企业家颁发荣誉聘书或授予荣誉称号，作为精神奖励。

三、大学生创业的行业限制

为引导大学生多渠道就业，尤其是鼓励自主创业和灵活就业，政府出台了《关于进一步做好普通高等学校毕业生就业工作的实施意见》。意见规定，对于自主创业的毕业生，可以在注册登记、贷款融资、税费减免、创业服务等方面获得扶持。大学生创业可以放宽一定的行业限制，比如，申办个体工商户、个人独资企业、合伙企业时，除法律法规另有规定外，将不受最低出资金额限制。另外，某些省市还对高校毕业生创业提供以下优惠政策，只要从事高科技、现代制造、现代服务业等行业、领域的投资与经营，还可将家庭住所、租借房、临时商业用房等作为创业经营场所。

📖 拓展阅读

国家鼓励创业政策 解读"免、减、补"三招促创业

扣减营业税个人所得税等 免收有关行政事业性收费

据国税总局有关负责人介绍，近年来，为了鼓励创业和扩大就业，国家实行了一系列税收优惠政策。如对下岗失业人员创业，按每户每年 8 000 元为限额扣减营业税、城市维护建设税、教育费附加和个人所得税等。根据《关于促进以创业带动就业工作的指导意见》（以下简称《意见》）要求，今后还将进一步加大力度、扩大范围。

在收费优惠政策方面，为了鼓励失业人员自谋职业和自主创业，规定对登记失业人员、残疾人、退役士兵以及毕业 2 年以内的普通高校毕业生，凡从事个体经营的，自其在工商部门首次注册登记之日起 3 年内，免收管理类、登记类和证照类等有关行政事业性收费。免收的具体收费项目既包括国务院以及财政部、发改委批准设立的涉及个体经营的管理类、登记类和证照类等有关行政事业性收费项目，还包括各省、自治区、直辖市人民政府及其财政、价格主管部门按照管理权限批准设立的涉及个体经营的管理类、登记类和证照类等有关行政事业性收费项目。

扩大小额担保贷款范围 提高额度加大贴息力度

《意见》提出，积极探索抵押担保方式创新，对于符合国家政策规定、有利于促进创业带动就业的项目，鼓励金融机构积极提供融资支持。为了帮助劳动者多渠道筹集创业资金，2008年，财政部会同有关部门，调整和完善了小额担保贷款政策。

在个人小额担保贷款方面：一是扩大借款人员范围。将小额担保贷款借款人范围扩大到所有符合规定条件的城镇登记失业人员和就业困难人员。二是提高贷款额度。小额担保贷款经办金融机构对个人新发放的小额担保贷款的最高额度由 2 万元提高至 5 万元。对符合条件的人员合伙经营和组织起来就业的，经办金融机构可适当扩大贷款规模。三是加大财政贴息力度。对个人新发放的小额担保贷款，其贷款利率可在人民银行公布的贷款基准利率基础上上浮 3 个百分点，其中微利项目贷款由中央财政据实全额贴息，并通过建立小额担保贷款奖补机制，进一步调动了经办银行、担保机构和信用社区等小额担保贷款经办单位的工作积极性。

财政部有关负责人介绍，为充分发挥劳动密集型小企业对促进就业的辐射带动作用，规定对当年新招用人员达到企业现有在职职工总数 30%（超过 100 人的企业达到 15%）以上、并与其签订 1 年以上期限劳动合同的劳动密集型小企业，经办金融机构根据企业实际招用人数合理确定小额担保贷款额度，最高不超过人民币 200 万元，财政部门按人民银行公布的贷款基准利率的 50%给予贴息。

提供免费公共就业服务　补贴职业培训技能鉴定

创业能力是劳动者创业成功的关键因素，为了提高劳动者的职业技能和创业能力，国家制定了免费公共就业服务、职业培训补贴和职业技能鉴定补贴等政策。

《意见》要求建立健全面向全体劳动者的免费公共就业服务制度，对劳动者免费提供政策咨询、职业指导、职业介绍等服务。有关部门已提出，对失业人员、符合条件的进城务工农村劳动者参加职业培训的，按规定给予职业培训补贴。对就业困难人员、进城务工农村劳动者通过初次职业技能鉴定（限国家规定实行就业准入制度的特殊工种），取得职业资格证书的，给予一次性职业技能鉴定补贴。同时，各类培训机构要规范培训标准、提高师资水平、完善培训模式，不断提高培训质量和创业成功率。

第三节　创业素质训练

一、创业要素

全球最具影响力的创业学者蒂蒙斯（Timmons）认为：机会、资源、团队是创业三要素（见图 9-1）；在创业过程中，由于机会的模糊、市场的不确定性、资本市场的风险，以及外在环境的变迁等，经常冲击创业活动，使得创业过程充满了风险，因此就必须要依靠创业者的领导、创造力与沟通能力来发掘问题，掌握关键要素，弹性调整机会、资源、团队三个构面的搭配组合。创业流程由机会所启动，在取得必要的资源与组成创业团队之后，创业计划方能顺利推展。

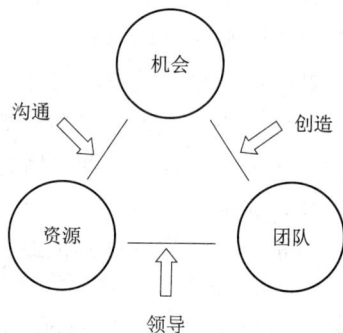

图 9-1　蒂蒙斯创业三要素模型

（一）机会

在创业前期，机会的发掘与选择最为关键。机会的形式、大小和深度决定了所需资源与团队的形式、大小和深度。通常情况下，企业的规模越大，发展的时间越长，毛利率越高，自由现金流越大，其机会就越多；市场越不完善，变化程度越大，混乱程度越高，信息量和知识越少，机会越大。诚然，机会会随着时间而发生剧烈的变化，创业者需要不断地调适资源与团队来应对新的机会来临。

（二）资源

这里所说的资源：一是人力资源（Human Capital），主要是指创业者的判断力、眼光、创造力、愿景、智能、创新、机会辨识、价值与信仰等。二是社会资源（Social Capital），具体是指创业者个人的人际网络、社会网络等，这些网络可以让资源适当地进行交换。三是实体资源（Physical Capital），即创业所需要的以物质形式存在的，例如机器厂房、地理位置、原料取得途径等。最初创业家的实体资本一定有限，因为这不是单独一个创业家所能控制的。四是财务资源（Financial Capital），它用于提供企业的营运资金、购买设备等，一般新创企业的资金大多来自个人、家庭或是朋友，很少能够由创投资金或是银行的借贷取得，因为新企业缺乏交易信用与未来发展的评估依据。应当承认，资金是创业成功非常重要的条件，眼下资金不足仍然是自主创业的一大障碍；但是，拥有足够资金也不一定能成功创业，缺乏约束和冲动地花费通常会导致严重的问题，甚至是失败。钱对于创业者而言就像是颜料和画笔对于画家那样，它是没有生命的工具，只有被适当的手所掌握，才能创造奇迹。

（三）团队

组建一支杰出的创业团队是高潜力企业成功的关键因素。大量创业事例告诉我们，单个创业者通常只能维持生计，要想单枪匹马地发展一家有潜质的企业是极其困难的；最成功的创业者通常是组建起自己的团队，自己的组织，然后是自己的公司，他们与同事、顾问、投资者、重要顾客、关键供应商等保持有效的工作关系。蒂蒙斯（Timmons）认为团队的素质包含取胜的愿望、敬业、决心和恒心、对风险和不确定性的承受力、领导和沟通等。创业团队的主导者要注意内部组织结构的问题，以营造出激励创业团队前进的环境，成员在团队中获得支持与尊重会驱动并正向影响创业团队的爆发力；创业团队的主导者还要让每个成员对于主导者的构想均能清楚明了与认同，并将这个构想调整为创业的愿景。

二、创业的过程

一般认为，创建新企业可划分为七个阶段（见图9-2）。当然，创业并不是一个按部就班的过程，各步骤之间也包括一些循环往复。

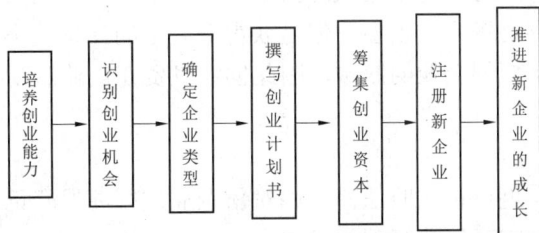

图 9-2　创建企业的七个阶段

（一）培养创业能力

在创业过程中，创业者素质和能力的培养是创业的第一步。首先，创业者必须较好地掌握对所要进入行业的专业技能，这是进入一个行业的"敲门砖"；第二，创业是各种社会知识的集合，创业者尤其需要了解法律、企业管理、财务会计、税务、市场营销等方面的知识；第三，创新意识、协作能力、沟通技巧等在创业过程中是不可或缺的。值得指出的是，并不是所有的人都适合创业，但创业成功人士都应具备上述创业能力。

（二）识别创业机会

创业机会的识别是成功创建新企业的重点和难点。创业机会并不是偶然出现的，而是垂青于那些有准备的人。国家产业政策的调整、新技术的出现、人口和家庭结构的变化、人们消费需求的转变等都可能形成商业机会。创业者通常通过消费者、营销人员、专业协会成员和技术人员等途径来发现创业机会。作为创业者，应该具有敏感的嗅觉，能够准确地识别并抓住创业机会。

（三）确定企业类型

按照我国目前的相关法律法规，可以选择的企业（或经营性组织）的类型有：个体工商户、合伙企业、个人独资企业、有限责任公司和股份有限公司。选择不同的企业形式，出资者所承担的责任和风险是不同的，对合作伙伴的要求也是不同的。比如成立法人公司，出资者以出资额为限对公司承担有限责任。如果成立合伙企业，则要求合伙各方具有很高的信任度，因为他们对合伙企业承担无限连带责任。

（四）撰写创业计划书

创业者在完成创业环境分析、创业机会识别，并确定创业内容之后，就应开始着手撰写创业计划书了。创业计划书是对与创业项目有关的各种事项进行总体安排的文书，它包括企业战略和经营思想的确定，人员、资金、物质等各种资源的整合，商业前景展望等内容。创业计划书的作用有两个：一方面为创业项目制定一份完整、具体、可操作的行动指南，另一方面创业计划书往往是风险投资者选择项目的依据，优秀的创业计划书能够帮助企业吸收外来资金。

（五）筹集创业资本

创业者在创业之初往往自有资金有限，所以融资需求是非常强烈的。创业融资的渠道主要是向亲戚借贷，好的项目还可能采用风险投资、银行信贷、融资租赁等多种融资方式。尽管可供选择的融资渠道和融资方式很多，但是获得资金上的支持绝不是一件容易的事情。注册资本的最低限额往往是新创企业的瓶颈，因此创业融资在创业启动阶段至关重要。

（六）注册新企业

企业类型确定以后，就可以按照法律程序对新企业进行注册登记了。具体包括设计企业名称，确定企业选址，向工商行政管理部门提出企业登记注册申请，领取营业执照等。营业执照的取得是新企业正式成立的标志，意味着新创企业在法律上得到了认可。

（七）推进新企业的成长

新创企业的成长离不开市场对企业所提供产品或服务的认可。相对于老企业而言，新创企业在行业内属于后发者，因此能否在短期内通过有效的运营在市场上占有一席之地直接关系到创业的成败。当新创企业在市场上的地位相对稳定后，可能又会由于市场需求的变化或竞争对手的超越，逐渐丧失在原有技术、服务、管理等方面的竞争优势，于是，寻求新的发展空间就成为企业发展的必由之路。

三、创业类型

（一）按创业动机分类

依据创业动机的不同，一般可以将创业活动划分为生存型创业和发展型创业。

1. 生存型创业

顾名思义，生存型创业是指在找不到合适工作的情况下为了生计而被动选择创业，如下岗失业人员开办个体户等。

2. 发展型创业

发展型创业是指在自身条件较好的情况下，为了在更高层次上寻求事业发展或实现自己的人生价值而主动选择创业，如企业科技人员辞职下海创业等。

（二）按企业对市场和个人的影响程度分类

克里斯琴（Christian，2000）认为创业依照企业对市场和个人的影响程度可以分为四种类型。

1. 复制型创业

这种形式的创业，复制原有公司的经营模式，创新的成分很低。例如某人原本在餐厅里担任厨师，后来离职自行创立一家与原服务餐厅类似的新餐厅。新创公司中属于复制型创业的比率虽然很高，但由于这种类型创业的创新贡献太低，缺乏创业精神的内涵，不是创业主要研究的对象。这种类型的创业基本上只能称为"如何开办新公司"，因此很少会被列入创业教育课程中学习的对象。

2. 模仿型创业

这种形式的创业，对于市场虽然也无法带来新价值的创造，创新的成分也很低，但与复制型创业的不同之处在于，创业过程对于创业者而言还是具有很大的冒险成分。例如某一纺织公司的经理辞掉工作，开设一家当下流行的网络咖啡店。这种形式的创业具有较高的不确定性，学习过程长，犯错机会多，代价也较高昂。这种创业者如果具有适合的创业人格特性，经过系统的创业培训，掌握正确的市场进入时机，还是有很大机会可以获得成功。

3. 安定型创业

这种形式的创业，虽然为市场创造了新的价值，但对创业者而言，本身并没有面临太大的改变，做的也是比较熟悉的工作。这种创业类型强调的是创业精神的实现，也就是创新的活动，而不是新组织的创造，企业内部创业即属于这一类型。例如研发单位的某小组在开发完成一项新产品后，继续在该企业部门开发另一项新品。

4. 冒险型创业

这种类型的创业，除了对创业者本身带来极大改变外，个人前途的不确定性也很高；对新企业的产品创新活动而言，也将面临很高的失败风险。冒险型创业是一种难度很高的创业类型，有较高的失败率，但成功所得的报酬也很惊人。这种类型的创业如果想要获得成功，必须要在创业者能力、创业时机、创业精神发挥、创业策略研究拟定、经营模式设计、创业过程管理等各方面，都有很好的搭配。

四、创业应具备的相关条件

创业还应具备其他一些条件，具体如下：

（1）创业者应具备的基本素质与能力；

（2）掌握一定的创业基本知识；

（3）有一定的企业工作经验、社会经验；

（4）有一个好的、切实可行的经营项目或产品；

（5）有一定的创业资金；

（6）有一个团结合作、各有所长、优势互补、精明强干、奋发有为、能同舟共济的创业团队；

（7）有良好的环境（如政治环境、社会环境、经济环境、市场环境、科技环境、人文环境等）支持，包括一定的社会关系支持；

（8）有合适的经营场所等。其中好的经营项目与创业者的优良素质是创业成功的关键与核心。

知识链接 ///

GEM 背景介绍

"全球创业观察（Global Entrepreneurship Monitor，GEM）"是一个旨在研究全球创业活动态势和变化、发掘国家或地区创业活动的驱动力、研究创业与经济增长之间的作用机制和评估国家创业政策的研究项目。GEM 由美国巴布森学院和伦敦商学院联合发起并组织。

GEM 发布的《全球创业观察》报告，成为全球最全面的创业活动调查报告。GEM 目前在全球 30 多个国家分别建立了 GEM 小组，与相关国家的高校和创业研究中心等多个科研单位建立了合作关系，在中国的 GEM 小组由清华大学国家创业中心担任。

《全球创业观察》的数据主要来源于以下三种途径：抽样调查、各国专家访谈、国际标准化数据。

抽样调查：每年 1 月 GEM 召开全球年会，会上各个国际小组确定当年创业情况调研的程序以及数据收集程序，然后在每年的 5 至 8 月份分别随机选取 1 000 至 27 000 人进行统一的创业活动调查。大多数国家采用的方式是电话随机调查；而在一些电话普及率不太高的中等收入国家则采用入室面谈的方式。反馈率也迥异：2005 年的《全球创业观察》报道显示，有些国家如日本反馈率高达 100%，而另外一些国家如挪威、芬兰，其反馈率仅为 11%、19%。在中国，调查方式主要是街头拦截式的面谈，2005 年共调查了 2 109 人，反馈率为 32%。当然，GEM 也指出，被调查人群的样本选择还有待进一步完善。

专家访谈：GEM 的各国合作小组在各国选取不超过 50 位在创业方面享有盛誉和经验丰富的专家进行访谈，让这些专家列数各国创业的优势与劣势，同时提出政策改变的建议。

国际标准化数据：主要来自世界银行、国际货币基金组织以及联合国。有资料称，目前参加 GEM 的国家和地区 GDP 约占世界总量的 90%，人口总数约占世界总量的 2/3。GEM 已经迅速成为创业领域国际领先的研究项目，并成为各参与机构的旗舰项目。GEM 数据被各国和地区政府以及欧盟、联合国、经合组织等国际组织作为分析和制订有关政策的基准，其建议也被许多国家和地区政府采纳。GEM 数据已经成为世界一流商业出版物的基准数据，经常被《金融时报》《华尔街日报》《商业周刊》等报刊引用。

第四节　创业准备

大学生如果想最大限度地发挥自己的才能，实现自己的理想，那就大胆地为自己选择创业，选择适合自己的特点的创业模式，做出一番事业来。那么如何进行创业呢？创业之前需要做哪些准备工作呢？

一、了解大学生创业的基本步骤

大学生创业的基本步骤，概括地说，即创意是什么，从哪里来，怎样组成一个有效团队，怎样把一个公司发展成为一个完整的公司，资金怎么找，创业者跟出资人的关系怎样，怎样处理这种关系，怎样预见公司的发展前景，确定公司的发展方向等。具体创业步骤如下。

（1）理清思路，明确定位：即找准创业的方向。这个过程尤其要注意创业期限的确定。一个很大的公司，至少要 3 年、5 年才能做出来，因为时间太长，风险也大。市场是不断变化和发展的，3 年、5 年后可能已经发生很大的改变，也就可能与创业者原来的预期相差很大。因此在创业构思和定位过程中，大学生创业时机的把握和创业期限规划是一个很值得注意的问题。

（2）自我检查：即市场调研和分析预测的过程，按标准的商业计划书编写本项目商业计划书，对企业人财物、供产销所有要素都进行规划。

（3）产品的定位和成果论证。

（4）组建团队、明确团队分工：找好合作伙伴，确定合作原则。

（5）筹集一定的前期资金：包括筹集前期资金和企业运作后续资金的考虑。

（6）筹办、注册经济实体：寻找企业落户场所，注册独立的经济实体。

（7）制订企业经营计划并实施计划。

二、寻找和把握住创业条件和机遇

《孙子兵法》云："知己知彼，百战不殆。"对创业者而言也是如此。一个成功的创业者，首先要学会对自己进行客观的评估，对自己的能力和潜质有一个科学的定位，还要对外部客观条件进行准确的分析和判断，具有善于发现和捕捉机遇的能力，从而实现自身的人生目标。

（一）分析创业条件

唯物辩证法认为，条件是指同某一事物相关联的、对它的存在和发展发生作用的诸要素的总和。条件是复杂多样的，有必要条件和非必要条件、有利条件和不利条件、客观条件和主观条件之区别，不要把条件简单化，要全面、具体地分析各种不同的条件。对创业者来说，根据创业条件的不同，大体可分为社会条件和自然条件，它们对创业者的创业活动起着不可替代的作用。

1. 社会条件

社会条件主要指创业主体所处的社会环境，如政策条件、家庭条件、工作学习条件、人际关系条件等。充分利用这些条件，是创业者打开创业局面，顺利进入创业角色的基础。

1）政策条件

政策条件主要是指国家为创业者提供宽松的政治环境，使创业者能在法定范围内完成创业活动的有利条件。党的十四大确立社会主义市场经济体制以来，社会主义初级阶段的基本经济制度即以社会主义公有制经济为主体，引导和鼓励其他经济成分共同存在和发展不断明确，这为广大创业者提供了广阔的创业舞台，使我国非公有制经济得到空前发展，造就了一大批优秀企业家，使许多创业者在各自不同的行业上获得成功。政策条件对创业者而言，是一把有效的政治保护伞，它可以使创业者全身心地从事创业活动。

2）家庭条件

家庭是创业者接受启蒙教育和健康成长的摇篮。每个创业者的家庭条件都因人而异，无论家庭条件好还是差一些，对创业者来说都有可以利用的有利因素。家庭条件好的创业者，其创业活动也未必就一定能获得成功，还需要创业者自身的努力。同样，家庭条件差一些的创业者，相对创业活动而言，其早期付出的可能多一些，尤其在资金、技术和社会关系等方面相对要差一些，但这并不表示创业者的创业活动就一定会失败。一个成功的创业者应正确面对客观存在的家庭条件，充分挖掘一切潜在的因素，利用一切可以利用的有利条件，克服盲目攀比及自卑心理，发挥个人主观能动性，尽快去完成创业的早期活动。

3）人际关系条件

人际关系条件主要是指创业者在自己工作、学习及生活的空间内，通过交往而逐步形成的相对稳定的联系，对创业者顺利完成创业活动有促进和影响的各种有利条件，也即关系网络，它对于创业者而言，是一笔不可多得的财富，创业者要学会充分利用和调动这些有利因素，使其能最大限度地为创业活动提供援助。

2. 自然条件

自然条件主要包括创业者的生存环境条件和创业者自身条件，生存环境条件对创业者从事的行业往往影响较大，而创业者自身条件在很大程度上决定着创业者的创业活动能否获得成功。

1）客观生存条件

俗话说，靠山吃山，靠海吃海。人的生存总是离不开一定的自然地域和社会空间。从生存地域而言，有的是平原，有的是山区，有的是城镇，有的是乡村。但无论是什么样的区域，只要有人类居住，就说明了这个区域能为人类生存提供相应的能量与资源，就可以进行创业活动。就创业而言，农村与城市对不同的创业者来说，都是理想的创业场所。

2）自身素质条件

创业者的自身素质条件决定了创业者的创业活动性质和经营范围，也决定了创业者最终能否获得成功。创业者自身素质包括其文化素质、身体素质和心理素质等一些智力因素和非智力因素。在当今社会，一个成功的创业者首先要有较高的文化素质，如从事行业的技能和文化水平；其次是身体素质，创业的初期是很艰难的，没有一个好的身体素质很难做好每一件事。同样，非智力因素对创业者而言也很重要，如创业者的性格、人品和心理健康情况等都很重要，若创业者意志薄弱，或品质卑劣、心理不健康等，则很难成就大事。总之，作为一名创业者，尤其是将来想干一番事业的青年学生，在学好专业技能的同时，也可根据个人爱好或特长，多掌握一些生存本领，多磨炼自己的意志，努力使自己成为一名学识丰富、意志坚强且一专多能的复合型人才，为将来的创业打好基础。

（二）寻找、把握机遇

机遇如白驹过隙，一不小心，稍纵即逝。机遇，即是有利于创业者的境遇。人们常说万事俱备，只欠东风，在此，东风即可理解为机遇。作为创业者，通过自身的努力，基本掌握了从事某行业的生产经营技能，也有能力和信心做好这项事业，但是由于种种原因一直没有实现自己的愿望。这对创业者来说，除了需要继续努力外，再就是需要机遇。因此，机遇对创业者而言十分重要，没有机遇，很难成就大事。

机遇是促使人们完成某些目标的良好时机，机不可失，时不再来，就说明了机遇的重要性和短暂性，同时，机遇还有普遍性、特殊性、相对性和时效性。机遇能够使创业者所从事的事业得到质的飞跃。机遇不是专车，而是公共汽车，它不专等一个人，谁抓住了就属于谁。机遇对每个人都是同等的，但机遇只垂青那些准备充分的人。那么，有志于创业的大学生如何捕捉机遇呢？

1. 充分准备

在机遇到来之前大学生创业者应很好地充实自己，认识自我，发现自身的优势。这里举个例子。邓亚萍就是在多次参赛中认识到自己优势的。她4岁半开始学习打球，但她存在先天不足：个子矮小，手臂短，有人说她没有发展前途。可是，她在参加各种比赛时表现不凡，到13岁开始参加大型比赛，显出了超群的技艺，她反应灵活，动作敏捷，技术娴熟，心理素质好，不怯场，在大场合发挥出色。这正是一个优秀运动员所必备的优势。正是靠这种强化的优势，在一次偶然的机遇中她打败了当时的国手，以非凡的表现脱颖而出，进入国家队，最后走上了世界冠军的领奖台。

2. 树立正确的机遇观念，学会观察和捕捉机遇

观察和分析对创业者十分重要，机遇不会自己预告到来，这要靠创业者自己对形势的观察，对政策的分析和感悟来察觉。对创业者来说，冷静观察是很重要的。同时，捕捉机遇还要学会等待，要用耐心和毅力去等待，一旦有了机遇，便能迅速把握。

3. 关注机遇、创造机遇

苏格拉底说：最有希望的人，倒不是有多大才干的人，而是最会善用每个时机去发展开拓的人。信息就是资源，就是机遇。所以，学会获得信息、运用信息，机遇总会到来。特别是在当今市场经济条件下，各种机遇总是通过瞬息万变的信息表现出来。因此，必须伸长自己的"触角"，广泛收集信息，从中发现机遇。创造机遇的关键也就是把潜在的需求转变成现实需求。例如，在四川农村，农民喜欢用洗衣机洗红薯，本来好端端的洗衣机经过这么一折腾，不但洗衣机外壳变形，而且内槽、出水管都堵塞了。海尔人知道后，立即生产出一种大水管洗衣机，很快占领了四川农村市场。又如，康佳集团知道有些彩电在农村没有市场，因为这些彩电功能多，坏了之后难以修复，于是即时推出适合农村市场的彩电，减少了不少功能，使农民用得起，修起来也方便，在降低成本的同时，开辟了半边农村市场。所以，创业者在机遇没有来临时，有时也可通过创造机遇，促进创业活动的进展。

三、掌握创业准备的过程

对创业者来说，创业准备过程十分重要。创业准备主要是指创业者为从事创业活动而进行的学习知识、收集信息、锻炼意志的综合复杂过程。创业者要想使自己的创业活动能够成功，要像运动员在比赛之前进行长期的艰苦训练一样，也要在各方面做好充分的准备。

1. 收集信息

随着社会经济尤其是科学技术的迅速发展，人类已经进入了信息化时代和信息化社会，特别是信息高速公路的建设和多媒体技术的广泛应用，使人们每天都会接触到大量的信息。

作为创业者要做好以下几个方面的信息收集工作。

第一，创业者要重点收集以下六大信息。

① 政策及法律信息。发展企业，必须掌握国家对企业实现的政策，明了国家及地方政府颁布的各项法规和下达的指令等，以便明确发展企业的方向，更好地指导企业健康发展。

② 经济信息。企业发展，与工农业生产情况、金融和商业发展情况等息息相关，了解这些信息，有助于企业更好地作出决策。

③ 科技信息。科学技术是第一生产力，了解和掌握与企业有关的科学技术，研究科技新发展、新发明、新成果，能够推动企业发展，增强企业的生命力。

④ 地理环境信息。企业生产经营过程的供产销三个环节，受到地理环境、气象变化、人口分布等情况的影响，掌握这些信息将对企业采购、生产与销售大有益处。

⑤ 竞争信息。市场经济条件下，企业要想增强竞争力，在竞争中立于不败之地，必须了解竞争的对象、范围、规模、实力、手段及竞争程度等情况，做到"知己知彼"，更好地制定竞争对策。

⑥ 消费需求信息。了解和掌握销售对象的收入水平、家庭状况、消费结构、需求种类及数量、购买动机、购买行为、购买习惯及购买趋势等，对企业在生产经营活动中做到有的放矢，超前发展，将大有帮助。

第二，收集创业信息。收集信息的过程是对市场形势观察和对市场调查的过程。当今信息时代，信息已发展成为一种产业，谁拥有新的信息，谁就拥有市场，谁就可能成为市场竞争的强者。收集信息的目的是为了开发信息，利用信息为创业实践服务，要坚持"积极开发、为我所用"的原则，通过互联网、权威报纸、杂志、新闻媒体及各种市场和人际交往等方式来收集。

第三，要对创业信息进行价值分析。信息是宝贵的经济资源，创业者不仅要收集信息，而且要学会利用和处理信息，能够从千千万万条信息中寻找自己需要的信息，分析筛选对自己有用的部分，为创业决策提供依据。

分析信息时要考虑如下要素。

① 考虑信息的可信度，能否为自己的经济活动服务。

② 注意地区差别，同一信息在不同的地区产生的效应是不同的，要具体情况具体分析。

③ 衡量信息的时效性。信息的生命在于运动，它分为过去信息、现在信息和将来信息，在运用信息时应努力做到有的放矢。

④ 充分分析和估计信息发展的各种趋势，预计到在用信息指导经营时将会发生的各种可能性，做到有备无患。

⑤ 深挖信息囊。人们有时捕捉到一条信息后进行深挖，就会发现一"母"信息囊包括多条很有价值的"子"信息。这些"子"信息从表面看，与创业活动没有直接关系，而实际上却能起间接作用，有时甚至能起重大间接作用。例如，日本三洋电机社长井植薰在担任材料部长时，一天黄昏，骑自行车上街被警察抓住，说他的自行车尾部没装反光板，违反了交通规则。"啊，这么说这是法律规定的？要是真的这样的话，这可是一桩好买卖。"他脑子转得飞快，并嘀咕："全国大概有一千万辆自行车，这可是个大市场。"他想到公司里有一大批铜片的边角料，以前都是当废品卖，如今正好用来做反光板的地板和连框，把反光板的成本降低到 18 元，完全能够以低成本赢得竞争优势。没过多久，三洋的反光板打败了松下等老牌子，几乎独占了整个市场。这说明，在创业准备和创业实践过程中，一刻也不能忽视对边缘信息的收集和利用。

2. 寻找目标

任何人类活动都有一定的目标，无论是近期的，还是长远的。对创业者而言，创业目标的确立是十分重要的，只有创业活动而无创业目标是盲目的，反之，只有创业目标而没有创业活动，其目标是虚无的。因此，创业者既要选准创业目标，还要及时制订周密计划，付诸行动，尽早实现自己的创业目标。

首先，确定创业目标的依据。创业目标的确立既要考虑个人的兴趣、爱好和实际能力，又要考虑社会的总体需要。社会是创业者的大舞台，每个创业者都是这个舞台上的一个角色，创业者的创业活动能否得到社会认同，关键是看创业者的创业活动是否对社会发展和人们生活有意义，是否能够满足社会发展的需要。然后，要考虑发挥自己的优势，不同的行业因其性质的不同，对创业者在能力上的要求也不尽相同。在选择创业项目时一定要切合自身实际，不能人云亦云，更不能赶潮流，追时尚，而应结合自己的实际情况，尽力从自己的优势出发去确定创业目标。

其次，论证目标。创业目标确立后，就要对目标进行科学论证，其标准是目标是否具有科学性和现实性。论证的目的在于使创业者了解自己目标定位的高低，目标定高了，脱离了创业者的客观实际，既不容易实现，也易使创业者产生一种挫折感，甚至丧失信心；相反，目标定得过低，又往往使创业者自身的内在潜力没有得到充分的发挥，无法实现自己人生的目标。

四、创办新企业

公司是指一般依法设立的，有独立的法人财产，以营利为目的的企业法人。根据现行中国公司法（2005），其两种主要形式为有限责任公司和股份有限公司。两类公司均为法人（民法通则 36 条），投资者可受到有限责任保护。根据《中华人民共和国公司法》公司的主要形式为无限责任公司、有限责任公司、两合公司、股份有限公司、股份两合公司，其区别于非盈利性的社会团体、事业机构等。现行中国公司法规定的公司分为有限责任公司和股份有限公司。

五、企业组织形式的选择

企业组织形式是指企业财产及其社会化大生产的组织状态，它表明一个企业的财产构成、内部分工协作与外部社会经济联系的方式。企业组织形式反映了企业的性质、地位、作用和行为方式；规范了企业与出资人、企业与债权人、企业与政府、企业与企业、企业与职工等内外部的关系。毫无疑问，它必须和我国的社会制度相适应，和我国的生产力发展水平相适应，同时要充分考虑到企业的行业特点。企业只有选择了合理的组织形式，才有可能充分地调动各个方面的积极性，使之充满生机和活力。

目前，我国常见的企业组织形式有公司制企业（有限责任公司、股份有限公司等）、合伙制企业和个人独资企业三大类别。

（一）企业组织形式优劣分析

（1）公司制企业：公司制企业最大的优势在于股东的有限责任，即使企业日后出现运营困难，无法偿还所有债务，债权人通常情况下也不能向股东要求偿还。

（2）合伙企业：合伙企业的优势主要表现在以下几方面：第一，合伙企业无需缴纳企业所得税，只需缴纳个人所得税；第二，创办费用较低；第三，合伙人人数没有限制，可以从众多的合伙人处筹集资本；第四，合伙人对企业盈亏负有完全责任，有助于提高企业信誉。

合伙企业的劣势主要表现在以下几个方面：第一，普通合伙人都对企业债务负有无限连带责任；第二，权力分散，决策效率低，合伙人之间容易发生矛盾；第三外部筹资比较困难。

（3）个人独资企业：个人独资企业的优势主要表现在以下几方面：第一，创立容易，结构简单；第二，无需缴纳企业所得税，投资者只需按照盈余缴纳个人所得税。

个人独资企业的劣势主要表现在：第一，投资者需要对企业承担无限责任；第二，企业年限受限于投资者的寿命；第三，规模较小，很难从外部获得资金。

（二）实务指南：创业者如何选择企业组织形式

创业伊始，创业者不但需要了解我国现有的企业组织形式有哪些，更应当了解每一种组织形式的优劣，从而选择一种最合适的企业组织形式。通常来说，选择组织形式需要考虑以下因素。

（1）拟投资的行业。对于一些特殊的行业，法律规定只能采用特殊的组织形式，如律师事务所只能采用合伙形式而不能采用公司形式。对于银行、保险等行业只能采用公司制。因此，根据拟投资的行业选择企业的组织形式是首要考虑的因素。对于法律强制性规定了的行业，只能按照法律的要求选择组织形式。近来非常热门的私募股权基金，法律只允许选择公司制和合伙制，越来越多的私募股权基金选择了有限合伙制的组织形式。

（2）创业者的风险承担能力。创业者自身的风险承担能力是创业者必须考虑的因素之一，企业组织形式与创业者日后承担的风险息息相关。公司制企业股东仅以出资额为限承担责任，普通合伙制企业投资人、个人独资企业投资人都要承担无限责任。选择后两种企业组织形式，创业者要承担较大风险。

（3）税务因素。由于不同的企业组织形式所缴纳的税不同，因此选择企业组织形式必须考虑税负问题。根据我国税法规定，个人独资企业和合伙企业的生产经营所得计征个人所得税，公司制企业既要缴纳企业所得税，又要在向股东分配利润时为股东代扣代缴个人所得税。因此从税负筹划的角度，选择个人独资企业和合伙企业税负更低。

（4）未来融资需要。如果创业者资金充足，拟投资的事业所需资金需求也不大，则采用合伙制和有限责任公司制均可；如果日后发展业务所需资金规模非常大，建议采取股份有限公司组织形式。

（5）关于经营期限的考量。对于个人独资企业，一旦投资人死亡且无继承人或者继承人决定放弃继承，则企业必须解散；合伙企业由合伙人组成，一旦合伙人死亡，除非不断吸收新的合伙人，否则合伙企业寿命也是有限的。因此，合伙企业和个人独资企业经营期限都不会很长，很难持续发展下去。但公司制企业则不同，除出现法定解散事由或股东决议解散外，原则上公司制企业可以永远存在。

当然，除了上述因素之外，还可以从投资权益的自由流通和经营管理需要等多个方面就企业组织形式的优劣进行分析比较，进而选择最合适的组织形式。

案例参考

刘某选择企业组织形式案

刘某经营一家化工厂，多年来，一直坚持独资经营，身兼所有者与经营者的重要角色。现刘某年事已高，想从管理岗位上退下来，将事业留给自己的儿孙们。

他首先考虑将该独资企业转为公司制经营，并将公司股份分配给自己的儿孙，她同时也考虑将该独资企业转变为合伙经营企业，由儿孙合伙经营，为了选择正确组织形式，刘某提出以下目标。

（1）权益结构：两个儿子各自拥有30%的股份或份额，四个孙子各分配10%的股权或份额。

（2）管理：化工厂对生产经营管理要求较高，而自己的子孙没有经营管理能力，他希望将企业交给原来的副厂长李某经营管理。

（3）所得税：希望采用的组织形式能够尽可能减少应缴纳的税款。

（4）风险承担：经营化工厂风险较高，一旦发生事故，赔偿额度无法估量；故张某希望发生意外风险的时候，他儿孙的财产不受任何影响。

在此情况下，刘某寻求了律师的帮助，律师做出如下分析。

若工厂转化为公司制经营，成立一家有限责任公司，在权益结构、风险承担及管理方面能够满足刘某的要求，然而公司经营过程中需要交纳企业所得税，分配利润时各股东还需要交纳个人所得税，因此刘某子孙所需承担的实际税额较高。

若工厂改为普通合伙制经营，权益结构方面没有问题，税负也较低，但是在风险承担方面，则需各合伙人承担连带责任，另外，经营管理方面，各合伙人也需要参与合伙事务管理。这与刘某的要求不符。

律师建议采用有限合伙制形式，需以副厂长李某同意作为普通合伙人继续经营为条件。刘某征求李某意见，李某跟随刘某多年，对化工厂经营管理非常熟悉，愿意做普通合伙人，承担无限责任，但需要额外奖励。为此，律师根据双方意图拟定了注销个人独资企业、成立有限合伙企业的方案。

六、公司注册流程

（一）一般注册公司的流程

（1）核名：到工商局去领取一张"企业（字号）名称预先核准申请表"，填写你准备取的公司名称，由工商局上网（工商局内部网）检索是否有重名，如果没有重名，就可以使用这个名称，就会核发一张"企业（字号）名称预先核准通知书"。

（2）租房：去专门的写字楼租一间办公室。租房后要签订租房合同，并到房管局备案。

（3）编写"公司章程"：章程需要由所有股东签名。

（4）刻私章：（全体股东）去街上刻章的地方刻一个私章，给他们讲刻法人私章（方形的）。

（5）到会计师事务所领取"银行询征函"：联系一家会计师事务所，领取一张"银行询征函"（必须是原件，会计师事务所盖章）。

（6）注册公司：到工商局领取公司设立登记的各种表格，包括设立登记申请表、股东（发起人）名单、董事经理监理情况、法人代表登记表、指定代表或委托代理人登记表。填好后，连同核名通知、公司章程、房租合同、房产证复印件一起交给工商局。大概15个工作日后可领取执照。

（7）凭营业执照，到公安局指定的刻章公司，去刻公章、财务章。后面步骤中，均需要用到公章或财务章。

（8）办理企业组织机构代码证：凭营业执照到技术监督局办理组织机构代码证，需要3个工作日。

（9）办理税务登记：领取执照后，30日内到当地税务局申请领取税务登记证。一般的公司都需要办理两种税务登记证，即国税和地税。办理税务登记证时，一般必须有一个会计，因为税务局要求提交的资料其中有一项是会计资格证和身份证。当然，可以请一个代理记账公司代理会计账务。

（10）去银行开基本户：凭营业执照、组织机构代码证、国税、地税正本原件，去银行开立基本账号。

（11）申请领购发票：如果你的公司是销售商品的，应该到国税去申请发票，如果是服务性质的公司，则到地税申领发票。

（二）新注册公司首次购买发票

（1）发票购用簿及发票申请报批准表。

（2）办税人员（一般为财务人员或企业法人、职员等）的身份证、证件照2张、办理发票准购证。

（3）带好公章、法人章、发票专用章、税务登记证原件。办税人员本人和公司财务负责人员同去税务部门，第一次领发票需法人签字、即需要法人同去税务部门。

以上材料为小规纳税人第一次购票应准备手续，一般纳税人第一次购票，除做以上准备外，还应准备以下材料：电脑培训的上岗证原件，税控系统 IC 卡，购票前先自己电脑零抄税一次（在抄税前，应先输入企业的基本信息），并打印零抄税单。

备注：以上材料为通常税务部门所需，如税务部门有新要求或新规定企业应以税务部门为准。

（三）三证合一后如何开票

三证合一如何开票各地方政策不同，还有各地税务官方不是很明确，具体政策咨询当地税务机关，以下仅供参考。

1. 是否要更换发票专用章

（1）新设立的企业，用统一社会信用代码刻制发票专用章。具体式样和尺寸规定参照《国家税务总局关于发票专用章式样有关问题的公告》（国税总局公告 2011 年第 7 号）。

（2）纳入"三证合一"范围的存量企业因工商登记信息变更换发载有 18 位统一社会信用代码营业执照的，其纳税人识别号应同时变更。

但在当前技术条件下，企业识别号变更会带来 CA 数字证书的换发、三方协议的变更、防伪税控系统的重新发行等一系列后续工作。如企业目前暂不需要做税号变更，可暂不刻换发票专用章，待技术问题进一步解决后再变更税号并且刻换发票专用章。

2. 如何开具发票

（1）给新设立的企业开票，一般情况下按照 18 位信用代码作为纳税人识别号开具发票。

特别要注意的是：个别地方对新设立的企业开票，虽已取得新的三证合一（18 位信用代码），也按照一定的规律从 18 位信用代码取 15 位纳税人识别号，那就需要把按规律取得 15 位纳税人识别号作为纳税人识别号开具发票。

（2）给纳入"三证合一"范围的存量企业，若企业当地暂不需要做税号变更，按照原 15 位纳税人识别号开具发票；若企业当地已将 18 位信用代码作为纳税人识别号，按照 18 位信用代码作为纳税人识别号开具发票。

（3）"三证合一"之后，企业通过税控器具应当能够为已取得 18 位信用代码的客户开具发票。如果无法开具，企业应立即与税控设备服务商联系，尽快进行系统升级。

在 CA 数字证书的换发、三方协议的变更、防伪税控系统的重新发行等一系列后续工作，未全面用 18 位信用代码作为纳税人识别号期间，最好咨询接收发票企业当地的政策，到底是按 18 位信用代码作为纳税人识别号，还是 15 位纳税人识别号进行开票。

七、注册公司面临的法律问题

内部律师日常的工作是对公司法律风险进行评估并及时向管理者发出风险评估报告。作为专业人员，要清楚这个公司存在哪些固有的法律风险，或者我们知道这些风险却不及时向公司管理层提出。专业领域里的各类咨询服务机构在为客户提供具体服务之前，均会为客户进行评估，在获得第一手的评估数据的基础上再制订服务方案。管理咨询机构进入服务企业后的首要工作是评估该企业的管理流程是否存在缺失，然后再和管理层进行沟通；注册会计师在计划审计时，首要考虑的是进行审计风险评估，然后才进行实质性的审计工作；就连装修一个房子，设计师也要实地测量然后才听取业主的设计要求。公司外聘的法律顾问其实无法有效做到对公司内部法律风险进行评估，法律顾问提供的咨询服务是模式化、流程化的，不一定能够适合各个行业性质、规模、组织结构、企业文化各异的公司。

（一）公司内部律师在开展其他工作之前，一般要先对公司固有的法律风险进行客观和充分的评估，与公司管理层充分沟通后再确定下一步的工作目标。

（二）公司的法律风险

公司的生命起于设立，终于清算或破产，各种风险始终伴随着它。当初的几个人怀着满腔的希冀和创业的狂热理想而投资注册成立一家公司，随着时间的流逝，这家公司可能会慢慢壮大，而狂热也会变成理性，激情也会转换成保守，但始终不会变的是这家公司周围和内部存在的风险。所谓"其兴也勃，其亡也忽"，对一家公司来说，体现的是管理层对风险的评估和掌控能力。

（三）公司的各种风险最终将转化为法律风险

公司经营过程中会出现各种风险，比如，在公司投资伙伴的选择上，会隐含着投资风险，公司调用大量的资金采购囤积原材料，会隐含财务上的结算风险；公司调整固定资产的折旧方式可能存在税务风险；公司调整经营范围，可能存在经营风险；逾期偿还银行贷款，可能存在信用风险；公司产品出现质量问题，会存在商业信誉风险，等等。

但公司经营中的所有风险，最终会转化为法律风险，如果公司无法及时预见防范并化解这些风险，现实的后果往往就是面临法律上的制裁或被卷入旷日持久且耗资靡费的诉讼。投资风险可能会转化为和合作伙伴的投资合同纠纷；结算风险导致的可能是买卖合同纠纷；税务风险直接导致被行政机关查处制裁；经营风险导致工商部门的执法行动；逾期还贷，银行会提请法院拍卖抵押物；产品质量问题可能面临侵权诉讼或导致公司破产。公司的种种经营过程中的内外部风险，将直接转化为法律风险，最终导致公司被追究法律上的责任或承担法律上的后果。

（四）法律风险≠法律制裁或纠纷

有的公司管理层往往会认为，法律风险就是公司面临的法律纠纷时胜诉与败诉的可能性。因此，很多老总宁愿在公司面临诉讼时花大量的资金请律师，打通各种关系，而不愿意在经营时防范和规避风险。这是现阶段很多内部律师面临不被重视的尴尬境地。而实际的情形是，一个诉讼或一个违法违规事件，很难在事件发生后通过非法的运作满足各自的诉求或消除影响。

风险只是指一种潜在发生损失的可能性。公司法律风险是因公司违反法律规定或内部流程上的缺失而导致可能面临法律制裁或损害的可能性。因为它具有偶然性和不确定性的特点，所以容易被公司管理层忽视或轻信能够被避免。甚至有的公司管理层为了追求更高的商业利润，冒着被法律制裁或损失的风险也属于正当的选择。

风险与利润共存。经营过程中存在的风险是客观的但可以通过预先采取的措施进行规避和将发生损害的可能性降低到可以控制的程度。小霸王孙策明知借兵过江东会存在全军覆灭的风险，但他敢于启用人才，而且决策正确果断，不但规避了风险，而且取得了雄踞江左的巨大收益。

而发现公司存在的法律风险，并及时向管理层提出规避的建议，避免可能发生的法律纠纷，避免公司面临的法律制裁，则正是内部律师们的职责所在。

（五）注册公司常见的九种法律风险及应对措施

（1）公司设立过程中的法律风险。公司设立时的最大的法律风险就是设立不成功，而导致股东之间相互追究责任，以及因公司设立不成功而与第三人之间存在法律风险。这一法律风险，我们暂不作讨论。我们要关注的是，因公司设立时的各种文件上或行为上的瑕疵，而隐含的法律风险。这些风险包括但不限于：虚假出资或股东出资不足；虚报注册资本；提交虚假材料隐瞒重要事实；抽逃出资；公司注册文件瑕疵等。

公司在设立时还可能出现随意套用固定格式的公司章程，由公司代办机构代替制作并签署各类设立文书和股东会决议，随意安排选择公司法定代表人、董事或监事，为规避法律而确定隐名股东，为享受税收等优惠而向工商管理机关或税务机关虚假陈述公司注册地址，或向前置审批机关报送虚假资质文件等情形，这些都将为公司后续经营遗留下法律风险。

（2）公司治理结构中的法律风险。所谓公司治理结构，就是公司内部如何分配权力，确定职责。包括股东会、董事会、监事会、其他特别委员会、高级管理人员在公司决策中的地位，各自的权利义务，互相的合作和监督，议事规则等。合理的治理结构能够保障公司决策的效率。

公司治理结构中的法律风险包括但不限于：公司未设立分工明确的股东会、董事会、监事会；公司监事或监事会无法执行职务；公司股东会、董事会、监事会、特别委员会无有效的议事规则；公司股东无法享有查阅公司财务报告等股东权利；公司从未或未定期召开股东会、董事会、监事会；公司长期无法形成有效的股东会或董事会决议；公司经理和财务负责人未经过合法机构的选聘；公司高级管理人员忠诚义务和保密义务未得到书面的承诺，或高级管理人员违反忠诚义务和保密义务；公司董事会无法有效掌控经营管理层的活动等。

（3）公司资产、债权债务管理中的法律风险。公司资产、债权债务管理的目标是保障公司资产的安全和完整，及时收回债权、清偿债务。公司在经营过程中会形成厂房、设备、车辆、原材料、存货等各种形式的资产，这些资产在使用过程中可能会因为管理制度的缺失或人为因素而存在灭失、损坏、报废、侵害他人权益等法律风险。而债权债务的法律风险就在于因缺乏足够的风险防范措施，导致公司无法主张到期债权，或因不及时偿还到期债务而使公司面临诉讼风险。

（4）采购、生产开发、销售过程中的法律风险。采购过程中的法律风险包括但不限于：双方未签署合法有效的采购合同；供应商无生产资格或资质、供应商恶意欺诈；供应商无法按期交付；供应商交付数量质量不符合约定；采购物运输、仓储过程中出现灭失、变质、损坏等；供应商出现不可抗力，无法履行合同约定的义务等。

（5）生产过程中的法律风险包括但不限于：未遵照法律法规确定的规则生产；产品未取得行政部门的生产许可或质量检测证书文件；侵犯他人知识产权；生产过程中使用的技术、设备、软件未得到合法授权；生产厂房、设备、工艺、管理流程存在重大安全隐患；缺乏必要的检验检测流程，导致产品质量瑕疵等。

销售过程中的法律风险包括但不限于：产品未取得合法销售的批准；销售合同未经过评审；无法满足交付期；质量瑕疵；客户违约；不正当竞争之行为；发布违法或虚假广告等。

（6）人力资源管理中的法律风险。人是各种生产要素中最活跃，最具有创造力的要素。企业对人力资源管理无不极其重视。人力资源管理主要包括人力资源规划、人才发掘、岗位定编及描述、面试谈判、劳动合同、薪酬福利、社会保险、考勤、培训开发、岗位调整、绩效考核、企业文化、离职辞退等事项。人力资源管理过程中的法律风险包括但不限于：公司规章制度的设置违反法律法规；聘用员工未履行告知义务或审查员工资料出现偏差；在劳动合同、支付薪酬、工作时间、社会保险等管理上偏离法律法规的规定；辞退员工缺乏相应的流程或违规；员工处于危险的作业环境中缺乏相应的保障措施等等。

（7）会计核算、税务申报中的法律风险。会计核算中的法律风险主要是指公司会计系统缺乏必要的内部控制而存在重大错报或会计人员营私舞弊导致公司资产被挪用或侵占的可能性。税务申报中的法律风险主要是指公司未依法申报税收或税收筹划未获得税务部门认可而导致补交税款或行政处罚的可能性。其中，会计核算中的法律风险包括但不限于：公司会计核算系统缺乏必要的分工；缺乏必要、有效的内部控制；会计人员存在道德风险；会计核算和财务报告违反法律法规的规定等。

税务申报中的法律风险包括但不限于：公司未依法申报缴纳税收；公司会计资料缺失，未通过税务检查或监督；公司发票管理流程缺失；公司税收筹划未获认可等。

（8）投资融资项目的法律风险。公司为扩大经营规模必然会向特定领域投资，在投资过程中也伴随进行各种融资活动。公司投融资项目的法律风险包括但不限于：投融资项目不符合国家产业政策而未获得行政机关审批；项目未得到相关行政机关立项、论证、测试、审查通过；项目资金链出现问题；项目实施中出现的各种产权、合同、侵权纠纷等。

（9）知识产权管理中的法律风险。公司知识产权管理中的法律风险是指公司无形资产缺乏必要的有效的内部制度保护而被非法泄漏、传播、复制、仿冒的可能性。包括但不限于：公司缺乏知识产权保护的规划和流程；公司商业秘密缺乏保护措施；公司知识产权未进行合法、有效、有计划的注册申请；许可他人使用公司知识产权缺乏有效监管；对侵权行为缺乏必要的制裁措施和行动等。

八、新公司选址策略和技巧

（一）新公司设施选址的影响因素及步骤

1. 选择地区时的主要影响因素

（1）选择接近原材料供应的地区。

（2）选择接近产品消费市场的地区。资源供应地和产品供应市场是企业生产的两头，这是选址的重点考虑因素。

（3）选择时要考虑运输问题。

（4）选择接近能源动力供应充足的地区（基础设施条件）。

（5）与外协厂家的相对位置。

（6）劳动力资源。

（7）其他的因素：政治、文化、自然条件等。

对以上各种因素的考虑，不同的行业有不同的侧重点。

2. 选择具体位置时的影响因素

（1）可扩展性。

（2）地质情况。

（3）周围环境的生活条件。

3. 企业选址的技巧

（1）厂址选择在市区。此类工厂适合技术、资金密集，用地面积小，无噪声，空气、水质污染的高新技术行业。优点是：交通非常便利，信息灵通，引进人才容易，运输费用低等。缺点是：用地成本、劳动力成本较高，限制条件较多，且易因城市规划等原因而搬迁。

（2）厂址选择在郊区。此类厂址适用性最强，具有闹市区厂址的各种优势，还适合劳动密集型企业，且用地成本、劳动力成本也较低，限制条件相对较少，是一种理想的工厂选址。

（3）厂址选择在乡下。此类厂址有多种情况，离城市、码头、火车站的距离远近，公路、供水、供电情况的好坏，都会影响到工厂的效益，所以，应区别分析。此类工厂适合劳动密集型、有污染的行业。优点是：用地成本很低，劳动力成本也较低，离原材料产地近，工人素质要求不高，容易招工。缺点也较多：销售运输成本大、信息量小，交通条件跟不上，经常停水停电等。

上述分析的优缺点，是就地理位置而言，并非缺点较多的位置就不适合工厂选址，这要根据工厂性质来确定。如市中心的选址有很多优点，但如你的工厂是劳动密集型企业，就不适合，安排在郊外或乡下更合适。要考虑原材料、劳动力供应、市场营销、用地成本以及投资环境等情况。原材料供应是否有保障、运价高低、能否招到生产所需要的技术工人或重体力劳动者、市场销售是否有利等，都是工厂选址应考虑的因素。

同时，适合你工厂的地方能否买或租到合适的土地厂房，地价、房价是否合理，都是选址必须考虑的重要条件。还有一个很重要的前提，就是厂址所在地的投资环境，这包括硬环境和软环境，硬环境主要指交通运输是否方便、用电需求是否有保障，供水、水源、排污是否能满足要求。软环境主要指政府是否重视，是否提供宽松的环境。如税收有无优惠，行政性收费是否取消或减轻，有无乱收费、乱摊派，政府机关办事效率高低，是否有"吃、拿、卡、要"的衙门恶习，当然还包括当地民风是否强悍、治安状况好坏等。

（二）影响因素之间的权衡与取舍

（1）仔细分析与设施位置紧密相关的影响因素，以便在决策时分清主次，抓住关键。

（2）在不同的情况下，同一影响因素会有不同的影响作用，因此，决不可生搬硬套任何原则条文，也不可完全模仿照搬已有的经验。

（3）还应注意的一点是，对于制造业和非制造业企业来说，要考虑的影响因素以及同一因素的重要程度可能有很大不同。

（三）选址的一般步骤

（1）明确目标。

（2）收集有关数据，分析各种影响因素，对各因素进行主次排列，权衡取舍，拟定初步的候选方案。

（3）对初步候选方案进行详细的分析。

（4）进行上述分析之后，将会得出各个方案的优劣程度的结论，或找到一个明显优于其它方案的方案。

（四）企业选址的注意事项

（1）便捷的交通。"要想富，先修路"，这句俗语在我国可谓人尽皆知。而对于一个企业的办公所在来说，交通的便捷度和通达性也很大程度影响企业的发展。一个楼盘，要想成为在市场上倍受追捧的对象，其必须有完善的公路和轨道交通网。其与各水陆空港、城市主要部门、重庆主要商圈（http：//cq.86office.com/）都能直达且时间不应超过一小时。

（2）成熟的配套。城市商务中心一直不是孤立存在的，该区的酒店、金融、购物、娱乐等配套设施齐全。如新牌坊和观音桥，前者不能称之为成熟商圈的原因就是其在购物、金融等各方面配套都还非常欠缺。而成熟的配套对于一个企业来说，无论是自己员工还是接待客户，都是大有裨益的。

（3）商业氛围成熟。商业氛围即是所谓的"人气"，而这"人气"却是一个办公楼最不能缺少的东西。最直接的例子就是解放碑的世贸大厦，虽然曾为重庆地标建筑，解放碑最高大厦，但时至今日还有不少楼层清水空置。一个重要的原因就是该楼盘人气的缺乏。商业氛围成熟的另一方面是地段的办公聚集度，形象的说就是你的办公选址楼盘不要是在周围方圆多少公里就只有你一个楼盘孤零零的杵在那里，那"门前冷落鞍马稀"的景象对企业形象将会造成莫大的损害。

（4）硬件设施过硬。前三个都是企业选址的大环境因素，而这个硬件设施则是微观方面的要求。这主要是针对一个楼盘，其建筑质量、物业服务质量、户型设计、电梯配置等方面。这往往也是一个企业给到访客人和客户最直观的感受。

（5）预算内价格并与品质匹配。企业选址决策前应该根据自身公司实力和预期制定选址成本预算并严格执行。而针对企业正考察的物业定价，也应该全面评估该物业的所在区位地段、周边配套、品质服务、市场行情，从而得出物业价格是否是合理定价和在预算成本之内。

案例分析

星巴克的成长

在都市的地铁沿线、闹市区、写字楼大堂、大商场或饭店的一隅，在人潮汹涌的地方，那墨绿色商标上的神秘女子总是静静地对你展开笑颜。

1. 定位生活的"第三空间"

星巴克其实选址的策略很简单，星巴克的定位就是"第三生活空间"，这是什么意思？就是家和办公室，中间还应该有一个地方可以提供大家休息、畅谈，包括来洽谈一些商务的环境，星巴克进入市场的切入点就是这一点。第三生活空间对我们来讲是什么呢？在1999年星巴克没有开店以前，如果大家想谈一些事情会去哪里？是麦当劳、肯德基，或是去一些中餐馆，如果在用餐的时间去没有问题，但是非用餐时间去哪里？这些确实是很困惑的事情，而星巴克当时切入点也就是针对能够给客人提供一个畅谈的场所，这也决定了星巴克选址的一些理念，包括一些方法。

近5年来，星巴克几乎平均每年开10家店，每天卖掉的咖啡超过1万杯。如此迅捷的步伐，秘诀是什么？

"星巴克给我的方便大于给我的味觉享受。"一位正在品尝咖啡的方小姐这样说道，"它总是出现在最繁华的街道最显眼的位置，于是当逛街逛到疲惫时，当双眼在电脑屏幕前感觉酸涩时，当朋友来了没地方说话时，我会自然而然地想到星巴克。"

这正是星巴克想要的——任何时候都能够为热爱星巴克的人群提供服务。而支撑这份雄心的是一张明晰的选址图。

星巴克选址首先考虑的是诸如商场、办公楼高档住宅区此类汇集人气聚集人流的地方。此外，对星巴克的市场布局有帮助，或者有巨大发展潜力的地点，星巴克也会把它纳入自己的版图，即使在开店初期的经营状况很不理想。

星巴克对开店的选址一直采取发展的眼光及整体规划的考量。因为现在不成功并不等于将来不成功。星巴克全球最大的咖啡店是位于北京的星巴克丰联广场店，当初该店开业时，客源远远不能满足该店如此大面积的需要。经营前期一直承受着极大的经营压力，但随着周边几幢高档写字楼的入住率不断提高，以及区政府对朝外大街的改造力度不断加大，丰联店一定会成为该地区的亮点。于是最终咬着牙关坚持了下来。现在该店的销售额一直排名北京市场前列。

星巴克在中国的拓展之路就这样一步步地迈开了。步调的快速则得益于开店时遵循以租为主的发展策略。星巴克对店面的基本要求很简单，从十几平米到四百平米都可以开设，以租为主，可以在最短的时间内利用最少的资金开设最多店面。

2. 选店模式倚重当地公司

星巴克的选店模式更多倚重于当地星巴克公司。

选店流程分为两个阶段。

首先，当地的星巴克公司根据各地区的特色选择店铺；这些选择主要是来自三个方面，公司自己的搜寻，中介介绍，另外还有各大房产公司在建商楼的同时，也会考虑主动引进星巴克来营造环境。在上海，这三种选择方式的比例大概是1:1:2。

第二阶段是总部的审核。一般来讲，星巴克的中国公司将店面资料送至亚太区总部由他们协助评估。星巴克全球公司会提供一些标准化的数据和表格，来作为衡量店面的主要标准。而这些标准化数据往往是从各地的选店数据建立的数据库中分析而来的。

事实上，审核阶段的重要性并不十分突出，主要决定权还是掌握在当地公司手中。如果一味等待亚太区测评结果，很可能因为时间而错失商机。据上海统一星巴克的负责人介绍，往往在待批的过程中，地方店面已经开始动手装修。

"虽然95％的决定权在地方公司，但是也有制约机构来评定我们的工作。"一位部门负责人透露。在星巴克，一方面理事会会根据市场回报情况，评定一名经理的能力。另一方面，会计部会监控各店面的经营情况。

星巴克有独立的扩展部负责选点事宜，包括店面的选择、调查、设计和仪器装备等一系列工作。上海统一星巴克为例，这一部门的人数包括部门经理在10人以上。

商圈的成熟和稳定是选址的重要条件，而选址的眼光和预测能力更为重要。比如，巴克的新天地店和滨江店，一开始都是冷冷清清并不是成熟的商圈，然而新天地独特的娱乐方式和滨江店面对黄浦江，赏浦西风景的地理优势，使得这两家店面后来都风生水起，成为上海公司主要的利润点。

南京店的开立是星巴克选址的一个典型的范例。2003年年初，负责江浙沪的上海星巴克了解到9月份要放开长三角地区的经营代理权，于是抢在年初，在南京选择旗舰店的店面。

在上海星巴克看来，旗舰店的开设意味着在一个城市的亮相。人们对于不熟悉的事物第一印象往往至关重要。因而，上海星巴克对第一店的选择尤为慎重。

当时，上海星巴克面临两个选择，一个是在南京市的新街口商圈，这里人口密集，有4～5家大型商场，新街口商圈的东方商厦是一家经营高档商品的大型商场，这里的消费者的层次与星巴克的消费人群类似，而且消费水准稳定；另一个是南京市北极阁地区，这里风景优美，环境安静而不嘈杂。更重要的是，这里是省市政府机关的工作区域，在星巴克看来，政府公务员消费也是不可小觑的一块。另外，南京正在修建的地铁就从那里路过。

星巴克对于两个地区的流动人群作了调查，从他们的穿着、年龄、男女比例来确定潜在的客户数量。"星巴克更多是一个偏向女性化的咖啡店，带着些梦幻和情怀"公司一位负责人介绍，"而且女性客人往往会带来她的男友或者伙伴，而男性客人往往是独来独往。"

最终东方商厦与星巴克一拍即合，以抽成的租金方式，建立了在南京的第一家星巴克。随即，星巴克在南京的北极阁地区开出了第二家连锁店。据星巴克的负责人解释，将第一家店开设在新街口，看中的是其稳定成熟的商业氛围，可以维持营业额的稳定。而将第二家店开设在北极阁，主要是看以后的增长。

九、新公司生存管理：产品、营销、财务、人力资源管理等

（一）新创企业的成长战略

企业从诞生到死亡是一个必然的过程，因为每个企业都有一定的生命周期。调研结果显示，1955年世界排名500强的大企业，如今只剩下不足三分之一，大多数已经破产、倒闭或被其他企业兼并。这些企业从创建到衰亡只有四五十年。就世界范围而言，新成立的企业中有40%的寿命不足10年，而世界上1000家破产的大企业中，有85%是由于企业家决策失误而造成的。

企业寿命的长短在于企业决策者对经营环境的适应性。由于企业经营的环境在不断变化，企业会面临各种可能性的策略选择，但是没有一种策略可以确保企业可以长期发展与成功，企业只有不断调整策略以适应市场环境的变化，以达到生存与发展的目的。企业在不断调整策略适应市场的过程中，面临不断的创新与变革，企业在认识新形势、转变新观念、制定新策略、建立管理新模式、引进管理新技术与新手段的过程中不断成长。因此企业要保持可持续发展，必须科学管理企业的成长过程，根据企业所处的阶段，确定合理的目标，制订科学的经营计划，采取行之有效的经营策略，从而促使企业持续健康的成长。

1. 创业初期的管理

这一阶段一般是企业初创的1—3年，企业经营状况通常表现为：企业刚刚进入市场，一切从零开始，企业没有成熟的盈利模型，没有稳定的客户资源，没有成熟的销售渠道，没有品牌知名度，企业规模小，盈利能力差。

在这一阶段企业面临的最主要问题是生存问题，企业的主要任务包括：迅速打开市场，扩大产品知名度，拓展客户数量，赢得生存机会，立求在所进入的行业中迅速站稳脚跟，同

时，积累经营经验，完成资本的原始积累。

具体来讲，本阶段企业首先要把握市场机遇，确定企业的盈利模式。在这一基础上企业成长的最大驱动力在于快速地开拓市场，此时企业最需要的是具有较强业务开拓能力的人才。因此许多企业的创始人是在营销与业务拓展方面能力十分突出的专家，从他们扮演的角色来看，大多数是业务经理的角色。

在这一阶段，企业管理工作的重点在下以下两个方面。

1）企业盈利模式设计

企业要确立盈利模式需要从以下方面进行思考。

（1）不断寻求潜在市场机会。可能的机会包括：顾客需求的变化，新技术的革命，经济环境的改善，国家体制与政策法律的变化，竞争对手带来的机会。

（2）在市场竞争中，建立战略性的比较优势。当企业需要进入一个有众多竞争对手的市场时，建立与竞争对手的比较优势是其生存的基础，这种比较优势可能来自目标市场顾客群的差异、产品的差异、技术的差异、价格的差异、分销渠道的差异、品牌形象的差异、服务的差异、推广手段的差异，等等，企业通过差异化的优势从竞争对手那里夺取市场份额，从而获得生存与发展的基础。

（3）在产业链中确定盈利区。比如一家销售复印机的企业，销售机器是不赚钱的，但是，为客户提供售后维护与服务可能是它的盈利区。在一个产业中，有专门的客户管理机构、研发机构、原料提供商、零部件提供商、终端产品制造商、中间分销商、零售分销商、服务提供商等。企业必须选择一个有战略性优势的环节作为企业的业务核心。

此外，企业可能的盈利模式还有很多种，包括：战略优势、资源独占、资本经营、业务增长、市场机会、规模经营、技术创新、价值链改善与流程再造、特殊渠道等，企业要在众多的盈利模式里选择最适合自己企业的一种。

2）市场营销方面

在市场经济中，资源的配置是通过市场来实现的，市场需求是企业一切资源投入的指挥棒。企业在初创期经营规模很小，无法实现规模经济，更不可能通过降低成本的方式来实现盈利的增加。因此，以最快的速度进入市场，以最小的代价打开市场，是企业面临的主要问题。

这一阶段，企业的工作重点包括：① 市场调研；② 市场需求及机会的发掘；③ 目标市场的选择；④ 营销战略的制定，品牌的创建、差异化策略、竞争策略、目标市场策略、市场定位策略；⑤ 营销策略的部署，产品策略、价格策略、渠道策略和促销策略。

2. 高速成长期阶段的管理

该阶段一般在企业创建后的3—5年，这时企业处于高速成长阶段，企业的经营状况通常表现为：企业找到了适合自己的经营模式，并且在某个业务领域得到了快速发展，市场份额不断扩大，销售收入不断增加，销售区域不断扩展，企业规模迅速壮大，企业利润快速增长。此时，企业有一定的市场份额，有相对稳定的利润来源，企业的原始资本积累初步完成。

这一阶段企业面临的主要问题是：企业快速扩大的规模与企业组织管理能力的匹配问题。此时，企业领导者从业务经理的角色转变为总经理的角色，工作内容也从业务营销工作转移到企业内部管理的规范化建设上。企业要从创业初期的高度集中管理向分权与团队管理转化。企业本阶段的驱动力在于通过内部组织能力的提升，来实现企业营运效率的提高与成本的降低。企业要迅速建立管理平台，建立程式化、精细化的管理体系。

这一阶段企业的管理工作重点为以下几个方面。

1）建立一套科学的决策体系

在创业初期，企业的决策大多依赖企业领导人的个人智慧和经验。而到了企业的高速成长阶段，随着企业规模的扩大和业务领域的扩展，企业所处环境的不确定性大大增加，随之而来的经营风险也大大增加，这时，仅仅依靠企业领导人的个人智慧来做决策是远远不够的。因此，为了提高正确决策的概率，降低经营风险，建立科学决策体系已迫在眉睫。决策体系具体包含：决策原则、决策程序、决策管理部门、决策风险的管理、决策控制与审计、决策制度体系等。

2）建立高效精简的组织架构

由于企业在初创期规模较小，组织机构并不完备，企业的组织运行依靠经营管理者的个人智慧和经验判断，企业的决策管理也无章可寻。

而企业发展到高速成长阶段后，随着企业人员规模的扩大，企业须从个人化的管理转变为组织化的管理。建立一个分权化的组织构架与高效的组织运行程序，已成为必要。

组织构架建立包括以下内容：企业部门的设置、职权的设计、职位权责的划分与确定、权力运行的程序、人力资源的合理配置等。其核心是分权、授权、控权。

从个体化的企业发展为组织化的企业，是一个巨大的转变，借助外脑的帮助，会使企业更快实现转型。

3）建立标准化的作业管理体系

科学的管理是定量化的管理，建立作业标准体系，摆脱个性化色彩对企业的影响，是企业管理规范化的目标。麦当劳，可口可乐，宝洁公司的超快速成长，均与其标准化的科学管理模式有关。作业的标准化更多涉及企业的第一线作业层，表现为对员工行为的规范与控制。然而精细化的管理与控制，是中国许多企业普遍存在的瓶颈。企业要突破这一瓶颈，必须像麦当劳一样，建立细化的操作规程手册，包括：生产操作规程、销售手册、服务手册、战略管理手册、企业文化手册、品牌管理手册、员工手册、职务指南手册等。企业常规化的活动与行为，都要有相应的作业手册来指导与约束。精细化的管理控制，可以极大地提高企业的运行效率，从而大幅度地降低成本，增加企业的竞争力与赢利能力。

4）提升企业的执行能力

企业经营战略能否得到执行，其贯彻实施能力是关键，这一环节与企业的职能层有关（部门中层），企业的战略目标要具体落实到各个职能单位才可以实现。企业职能层的具体任务包括：战略管理、文化管理、研究发展、生产组织与品质管理、营销策略与管理、人力资源管理、财务管理、技术管理、公司营运管理等等。这些职能能否得到执行，取决于企业在这些领域的计划、组织、实施与控制的能力。各职能的有效配合与协调，可以改善企业供应链的价值，企业要根据轻重缓急的次序依次对以上职能的实施能力进行提升与改善。

3. 成熟阶段的管理

企业达到这一阶段一般要经过 5—10 年的经营，在经历了高速成长后，进入发展平缓期。此时企业经营状况表现为：发展速度降低，企业的市场份额与地位基本定型，企业在现有核心业务领域已达到成长极限，企业规模较大，销售收入达到最大，企业利润达到最大化后开始呈下滑趋势。企业的业务盈利模式面临新的挑战。

这一阶段，企业面临的最主要的问题是：主营业务的盈利水平与成长驱动乏力，趋于老化，企业需要建立新的利润增长点。企业决策者应考虑如何突破原有的经营模式，进行战略转型，建立新的战略优势。

具体来讲，这一阶段企业需要建立战略展望，同时重新思考自己的目标、任务与使命，并将其重新上升到一个新的境界。企业成功的关键在于战略优势建立所带来的核心竞争力，从长期发展的角度考虑，建立战略规划已经是企业本阶段的核心任务。企业领导人的角色从一个管理者（总经理）转变为决策者（董事长），企业领导应更多地思考企业的长期发展而不是短期的计划实施与控制。而国内许多企业往往对战略层面考虑不足，而是过于强调战术性管理，从而影响了企业的长足发展。

企业在本阶段的管理工作重点为以下几个方面。

1）建立战略管理体系

战略管理体系是企业精细化组织实施管理体系的更高层面，它更多思考的是企业的策略管理，文化管理与资源的整合，思考的是企业如何运用博弈原理实现资源效率的最大化。企业战略管理体系包括：战略目标，战略原则，战略管理部门，战略决策程序，战略风险规避，战略管理制度，战略审计与控制等。

2）建立中长期的战略规划

当企业解决了短期的生存问题，并具有了稳定的利润来源以后，就该考虑中长期的发展，重点关注中期的业务增长点与长期的发展方向。企业有必要确定自己的长期目标、任务与使命，确定企业可以长期发展的核心业务领域。

对企业进行战略规划应考虑几个层面的问题：① 企业所选择的产业以及产业链的环节；② 企业主要的核心竞争力与优势领域；③ 企业的投资重点。企业战略决定企业的未来与企业的可持续发展，是企业能否保持长期成功的关键。

3）战略计划的执行与实施

企业建立中长期战略规划以后，就面临战略执行的问题，企业需要制订一个详细的执行计划，并有效地组织实施，企业战略需要转化为短期与中期的经营目标与经营计划，同时建立一套执行控制与监督系统，来保障战略计划有效的执行。

企业在成长的过程中，面临着经营环境不断变化带来的挑战，企业必须不断适应与改变，根据不同阶段的特点，制定不同的策略来应对市场的变化。科学管理企业的成长过程，企业才会得到更快速、更健康的发展。

（二）新创企业人力资源管理

人力资源在企业众多资源中居于核心位置，是企业其他资源的主宰者和运用者，直接决定着企业各种资源发挥作用的程度，可以说当今企业的竞争就是人才的竞争。同时，人力资源又是最容易被浪费而不易被察觉的，成功的企业无一例外地致力于最大程度地发挥员工的主动性和创造性。人力资源管理要遵循以人为本的基本原理，管理者要尊重和信任员工、尊重员工的人格，尊重员工的劳动，尊重员工的一切权益，包括知情权、参与权、平等竞争权、自主择业权、取酬权、利益共享权等等。在创业过程中，创业者和员工都承担着巨大的风险和压力，需要风雨同舟，共渡难关。

1. 人力资源的特点

人力资源（human resource，HR），一般是指组织中所有的人。一个组织的人力资源是组织内具有各种不同知识、技能的个人，他们从事各种工作以达成组织的目标。人力资源在企业的资源中处于核心地位，与企业的其他资源相比具体一定的特殊性。

（1）人力资源是企业所有资源中最活跃、最具潜力的因素。著名的霍桑实验早就证明，同样的人施以不同的管理方法，其所表现出来的能量是具有天壤之别的。我国农民在实行家庭联产承包责任制后所迸发出来的积极性和创造性也充分证明了这一点。所以，在企业所拥有的一切资源中，人力资源是第一宝贵的，企业可持续发展的源动力在于人力资源，企业的最大竞争力也在于人力资源。

（2）人力资源具有很强的时效性。人力资源过了一定的时效，不管是否被充分运用，都将不复存在，如人的体力、精力和创造力等。人力资源的这一特点完全不同于企业的其他资源，如物力资源没有被运用就一定在仓库里。所以，这就要求企业管理者要不断思考如何把人力资源的积极性和创造性充分激发出来，不然就是对人力资源的浪费。

（3）人力资源需要不断地去开发和培养。当今是知识经济的时代，人力资源则是知识的载体，而知识和技能的是会迅速老化的。因此，企业管理者对人力资源不仅要使用，更要去开发和培养。

（4）人力资源的投资回报具有高度的不确定性。人力资源的开发和培养需要投资，而且随着人们对人力资源重要性认识的提高，这种投资也越来越大。和其他投资一样，对人力资源的投资也是有风险的，这就需要管理者做好人力资源投资管理，慧眼识英才，既要舍得投入，又不能盲目。

2. 新建企业人力资源管理的七项工作

新企业在进入人才市场吸收新员工时处于明显劣势，因为对于求职者来说新企业是默默无闻的，新企业不能像现存企业那样能够给求职者带来安全感和品牌熟悉感。所以，新企业更要从各方面入手，不仅要招聘到合适的人力资源，还要建立有效的机制来维系企业所需要的优秀员工。同时，要进行有效的激励，最大限度地发挥员工的主动性和创造性，从而保障企业在创业成功之后的平稳发展。新企业人力资源管理通常要做以下七件事情。

1）制订人力资源计划

人力资源计划就是根据企业的目标，分析企业在环境变化中的人力资源供给和需求状况，制定一定的政策和措施以确保自身在需要的时候和需要的岗位上获得各种需要的人才（包括数量和质量两个方面），并使组织和个体得到长期的利益。

人力资源计划可分为战略性人力资源计划和战术性人力资源计划。战略性人力资源计划主要指三年以上的人力资源计划，主要是为了满足企业的长期发展而制订的计划；战术性人力资源计划是指三年以内的计划，主要表现为年度人力资源计划。

2）岗位分析和岗位评价

岗位分析与岗位评价是新企业人力资源管理的基础工作。岗位分析就是对企业所有工作岗位的特征和任职要求进行界定和说明，岗位分析的结果是形成每一个工作岗位的职位描述、任职资格要求、岗位业务规范等；岗位评价是对企业各工作岗位的相对价值进行评估和判断，岗位评价的结果是形成企业不同工作岗位的工资体系。岗位分析和岗位评价就如一个产品的说明书和产品标价，使员工"明明白白工作""清清楚楚拿钱"。

3）人力资源的招聘与选拔

企业招聘员工的来源主要有学校、人力资源市场、专业团体或组织、公司内部的其他岗位、其他公司、熟人介绍等。为保证人员供给的数量和质量，企业应选择适合自己需求的人员供给渠道并与之建立良好的长期合作关系，形成自己的招聘网络。如企业可选择一些大学作为重点招聘基地，与这些大学的就业服务中心建立稳定的关系，通过设立奖学金、赞助学团活动等方式提高企业在大学的知名度。

在人才选拔的过程中，要求人力资源管理部门的招聘人员必须了解相关岗位要求，了解必要的专业知识，善于提问和倾听，具有较强的观察判断能力。这些方面不经过必要的培训是很难做到的，这就要求企业要提前对人力资源部分工作人员、各部门管理人员进行相关培训，以确保他们在参加面试时能称职地完成任务。

新企业在建立之初就要注重人才库建设。企业固然可以委托猎头公司为自己招聘，但企业如果有自己的人才库，在招聘时就可以更为主动。企业的人才库重点包括高级管理人员、本行业的技术权威、营销骨干、竞争对手的骨干人员等。企业不仅要知道这些人是谁、在哪里，还应知道其特长是什么、爱好什么、家庭状况等。这样，在企业需要人才时，才知道应该找谁、到哪里去找以及如何去找。

4）员工培训

新员工经过选拔录用后，企业就要对他们进行培训，并促使他们不断地适应新环境，同时，如今经济的快速发展使得他们之前的知识和专业技能不断老化，所以培训始终是企业的一项挑战性的工作。新员工培训可以分为在职培训和脱产培训两种。

企业一般采用的培训方法是在职培训，即在工作中进行培训。常用的方法有三种。

① 指导。在工作中指导受训人如何接受新知识和新专业技能，并激励受训人热爱企业、热爱岗位。

② 工作轮换。工作轮换使受训人能够获得不同岗位的工作经验和能力，使员工不但能直接得到他将来工作岗位的技能，还能了解到相关岗位的一些知识和技能。

③ 特殊委派。企业为培养人员，临时为某些员工分派特殊的任务，目的是为他们的今后提升做好各种准备。

脱产培训是指员工暂时离开现任岗位去接受培训。目前采用脱产培训的方法有以下几种。

① 模拟角色培训。运用这种方法需要模拟与实际工作条件完全相同的工作环境，受训者分别扮演不同的角色，以培养受训者的思考能力、分析能力和组织能力，在这一过程中培训者给予一定的指导。

② 讲课、案例和讨论会。指通过讲课对受训者进行诸如团队协作、激励和沟通艺术等方面的培训，同时运用会议、案例分析和讨论等方式对课堂教学进行补充。

值得指出的是：员工培训是企业人力资源管理的一项常规工作，不仅包括新员工培训，还包括老员工的常规培训和专项培训。

5）员工激励

员工激励指领导者遵循人的行为规律，依照激励理论，运用物质、精神等各种手段，采用多种方式最大限度地激发员工的积极性、主动性和创造性，达到组织目标的实现。员工激励主要有薪酬激励和精神激励两类方式。

（1）薪酬激励。

（2）精神激励。对于新企业，应把激励的重点的放在精神激励方面。随着人们生活水平和受教育程度的提高，工作成就感对员工的择业和就业越来越重要。精神激励有以下几种方法。

① 帮助员工进行职业生涯规划，使其将个人的发展和企业的目标相统一。在这一过程中，企业要为员工设置适当的目标并提供良好的环境，激发他们为实现目标而努力工作的意愿，使他们从完成具有挑战性的工作中获得成就感。

② 鼓励员工参股，使员工和企业成为利益共同体。这样不仅能增加企业资本，而且能最大限度地激发员工的工作积极性。

③ 树立榜样、对做出突出贡献的员工给予表彰或奖励。这样可以使员工具有明确的努力方向和强劲的工作动力。

6）薪酬管理

薪酬是指员工作为企业提供劳动而得到的各种货币与实物报酬的总和，包括工资、奖金、津贴、提成工资、劳动分红、福利等。

（1）工资。工资通常是指以工时或完成产品的件数计算员工应当获得的劳动报酬，如计时工资、计件工资。工资是根据劳动者所提供劳动的数量和质量，按照事先规定的标准付给劳动者的劳动报酬，也就是劳动的价格。

（2）奖金。奖金是对员工超额劳动的报酬。企业中常见的有全勤奖金、生产奖金、年终奖金、效益奖金和改善提案奖金等。

（3）津贴。津贴是对劳动者在特殊劳动条件、工作环境中的额外劳动消耗和生活费用的额外支出的一种补偿。其作用是保护员工的身体健康，稳定特殊岗位、艰苦岗位、户外工作岗位的职工队伍。主要形式有：地区津贴、野外作业津贴、井下津贴、夜班津贴、放射性或有毒气体津贴。

（4）福利。福利是劳动的间接报酬。一般包括养老保险、医疗保险、失业保险、带薪假期、伤病补助、住房补贴、交通补贴、通信设备等，还包括安全保护、各种文化娱乐设施等。

薪酬原则是一个企业给员工传递信息的渠道，也是企业价值观的体现。目前企业普遍认为进行有效的薪酬管理应遵循以下原则：① 对外具有竞争性原则；② 对内具有公平性原则；③ 对员工具有激励性原则；④ 对成本具有控制性原则——经济性原则。

一般来说，在企业全员劳动生产率以及经济效益没有明显提高的情况下，不能盲目地提高员工的薪酬水平，企业应当始终坚持"效率优先，兼顾公平，按劳付酬"的行为准则，才能有效地实施薪酬管理。

新企业必须要有一个公平合理的薪酬管理制度，体现在员工的工资、奖金要和其工作效率、工作成果挂钩，以激励员工努力工作。然而，在新企业发展的初期，企业的资金有限，发展尚未步入正轨，短期内能给予员工的薪酬是有限的，所以这一从阶段企业给予员工的薪酬往往处于一个较低的水平，以保证企业具备长期的支付能力，待企业具备一定的盈利能力后再逐步提高员工待遇。新企业一定要避免以下情况：团队在贡献水平提高的情况下企业无力加薪；薪金、福利等过多地吞噬企业的现金，影响企业的运营。

7）绩效考核

绩效考核是企业人力资源管理的指挥棒，建立合理的考核制度并严格地执行是至关重要的。常用的考核方法有：① 基于特征的方法，如员工的工作知识和技能、忠诚度、创造性、领导和沟通能力等；② 基于行为的方法，如服从指令情况、出勤情况、遵守规则情况等；③ 基于结果的方法，如服务客户数量、销售额、客户满意程度等情况。

（三）新创企业营销管理

对于新创企业来讲，营销管理是非常重要的。实践表明，许多创业项目的失败不是技术有问题，而是营销出了问题。营销管理的关键在于进行准确的市场定位，使本企业及本企业的产品在消费者心目中占据明确的、特殊的位置，使顾客明显感觉到本企业与其他企业的差别，从而树立一种强有力的、清晰的企业及产品形象，并通过营销 4P 策略将这一定位有效地传播出去。营销 4P 组合包括四个要素，分别是：产品（Product）、价格（Price）、渠道（Place）、促销（Promotion）。

1. 市场定位

新创企业要为自己的产品、品牌在市场上树立某种特色，以区别于竞争对手的产品和品牌，并争取目标顾客的认同。这种勾画企业形象和所提供产品的价值，以使消费者认识本企业有别于其竞争者的行为就是市场定位。例如：高露洁牙膏总是宣传它的防龋齿功能；奔驰汽车的发动机性能良好也是众所周知的。

市场定位的实质是使本企业与其他企业严格区分开来，使顾客明显感觉和认识到这种差别，从而在顾客心目中占有特殊的位置并取得目标市场的竞争优势。市场定位是树立企业形象、品牌形象和产品形象的基础。市场定位是一种竞争性定位，它反映市场竞争各方面的关系，是为企业有效参与市场竞争服务的。从这个角度出发，可以把市场定位分为以下几种类型。

1）实体定位和情感定位

实体定位是指突出产品实体所具有的某种属性，这种属性是物质的、有形的，如质量、性能、形状、成分、构造、服务等。实体定位对于理性购买者具有较大的刺激性。如"高质量"的索尼音像制品，"服务至上"联想电脑，"做工精良"的仕奇西服，"27 层净化"的乐百氏矿泉水等。

情感定位是指突出产品所代表的价值或所具有的象征意义，这种定位是心理的、无形的，如豪华、朴素、时髦、典雅等。情感定位对于感性购买者具有较大的刺激性。如"高贵古朴"的罗斯来斯轿车、"粗犷豪迈"的万宝路香烟，"潇洒气派"的杉杉西服，"关心他人"的娃哈哈矿泉水等。

2）初次定位与重新定位

初次定位是在新企业初入市场、新产品投入市场或产品进入新市场时，面向缺乏认识的目标顾客进行的市场定位工作。

重新定位则是企业改变市场对其原有的印象，使目标顾客对其建立新的认识的过程。所以，一般来讲，重新定位是企业为了摆脱经营困境，寻求重新获得活力和增长的策略。不过，也有的重新定位并非因为已经陷入困境，相反，却是由于发现新的产品市场范围引起的。例如，某种专门为青年人设计的产品在中老年人中也开始流行后，这种产品就需要重新定位了。

一家企业即使初次定位恰当，一旦遇到强大竞争对手的冲击，或消费者偏好发生变化，就不得不考虑重新定位。然而是否一定要重新定位，还要从以下两个方面进行慎重考虑：① 重新定位的成本，企业的市场定位从一个细分市场转移到另一个细分市场，重新建立某种形象，需要投入多少费用；② 重新定位的收益，企业在新的市场位置上，收入所得能有多少。它取决于新的细分市场上的顾客数量、购买力，竞争对手的数量及实力，平均购买率及价格承受能力等条件。

3）避强定位与对抗定位

避强定位又叫"拾遗补缺法"。这是一种避开强有力的竞争对手进行市场定位的模式，是市场补缺者常用的方法。企业不与对手直接对抗，将自己置定于某个市场"空隙"，发展目前市场上没有的特色产品，开拓新的市场领域。这种定位的优点是：能够迅速地在市场上站稳脚跟，并在消费者心目中尽快树立起一定形象。由于这种定位方式市场风险较小，成功率较高，常常为多数企业所采用。

对抗定位是一种与在市场上占据支配地位的竞争对手"对着干"的定位方式，即企业选择与竞争对手重合的市场位置，争取同样的目标顾客，彼此在产品、价格、分销、供销等方面稍有区别。对抗定位是市场挑战者的定位方式。例如，可口可乐与百事可乐之间持续不断地争斗，"汉堡包"与"麦当劳"对着干等等。实行对抗定位，企业必须做到知己知彼，应该了解市场上是否可以容纳两个或两个以上的竞争者，自己是否拥有比竞争者更多的资源和能力，是不是可以比竞争对手做得更好。否则，对抗定位可能会成为一种非常危险的战术，将企业引入歧途。当然，也有些企业认为这是一种更能激发自己奋发向上的定位尝试。

2. 4P 组合策略

1）产品（服务）策略

产品是 4P 组合的基础因素，也是企业服务于社会的载体。新创企业在确定其产品策略时应注意以下几个方面。

（1）一个企业向市场提供什么产品（服务），不能仅从企业自身的角度，而是要以消费者需求为思维的逻辑起点和落脚点。企业一方面要考虑能为顾客提供怎样的产品（服务），更重要的是该产品（服务）是否适合目标消费者。如个人电脑不再把高配置作为第一卖点，而是把"功能够用，服务至上"作为企业产品开发的原则。

（2）创业者在进行新产品开发时，在考虑其功能性的同时，应注重其精神价值。新创企业要学会在卖产品的时候，同时卖产品层面之上的附加值。如统一集团在 2001 年推出的"统一鲜橙多，多 C 多漂亮"，卖得不仅仅是"橙汁"，而是"漂亮"。

（3）创业者可以从老产品中去寻找新思路，可以对老产品的性能、结构、功能、用途等加以改进，更好地满足消费者需求，从而创造出市场机会。如电视机配置遥控开关。

2）价格策略

新企业产品定价有一定的难度，尤其是全新产品和革新型新产品，没有竞争对手价格作参考，顾客对它的认知价值也难以确定。而新产品价格的高低，不仅直接影响新产品能否立足市场，而且影响到可能出现的竞争力量。常用的新产品定价基本策略有三种。

（1）撇脂定价策略。指在产品生命周期的引入期，采取以很高的价格投放市场，尽可能在短期内快速回收投资并获得较高的收益。这一定价策略有以下优点：① 在短期内获得较大利润，快速回收资金，使企业有充足的资金开拓市场；② 使消费者产生高质高价的感觉，有利于打造优质、名牌的印象；③ 当竞争对手大量进入时，企业可以主动降价，增强竞争能力，也符合顾客对价格由高到低的心理。

撇脂定价策略适用于下列情况：① 产品的市场需求较大，且需求缺乏弹性，价格定得高，需求量也不会大量减少；② 产品生产能力有限，且较小产量的单位成本不致抵消高价所带来的收益；③ 市场上没有替代产品，企业拥有专利或技术秘密；④ 高价不会刺激竞争者蜂拥而至。

（2）渗透定价策略。渗透定价是与撇油定价策略相反，即在新产品上市之初，企业将新产品的价格定得相对较低，吸引大量购买者，以利于为市场所接受，迅速打开销路，提高市场占有率。这一定价策略有以下优点：① 低价容易为顾客所接受，有利于迅速打开销路，借助销售量的增大来降低成本，便于企业获得长期稳定的市场地位；② 微利不容易引起竞争对手的进入，有利于企业控制市场。

渗透定价策略适用于下列情况：① 市场需求对价格很敏感，价格低，需求量会大幅上升；② 企业的成本随着生产经营经验和销售量的增加而下降；③ 低价不会引起实际和潜在的竞争；④ 产品的市场容量较大，行业障碍小，容易进入。

（3）温和定价。这是一种介于撇油定价策略和渗透定价策略之间的定价策略，指新产品的价格让企业和顾客双方都满意，即以居中的价格投放市场，既保证企业有稳定的收入，又对顾客有一定的吸引力，使企业和顾客双方对价格都满意。这一定价策略有以下优点：① 产品能较快为市场所接受，且不会引起竞争对手的对抗；② 可以适当延长产品的生命周期；③ 风险较小，有利于企业树立信誉，稳步调价，在正常情况下可按期实现目标利润。

对于新企业而言，以上三种新产品定价策略分别适用于不同的市场条件，到底采用哪一种定价策略，需要综合考虑市场需求、竞争和供给状况、市场潜力、价格弹性、产品特性、企业发展战略等诸多因素才能确定。

3）渠道策略

新创企业在设计分销渠道时，一般要经过三个阶段，主要涉及渠道结构及中间商类型、中间商数量、渠道成员的权利与责任等方面的抉择。

（1）确定渠道模式。企业在进行分销渠道的设计时，首先要决定采取什么类型的渠道，是直销还是通过中间商销售。如果企业决定通过中间商分销其产品，就要决定所用中间商的类型，是批发商还是零售商？还是采用代理商？具体选择哪些中间商？

一般来说，企业可以根据目标市场及现有中间商的状况，参考同类产品生产者的经验确定自己的销售渠道模式。有时可抛开传统渠道，开辟新的渠道。如北京一家生产小型羊肉切片机的企业，通过传统销售渠道——食品加工机专卖店销售，效果不佳，后来有人灵机一动，把机器放在北京最大的涮羊肉餐馆——"东来顺"餐厅中现场展示，羊肉现切现卖，结果大获成功。

（2）确定中间商数量。它决定渠道的宽度。这主要取决于产品本身的特点、市场容量的大小和需求面的宽窄，决策时还要充分考虑企业目标市场的营销和分销策略。通常有以下三种策略供选择：① 密集型分销；② 选择型分销；③ 独家型分销。

（3）确定分销渠道成员的条件与责任。分销渠道是否畅通，取决于企业与中间商的权利和责任是否明确。通常通过制定相互服务与责任条款来明确各方责任。如企业为中间商提供哪方面的服务，承担哪方面的责任；中间商要为企业提供哪方面的服务，承担哪方面的职责。服务项目不明，责任不清，必然会影响到双方的经济利益及合作关系，不利于双方的共同发展。一般情况下，相互的职责和服务内容包括供货方式、促销配合、产品运输与储存、结算方式、信息相互沟通等。例如，麦当劳向其特许经销商提供店面、促销支持、文件保管系统、培训、通用管理和技术支持等。与此对应，特许经销商必须达到有关物质设备标准，适应新的促销系统，提供所需信息及购买指定的食品原料等。

4）促销策略

对于一个新创企业来讲，开展业务最大的难题就是企业没有知名度，因此提高企业的知名度和美誉度就成了新企业急需突破的瓶颈。新创企业在实施促销策略时应注意以下几个方面。

（1）新创企业在做新产品预算时，不仅要考虑研发费用，还要准备充分市场推广费用。许多新创企业花了很大的代价研发出了新技术、新产品，却最终因推广费用不足，导致创业失败。尤其对于那些"高学习型产品"（消费者接受较为困难的产品），所需市场推广费用是非常高的，创业者要有充分的思想上和经济上的准备。

（2）若新创企业的产品属于全新型或革新型产品，在促销活动前期应把宣传的重点同时放在"产品效用"和"品牌"两个方面，一方面使消费者快速接受新产品，促使产品快速进入成长期，另一方面使企业及其产品以第一品牌的形象植入消费者心中。

（3）合理运用各种媒体，包括电视、报纸、杂志、广播、网络、户外、车体等。作为创业者需要了解不同媒体的特点及受众，综合运用能够使它们达到优势互补的效果。

（4）综合运用各种促销工具，包括：广告、营业推广、人员推销和公共关系等。如：广告效果具有积累性和延迟性，而营业推广的效果则是立竿见影的，所以，新企业可以选择新产品上市前两个月开始做广告，伴随着新产品上市做大量的营业推广，从而达到最佳的促销效果。

（四）营造企业文化

现代企业文化是在 20 世纪 80 年代初期对管理科学、行为科学、文化学等当代管理理论的研究和探索中逐渐形成的。企业文化要求企业具有明确的经营哲学，员工拥有共同的价值观念，有共同遵守并不见诸文字的行为规范，并有各种用来渲染和强化这些文化内容的礼仪和习俗。每个企业都有一定的文化，它潜移默化地对企业产生着重大的影响。成功的企业一定有先进且丰富的企业文化，企业文化是企业在激烈竞争中克敌制胜的法宝。

1. 企业文化的含义

企业文化是企业在生产经营实践中逐步形成的，为全体员工所认同并遵守的、带有本组织特点的使命、愿景、宗旨、精神、价值观和经营理念，以及这些理念在生产经营实践、管理制度、员工行为方式与企业对外形象的体现的总和。

企业文化是企业的灵魂，是推动企业发展的不竭动力。它包含着非常丰富的内容，其核心是企业的精神和价值观。优秀的企业文化对企业成员有感召力和凝聚力，能把众多人的兴趣、目的、需要以及由此产生的行为统一起来，是企业精神长期的积淀。

企业文化是企业领导倡导、培植并身体力行的结果，通过各种方式灌输到全体员工的日常行为中去，日积月累地逐步形成。企业文化一旦形成，它将对企业产生巨大的影响，对企业经营目标的实现和企业的生存发展发挥着重要作用。

2. 常见的企业文化类型

1）速度文化

"一个公司的成败取决于其适应变化的能力"。这就意味着"速度就是一切"。因而新的竞争越来越表现为时间竞争。新经济中的现代企业已没有决策大小的问题，只有速度快慢的问题。美国思科系统公司信奉的企业信条是："在未来的商场中，不再是大吃小，而是快吃慢。"因此，培育起一种重视速度的企业文化成为当务之急。

2）创新文化

在信息化背景下，创新的作用得到空前强化，并升华成一种社会主题。在剧烈变动的时代，成功者往往是那些突破传统游戏规则，敢于大胆创新、不畏风险，敢于改变游戏规则的人，也就是在思维模式上能迅速改变的人。在信息时代，未来似乎不可预测，是充满不确定性的。新时代的企业只有自上而下，每个毛孔都充满着创新，通过自身创新的确定性，才能对付明天的不确定性。

3）虚拟文化

经济全球化和知识经济时代的典型产物就是虚拟，就是与信息紧密挂钩的高智能性知识密集型产品和产业。企业经营的虚拟化表现在两个方面：其一，利用高信息技术手段，在全球范围内通过软性操作系统整合优势资源，既增加企业运行的效率和活力，又避免工业经济时代常规运行中的硬设施投入，从而降低了企业运行成本；其二，只需要保持对市场变化的高度敏感性和研发设计能力，而不必将自己的主要精力耗费在低价值产出和常规的普通工业生产中，后者完全可以通过国际分工体系由订货或合营方式来完成。由此可见，企业虚拟文化的要旨在于具有灵活、柔性、合作、共享、高效输出等素质。

4）学习文化

学习给企业带来利益和机会。知识的积累依赖学习，创新的起点在于学习，环境的适应需要学习，应变的能力来自学习，这就必须建立一种重视学习、善于学习的文化氛围，因而企业不再是一个终身雇佣的组织，而是一个"终身学习的组织"。现代企业只能作为一个不断学习的组织，才能够"善于创造、寻求及转换知识，同时能根据新的知识与领悟而调整行为"，正所谓终身学习，永续经营。

5）融合文化

经济全球化导致竞争的内涵发生变化，竞争中的合作，使企业必须不断融合多元文化。同时，经济全球化也为企业文化的融合铺平了道路，让身处这个时代的企业成为跨文化的人类群体组织。多元优于一元，合作大于竞争，共享胜过独占，企业有了包容性的融合文化，就能突破看似有限的市场空间和社会结构，实现优势互补和资源重组，在更为广泛的程度上完成双赢或多赢的商业运作。

3. 企业文化建设的策略

1）继承优良传统，不断创新前行

企业文化是一个文化继承和不断创新的过程。我们要继承和发展企业的优良传统、企业精神和典型经验，注意吸收其丰富营养和文化精髓，如我国"诚信、务实、勤奋、勤俭"等，这些都是我们弥足珍贵的财富，成为引领我们企业持续健康发展的灵魂旗帜。同时，我们又要意识到只有不断创新文化，才是反映时代精神的文化，才是体现时代发展方向的文化，才是有生机活力的文化。继承是创新的基础，创新是辩证地扬弃，我们要不断地将企业文化赋予新的时代内涵，用共同愿景凝聚全体员工的团队合力。

2）企业文化与管理制度相结合

企业文化是在企业管理不断创新的过程中概括、总结、提炼而成的产物，是为企业管理服务的。强化企业文化在企业经营管理中的地位和作用，发挥企业文化的渗透作用，促进企业文化与企业发展战略、市场营销战略与管理有机结合，实现制度与文化理念的对接，使员工既有价值观的导向，又有制度化的规范，形成内化与固化结合，文化与管理一体，隐性与显性相融，刚性约束与柔性导向优势互补，推动企业管理水平的不断提升。

3）企业文化需要企业全员推进

建设先进的企业文化是一个由企业的核心层精心设计、管理层积极推进、企业内部全体员工在管理实践中视其为准则而共同遵守贯彻执行的过程，是一个循序渐进的养成和实践的过程，最终体现在员工的自觉行为。企业领导者在推进企业文化建设的过程中起主要作用，应当是企业文化的积极倡导者。员工是企业文化建设的主体，是企业文化建设的实践者和建设者。一方面企业领导者要充分发挥高度的文化自觉，当好企业文化建设的决策者，着眼于企业长远发展进行战略思考，出思路、出理念，形成科学的经营哲学、价值观念和行为规范，并以身作则，身体力行，进行相应的体制创新、制度创新和管理创新；另一方面，构建企业文化体系需要集中员工的智慧，培育企业精神、树立企业形象、打造企业品牌需要员工的创造，开展各种活动需要员工的参与，企业文化的深层次渗透如果没有员工的参与是不可能实现的。

4）重视宣传及舆论导向的把握

企业文化建设需要通过各种宣传工具制造舆论，以强化企业员工的文化意识，并化为员工的自觉行动，积极参与。企业文化的基本内容可以用标语、口号简明扼要地表示出来，并通过各种媒体进行宣传、报导，以取得社会的支持和认可。这样不仅能够使企业员工深感责任重大，从而积极投身于企业文化建设，同时也可以使社会公众通过大众传媒了解该企业的文化建设。另外，可通过各种渠道将先进的思想、有效的建议迅速地反馈到企业中来，为企业文化建设提供新思路。集思广益，内外共建，这也是建设企业文化的有效途径。

复习思考题

1. 简述创业的定义。
2. 列举一下大学生创业利与弊。
3. 大学生创业有哪些优惠政策与规定？
4. 创业要素有哪些？
5. 简述创业的过程。
6. 大学生创业的基本步骤是怎样的？
7. 大学生在创业之初应该做好哪些方面的准备？你是否已经初步掌握了大学生创业之初应该做的准备工作？

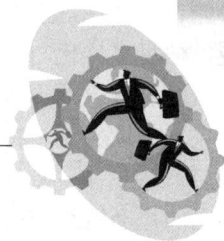

第十一章

创 业 实 践

第一节 把握创业机会

一、创业机会识别

创业机会识别是指创业者识别新的创业机会的过程，是创业的初始阶段。

机遇总喜欢光顾有准备的头脑。机会识别是创业的开端，也是创业的前提。围绕创业机会，有些基本的问题是所有想创业的人都关心的，比如：为什么是他而不是别人看到了机会？未经系统论证调查的（甚至可以说偶然发现的）机会，为什么可以以及怎样成为创业机会的？机会识别要进行哪些可行性论证？等等。

（一）创业机会识别的因素

创业机会识别作为一种主动行为，带有浓厚的主观色彩，创业者的个体因素起到了重要的作用。此外，一些研究者逐渐认识到机会识别是个体与环境的互动过程，外部因素尤其是环境中的客观机会因素本身的影响同样不容忽视。

1. 个体因素

（1）创业警觉性。创业警觉性指一种持续关注、注意未被发觉的机会的能力。

（2）先验知识。人们更容易注意到与自己已有知识相联系的刺激，对于创业者而言，丰富且广泛的生活阅历是识别潜在商机的主要决定因素，它们帮助创业者识别了新信息的潜在价值。每个个体都有自己独特的先前经验与先验知识，这就构成了其有别于他人的知识走廊，这种特异性就解释了为何有些人更容易发现一些特定的机会，而其他人则不能。先验知识包括特殊兴趣和产业知识两个维度。前者指对某一领域及其相关知识的强烈兴趣。后者是由创业者在多年工作中积累而来的知识和经验。也有研究提出对创业机会识别起关键作用的四种先验知识，即特殊兴趣的知识和产业知识的结合、关于市场的知识、关于服务市场的方式的知识和有关顾客问题的知识。还有研究表明先验知识不仅被用来搜索机会，更重要的是，它还与认知过程中结构关系的匹配有系统的联系。

（3）创造力。创造性或创新能力最早与乐观、自我效能等因素一同被归为成功创业者的性格特质中的一种。虽然近年来，有关性格特质对创业过程的研究越来越少，但与一般人格特质不同，创造性的重要作用却日益显现。发散性思维和聚合性思维共同构成了创造力，研究发现，信息多样化与发散性思维存在交互作用，只有在信息多样化的条件下，发散性思维才对企业经营理念的形成产生显著的影响。甚至有研究认为机会识别本身就是创造性活动，而非仅仅被创造力这一特质所影响。

（4）社会资本。社会资本又称社会网络，是联系创业者和机会的纽带与桥梁，创业者需通过自己的社会网络获得有关创业机会的信息。创业者自身社会网络的规模大小、多样性、强度及密度将对机会识别产生重要的影响。

2. 机会因素

不论是过去还是现在，在创业机会识别过程中，研究者重点关注的都是创业者的差异，即影响机会识别的个体因素。对这一情形，有研究提出，在机会识别领域，个体中心的研究成果已颇为丰硕，今后研究更多的注意应放在机会本身上。进而，他们强调了机会的差异在创业机会识别中的作用，认为相对隐性的机会比较容易通过先前经验识别，而相对显性和规范的机会则比较容易通过系统搜索识别。张爱丽也提出应该从个体因素与机会因素整合的视角去考察创业机会识别过程。研究表明，创业者更偏好于有价值的并且与自己以往知识有关的机会，因为这种机会符合创业者的愿望并具有一定的可行性。

3. 各因素的交互作用

尽管创业机会识别的影响因素在不断地丰富和完善，但单一影响因素的作用已不足以解释整个过程，因此对各影响因素交互作用的探讨成了必然趋势。

（二）创业机会识别的内容

以创造力为基础的多维度机会识别过程模型。该模型将机会识别分为以下五个阶段。

（1）准备阶段，指知识和技能的准备，这些知识和技能可能来自于创业者的个人背景、工作或学习经历、爱好以及社会网络。

（2）沉思阶段，指创业者的创新构思活动，这一过程并非有意识的解决问题或系统分析，而是对各种可能和选择的无意识考虑。

（3）洞察阶段，指创意从潜意识中迸发出来，或经他人提点，被创业者所意识，这类似于问题解决的领悟阶段，可以用"豁然开朗"来形容。

（4）评估阶段，即有意识的对创意的价值和可行性进行评定和判断，评估的方式包括初步的市场调查、与他人进行交流以及对商业前景的考察。

（5）经营阶段，是指对创意进一步细化和精确，使创意得以实现。

（三）创业机会识别过程

一般都认为创业过程的开始在于创业想法的形成或创业团队的组成，但我认为，识别并确定创业机会才是创业的真正开始，因为创业机会无数，但真正能够实践的并不多，万事开头难，只有找到了有发展前景并适合创业者才能施展的机会才能开始下一步的计划，这时的创业才正式开始。一般来说，机会有以下几大类。

（1）变化就是机会：环境的变化，会给各行各业带来良机，人们透过这些变化，就会发现新的前景。变化可以包括：① 产业结构的变化；② 科技进步；③ 通信革新；④ 政府放松管制；⑤ 经济信息化、服务化；⑥ 价值观与生活形态化；⑦ 人口结构变化。以人口因素变化为例，可以举出以下一些机会：为老年人提供健康保障用品；为独生子女服务的业务项目；为年轻女性和上班女性提供的用品；为家庭提供文化娱乐用品。

（2）从"低科技"中把握机会

随着科技的发展，开发高科技领域是时下热门的课题，例如美国近年来设立的风险性公司中电脑占25%，医疗和遗传基因占16%，半导体、电子零件占13%，通信占9%。但是，公司机会并不只属于"高科技领域"。在运输、金融、保健、饮食、流通这些所谓的"低科技领域"也有机会，关键在于开发。

（3）集中盯住某些顾客的需要就会有机会：机会不能从全部顾客身上去找，因为共同需要容易认识，基本上已很难再找到突破口。而实际上每个人的需求都是有差异的，如果我们时常关注某些人的日常生活和工作，就会从中发现某些机会。因此，在寻找机会时，应习惯把顾客分类，如政府职员、菜农、大学讲师、杂志编辑、小学生、单身女性、退休职工等，认真研究各类人员的需求特点，机会自见。

（4）追求"负面"就会找到机会：所谓追求"负面"就是着眼于那些大家"苦恼的事"和"困扰的事"。人们总是迫切希望解决，如果能提供解决的办法，实际上就是找到机会。例如双职工家庭，没有时间照顾小孩，于是有了家庭托儿所，没有时间买菜，就产生了送菜公司。这些都是从"负面"寻找机会的例子。

但是有了机会并不一定就适合用来创业，对机会的筛选才是对创业者的第一个考验。有个苏格拉底摘麦穗的故事：苏格拉底带弟子们来到一片麦田，让他们在麦田行进过程中，每人选摘一支最大的麦穗，不能走回头路，且只能摘一枝。

第一个弟子刚走几步便摘了自认为是最大的麦穗，结果发现后面还有更大的；第二个弟子一直是左顾右盼，东挑西捡，一直到了终点才发现，前面几个最大的麦穗已经错过了；第三个弟子吸取前两位教训，当他走了三分之一时，即分出大、中、小三类麦穗，在随后的三分之一的田地里选定一个相对最大的，然后从容走完剩下的三分之一。

摘麦穗的故事说的既是选择的技巧，也是放弃的智慧。作为创业者，其实也会面临类似的问题，总会有更大的"麦穗"在前面诱惑着。那创业者该如何把握住机会呢？

创业过程开始于创业者对创业机会的把握。创业者从成千上万繁杂的创意中选择他心目中的创业机会，随之不断持续开发这一机会，使之成为真正的企业直至最终收获成功。这一过程中，机会的潜在预期价值以及创业者的自身能力得到反复的权衡，创业者对创业机会的战略定位也越来越明确，这一过程称为机会的识别过程。这一机会识别过程实际上是一种广义的识别过程，因为它囊括了大部分研究中提到的机会发现、机会鉴别、机会评价等创业活动。

事实上，在一些研究中，机会识别和机会评价是共同存在的，创业者在对创业机会识别时也有意无意地进行评价活动。在他们的分析框架中，机会识别和机会评价并非是完全割裂的两个概念，创业者在机会开发中的每一步，都需要进行评估，也就是说，机会评价伴随于整个机会识别的过程中。在机会识别的初始阶段，创业者可以非正式地调查市场的需求，所需的资源，直到断定这个机会值得考虑或是进一步深入开发，在机会开发的后期，这种评价变得较为规范，并且主要集中于考察这些资源的特定组合是否能够创造出足够的商业价值。

（四）创业机会识别方法

创业信息获取就是创业主体通过各种信息源获取市场信息的过程。这些信息源主要就是认识论层次的信息源，如报纸、杂志、咨询机构、家人、朋友等。因此，这一过程一般不用完全由创业主体单个来完成。

创业信息认知是指创业主体通过感知活动将获取的市场信息转化为内部的心理表征。一般而论，信息认知过程具体包括信息接受、信息理解和信息吸收3个步骤。由低向高依次为：① 创业主体没有吸收市场信息，这时创业主体可能是不理解当前市场信息；② 表明创业主体想让市场信息全面融入自身的认知结构，这时创业主体对市场信息虽然理解，但对其价值无认识；③ 创业主体在考虑市场信息效用价值的同时，还寻求必要的关联信息，并力求彻底消化它；④ 创业主体处于受市场信息影响的立场，表现出高度关心，并力求快速利用市场信息；⑤ 创业主体与市场信息高度相关，对市场信息的反应异常迅速，十分理解信息的内容及其效用价值。

如果创业信息认知层级属于较高层次，那么创业信息运动过程将进入创业信息再生环节。创业信息再生是创业主体借用一定的信息处理手段，将第一类认识论层次的市场信息融入现实的创业目标以生成创业策略候选方案，然后利用评价模型选定最终的创业策略。由此，创业信息再生的结果就是产生第二类认识层次的创业策略，也就是创业机会识别的完成。需要指出的是，创业信息认知与再生两个环节都是创业主体的思维过程，两者往往集成在一起。事实上，只有当创业主体认识到市场信息对于其创业目的的效用价值时，真正意义上的创业信息认知才会完成，而随后的创业信息再生才能启动。

创业信息施效就是利用创业策略的过程，它属于广义的创业机会识别过程。在创业信息过程模型中，创业信息施效是最后一个环节，也是创业信息运动的最终目的：通过利用创业机会满足市场需求、创造价值。

通过这个模型可以看到，创业者经过比较严谨的思维过程，对创业信息筛选，谨慎选择创业机会的过程可以通过以上模型进行衡量。这样可以增加判断的准确性，对创业者识别创业机会有着指导意义。对于大学生而言，社会经验比较少，理论学习比较多，可以借鉴这个模型来判断创业机会是否可行，除此之外，还应在平时培养一些技能，为未来创业机会识别做好准备。

关注技术、市场和政策的变化，增强其对环境变化的敏感度，培养对创业的警觉性，提高其创业机会识别的几率。创业机会识别能力主要是一种认识能力，创业机会主要源于社会环境中技术、市场和政策的变化，如养成每天收看新闻联播，阅读行业报刊杂志、专题网站等习惯，培养信息意识和收集信息的能力；通过听专业技术前沿专题讲座、科技政策和产业政策报告会、相关产业界报告会等形式获取重点创业领域的信息；通过参与创业计划大赛等实践锻炼，培育实际识别创业机会的能力。

重视交往，组建自己的社会网络，丰富创业信息来源渠道，构建创业机会识别桥梁，增加创业机会。社会环境变化的信号多数是通过社会网络传递给创业者，社会网络的强度、密度、多样性等都会对创业者识别创业机会产生重要影响。社会网络不但是创业者获得创业机会相关信息的主要手段，也直接影响到创业机会开发和新企业运营所需的各种社会资源。创业机会识别是一个动态过程，只有通过对识别的机会进行不断评估，最终才能锁定创业机会。机会评估的主要判断依据是机会识别的目标，即是否能够为用户创造增加价值，满足用户需求；是否市场广阔，利润高；创业者与管理团队配合是否默契等方面。为此，就要求创业者掌握市场需求、营销网络、组织管理等方面的知识，并具备相应数据搜集、分析、评价能力；同时，还要注重积极培养统摄、想象、概括、综合及辩证分析等能力，以便更好地进行联想、类比或推演，从而能够整体把握创业过程所经历的各个阶段，在更高层次和水平上培养对创业机会的评价能力。

大学生在创业过程中要谨慎把握创业机会，并对已有的机会进行筛选识别，通过完善的理论依据和较丰富的实践经验来判断，为创业奠定好基础。虽然大学生创业在经验和积累上不及其他有工作经验的人有优势，但大学生也有一些别人没有的优势，比如较完善的理论基础，大学时积累的人脉——创业的智力保证，以及创业热情和工作激情。因此，通过利用自身优势，大学生创业者也可以做出正确的创业识别，为以后创业的顺利进行提供保证。

二、创业机会的评价

成功识别创业机会，对创业机会进行科学、理性、系统的评价是创业活动成功的起点和基础。如何评价创业者的项目选择方向是否正确、是否可行、有多大价值，是创业指导过程中经常遇到且专业的问题。

其中，比较普遍的一种评价方法是阶段性决策方法。这一方法要求创业者在机会开发的每个阶段都进行机会评价。一个机会能够通过每个阶段预设的"通过门槛"，在很大程度上取决于创业者经常要面对的评价指标，如船业者的目标回报率、风险偏好等；如不能成功通过"通过门槛"，机会将被修订或者放弃。这样，通过循环反复的"识别—评价—开发—识别"步骤，创业者最初的商业概念或创新就会逐步得到完善，变得可行。

蒂蒙斯创业机会评价体系，给我们提供了一套系统的评价框架和可量化的创业机会评价指标体系。这个工具可以帮助创业导师和创业者，科学深入地评价创业项目的可行性及其价值性。蒂蒙斯的创业机会评价框架，涉及行业和市场、经济因素、收获条件、竞争优势、管理团队、致命缺陷问题、个人标准、理想与现实的战略差异等八个方面的 53 项指标。通过定性或量化的方式，创业者可以利用这个体系模型对行业和市场问题、竞争优势、财务指标、管理团队和致命缺陷等做出判断，来评价一个创业项目或创业企业的投资价值和机会。

1. 蒂蒙斯创业机会评价体系

蒂蒙斯创业机会评价表具体如表 11-1。

表 11-1 蒂蒙斯创业机会评价表

行业与市场	1. 市场容易识别，可以带来持续收入 2. 顾客可以接受产品或服务，愿意为此付费 3. 产品的附加价值高 4. 产品对市场的影响力高 5. 将要开发的产品生命长久 6. 项目所在的行业是新兴行业，竞争不完善 7. 市场规模大，销售潜力达到 1 千万～10 亿元 8. 市场成长率在 30%～50% 甚至更高 9. 现有厂商的生产能力几乎完全饱和 10. 在五年内能占据市场的领导地位，达到 20% 以上 11. 拥有低成本的供货商，具有成本优势

续表

经济价值	1. 达到盈亏平衡点所需要的时间在 1.5～2 年以下 2. 盈亏平衡点不会逐渐提高 3. 投资回报率在 25% 以上 4. 项目对资金的要求不是很大，能够获得融资 5. 销售额的年增长率高于 15% 6. 有良好的现金流量，能占到销售额的 20%～30% 以上 7. 能获得持久的毛利，毛利率要达到 40% 以上 8. 能获得持久的税后利润，税后利润率要超过 10% 9. 资产集中程度低 10. 运营资金不多，需求量是逐渐增加的 11. 研究开发工作对资金的要求不高
收获条件	1. 项目带来附加价值的具有较高的战略意义 2. 存在现有的或可预料的退出方式 3. 资本市场环境有利，可以实现资本的流动
竞争优势	1. 固定成本和可变成本低 2. 对成本、价格和销售的控制较高 3. 已经获得或可以获得对专利所有权的保护 4. 竞争对手尚未觉醒，竞争较弱 5. 拥有专利或具有某种独占性 6. 拥有发展良好的网络关系，容易获得合同 7. 拥有杰出的关键人员和管理团队
管理团队	1. 创业者团队是一个优秀管理者的组合 2. 行业和技术经验达到了本行业内的最高水平 3. 管理团队的正直廉洁程度能达到最高水平 4. 管理团队知道自己缺乏哪方面的知识
致命缺陷	不存在任何致命缺陷
创业家的个人标准	1. 个人目标与创业活动相符合 2. 创业家可以做到在有限的风险下实现成功 3. 创业家能接受薪水减少等损失 4. 创业家渴望进行创业这种生活方式，而不只是为了赚大钱 5. 创业家可以承受适当的风险 6. 创业家在压力下状态依然良好
理想与现实的战略性差异	1. 理想与现实情况相吻合 2. 管理团队已经是最好的 3. 在客户服务管理方面有很好的服务理念 4. 所创办的事业顺应时代潮流 5. 所采取的技术具有突破性，不存在许多替代品或竞争对手 6. 具备灵活的适应能力，能快速地进行取舍 7. 始终在寻找新的机会 8. 定价与市场领先者几乎持平 9. 能够获得销售渠道，或已经拥有现成的网络 10. 能够允许失败

表 11-1 的评价体系说明：

（1）主要适用于具有行业经验的投资人或资深创业者对创业企业的整体评价。

（2）该指标体系必须运用创业机会评价的定性与定量方法才能得出创业机会的可行性及不同创业机会间的优劣排序。

（3）该指标体系涉及的项目比较多，在实际运用过程中可作为参考选项库，结合使用对象、创业机会所属行业特征及机会自身属性等进行重新分类、梳理简化，提高使用效能。

（4）该指标体系及其项目内容比较专业，创业导师在运用时一方面要多了解创业行业、企业管理和资源团队等方面的经验信息，一方面要掌握这 50 多项指标内容的具体含义及评估技术。

2. 蒂蒙斯创业机会评价体系的局限性

1）评价主体要求比较高

蒂蒙斯的创业机会评价指标体系是到目前为止最全面的评价指标体系，其主要是基于风险投资商的风险投资标准建立的，这与创业者的标准还是存在一定的差异。这些评价标准经常被风险投资家使用，创业家可以通过关注这些问题而受益。该评价体系运用，要求使用者具备敏锐的创业嗅觉、清晰的商业认知、丰富的管理经验和系统的行业信息，要求比较高。创业导师自己使用一般问题不大，而如果直接给初次创业者或大学生创业者来做创业机会自评，效果不会太好。即使如此，仍然不影响该评价体系作为创业者的项目选择与评价的参考标准。

2）蒂蒙斯指标体系维度有交叉重复问题

该指标体系的各维度划分不尽合理，存在交叉重叠现象。比如，在竞争优势、管理团队、创业家的个人标准和理想与现实的战略性差异这四个维度中，都存在"管理团队"的评价项目。维度划分标准不够统一。再比如，行业与市场维度中的第 11 项"拥有低成本的供货商，具有成本优势"，与竞争优势维度中的第 1 项"固定成本和可变成本低"存在包含关系与重叠问题。这会直接影响使用者的评价难度和考量权重，在一定程度上影响了机会评价指标的有效性。

3）指标体系缺乏主次，定性定量混合，影响效度

蒂蒙斯指标体系另外一个比较明显的缺点是：指标多而全，主次不够清晰；其指标内容既有定性评价项目，又有定量评价项目，而且这些项目中有交叉现象。一方面，评价指标太多，使用不够简便。另一方面，在运用其对创业机会进评价时，实际上难以做到对每个方面的指标进行准确量化并设置科学的权重，实践效果不够理想。

3. 创业机会评价的两种简便方法

蒂蒙斯创业机会评价体系只是一套评价标准，在进行创业机会评价实践时，还需要科学的步骤和专业的评价方法才能操作。下面介绍两种常用且易操作的评价方法。

1）标准矩阵打分法

标准打分矩阵，是指将创业机会评价体系的每个指标设定为三个打分标准，比如最好 3 分，好 2 分，一般 1 分，形成的打分矩阵表。在打分后，求出每个指标的加权评价分。

这种方法简单易懂，易操作。该方法主要用于不同创业机会的对比评价，其量化结果可直接用于机会的优劣排序。只用于一个创业机会的评价时，则可采用多人打分后进行加权平均。如果其加权平均分越高，说明该创业机会越可能成功。一般来说，高于 100 分的创业机会可进一步规划，低于 100 分的创业机会，则需要考虑淘汰。

2）Baty 选择因素法

该方法可以看作是标准矩阵打分法的简化版。评价者通过对创业机会的认识和把握，按照蒂蒙斯创业机会评价体系的各项标准，看机会是否符合这些指标要求。如果统计符合指标数少于 30 个，说明该创业机会存在很大问题与风险；如果统计结果高于 30 个，则说明该创业机会比较有潜力，值得探索与尝试。应用该方法时需要注意一点，如果机会存在"致命缺陷"，需要一票否决。致命缺陷通常是指法律法规禁止、需要的关键技术不具备、创业者不具备匹配该创业机会的基本资源等方面的系统风险。

该方法比较适合于创业者对创业机会进行自评。

4. 蒂蒙斯创业机会评价体系的简化改进

基于蒂蒙斯创业机会评价体系的提出背景与局限，创业导师和创业者在实际进行创业机会评价时，通常会参考该指标体系，筛选出符合国情环境、行业特征与评价者特质的精简化的指标体系。现对 10 项重要指标进行列表排序，如表 11-2 所示。

表 11-2　创业机会评价体系简化版

指标类别	具体指标
管理团队	创业者团队是一个优秀管理者的结合
竞争优势	拥有优秀的员工和管理团队
行业与市场	顾客愿意接受该产品或服务
致命缺陷	不存在任何致命缺陷
个人标准	创业家在承担压力的状态下心态良好
收获条件	机会带来的附加价值具有较高的战略意义
管理团队	行业和技术经验达到了本行业内的最高水平
经济因素	能获得持久的税后利润，税后利润率要超过 10%
竞争优势	固定成本和可变成本低
个人标准	个人目标与创业活动相符合

5. 蒂蒙斯创业机会评价体系的应用场景

其主要应用场景及方法表现在如下几个方面。

（1）课程教学及课后实践。在创业课程的教学过程中，创业机会的开发与评价是重要的知识技能点。教学过程中可用此工具让学生掌握创业机会评价的指标要素，学会运用创业机会评价的量化方法进行创业机会的筛选与论证。另外，在课后实践活动中，创业者应该利用该工具寻找、筛选比较并初步选定有潜力的创业机会。

（2）深入的咨询辅导。创业者进行自我评估后，如果结果良好，且需要进一步咨询创业机会的开发问题，可以运用表 11-2 的评价体系进行评估，并对评估结果进行解析，给出应解决的问题与后续创业规划思路。如果有必要，可以运用比较复杂的蒂蒙斯创业机会评价体系，或者根据创业者的机会属性，自定义一套针对性的评价体系。

（3）创业大赛筛选阶段。创业者参加创业大赛或创业导师参与创业大赛的初步评选工作时，该工具是必用的。创业者可以参考中创教育的创业机会评价体系，运用标准矩阵打分法，确认自己的创业项目优势，完善自己的创业规划。

6. 应用蒂蒙斯创业机会评价体系时的注意事项

1）影响创业机会评价结果的三个重要因素

首先，评价主体的个性特征差异。由于评价者在信息处理方式和行为决策风格等方面存在显著差异，使得不同评价者在评价同一个创业机会时会出现结果差异。

其次，评价主体的工作年限。Timmons 在研究中指出，企业工作经验对创业者能否做出正确判断有重要影响作用，他认为"具有至少 10 年或 10 年以上的企业经验，才能识别出各种商业行为，并获得创造性的预见能力和捕捉商机的能力"。因此，工作年限超过 10 年的创业者的意见比工作年限较短的创业者和管理者的意见更值得重视，评价结果更为可靠。

最后，评价主体的管理经验。在进行机会评价时，评价者的知识结构、专业技能会起到重要的影响作用。有高管工作经验意味着其可以掌握更多的决策经验和资源控制能力。

2）评价创业机会的 5 项基本标准。

无论采用何种评价体系和评价方法，都需要考虑创业机会评价的基本标准。评价创业机会至少有以下 5 项基本标准。

（1）对产品有明确的市场需求，推出的时机也是恰当的。

（2）投资的项目必须能够维持持久的竞争优势。

（3）投资必须具有一定的高回报，从而允许一些投资中的失误。

（4）创业者与机会之间必须相互合适。

（5）机会中不存在致命的缺陷。

第二节　制订创业计划

一、创业计划与创业计划书

（一）创业计划

创业计划就是创业者计划创立的业务的书面概要，它为业务的发展提供了指示图，并成为衡量业务进展情况的标准。

1. 制订创业计划的意义

（1）创业计划是企业管理的首要职能，在企业各项工作中具有极为重要的作用。

（2）创业计划是企业的行动纲领，使企业活动有序发展，使企业活动持续进行，使企业活动落到实处。

（3）创业计划是创业者的宣言书。没有计划地盲目蛮干，只能使创业失败。

2. 制订创业计划的要求

计划是指在工作或行动之前预先拟定的具体内容或步骤。创业目标确立并且经过充分论证后，创业者就应着手制订创业计划。创业计划是创业者实现创业目标过程中，合理设计的一种规划。一个成功的创业者，不仅要确立合理的创业目标，同时，还应学会制订创业计划，没有规划的创业目标往往易使创业者忽视创业的时间观念和创业过程的实效性。创业计划按时间来分，有创业长期计划、中期计划和短期计划。所以，制订创业计划，把创业目标逐步分解并分布在不同的创业阶段，可以令创业者一目了然，准确地把握每个创业阶段的不同任务。

创业计划制订的要求如下。

（1）要突出计划的时间性和阶段的现实性。创业者在制订计划前一定要对创业目标、过程有一个充分的、客观的认识，尤其是创业者要对自身创业实力有个准确的定位，不可攀比，更不能脱离自身实际而盲目地追赶潮流，一切创业目标的确定和创业活动的实施都应量力而行，制订计划时也要突出时间性和实效性。如一个想从事装修业务的创业者，首先要安排一段时间，集中精力学习装修业务知识；其次对装修材料的价位、质地等要及时掌握变动信息，以便及时调整收费价格；最后，了解从事装修业务所需经费情况，根据自己的财力确定装修公司的规模。

（2）编制计划需要体现计划的周密性和系统性。编制计划时从实现创业的总体目标考虑，根据安排的时间、任务的不同采取循序渐进的方式，采取纵向走势安排各个阶段不同的重点任务。由于联系具有普遍性，即每个阶段并不是孤立的，而是彼此相互联系的，尤其每个阶段的附加任务之间很可能也是紧密相连的。因此，制订计划时，既要体现计划的单一性，又应考虑各个阶段彼此相互交叉、相互联系的复杂性，此外，还要将影响计划实施的一些非主要因素也充分考虑进去，努力使计划周密详尽，操作性强。

（二）创业项目的市场调查

创业计划主要是根据市场提供的信息编制的，所以应先进行市场调查。

1. 市场调查的定义

市场调查又叫市场调研、市场研究，是指运用科学的调查方式，有目的、有计划、系统而客观地收集有关商品产、供、销的数据与资料并进行必要的整理与分析，预测其发展趋势，为企业决策提供依据的活动。

2. 市场调查的基本方式

1）市场普查

它是指为了收集比较全面、精确的资料，对调查对象总体的全部所进行的逐一的、无遗漏的专门调查。其优点是获取资料的准确性和标准化程度比较高。

2）市场典型调查

根据调查目的，有意识地选择部分具有代表性的个体进行调查。优点是节省人、财、物，灵敏反映市场变动。

市场典型调查可分为市场重点调查和市场个案调查。

3. 市场调查的基本方法

市场调查的基本方法有：询问法、观察法、实验法、抽样调查法四种。

4. 市场调查的步骤

分四个阶段：市场调查的准备阶段、市场调查的资料收集阶段、市场调查的研究阶段、市场调查的总结阶段。

5. 市场调查的主要内容

市场调查的主要内容有：市场环境调查、市场商品需求调查、市场商品资源调查、市场商品流通渠道调查。

进行了市场调查，掌握了市场信息，就可以着手制订计划了。

（三）创业计划书

1. 创业计划书的概念

创业计划书是公司、企业或项目单位为了达到招商融资或其他发展目标之目的，在经过前期对项目科学地调研、分析、收集与整理有关资料的基础上，根据一定的格式和内容的具体要求而编辑整理的一个向读者全面展示公司和项目目前的状况、未来发展潜力的书面材料。创业计划书又叫商业计划书，主要解决以下一些问题：

① 想要干什么（产品、服务）；

② 怎么干（生产工艺及过程，或者服务如何提供及实现价值）；

③ 面向的目标客户是谁；

④ 市场竞争状况及对手如何（市场分析）；

⑤ 经营团队怎样；

⑥ 股本结构如何安排（有形资产、无形资产、股东背景）；

⑦ 营销如何安排；

⑧ 财务分析（利润点、风险、投资回收期）如何；

⑨ 退出机制是怎样的。

这些问题不仅是投资人或合作伙伴所关心的，也是创业者本人应该非常清楚的，创业计划书的编写实际上就是对这些问题的回答。尽管不同行业的创业计划书内容和形式可能不同，但其本质都是对这些投资人所关心的问题进行分析与论证。

一份详尽的创业计划书就像一份业务发展的指示图一样，它会时刻提醒创业者应该注意什么问题，规避什么风险，并最大限度地帮助创业者获得来自外界的帮助。一份好的创业计划书也会成为衡量创业者未来业务发展的标准，它能帮助创业者理清思路，准确定位，获得创业融资。

2. 编写创业计划书

编写创业计划书的要点如下。

1）关注产品

在创业计划书中，应提供所有与企业的产品或服务有关的细节，包括企业所实施的所有调查。这些问题包括：产品正处于什么样的发展阶段？它的独特性怎样？企业分销产品的方法是什么？谁会使用企业的产品，为什么？产品的生产成本是多少，售价是多少？企业发展新的现代化产品的计划是什么？把出资者拉到企业的产品或服务中来，这样出资者就会和创业者一样对产品有兴趣。在创业计划书中，企业家应尽量用简单的词语来描述每件事——商品及其属性的定义对企业家来说是非常明确的，但其他人却不一定清楚它们的含义。制订创业计划书的目的不仅是要出资者相信企业的产品会在社会上产生革命性的影响，同时也要使他们相信企业有证明它的论据。创业计划书对产品的阐述，要让出资者感到："噢，这种产品是多么美妙、多么令人鼓舞啊！"

2）敢于竞争

在创业计划书中，创业者应细致分析竞争对手的情况。竞争对手都是谁？他们的产品是如何工作的？竞争对手的产品与本企业的产品相比，有哪些相同点和不同点？竞争对手所采用的营销策略是什么？要明确每个竞争对手的销售额、毛利润、收入以及市场份额，然后再讨论本企业相对于每个竞争对手所具有的竞争优势，要向投资者展示，顾客偏爱本企业的原因是：本企业的产品质量好，送货迅速，定位适中，价格合适等等。创业计划书要使它的读者相信，本企业不仅是行业中的有力竞争者，而且将来还会是确定行业标准的领先者。在创业计划书中，企业家还应阐明竞争对手给本企业带来的风险以及本企业所采取的对策。

3）了解市场

创业计划书要给投资者提供企业对目标市场的深入分析和理解。要细致分析经济、地理、职业以及心理等因素对消费者选择购买本企业产品这一行为的影响，以及各个因素所起的作用。创业计划书中还应包括一个主要的营销计划，计划中应列出本企业打算开展广告、促销以及公共关系活动的地区，明确每一项活动的预算和收益。创业计划书中还应简述一下企业的销售战略：企业是使用外面的销售代表还是使用内部职员？企业是使用转卖商、分销商还是特许商？企业将提供何种类型的销售培训？此外，创业计划书还应特别关注一下销售中的细节问题。

4）表明行动的方针

企业的行动计划应该是无懈可击的。创业计划书中应该明确下列问题：企业如何把产品推向市场？如何设计生产线，如何组装产品？企业生产需要哪些原料？企业拥有哪些生产资源，还需要什么生产资源？生产和设备的成本是多少？企业是买设备还是租设备？创业计划书中还应解释与产品组装、储存以及发送有关的固定成本和变动成本的情况。

5）展示你的管理队伍

把一个思想转化为一个成功的风险企业，其关键的因素就是要有一支强有力的管理队伍。这支队伍的成员必须有较高的专业技术知识、管理才能和多年工作经验，要给投资者这样一种感觉："看，这支队伍里都有谁!如果这个公司是一支足球队的话，他们就会一直杀入世界杯决赛!"管理者的职能就是计划、组织、控制和指导公司实现目标的行动。在创业计划书中，应首先描述一下整个管理队伍及其职责，然而再分别介绍每位管理人员的特殊才能、特点和造诣，细致描述每个管理者将对公司所做的贡献。创业计划书中还应明确管理目标以及组织机构图。

6）出色的计划摘要

创业计划书中的计划摘要也十分重要。它必须能让读者有兴趣并渴望得到更多的信息，它将给读者留下长久的印象。计划摘要将是创业者所写的最后一部分内容，但却是出资者首先要看的内容，它将从计划中摘录出与筹集资金最相干的细节：包括对公司内部的基本情况，公司的能力以及局限性，公司的竞争对手，营销和财务战略，公司的管理队伍等情况的简明而生动的概括。如果公司是一本书，它就像是这本书的封面，做得好就可以把投资者吸引住，它会给风险投资家这样的印象："这个公司将会成为行业中的巨人，我已等不及要去读计划的其余部分了。"

3. 编写创业计划书应注意的问题

（1）明确创业计划书是干什么的。

（2）避免一些容易犯的错误。切忌把整个篇幅的 80%用来讲其技术如何先进，产品的市场如何广阔，而只用很少的篇幅敷衍了事地说一下营销方案。

（3）创业计划书还应当简洁明了。

（4）创业计划书的写作风格应前后一致。

4. 创业计划书的模板

保 密 承 诺

本创业计划书内容涉及本公司商业秘密，仅对有投资意向的投资者公开。本公司要求投资公司项目经理收到本计划书时做出以下承诺：

要妥善保管本创业计划书，未经本公司同意，不得向第三方公开本计划书涉及的本公司的商业秘密。

项目经理签字:

接收日期: 年 月 日

创业计划书（撰写参考）

项目名称

项目单位

地址

电话

传真

电子邮件

联系人

[公司名称]

[日期]

目　录

（四）创业计划的内容

创业计划包括的内容有：摘要；公司介绍；主要产品和业务范围；市场概貌；营销策略；销售计划；生产管理计划；管理者及其组织；财务计划；资金需求状况等。

1. 摘要

摘要尽量简明、生动。特别是要详细说明自身企业的不同之处以及企业获取成功的市场因素。如果企业家了解他所做的事情，摘要仅需 2 页纸就足够了。如果企业家不了解自己正在做什么，摘要就可能要写 20 页纸以上。因此，有些投资家就依照摘要的长短来"把麦粒从谷壳中挑出来"。

2. 公司介绍

在介绍企业时，首先要说明创办新企业的思路，新思想的形成过程以及企业的目标和发展战略。其次，要交代企业现状、过去的背景和企业的经营范围。在这一部分中，要对企业以往的情况做客观的评述，不回避失误。中肯的分析往往更能赢得信任，从而使人容易认同企业的创业计划书。最后，还要介绍一下创业者自己的背景、经历、经验和特长等。企业家的素质对企业的成绩往往起关键性的作用。在这里，企业家应尽量突出自己的优点并表示自己强烈的进取精神，以给投资者留下一个好印象。

在创业计划中，企业还必须要回答下列问题：

（1）企业所处的行业，企业经营的性质和范围；

（2）企业主要产品的内容；

（3）企业的市场在哪里，谁是企业的顾客，他们有哪些需求；

（4）企业的合伙人、投资人是谁；

（5）企业的竞争对手是谁，竞争对手对企业的发展有何影响。

3. 产品（服务）介绍

在进行投资项目评估时，投资人最关心的问题之一，就是风险企业的产品、技术或服务能否以及在多大程度上解决现实生活中的问题，或者，风险企业的产品（服务）能否帮助顾客节约开支，增加收入。因此，产品介绍是创业计划书中必不可少的一项内容。通常，产品介绍应包括以下内容：产品的概念、性能及特性；主要产品介绍；产品的市场竞争力；产品的研究和开发过程；发展新产品的计划和成本分析；产品的市场前景预测；产品的品牌和专利。

产品（服务）介绍的内容比较具体，因而写起来相对容易。虽然夸赞自己的产品是推销所必需的，但应该注意，企业所做的每一项承诺都是"一笔债"，都要努力去兑现。要牢记，企业家和投资家所建立的是一种长期合作的伙伴关系。空口许诺，只能得意于一时。如果企业不能兑现承诺，不能偿还债务，企业的信誉必然要受到极大的损害，因而是真正的企业家所不屑为之的。

4. 人员及组织结构

企业的管理人员应该是互补型的，而且要具有团队精神。一个企业必须要具备负责产品设计与开发、市场营销、生产作业管理、企业理财等方面的专门人才。在创业计划书中，必须要对主要管理人员加以阐明，介绍他们所具有的能力，他们在本企业中的职务和责任，他们过去的详细经历及背景。此外，在创业计划书中，这部分内容还应对公司结构做一简要介绍，包括：公司的组织机构图；各部门的功能与责任；各部门的负责人及主要成员；公司的报酬体系；公司的股东名单，包括认股权、比例和特权；公司的董事会成员；各位董事的背景资料。

5. 市场预测

市场预测首先要对需求进行预测：市场是否存在对这种产品的需求？需求程度是否可以给企业带来所期望的利益？新的市场规模有多大？需求发展的未来趋向及状态如何？影响需求的都有哪些因素？其次，市场预测还要包括对市场竞争的情况——企业所面对的竞争格局进行分析：市场中主要的竞争者有哪些？是否存在有利于本企业产品的市场空当？本企业预计的市场占有率是多少？本企业进入市场会引起竞争者怎样的反应，这些反应对企业会有什么影响？

在创业计划书中，市场预测应包括以下内容：市场现状综述；竞争厂商概览；目标顾客和目标市场；本企业产品的市场地位；市场区隔和特征。

6. 营销策略

营销是企业经营中最富挑战性的环节，影响营销策略的主要因素有：消费者的特点；产品的特性；企业自身的状况；市场环境方面的因素。最终影响营销策略的则是营销成本和营销效益因素。

在创业计划书中，营销策略应包括以下内容：市场机构和营销渠道的选择；营销队伍和管理；促销计划和广告策略；价格决策。

7. 生产制造计划

创业计划书中的生产制造计划应包括以下内容：产品制造和技术设备现状；新产品投产计划；技术提升和设备更新的要求；质量控制和质量改进计划。

在寻求资金的过程中，为了增大企业在投资前的评估价值，创业者应尽量使生产制造计划更加详细、可靠。一般地，生产制造计划应回答以下问题：企业生产制造所需的厂房、设备情况如何；怎样保证新产品在进入规模生产时的稳定性和可靠性；设备的引进和安装情况，谁是供应商；生产线的设计与产品组装是怎样的；供货者的前置期和资源的需求量；生产周期标准的制定以及生产作业计划的编制；物料需求计划及其保证措施；质量控制的方法是怎样的；相关的其他问题。

8. 财务规划

财务规划需要花费较多的精力来做具体分析，其中就包括现金流量表、资产负债表以及损益表的制备。流动资金是企业的生命线，因此企业在初创或扩张时，对流动资金需要有预先周详的计划，并进行过程中的严格控制；损益表反映的是企业的赢利状况，它是企业在一段时间运作后的经营结果；资产负债表则反映在某一时刻的企业状况，投资者可以用资产负债表中的数据得到的比率指标来衡量企业的经营状况以及可能的投资回报率。

财务规划一般要包括以下内容：

（1）创业计划书的条件假设；

（2）预计的资产负债表、预计的损益表、现金收支分析、资金的来源和使用。

一份好的财务规划对评估风险企业所需的资金数量，提高风险企业取得资金的可能性是十分关键的。财务规划和企业的生产计划、人力资源计划、营销计划等都是密不可分的。要完成财务规划，必须要明确下列问题：

（1）产品在每一个期间的发出量有多大？

（2）什么时候开始产品线扩张？

（3）每件产品的生产费用是多少？

（4）每件产品的定价是多少？

（5）使用什么分销渠道，所预期的成本和利润是多少？

（6）需要雇用哪几种类型的人？

（7）雇用何时开始，工资预算是多少？

（五）制订创业计划应注意的问题

在制订创业计划时，在没有进行市场调查和科学分析的情况下，凭主观想象市场容量和利润空间，选定创业项目，忽视创业环境和企业的竞争分析，不能制定相应的应对策略，完全没有市场意识，并且不能充分预测风险因素，没有规避风险措施，必然导致创业失败。因此，创业者在制订创业计划时一定要符合实际，量力而行，及时把握市场行情，作出准确决策，使创业成功。

二、大学生创业的关键性问题详解分析

（一）大学生创业中存在的问题

在我国，虽然具备了比较好的条件，但学生创业的道路并不平坦。从近几年学生创业的情况看，主要存在着两个问题。

1. 市场经验不足和管理能力差

学生在设计产品开发项目时并不了解市场上的需求，或者主观臆断市场需求，或者闷起头来一味地搞技术至上；学生难以得到第一手的市场信息，也就无从分析市场未来的发展方向，同时他们往往以自我为中心，缺乏换位思考的能力，这些都降低了他们开发的命中率，使得很多下大力气研制的产品找不到买家，错过了商业机会。

虽然多数学生公司都组建了自己的管理团队，其成员里不乏名校的 MBA，但大多数公司的管理能力还是相当薄弱的。在这些学生公司中，组成成员多是相要好的朋友，这样虽有助于团结，却加大了管理的难度。而另一方面，虽然团队的管理人员学历很高，却大多缺乏实际的工作经验，在短时间内无法进行有效的管理。

2. 阻碍大学生自主创业的因素

1）传统就业观念难更新

当前大学生（包括家长）的传统就业观念还是根深蒂固的。不仅家长，不少大学生也认为自主创业是迫不得已才作出的选择，找工作才是第一要务。

2）启动资金难寻求

大学生自主创业，首先需要的是启动资金，对于想创业的大学生来说，寻求"第一桶金"是要面对的第一道难题。目前大学生创业最主要的融资渠道就是自己拿着项目，找民营企业老板来投资。因为基本没有其他融资渠道，风险投资在我国被称为"保险投资"，不太看得上大学生创业的项目；大学生创业项目也很难在银行贷到款。

不少大学生反映国家吸引海归人才的力度很大，他们一回国创业就会受到政府的大力支持，而大学生创业却没人理，建议也应受到重视。

3）创业技能难获取

大学生就业越来越难，问题并不是出在大学生身上，而是出在我国的高等教育上，所以要改进高等教育的方式，特别是要加强创业教育。高校创业教育的缺乏与滞后是导致目前大学生创业低迷的根本原因。

4）扶持政策难兑现

有些地方出台了鼓励高校毕业生面向基层就业的实施意见，内容包括减免个体工商户登记注册费、管理费等行政事业性收费等具体规定。但一些大学生反映，这些规定真正落实起来程序繁杂且非常艰难。

（二）大学生创业中应注意的问题

1. 怎样寻找创业模式

每个公司都有一个灵魂。创办一个公司，创业者首先要有一个构想和一定的理想，然后再从构想开始，考虑怎么样组成一个团队，怎样把这个公司发展成为一个完整的公司，怎样预见公司的发展前景，确定公司的发展方向。

2. 怎样确立创业目标

创业者不能以能够赚多少钱为目标。赚钱是重要的目标，但是不是唯一的目标，因为创业本身应该有理念，理念会带动很多新的产品创意和实践冲动。

3. 怎样制定创业原则

在创立公司的时候，创业者不应该一直想着什么时候能收到成果，否则就会把注意力放在怎么回收，能不能收回来上。今天还没有赚钱，明天会不会赚钱？面对非常艰苦的工作，创业者会感到不愉快。第一次创业，创业者赚钱的期望会比较高，第二次创业就不会这样了，但每一次创业都需要用热情去支撑。

4. 怎样规划创业步骤

这是一个循环的过程。首先要看创意从哪里来？怎么会有这个创意？资金怎么找？创业者跟出资人的关系怎样？怎么处理这种关系？怎样组织一个团队？产品的市场行销怎么做？这个产品做完了，创业者会不会还想做？如此周而复始地进行规划。

5. 怎样创造创业条件

创业时，不一定要有一个很重大的发明，重要的是自己所做的东西，在市场上会不会成功？然后要考虑市场上需求怎么样？自己的能力是什么？自己的团队好不好？有没有足够的资金？最后再把这些都结合起来。

6. 怎样确定创业期限

一个很大的公司，至少要花三年、五年才能做出来，因为时间太长，风险也大。市场是不断变化和发展的，三年、五年后可能已发生很大改变，也就可能与创业者原来的预期相差很大。因此创业最好以两年为准，要想办法在两年内把产品做到最好。

7. 怎样处理与投资人的关系

很多创业者觉得"既然是我创业，我占这个公司的股份应该是99%，投资人应该是1%"，这种想法对风险投资来讲是不对的。创业者与投资人最好各占一半股权。创业者去找投资，一半的股权要交给投资人，以后如果需要更多投资的话，创业者在公司持有的股份会越来越少，但这并不表示他拥有的钱越来越少，因为公司的价值在增加。

紧密结合自身实际，发挥专业特长。俗话说，隔行如隔山。创业不能凭一时热情，不能盲目模仿他人成功经验，应找到属于自己的事业舞台，充分考虑自身实际，结合自己的专业特长和兴趣爱好，选择自己熟悉的行业范围，找到合适的切入点。

量力而为，慎之又慎。创业风险极大，稍有不慎，就会面临失败之境地，青年朋友初入社会，阅历不足，技能也相对薄弱，创业失败的风险会更大。青年朋友的经济基础相对较弱，心理承受能力也相对欠佳，因此，创业应慎之又慎，应充分了解与创业相关的知识及技能，避免创业的盲目。有些青年在创业时，总希望取得更多的资金支持与资金投入。其实，创业总与风险相伴而生，因此，适当控制创业的风险，也是保证创业成功的关键。这就要求创业者在创业时，量力而为，结合自己的承受能力，开拓与自身实力相符的事业，而不应贪大求全。否则，一旦创业不利，极易陷入困顿，一蹶不振。

初入社会的青年朋友，不应过于匆忙创业，可以先结合自己的创业打算和创业计划，有意识地选择相关行业进入，在对目标行业领域有了相对成熟的看法后，再创业也为时不晚。因此，胸怀创业壮志的青年朋友，在进入一个行业时，如果认定其发展的大好前景，就应该"卧槽学艺"，踏踏实实地投入工作，积累行业知识，发展自我技能，为以后成功创业打下良好基础。

拓展阅读

大学生创业的三大建议

大学生创业早已不仅仅局限于传统项目。相反，很多大学生都在利用高科技在宿舍里就开始创业。比如开网店、开发软件、建一个便民网站等。

不少大学生一般会在临近毕业时才开始创业。有创业成功的大学生给出了以下三大建议。

一、制订商业计划

商业计划是整个创业过程所要遵循的路线图。首先，你必须明确一系列问题。比如，要提供什么样的服务或产品？生产的成本是多少？为了获取利润，产品的定价是多少？加工时间有多长？

就算要开创的事业并不大，或者仅限于校园范围内，你也必须要算清楚如何支付启动成本，其中包括广告、市场推广和基本的生产原料采购成本等等。你还需要问问自己，到底有没有足够的时间来创业。还有创业的目的，是为了挣零用钱，还是想积累资本开创更大的事业。

二、充分利用校园资源

要想办法利用学校里一切可以利用的资源来帮助你获得成功，比如利用学校的工作室，或与校友联系寻求指导和资金帮助等等。

其次，还可以通过创业比赛来赢得资金和创业指导。时下，很多高校都有创业工作室和创业基地，利用这种校园资源，不仅可以得到老师的指导，还可能获得资金的扶持。

高校里可以利用的还有一些办公场所和校友资源。很多学校都愿意为创业的学生提供注册场地和成功创业的校友名单，可以寻求他们的建议，得到资金上的帮助和建议，甚至有些校友还愿意和他们一起创业。

三、运用科技降低成本

大学生创业涉及 IT 行业的有很多，但宿舍里创业遇到的一个最大的困难就是资金。由于科技的迅速发展，利用那些已经发展成熟的企业甚至还没有使用过的高科技手段来减少成本，可能会是一个很好的解决办法。在美国，一些制药创业公司可以利用电脑算法帮助测试化合物，这样就可以节省建设实验室的投资。要是在几年前，这种节约成本的方法还是根本无法实现的事情。

大学生创业选择诀窍——七不要

一、大型不如小型

江浙地区民间投资者创业的成功率相当高，他们在投资项目的选择方向上总结出如下诀窍：大型不如小型。大型项目运行后，单位成本、技术基础强，容易形成支柱产业，但资金需求量大，管理经营难度大。而一般投资者，只要是做民间性质的投资就宜选择投资小、见效快、技术难度系数低的投资项目。

二、重工不如轻工

重工业是国民经济发展的基石，轻工业却是发展的龙头。重工业投资周期长，耗资多，回收慢，一般不是民投资本角逐的领域。无论是生产加工，还是流通贸易，经营轻工产品尤其是消费品，风险小，投资强度及难度小，容易在短期内见效，因此特别适合民间资本。

三、用品不如食品

民以食为天。食品市场是一个十分庞大且持久不衰的热点，而且政府除了技术监督、卫生管理外，对食品业的规模、品种、布局、结构，一般不予干涉。食品业投资可大可小，切入容易，选择余地大。

四、男人不如女人

西方商界有句名言：做女人的生意掏女人的腰包。市场调查表明，社会购买力70%以上是掌握在女人手里，女人不但掌握着大部分中国家庭的"财政大权"，而且相当部分商品是由女人直接消费的。市场目标对象定向女人，你会发现有更多的机会。

五、大人不如小孩

大人不如小孩。中国的儿童消费市场很有特色，儿童用品包含了儿童成长的不同消费时期。儿童消费市场大，随机购买性强，加上容易受广告、情绪、环境的影响，向这种市场投资是一种富有生命力的选择。在中国，满足了孩子的需求，在很大程度上就是满足了他们父母的需求。

六、多元不如专业

品种丰富，大众买卖，这是一般投资者的思维定式。专业化生产及流通容易形成技术优势和批量经营优势，如近年闻名遐迩的温州小商品市场、义乌服装市场等，无不红红火火。

七、做生不如做熟

俗话说"隔行如隔山"，投资自己一无所知的行业，需要特别慎重。例如，你打算投资生产冷冻食品，就应该对冷冻食品的市场行情、原料的进货渠道、品质及产品的销售渠道等了解透彻，而且要深入学习，弄不好要付出昂贵的学费。选择自己熟悉的行业，就能拥有更多的信息，知道为什么商品有市场有前途，知道不同产品的优劣及消费者的要求，知道市场发展的方向，就能够作出正确的判断与决策。

大学生七种最容易成功的创业方式

最易创业成功的方式有网络、加盟、兼职、团队、大赛、概念、内部等七种方式。

创业，是新颖的、创新的、灵活的、有活力的、有创造性的，以及能承担风险的，发现并把握机遇只是创业的一个重要部分，创业包括创造价值、创建并经营一家新的营利型企业的过程，通过个人或一个群体投资组建公司，来提供新产品或服务，以及有意识地创造价值的过程。创业是创造不同的价值的一种过程，这种价值的创造需要投入必要的时间和付出一定的努力，承担相应的金融、心理和社会风险，并能在金钱和个人成就感方面得到回报。当前常见的创业方式主要有以下几种。

一是网络创业

即有效利用现成的网络资源。网络创业主要有两种形式：网上开店，在网上注册成立网络商店；网上加盟，以某个电子商务网站门店的形式经营，利用母体网站的货源和销售渠道。

二是加盟创业

分享经营诀窍，分享资源支持，采取直营、委托加盟、特许加盟等形式连锁加盟，投资金额根据商品种类、店铺要求、加盟方式、技术设备的不同而不同。

三是兼职创业

即在工作之余再创业，如可选择的兼职创业：教师、培训师可选择兼职培训顾问；业务员可兼职代理其他产品销售；设计师可自己开设工作室；编辑、撰稿人可朝媒体、创作方面发展；会计、财务顾问可代理做账理财；翻译可兼职口译、笔译；律师可兼职法律顾问和事务所；策划师可兼职广告、品牌、营销、公关等咨询；当然，你还可以选择特许经营加盟、顾客奖励计划等。

四是团队创业

即具有互补性或者有共同兴趣的成员组成团队进行创业。如今，创业已非纯粹追求个人英雄主义的行为，团队创业成功的几率要远高于个人独自创业。一个由研发、技术、市场融资等各方面组成，优势互补的创业团队，是创业成功的法宝，对高科技创业企业来说更是如此。

五是大赛创业

即利用各种商业创业大赛，获得资金，如 Yahoo、Netscape 等企业都是从商业竞赛中脱颖而出的，因此也被形象地称为创业孵化器。如清华大学王科、邱虹云等组建的视美乐公司，上海交大罗水权、王虎等创建的上海捷鹏等。

六是概念创业

即凭借创意、点子、想法创业。当然，这些创业概念必须标新立异，至少在打算进入的行业或领域是个创举，只有这样，才能抢占市场先机，才能吸引风险投资商的眼球。同时，这些超常规的想法还必须具有可操作性，而非天方夜谭。

七是内部创业

即指一些有创业意向的员工在企业的支持下，承担企业内部某些业务或项目，并与企业分享成果的创业模式，创业者无需投资却可获得丰富的创业资源。内部创业由于具有大树底下好乘凉的优势，因此也受到越来越多创业者的关注。

揭秘"开心农场"开发团队：初期仅 15 万元创业基金

据台湾媒体报道，"开心农场"游戏开发团队 Five Minutes 的三位创办人日前在接受台湾媒体《今周刊》的专访时透露，创业初期囊中羞涩，只能以 15 万元人民币的大学生创业奖金当成第一笔资金。以下为《今周刊》专访全文：

你今天偷菜了吗？这是近两周台湾最热门的打招呼方式。这股热潮，不仅让"行政院长"跳出来叫公务员不要沉迷，"教育部"也希望借由它端正风气，就连富邦人寿的业务主管都得规范耕种时间。它，正是三个月内在两岸暴红的"开心农场"。

近三年来，Facebook 以社群网站之姿，在国外网络中蹿红；但来到台湾，这个生态循环却反其道而行，认识"开心农场"的人远多过 Facebook。到底"开心农场"与 Facebook 是什么关系呢？就像百货公司和专柜。像"开心农场"这样的专柜，在 Facebook 上有成千上万个。

平均全台湾每八个人就有一个人在玩"开心农场"，玩家人数逼近 350 万。三位 80 后（1980 年后出生）的青年如何创造这个最新的网络界奇迹？《今周刊》特地飞到上海，专访了"开心农场"的开发团队 Five Minutes 的三位创办人。

两岸两千万人亲身体验狂热　三个年轻人网络圆梦想

坐在上海咖啡厅里，"开心农场"的开发团队 Five Minutes 的创办人之一，也是 COO 徐城，接受了《今周刊》专访，这也是他首次接受台湾媒体的专访。

全台每七人就有一人玩

今年才二十五岁的徐城，是个标准的上海 80 后青年，白色 T 恤、牛仔裤，谈话中掺杂着英文，随着母亲移民美国的他，举手投足难脱 ABC 风格，做出来的游戏却很东方。

描述起"开心农场"引发的狂热，理着小平头、戴着无框眼镜的徐城，难掩兴奋地说："我们也很好奇，台湾玩家的流量在近两个月暴增。"这股返璞归真的种菜风潮，已经成功攻陷台湾。根据 Facebook 统计，"开心农场"的台湾玩家逼近 350 万人，全台几乎每七个人，就有一个人在玩"开心农场"。

"开心农场"的另外两位创办人部韶飞和程延辉，也都是 80 后的新一代青年。掌握 Five Minutes 内部营运的部韶飞，是徐城在华东理工大学的同学；而负责技术研发的程延辉，则是部韶飞的高中同学；一位是心思缜密的数学竞赛冠军，另一位则是求知若渴的物理竞赛冠军。在徐城眼中，Ellison（部韶飞的英文名）是很有大智慧的人，Garry（程延辉的英文名）则是很让人印象深刻。

2004 年，还在华东理工大学就读的徐城，随母亲移民美国；一年半后，徐城重新与伙伴们碰面，部韶飞已经是中国电子商务网站 99bill 的行销助理，而程延辉则在台达电的上海分公司做研发。

我们都是很知道自己要什么的人。所以，当部韶飞提出创业计划时，还在南加州大学念书的徐城，学位未成就决定回上海，因为他很确定学位并不是他要的。很早就从河南老家来到上海念书的部韶飞与程延辉更是如此，他们都是很早就离家在外的人，很独立、很明白自己要的是创业，是做自己的事业。

80 后的上海人，眼看着老上海翻身为繁荣新天地，他们在传统文化中长大，却以西方教育育成；就如同隔着黄浦江相望的外滩与陆家嘴，冲突地并存，外滩哥特式、巴洛克式的旧建筑还在，对岸浦东新区的新金融大厦却一幢幢冒出。这对于一手打造 Five Minutes 的三人来说，是最好的写照，思想既独立又前卫，却不脱中华文化的色彩。

刚开始只有 15 万元创业基金

决定创业的他们，虽有 80 后上海人的大无畏勇气，却囊中羞涩，只能以 15 万元人民币的大学生创业奖金当成第一笔资金。拿着这笔钱，三人在徐汇区钦州路只有十坪大小的办公室，成立上海你我信息服务公司，做的是网络书签（Social Bookmark）服务；也就是使用者可以把自己的"我的最爱"放到网络上与其他人分享，自己可以收藏、别人也可共享的网络功能。

但网络书签市场并不大，要从中赚到钱更是困难，三人得趁创业基金烧光前，想办法找到有现金流入的新业务，而网站外包成了他们转型的第二项业务。

为了方便讨论工作，徐城三人在办公室附近租了一户公寓，下班往隔壁一走就到家，休息之余还能继续讨论工作。为了接外包案子，徐城甚至重新回到美国去，跑业务、接案子全由他自己来。

尽管后期案量成长，但是做外包就像吸鸦片一样。徐城说，当外包的接案量增加，公司要聘的工程师也倍增，赚的永远是人力财。就算一名工程师一天只领250元人民币，公司的毛利还是微薄得可怜。

只是，网站外包业务维持没多久，一场金融海啸袭来，再次冲垮了三个人的创业梦，景气突然变得很差，没有人要外包网站了。接案量急速萎缩，员工也陆续离去，最惨的时候，全公司只剩下十二个人。部韶飞说，他们得开始想办法生存。

当时许多客户都把产品放在Facebook平台，三人心想：我们是有实力的，既然能把客户的产品放上Facebook，何不来做自己的产品？就是这个念头，他们开始第二次转型。

有了网站外包的失败经验，他们清楚地认知到，不打出自有品牌，就永远只能赚代工的劳力财。三人理清方向后，决定延续网站外包的技术累积，从社交网站的游戏应用程式开始做起，又称之为SNS（Social Networking Service，社交网络服务）游戏。

有别于大型游戏厂都是从MMORPG（Multiplayer Online Role-Playing Game，大型多人线上角色扮演游戏）切入，资金有限、规模不大的Five Minutes选择从小的SNS游戏做起。就像它的名字一样，五分钟就能让玩家得到快乐。

三位大学生创业者的感悟和建议

目前，全国多个省、区、市都出台了鼓励大学生以创业促就业的政策措施，许多大学生跃跃欲试，准备投入自主创业的时代大潮。"但有创业激情并不意味着创业就能成功"，福建三位走上创业路的大学生黄毅、姚燕芳、曾燕华说，创业的路上充满荆棘和曲折，他们在创业路上获得的感悟和经验，或许能为准备创业的大学生提供一些建议和帮助。

想创业，就要在学校多参加社团和社会活动，历练组织能力和社交能力

黄毅，2007年从福建师范大学艺术系毕业，在福建建瓯市开办了一家农机销售公司，现正准备在邻近的邵武市再开一家销售门市。

他说，创业是一个与社会及人息息相关的系统工程，要提高创业的成功几率，创业者的组织能力和社会交往能力是关键因素。现在回想一下，我的创业路走得比较顺利，很大程度上与自己在大学时积极参加社团活动和当班干部有关。这对培养凝聚团队能力、与人交际沟通能力，以及不同情况下处理事情的思考能力能起积极作用，也容易养成不愿贪图安逸，总想实现自我价值的思维习惯。我周围的同学中，毕业后自主创业并且能发展起步的，基本都是以前社团的活跃分子和班干部。

曾燕华，她创办的以家教为主的家政服务站，为福州的2 000多个家庭提供过家教服务，最多时曾有学生会员4 000多个。从闽北山区贫困家庭走出来的曾燕华，大一时就开始从事家教工作，大二时在福建师范大学组织起第一个家教服务学生社团。她说，组织好一个学生社团与创业后经营好自己的一份事业实际上是一样的。参加社团活动，要管理，要不停策划活动，还要学会化解失败后的挫折感，这就是对创业素质的一个先期演练。

共青团福建省委青年创业计划的创业导师陈锐华说，青年创业要具备知识、技能和素质三点，其中知识可以学习和积累，技能可以训练，唯独素质最难培养。这种素质是一种勇于进取，面对困难坚韧顽强的人生态度，也是一种服务于社会和客户的价值观和灵活多变的思维方式。因此梦想创业的年轻人，在学生时代就要有意识地服务别人，通过积极参与集体活动，从小训练与人沟通能力、组织计划能力，创业时就容易先人一步，获得成功。

创业要摒弃光看能不能赚钱的"小我"意识，只有懂得为别人付出，才会得到收获

姚燕芳，2005 年毕业于陕西长安大学建筑设计专业。虽然家庭经济条件优越，但两年前她贷款 5 万元，自主创业成立了一家独具特色的"香文化传播中心"。

她说，许多青年人以为，创业就是经商办企业赚大钱，我觉得这是一种偏执的想法。创业应该更多的是在寻找一种精神财富和个人心目中理想的生存状态。我现在做的这个项目，目的在于以香文化为核心，推广民族传统文化，有了这样的思想基础，我们会尽量把利润让给加盟商，自己只求收支平衡即可。对金钱放得下，创业压力反而没有那么大。如果你光想着自己如何挣钱，那很可能做不下去。

曾燕华说，我们向东家介绍每一名家教时，都会提前做好家教培训，对农民工子女和贫困家庭孩子，我们提供免费家教。创业不仅要考虑社会和市场的需求，更要考虑以何种方式回馈社会。你只要不忘回馈社会，社会就会给你更广阔的发展空间。

创业导师陈锐华说，大学生创业时一定要摆正自己和客户的关系，你只有为客户创造利润或提供好的服务，客户才能带给你生意。

创业需要理性，更要具备韧性

中国青年创业国际计划福建办公室执行干事林彬说，大学生有创业的激情和胆识是好事，但一定还要理性。比如开茶叶店，要有文化修养和人脉资源；开服装店，要有较强的表达能力；做种养项目，性格要沉稳朴实，要特别耐得住寂寞。创业时一定要理性分析自己是不是适合创业，创业项目是不是适合自己的个性。

林彬说，创业更重要的是要有韧性。简称 YBC 的中国青年创业国际计划是一个为创业青年提供无息贷款和创业指导的公益性组织，创业青年向 YBC 申请创业贷款时，一般会被要求填一个详细的商业计划书，填表内容要求创业者要做大量详细的市场调研工作，这也是一个理清创业思路的过程。但就是这样一份表，让许多申请贷款的青年打了退堂鼓，因为他们没有耐心做那些调研。这些青年只看到创业成功后的光环，没有认识到创业的艰辛和风险。

曾燕华说，创业就是一个不断遇到困难然后解决困难的过程，这其中比资金遭受损失带来更大挫折感的是自信心受到的打击，不在性格上历练出那种能屈能伸的韧性，创业的路很难走下去。

创业从"小"做起，创业之前不妨先打工积累经验

黄毅说，自己在大学时就有过开鞋店的经历，并且取得了不错的盈利，因此大学一毕业就开了农机销售公司。创业两年来回头看，感觉自己最大的不足还是对社会情况的认知欠缺，也没有学到很多管理和经营知识。所以现在最想的是再找机会，去一些比较大的企业打工，学习企业运营知识，提高管理水平，否则根本没有能力把现在的农机公司做大做强。

姚燕芳说，自己的长辈都是做企业的，大学一毕业自己就有自主创业的想法。但长辈劝告说，不要一毕业就创业，可以先打两三年工再说，不经过自己在社会上的闯荡和在别人手下工作的经历，创业后就很容易把问题想得简单化和理想化，无形中加大创业的风险。姚燕芳毕业后在苏州、厦门、福州等城市的企业中工作过，因为有意识为创业做准备，学到了不少宝贵的经验。

创业导师陈锐华说，我国民营中小企业的平均成活期只有两到三年，因此我不主张大学生一毕业就创业，正常情况下应该先工作积累经验，等为创业的种子创造好各种发芽条件了，再孕育它。资金和经验是青年创业的两大拦路虎，没有经验时，资金风险会放大。如果项目失败，受损失的不仅是自己，还可能让家庭父母也付出代价。

一片纸电池夺得百万创业金

9月20日上午，2009"中国科技创业计划大赛"颁奖仪式在宁波举行。

凭借这么一张薄薄的纸电池，祖籍宁波的芬兰华人张霞昌获得了创业精英奖，获创业奖金100万元。

前一天的下午，创业精英奖答辩会现场"硝烟弥漫"，大赛组委会从来自世界各地的688份计划书中选取了6个项目，都是具有国际竞争力的高科技产品。

张霞昌上场让人眼前一亮。他先拿出了一张纸，很快，他又从衬衣口袋里拿出来一个不足一立方厘米的黑色物体，"这就是我发明的纸电池。"纸电池跟白纸一对比，一样薄，厚度不到半毫米，现场的人立刻被吸引住了。

紧接着，张霞昌又取下了一张贺卡的锂电池，换上了他发明的纸电池，"祝你生日快乐！"随即回荡在现场。

本次大赛规定，创业精英奖获奖项目须在获奖后6个月内完成法人公司注册，注册资本不少于300万元人民币或相当于300万元人民币的外币。公司完成注册，并且注册资金全部到位后1个月内，宁波国家高新区管委会给予100万元"创业精英奖"奖金。

张霞昌表示，目前在评委里就有两位风投公司老总表达了跟他进一步洽谈的愿望。他也希望有更多的民营企业家能伸出合作的橄榄枝，现在他还在选择合作者。

简单易行的七种创业赚钱思路

1. 打工神话，百万深圳人在吃他的菜

城市人忙着赚钱，家庭成员简单，没有时间采购菜蔬调理自己的饮食生活，这种按消费者要求送菜上门的服务，投入小，利润不薄，操作性较强。高军到农产品批发市场找到一个菜贩子老乡，讨教蔬菜配送的相关经验，然后带着10名员工，手持公司的宣传单，在市区繁华街市派发传单，上午10点，准时将客房指订的菜送到消费者家中。为了赶点，高军和员工凌晨两点就要起床，先是到批发市场批菜，然后是整理、清洗、分类、打包，然后安排员工骑单车出发。高军更注重企业行为的规范：送菜上门超过客户指定的时间，赔偿菜金的20%；实行包退包换，退换的品种1小时内补齐……良好的口碑和信誉，使公司快速发展，呈现出前所未有的态势。

2. 影楼三重唱，利润高的新行当

这里所说的影楼三重唱，是指为顾客冲洗相片、租赁冲洗设施与培训冲洗技术。

从实用和实惠两个角度考虑，建议你这样配置：一台奔腾4电脑7 000元、一台光盘刻录机1 000元、一台分辨率为1 200 dpi的A4幅扫描仪2 000元、其他材料费5 000元。门面装修则需下一番功夫，因为光顾者大多是比较乐于接受新事物的人，所以要求店面设计新潮别致。

这一租赁业工作程序一般为：① 选择城市商业活动集中的地段开店；② 进行广泛的广

告宣传，利用多种媒体，让客户产生自己冲洗照片保密安全的观念；③ 印发人工冲洗和自动冲洗知识小手册；④ 工作人员最好全部用女性，女性不但心细，而且在坚持保密制度上比男性更自觉更严格；⑤ 租赁费最好按照冲洗时间和胶卷多少双重标准来综合制定，不得高于专业冲洗店，必须比他们偏低，这样才能吸引客户；⑥ 本行业最大的禁忌是操之过急，求快速见效。那些耐不住寂寞和长久忍耐的人不适合从事这一行业，这一行业最佳人选是 50 岁以上的离退休人员。

3. 跑腿公司，与金钱赛跑：专门为贷款人"跑腿"

许燕想到自己有多年信贷工作经验，过去与房产评估、保险等部门都有联系，对贷款手续以及各种窍门也都了如指掌，如果能够利用自己的这一资源，专门为贷款人跑腿，办理他们认为头疼的各种手续，岂不是一件对客户、银行和自己都有利的好事! 每到缴纳车辆保养费、驾驶证年审的时节，许多车主往往要排长队办理，有时耗上几个小时还办不完。许燕自己有这方面的经验，可以专门代理与车辆有关的跑腿业务，包括提供车辆落户、挂牌、年审、缴费等服务。

随着私人轿车的逐渐增多，此项业务的前景应当非常广阔。一般大医院规矩很多，从挂号、候诊、看病、抽血验尿到交费、取药……没有经验的人，楼上楼下忙得晕头转向，半天也看不了个病。如果成立一家医院跑腿公司，提前把预约大夫、预约化验等事情安排好，病人来到医院后，就按计划有条不紊地带其就诊，必须会节省时间，提高就诊效率。除前面所说的几项外，替客户购买车、船、机票，代办房地产过户，去邮局送信取包裹，甚至接送孩子等等都可以成为跑腿公司的业务范围。

总之，从小事做起，逐渐形成自己的特色，跑腿公司的前景一定会很广阔。

4. 早点专递业，开门见喜

早点式样设计提示：① 主食包括面包、包子、馒头或其他糕点；② 副食主要是咸菜或其他特色小菜；③ 饮料如早茶、咖啡、牛奶、稀粥或其他液态食品；④ 设计制作早点专用饭盒，将主食、副食、饮料一式一盒，这样便于快递和出售；⑤ 早点设计应根据不同地区不同口味和健康饮食制订，根据大众普遍定量，价钱不要太贵，如果业务量大，则免收专递费。如果每天能为 10 家单位 1 500 左右的人专递早点，一盒 3 元，那么每天收入 4 500 元，除掉一半的成本，还剩 2 200 多元。

5. 便利店，利民利己：便利店主要是面向社区居民，消费目标群较稳定

销售各类日用品、冷热饮料食品；代销彩票、演唱会票、旅游车票；代销报纸、杂志；代冲胶卷、扩印；设立公用电话；代售邮票、电话送货上门；提供家政服务；免费打气；提供医用药箱；供热水、微波炉加热；出售雨具等，这些都是便利店的服务内容。便利店的选址非常重要，除社区外，医院、菜场、学校附近，人流较多的交通要道的转角处，都是开便利店的好地方。但是你要注意便利店的附近的超市最好少一些。便利店的店面只需 20~80 平方米，房屋租金全年为 8 000 元左右；购买各种货物的费用在 2 万~2.5 万元左右；此外，配备 2~3 名店员送货。全部投资需 4 万元左右。在这当中，货物齐全、服务周到是关键。便利店采取薄利多销的原则，以准确、到位、快速及主动有效的服务赢得市场。按投资与收益比例计算，一年毛收入为 2 万~2.6 万元。

6. 小说出租店，创业之门

选择位置通常为学校、住宅、川流不息的街道等人员高密度集中区域，可依属性不同粗分为几个种类。① 出租专门店：该商店特性是主要提供客户便利租书服务，商店装潢形态趋向于高采光度，租书流程简单快速，营业额分配以书籍外借占绝大多数，客户店内阅读消费所占比例较少；② 休闲阅读馆：该种类商店特性是主要提供客户高品质阅读休闲空间，室内装潢风格较具特色，室内采光也趋向于柔和，相较于出租专门店，休闲阅读馆营业额分配比例以店内阅读消费占较高比例，多数休闲阅读馆有效提升了客户消费单价，往往复合多种营业项目，如餐饮、网络等；③ 其他行业复合租书业：此种类型行业主要营业项目并非漫画小说出租，仅为提供此项附加性服务，希望借此提升本店竞争力。

7. 开个洗车行，共度流"金"岁月

洗车业是一个投资少，见效快的行业，只要 2 万～3 万元的资金便可启动经营，而且由于洗车的技术要求低，设备也不复杂，只要有吃苦耐劳的精神，很快就能进入状态，无疑是普通市民投资和下岗人员创业的一条理想途径。所选营业地点周边不要有同行业经营，营业地点交通一定要便利，四通八达，直来直往，应选址在车族密集的地区，如加油站、停车场中高档小区等。周围环境和设施也很重要，如经营地点的合法性、电力来源、下水管道、消防安全、停车空间等。

相应的清洗设备：一般情况下，2 支喷枪，2～3 个人，1 天起码能洗 20 多辆车，按照洗车的行情，大货车 25 元 1 辆、轿车和面包车 10 元 1 辆、摩托车 5 元 1 辆，除去房租、工资、用水和设备折旧等费用，效益是明显的。清洗设备的价格相差很大，一套自动洗车线所用资金在 10 万元左右，高压泵水枪有 3 000 元即可拿下，至于购置哪种，完全看你的需要而定。至于脏水和污泥处理措施的投入，也同样相差甚大，你可购置 8 000 元左右一套的污水处理设施和沉淀过滤循环使用设施，也可只使用一个专用污泥盛放工具。粗略计算，大致最少投入在 3 000 元以上，最多的投入应该达 15 万元。

第三节　组建创业团队

一、创业团队

创业团队是指在创业初期（包括企业成立前和成立早期），由一群才能互补、责任共担、愿为共同的创业目标而奋斗的人所组成的特殊群体。

1. 创业团队的组成

一般而言，创业团队由四大要素组成。

（1）目标。目标是将人们的努力凝聚起来的重要要素，从本质上来说创业团队的根本目标都在于创造新价值。

（2）人员。任何计划的实施最终还是要落实到人的身上去。人作为知识的载体，所拥有的知识对创业团队的贡献程度将决定企业在市场中的命运。

（3）团队成员的角色分配，即明确各人在新创企业中担任的职务和承担的责任。

（4）创业计划，即制定成员在不同阶段分别要做哪些工作以及怎样做的指导计划。

2. 创业团队的作用

现代企业，需要的是少走从前的弯路，而从一开始就走规范化管理道路，因此，创业者

在注册公司时就应该组建创业团队。一个好的创业团队对新创科技型企业的成功起着举足轻重的作用。新型风险企业的发展潜力（以及其打破创始人的自有资源限制，从私人投资者和风险资本支持手中吸引资本的能力）与企业管理团队的素质之间有着十分紧密的联系。一个喜欢独立奋斗的创业者固然可以谋生，然而一个团队的营造者却能够创建出一个组织或一个公司，而且是一个能够创造重要价值并有收益选择权的公司。创业团队的凝聚力、合作精神、立足长远目标的敬业精神会帮助新创企业渡过危难时刻，加快成长步伐。另外，团队成员之间的互补、协调以及与创业者之间的补充和平衡，对新创科技型企业起到了降低管理风险、提高管理水平的作用。

3. 创业团队的组建

1）创业团队组建的基本原则

目标明确合理原则。目标必需明确，这样才能使团队成员清楚的认识到共同的奋斗方向是什么。与此同时，目标也必须是合理的、切实可行的，这样才能真正达到激励的目的。

互补原则。创业者之所以寻求团队合作，其目的就在于弥补创业目标与自身能力间差距。只有当团队成员相互间在知识、技能、经验等方面实现互补时，才有可能通过相互协作发挥出"1+1>2"的协同效应。

精简高效原则。为了减少创业期的运作成本、最大比例的分享成果，创业团队人员构成应在保证企业能高效运作的前提下尽量精简。

动态开放原则。创业过程是一个充满了不确定性的过程，团队中可能因为能力、观念等多种原因不断有人在离开，同时也有人在要求加入。因此，在组建创业团队时，应注意保持团队的动态性和开放性，使真正完美匹配的人员能被吸纳到创业团队中来。

2）创业团队组建的主要影响因素

创业团队的组建受多种因素的影响，这些因素相互作用，共同影响着组建过程并进一步影响着团队建成后的运行效率。

创业者。创业者的能力和思想意识从根本上决定了是否要组建创业团队以及团队组建的时间表以及由哪些人组成团队。创业者只有在意识到组建团队可以弥补自身能力与创业目标之间存在的差距，才有可能考虑是否需要组建创业团队，以及对什么时候需要引进什么样的人员才能和自己形成互补做出准确判断。

商机。不同类型的商机需要创业团队的类型。创业者应根据创业者与商机间的匹配程度，决定是否要组建团队以及何时、如何组建团队。

团队目标与价值观。共同的价值观、统一的目标是组建创业团队的前提，团队成员若不认可团队目标，就不可能全心全意为此目标的实现而与其他团队成员相互合作、共同奋斗。而不同的价值观将直接导致团队成员在创业过程中脱离团队，进而削弱创业团队作用的发挥。没有一致的目标和共同的价值观，创业团队即使组建起来，也无法形成有效发挥协同作用，缺乏战斗力。

团队成员。团队成员的能力的总和决定了创业团队整体能力和发展潜力。创业团队成员的才能互补是组建创业团队的必要条件。而团队成员间的互信是形成团队的基础。互信的缺乏，将直接导致团队成员间协作障碍的出现。

外部环境。创业团队的生存和发展直接受到了制度性环境、基础设施服务、经济环境、社会环境、市场环境、资源环境等多种外部要素的影响。这些外部环境要素从宏观上间接地影响着对创业团队组建类型的需求。

3）创业团队的组建程序及其主要工作

创业团队的组建是一个相当复杂的过程，不同类型的创业项目所需的团队不一样，创建步骤也不完全相同。概括来讲，大致的组建程序如图 11-2 所示。

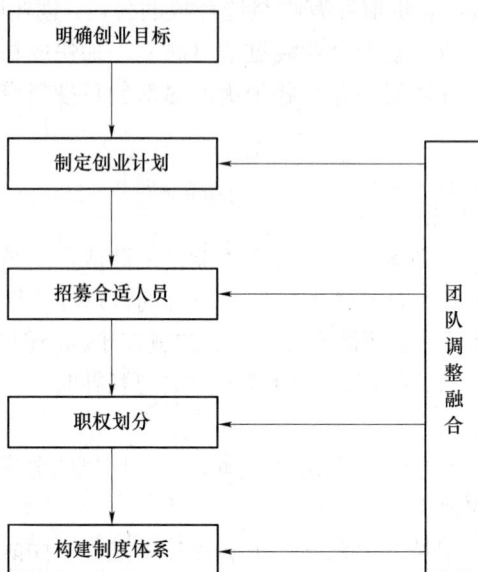

```
┌──────────────┐
│  明确创业目标  │
└──────┬───────┘
       │
┌──────▼───────┐              ┌────┐
│  制定创业计划  │◄─────────────│ 团 │
└──────┬───────┘              │ 队 │
       │                      │ 调 │
┌──────▼───────┐              │ 整 │
│  招募合适人员  │◄─────────────│ 融 │
└──────┬───────┘              │ 合 │
       │                      │    │
┌──────▼───────┐              │    │
│   职权划分    │◄─────────────│    │
└──────┬───────┘              │    │
       │                      │    │
┌──────▼───────┐              │    │
│  构建制度体系  │◄─────────────│    │
└──────────────┘              └────┘
```

图 11-2　创业团队组建程序图

企业团队组建的主要工作包括以下几个方面。

（1）明确创业目标。创业团队的总目标就是要通过完成创业阶段的技术、市场、规划、组织、管理等各项工作实现企业从无到有、从起步到成熟。总目标确定之后，为了推动团队最终实现创业目标，再将总目标加以分解，设定若干可行的、阶段性的子目标。

（2）制订创业计划。在确定了一个个阶段性子目标以及总目标之后，紧接着就要研究如何实现这些目标，这就需要制订周密的创业计划。创业计划是在对创业目标进行具体分解的基础上，以团队为整体来考虑的计划，创业计划确定了在不同的创业阶段需要完成的阶段性任务，通过逐步实现这些阶段性目标来最终实现创业目标。

（3）招募合适的人员。招募合适的人员也是创业团队组建最关键的一步。关于创业团队成员的招募，主要应考虑两个方面：一是考虑互补性，即考虑其能否与其他成员在能力或技术上形成互补。这种互补性形成既有助于强化团队成员间彼此的合作，又能保证整个团队的战斗力，更好的发挥团队的作用。一般而言，创业团队至少需要管理、技术和营销三个方面的人才。只有这三个方面的人才形成良好的沟通协作关系后，创业团队才可能实现稳定高效；二是考虑适度规模，适度的团队规模是保证团队高效运转的重要条件。团队成员太少则无法实现团队的功能和优势，而过多又可能会产生交流的障碍，团队很可能会分裂成许多较小的团体，进而大大削弱团队的凝聚力。一般认为，创业团队的规模控制在 2～12 人之间最佳。

（4）职权划分。为了保证团队成员执行创业计划、顺利开展各项工作，必须预先在团队内部进行职权的划分。创业团队的职权划分就是根据执行创业计划的需要，具体确定每个团队成员所要担负的职责以及相应所享有的权限。团队成员间职权的划分必须明确，既要避免职权的重叠和交叉，也要避免无人承担造成工作上的疏漏。此外，由于还处于创业过程中，面临的创业环境又是动态复杂的，不断会出现新的问题，团队成员可能不断出现更换，因此创业团队成员的职权也应根据需要不断的进行调整。

（5）构建创业团队制度体系。创业团队制度体系体现了创业团队对成员的控制和激励能力，主要包括了团队的各种约束制度和各种激励制度。一方面，创业团队通过各种约束制度（主要包括纪律条例、组织条例、财务条例、保密条例等）指导其成员避免做出不利于团队发展的行为，实现对其的行为进行有效的约束、保证团队的稳定秩序。另一方面，创业团队要实现高效运作要有效的激励机制（主要包括利益分配方案、奖惩制度、考核标准、激励措施等），使团队成员才能看到随着创业目标的实现，其自身利益将会得到怎样的改变，从而达到充分调动成员的积极性、最大限度发挥团队成员作用的目的。要实现有效的激励首先就必须把成员的收益模式界定清楚，尤其是关于股权、奖惩等与团队成员利益密切相关的事宜。需要注意的是，创业团队的制度体系应以规范化的书面形式确定下来，以免带来不必要的混乱。

（6）团队的调整融合。完美组合的创业团队并非创业一开始就能建立起来的，很多时候在企业创立一定时间以后随着企业的发展逐步形成的。随着团队的运作，团队组建时在人员匹配、制度设计、职权划分等方面的不合理之处会逐渐暴露出来，这时就需要对团队进行调整融合。由于问题的暴露需要一个过程，因此团队调整融合也应是一个动态持续的过程。

二、创业团队的价值

创业团队是两个或两个以上具有一定利益关系的、拥有所创建企业所有权或处于高层主管位置，并共同承担创建和领导新企业责任的人所组成的工作群体。

（1）团队能提高机会识别、开发和利用能力。

（2）团队能提高新企业运作能力，发挥协同效应。

（3）团队能为加强组织发展和管理工作提供独特的社会角度。

（4）团队有利于营造更轻松愉快的心理环境。

三、创业团队的类型

1. 核心主导创业团队

核心主导创业团队，一般是有一个核心主导人物想到了一个商业创意或有了一个商业机会，然后自己充当领军角色，去物色和招募创业伙伴，组成所需的创业团队。

2. 群体性创业团队

群体性创业团队的建立主要来自于因为经验、友谊和共同兴趣的关系而结缘的伙伴。在交往过程中，一起发现某一商机，共同认可某一创业想法，并就创业达成共识后，开始共同进行创业。

四、创业团队的关键要素

（1）核心创业者。

（2）商业机会。

（3）外部资源。

（4）价值观和目标。

（5）团队成员的角色定位。

（6）机会成本及亲友的态度。

五、高绩效创业团队的特征

（1）明确可行的目标。

（2）致力于企业价值的创造。

（3）对企业的长期承诺。

（4）互补的技能。

（5）良好的沟通。

（6）高度凝聚力。

（7）公平合理的股权分配机制。

（8）合理分享经营成果。

六、创业团队的维系与发展

1. 团队冲突分裂的原因分析

（1）过分追求民主，没有形成创业领袖人物。

（2）创业团队盲目自信。

（3）团队成员中个别成员有畏惧心理。

（4）创业团队成员搭配不尽合理。

（5）因为性格、个性、兴趣不合，导致磨合出现问题。

（6）团队成员之间缺乏共同的创业目标、利益、思路、纲领、规则等。

（7）团队成员中有些能力不适应企业发展的需要。

（8）没有明确的利润分配方案。

2. 加强团队建设的主要方面

（1）明确努力目标。

（2）坚持公平原则。

（3）理性角色定位。

（4）积极有效沟通。

（5）建章立制。

（6）扩充团队。

七、创业团队构建的风险成因

1. 盲目照搬成功的组建模式

创业团队的组建基本可以分成三种模式：关系驱动、要素驱动和价值驱动。关系驱动是指以创业领导者为核心的人际关系圈内成员构成团队。他们因为经验、友谊和共同兴趣结成合作伙伴，彼此发现商业机会后共同创业。要素驱动是指创业团队成员分别贡献创业所需的创意、资源和操作技能等要素。由于这些要素完全互补，团队成员之间处于相对平等的地位。价值驱动是指创业成员将创业视为一种实现自我价值的手段，他们的使命感很强，成功的冲动也很强。不同的组建模式适用的条件不尽相同。如果盲目照搬照套某种组建模式，会给企业带来巨大的风险。现在应用最广泛的是关系驱动模式，它比较适用于中国文化的特点，其团队的稳定性相对较高。但是，关系的远近亲疏经常会成为制约团队发展的瓶颈。要素驱动模式比较符合西方文化的特点，现在的互联网创业团队大多属于这种模式，如果成员之间磨合顺利，可以缩短企业成功所需的时间，但是如果磨合不顺利，就很容易发生解散风险。价值驱动模式中的团队成员虽然是为了追求自我实现组合在一起，但是一旦产生分歧，就是路线斗争，没有妥协的余地。

2. 团队成员选择具有随意性和偶然性

创业团队是要将个体的力量整合为集聚的攻击力，并保持这种攻击力的持久性。英国学者贝尔宾曾经考察了 1 000 多支团队。研究理想创业团队的构成，最后提出了"九种角色"论，即成功的团队必须包含九种不同角色的人。这九种角色分别是：提出创新观点并做出决策的创新者；将思想语言转化为行动的实干者；将目标分类，进行角色职责与义务分配的协调者；促进决策实施的推进者；引进信息与外部谈判的信息者；分析问题与看法并评估别人贡献的监督者；给予个人支持并帮助他人的凝聚者；强调任务的时效性并完成任务的完美主义者；以及具有专业技能和知识的专家。

但是，在组建初期由于规模和人数的限制，创业团队在成员选择方面考虑不够全面，过于随意和偶然，甚至只是因为碰巧谈到创业问题而一拍即合，所以不可能具备所有这九种角色，之后又没有进行及时的补充，或是在团队中承担某种角色的人才过多，团队成员之间角色和优势重复，这些都会引发各种矛盾，最终导致整个创业团队的散伙。

3. 缺乏明确和一致的团队目标

心理学家马斯洛指出：杰出团队的显著特征是具有共同的愿景与目标。凝聚人心的愿景与经营理念，是团队合作的基础。目标则是共同愿景在客观环境中的具体化，能够为团队成员指明方向，是团队运行的核心动力。

事实上，在创业初期，创业团队的目标一般并不十分清晰和明确，有些人甚至不明白自己为什么会走上创业的道路。而且即使创业领导者的目标明确，也不能保证其他成员都能够准确理解团队目标的含义。随着创业进程的推进以及外界环境的变化，团队成员可能会发现原先确定的目标和现实之间存在差距，必须对目标进行适当调整，此时如果团队成员之间意见难以调和，或是个人目标与组织目标出现较大的不一致，那么团队就会面临着解散的风险。

4. 激励机制尤其是利润分配方式不完善

有效激励是企业长期保持团队士气的关键。如果缺乏有效的激励，团队或者组织的生命都难以长久，有效激励的重点是给与团队成员合理的"利益补偿"。

实际上，在团队组建初期，由于企业前途未卜，各成员在创业中的作用和贡献无法准确衡量，因此团队无法给出一个明确的利润分配方案，可能只是简单地采取平均主义的做法，这样，随着企业的发展和利润的增加，团队成员在利润分配时就会出现争议，从而导致创业团队解散。

八、创业团队的风险控制

1. 选择合理的团队成员

建立优势互补的创业团队是保持创业团队稳定性的关键，也是规避和降低团队组建模式风险的有效手段。在团队创建初期，人数不宜过多，能满足基本的需求即可。在成员选择上，要综合考虑成员在能力和技术上的互补性，基本保证具备理想团队所需的九种角色。而且，成员的能力和技术应该处于同一等级，不宜差异过大。如果团队成员在对项目的理解能力、表达能力、执行能力、社会资源能力、思维创新能力等方面存在较大的差异性，就会产生严重的沟通和执行障碍。

此外，在选择成员时还要考虑创业激情的影响。在企业初创期，所有成员每天都需要超负荷工作，如果缺乏创业激情和对事业的信心，不管其专业水平多高，都可能成为团队中的消极因素，对其他成员产生致命的负面影响。

2. 确定清晰的创业目标

创业团队在实践中要不断总结和吸取教训，形成一致的创业思路，勾画出共同的目标，以此作为团队努力的目标和方向，鼓励团队成员积极掌握工作内容和职责，竭诚与他人合作交流贡献个人能力。

创业团队的目标必须清晰明确，能够集中体现出团队成员的利益，与团队成员的价值趋向一致，并保证所有团队成员都能正确理解，这样才能发挥鼓励和激励团队成员的作用。此外，创业团队的目标还必须切实可行，既不应太高，也不应太低，而且能够防着环境和组织的变化及时更新和调整。

3. 制定有效的激励机制

正确判断团队成员的"利益需求"是有效激励的前提。实际上，不同类型的人员对于利益的需求并不完全一样，有些成员将物质追求放在第一位，而有些成员则是希望能够获得荣誉、发展机会、能力提高等其他利益。因此，创业团队的领导者必须加强与团队成员的交流，针对各成员的情况采取合理的激励措施。

创业团队的利润分配体系必须体现出个人贡献价值的差异，而且要以团队成员在整个创业过程中的表现为依据，而不仅是某一阶段的业绩。其具体分配方式要具有灵活性，既包括诸如股权、工资、奖金等物质利益，也包括个人成长机会和相关技能培训等内容，并且能够根据团队成员的期望进行适时调整。

第四节　实施创业行动

一、大学生创业类型

大学生创业的类型可以从创业时间、创业目的、创业主体、创业起点、创业投入资源、企业制度创新等几个方面来划分。

（1）大学生创业从创业时间上可分为在校创业、修学创业、毕业即创业、毕业后创业和深造再创业。

① 在校创业是指大学生在校期间，在学习的同时进行创业。在校创业的优点是可以在学习的同时从事社会实践活动，这一方面可以使大学生把书本知识结合创业需要转化为商业资源，同时创业活动也为大学生的学习提供了生动的素材，可以进一步指导大学生将理论与实践相结合。在校创业活动是大学生联系社会的直接桥梁和纽带。

但是这种创业形式也有一定缺陷。例如可能会出现学习和创业难以两者兼顾的情况。大学生在校毕竟应该以学为主，如果投入过多的精力去创业，可能会导致学业荒废。另外，大部分大学生没有足够的经验，如果直接走出校园，面对复杂多变的社会环境和市场环境，一方面其创业点子不一定符合社会需求或市场的需求，只是凭空的难以实现的没有市场价值的一种想法。另一方面，由于大学生普遍缺乏社会经验，面对鱼龙混杂的社会环境时也会遇到重重困难，甚至会带来不堪设想的后果。所以这种创业形式有其局限性。

② 休学创业是指为了全身心地投入创业活动而向学校申请休学，办理休学手续。国家高等教育界也对大学生创业活动给予了极大的支持。1999年，清华大学推出政策，允许在校大学生可以休学创业；2001年，"教育部关于贯彻落实中共中央，国务院《关于加强技术创新、发展高科技、实现产业化的决定》的若干意见"的新政策，明确规定：大学生、研究生（包括硕士生、博士生）可以休学保留学籍创办高新技术企业。一般休学期限为一年。

休学创业的优点是可以使大学生集中精力从事创业活动，尤其是对于转瞬即逝和非常难得的创业机会，如果不集中精力关注，则会浪费创业机会甚至导致创业失败。休学创业就可以避免因为要兼顾学业和创业所带来的时间与精力的冲突。但休学创业也有和在校创业类似的缺陷，即大学生缺乏社会的历练，可能导致其在创业的过程中遇到许多不必要的麻烦。另外，休学创业也可能使学业中途脱节，甚至导致学业荒废。

③ 毕业即创业是目前国家政策积极提倡的创业形式。它相当于一种特殊化的"就业"方式，即自己创立企业为自己打工。由于我国高校招生规模的扩大，社会所创造的就业机会又相对减少，大学生就业困难已经成为社会普遍关注的问题。因此，通过"创业"这种特殊的"就业"方式，不仅可以解决大学生就业难的问题，而且对于优化我国经济结构，提高我国经济实力，加快我国技术创新和技术进步，为国家创造更多的国民财富等方面都有极大的推动作用。目前，国家已经制定了许多的优惠政策来鼓励和支持大学生的创业活动。

④ 毕业后创业也是非常普遍的创业形式。有创业理想的大学生，可能在校或者刚毕业时因为各种条件欠缺，所以选择先就业后创业的创业形式。先在工作过程中注重培养和锻炼自己的创业能力，并注意在工作中发现商机和创业项目，在拥有一定的社会阅历和社会经验积累后再进行创业。一般来说，毕业后创业相对于上面三种创业形式来说，成功几率大些。但对于许多创业机会，因为其存在期限比较短，所谓"机不可失，时不再来"，毕业后创业可能会使创业者丧失创业机会，错过最佳创业时机。

⑤ 深造再创业。知识经济时代应当是知识英雄时代，应该是"知本家"们的时代，知识越来越成为社会发展的主导因素，新的经济增长点往往产生于高新技术领域，高校毕业生掌握现代科技文化知识且能熟悉获取信息工具的运用，他们的创业活动对提高国民经济素质具有重要意义。目前，在我国大学生中持续出现出国留学、考研热，也反映了大学生面对激烈竞争的人才市场，意识到能量储备对未来竞争的意义。在创业大军中，硕士生、博士生

特别是出国留学回国创业的学生，他们创业起点高、素质高、科技含量高，创造了巨大的社会价值。

为了吸引海外留学人员回国创业，党和国家制定了一系列正确的工作方针，出台了诸多吸引人才的政策。教育部、中科院、科技部等还推出了许多吸引留学生回国的措施。目前我国已基本构建了留学回国人员工作服务体系，人事部设立留学人员与专家处来激发留学人员回国创业、报效祖国的热情。

（2）依照创业目的来划分，大学生创业可以分为生存型创业和机会型创业两种。

① 生存型创业是指大学毕业生迫于生存的压力，不得不自己开一个小店、办一个小厂等走上创业的路。随着就业形势的越来越困难，刚毕业的大学生找不到工作，为谋生只有创业。这种创业范围一般只局限于商业贸易、餐饮等服务行业，只有少量从事实业。

② 机会型创业是为了寻找更好发展机会或者寻求更多财富而进行的创业。这种创业者一般会有自己的知识产权。一些自我意识很强的学生，选择创业是为了通过这一途径来证明自己的能力。创业可以有一个空间来发挥、实现自我价值，得到认可。我国机会型的创业少于生存型的创业，这与我国的教育模式从小学到中学到大学都是应试教育有直接关系。

（3）按创业主体不同进行分类，可以分为独立创业、附属创业、公司内部员工创业。

① 独立创业是指由个人或几个人组成创业团队，创建一个从无到有的新企业的创业过程。经济的全球化使得科学技术的传播速度加快，技术的应用周期缩短，从而使技术更替频率高，新的技术创新成果不断涌现。所以，在政策、资源等条件允许的情况下，只要拥有吸引人的创业项目就可以进行创业。因此独立创业在现代社会已经成为一种普遍的社会现象。

② 附属创业是指在相对成熟的公司的基础上，创建一家新企业的创业活动。附属创业有几个优势：一是新建立的企业有成熟的企业作为后盾，成功的几率比较大；二是新的企业可以为原来的企业带来新的活力，而且更具有成长性和发展潜力。

③ 公司内部员工创业是在公司的支持下，由具有创业愿望的员工创立的、由员工和企业共担风险、共享成果的企业的创建过程。这种创业机制的出现由以下几个原因造成：一是随着经济的发展，人们的需求不断变化，尤其是企业内部的优秀员工，其需要层次已经到了"自我实现需要"的层次，因此很多优秀的企业人才有创业的意向；二是现代社会人力资本已经作为企业的重要财富和资本，甚至是企业得以存在和维持其竞争力的核心，许多企业的竞争就是人力资本的竞争，因此如何能够留住优秀人才是企业非常关注的问题。所以，企业在考虑利用内部创业的形式时，要注意留住企业的技术骨干和优秀管理人才等。

（4）按创业起点的不同，大学生创业可以分为创建新企业和再创业两种。

创建新企业是建立一个从无到有的新企业组织的过程。它既包括创业者独立创建新企业，也包括在原有企业基础上创建一个相对独立的企业。再创业是指原有企业由于产品、技术、管理、资金或企业组织体系等方面的问题导致经营失败，进行"二次创业"。

（5）按创业企业投入资源的不同，大学生创业活动主要有人力资源转移型、技术转移型、直接投资型三种。

（6）按企业制度创新层次划分，大学生创业可以分为基于产品层次的创业、基于营销层次的创业、基于组织管理层次的创业。

二、各地大学生创业活动

在成功的创业者的带动下，面对不断涌动的创业机会，以及国家政策的大力支持，拥有得天独厚的创业知识资本优势的大学生逐渐从以前的"为别人打工"的就业模式向"为自己打工"的创业模式转变，大学生创业活动在各高校正热火朝天地开展着。

（一）"挑战杯"中国大学生创业计划竞赛

为了大力实施"科教兴国"战略，努力培养广大大学生的创新、创业意识，创造新一代符合未来挑战要求的高素质人才，共青团中央、中国科协、教育部和全国学联共同主办了"挑战杯"中国大学生创业计划竞赛。

目前这项创业计划竞赛已经在我国高校举行过 4 次。1998 年，清华大学举办了中国首届创业计划竞赛。1999 年、2000 年、2002 年共青团中央、中国科协和全国学联办、清华大学、上海交通大学、浙江大学分别承办了第一、第二、第三届"挑战杯"中国大学生创业计划竞赛。

创业计划竞赛是近几年开始风靡全球高校的针对促进大学生创业的重要赛事。它的运作机制是借用风险投资的动作模式，其规则是要求参赛者组成优势互补的竞赛小组，围绕一个具有市场前景的技术产品或服务概念，以获得风险投资为目的，完成一份包括企业概述、业务与业务展望、风险因素、投资回报与推出策略、组织管理、财务预测等方面内容的创业计划书，最终通过书面评审和秘密答辩的方式评出优秀的创业计划和创业设想，为有创业意向的创业者或创业点子提供一个走向市场的跳板和平台。

目前，创业计划竞赛已与课外学术科技作品竞赛互相结合，成为"挑战杯"下的一项重要赛事，并形成两年隔年举办的格局。从 2002 年开始，教育部也成为主办单位之一。各种大学生创业计划竞赛的举办，在全国高校中逐渐掀起了一股创新、创业的热潮，产生了良好的社会反映。

（二）中国青年创业国际计划——高校大学生选拔活动

中国青年创业国际计划是由团中央、全国青联发起的一个旨在帮助中国青年创业的国际合作项目。项目依托全国青少年宫协会的全国性网络和资源，借鉴和利用英国青年创业国际计划的项目模式、先进经验和国际资源，探索符合中国国情和文化特点的创业模式，帮助中国青年走上创业成功之路。

2004 年 7 月 1 日，中国青年创业国际计划在清华大学举行，面向的主要对象为应届大毕业生个人和已毕业但有创业愿望的大学生。这项活动的目的是为创业青年提供一对一的创业导师服务，为创业青年提供专业的技术咨询，帮助创业青年获得创业启动资金、进入工商网络。中国青年创业国际计划可以帮助解决青年创业普遍面临的两大难题：缺乏资金和经验。同时，中国青年创业国际计划为创业青年提供了优化的创业环境，从而大大提高了青年创业的成功率。

（三）各地大学生创业实践活动

1. 上海大学生创业实践

上海复旦大学为支持大学生创业，设立专项基金为有志于创业的大学生提供条件，并且学校的校产管理部门、上海复旦大学科技园等会对创业的学生进行专门的创业指导，并给予资金支持，甚至帮助解决大学生创业注册难、筹资难等问题。据统计，近几年来，上海复旦大学先后有 40 多名大学生进行自主创业，创办企业 30 余家，且运作状态良好。

上海市大学生科技创业基金已正式启动，上海将投入 1.5 亿元全力扶持大学生创业，这种方式在全国尚属首次。上海理工大学的大四学生黄夫泉很想自主创业，他发明的"多项传热学教学实验箱"已通过了专家的鉴定，还申请了发明专利，但是苦于缺乏启动资金。今后，像黄夫泉这样的困难将有望迎刃而解。

创业基金的资金来源包括财政划拨专项资金、高校配套资金及社会资金 3 个渠道。其规模为每年 5 000 万元，每个项目资助金额为 30 万元以内。暂定基金首期计划为期 3 年，资金总规模为 1.5 亿元。该基金将通过两种方式来实施资助：一是对高校毕业生的科技成果孵化予以资助。二是对科技成果孵化成熟后高校毕业生创办的企业予以资助。

在上海市大学生科技创业基金启动工作会议上，上海市科技投资公司与复旦大学、上海交通大学、上海大学和上海理工大学 4 所高校的科技创业园区公司签订了首期投资协议。

2. 广州大学生创业实践

2005 年，为了促进大学毕业生就业，团市委和广州市学联联合实施"广州市大学生创业发展计划"，而已经启动的广州市大学生就业创业基地，是该计划中的一部分。

团市委决定，将筹集资金建立"广州大学生促进创业基金"，并举办广州大学生创业大赛等活动。据介绍，该基金将对大学生就业创业计划大赛优秀项目，提供一定的创业投资基金，帮助大学生的创业项目进行转化。记者从广州市大学生创业基地了解到，该基金主要来源于创业基地的铺租。

大学生创业基地的二期商铺开始进行方案筛选。本期共有 83 名大学生角逐 46 间商铺的经营权。在筛选会上，大学生们全部用多媒体演示自己的方案，并在三分钟内口述创业方案。评委根据竞投者创业方案的创新性、可行性、合理性等几方面，现场举牌打分，同组分数最高者胜出。为竞得商铺，不少大学生纷纷提前做好"功课"，无论是拟写创业计划还是制作多媒体软件，都独具个性，力求新颖，有的大学生还特别邀请了自己的同学来打气，现场气氛热烈。大学生们的创业计划多集中于买卖精品，也有不少大学生计划经营数码产品等，顾客大多面向学生等青年人。主办单位还专门邀请了讲师提供创业前培训。

3. 深圳市大学生创业实践

通过调查，深圳大学参与打工的在校大学生占到了 50% 左右，而这其中一部分已开始了自主创业和经商的尝试。打工、兼职和创业经商已经成为校园的一种时尚，与同学合伙开科技公司、在商业区租一个柜台当老板、当同学们的美容顾问，在深圳的高校里越来越流行。深圳的学子们并不是把打工作为解决基本生活问题的方式，他们更看重的是实践锻炼的机会和融入社会的途径。

4. 四川大学生创业实践

在四川成都，由学校组织引导的 48 名学生联手开股份超市、三硕士连锁汤创业正如火如茶的同时，来自电子科技大学、四川大学、西南财大、成都理工大学等高校的20多名志同道合的高才生，经过1年的努力，联合自主研发出全国首个高校原创网络游戏软件。这项名为"宠宠校园"的网络游戏项目将有望成为成都市大学生创业中心第一个受"10万元风险投资"资助的项目，他们的创业经商梦也即将实现。

5. 浙江大学生创业实践

宁波大红鹰职业技术学院在2003年9月份开办了IT科技园区，目前在园区内总共有7家由学生创办的公司。园区主要面向大二、大三的学生，学生首先必须成绩优秀，品德高尚；其次要有一个创业计划，经过学校可行性论证和公开答辩，优秀者才可以进入园区创业。学院积极扶持学生创业，提供相应的扶持政策，免费提供场地、水、电、桌椅等办公条件，提供老师为学生进行业务指导，目前这7家公司运作正常。

相对于大红鹰职业技术学院创业园，宁波职业技术学院创业园则算得上颇具规模。园内的学生创业企业有20家，业务范围涉及信息网站、电子产品开发、软件开发、艺术设计、营销、旅游等。学院同样给予学生一系列优惠政策，解决他们的后顾之忧。

但是，在如火如荼的大学生创业浪潮中，部分地区的大学生创业活动并不是很令人乐观。据调查，四川大学××年毕业人数7 000余人，其中自主创业者为6人；西南交大毕业人数近5 000人，自主创业者比例不到1%。某位即将毕业的大学生想搞个体经营，涉及《关于促进以创业带动就业工作的指导意见》中"减征或免税企业所得税"以及"有条件提供创业小额贷款担保，银行要积极支持"等条款。但税务部门认为，个体经营所征收的是个人所得税，条款中并没有明确提及。而对毫无经济基础的学生提供贷款，也让银行十分为难。因此，由于创业教育体系不完善导致大学生创业缺乏指导，大学生创业优惠政策难以细化并付诸实施等问题，仍然是制约大学生创业的瓶颈。

三、大学生创业流程实务

（一）工商税务知识

1. 工商登记

1）个体工商户注册登记

（1）提出申请。

申请人向户籍所在地工商部门提出申请时，需递交的文件如下：

① 个体工商户名称预先核准登记表；

② 个体工商户开业登记申请表；

③ 从业人员登记情况表；

④ 负责人、从业人员有关证件、身份证原件及复印件、长住暂住人口计划生育证明；

⑤ 经营场地证明；

⑥ 法律行政法规规定需报批的项目要提交国家有关部门的批准文件；

⑦ 登记机关要求提交的其他文件。

（2）领取营业执照。

国家工商行政管理局和地方各级工商管理局对个体工商户的申请进行审核、登记，颁发营业执照。个体工商户营业执照的有效期限为四年，临时执照有效期为六个月，起始时间是营业执照的批准日期。

2）个人独资企业注册登记

（1）提出申请。

向企业登记机关工商行政管理部门提交相关文件。文件包括：

① 投资人签署的个人独资企业设立申请书；

② 投资人身份证原件及复印件；

③ 企业住所证明；

④ 企业所在地工商所签署意见的"企业场地调查情况表"；

⑤ 名称预先核准通知书；

⑥ 资金证明；

⑦ 投资人的计划生育证明；

⑧ 雇用人员的劳动用工手册；

⑨ 法律行政法规规定必须报批的项目要提交有关部门的批准文件；

⑩ 登记机关规定提交的其他文件。

（2）工商登记，领取执照。

登记机关在收到申请15日内将作出核准登记和不予登记的决定，符合法规规定的条件，发给营业执照。执照签发日期为企业的成立日期。

3）合伙企业注册登记

（1）提出申请。

向工商行政管理部门提交相关文件。文件包括：

① 全体合伙人签署的设立登记申请书；

② 全体合伙人的身份证原件及复印件；

③ 全体合伙人指定的代表或共同委托的代理人的委托书；

④ 合伙协议；

⑤ 出资权属证明；

⑥ 经营场所证明；

⑦ 企业所在地工商所签署意见的"企业场地调查情况表"、"企业名称预先核准通知书"；

⑧ 合伙企业执行人的委托书；

⑨ 执行人的人口计划生育证明；

⑩ 企业劳务用工手续证明；

⑪ 法律法规行政规定须报批的项目要提交国家有关部门批准文件；

⑫ 登记机关要求提交的其他有关文件。

（2）工商登记。

符合法律规定条件的申请，登记机关在收到申请30日内予以登记。营业执照的签发日期为企业的成立日期。

4）设立有限责任公司

第一步：领取"名称预先核准申请书"，同时准备相关材料。

第二步：递交名称登记材料，领取"名称登记受理通知书"。按"名称登记受理通知书"

确定的日期领取"企业名称预先核准通知书"，同时领取"企业设立登记申请书"，并按要求准备开业申请材料。

第三步：递交设立申请材料，材料齐全符合规定后领取"受理通知书"。

第四步：按"受理通知书"约定的日期核准登记的交纳登记费、领取执照。免冠行政区划名称的有限公司由省工商局报国家工商总局核准名称后由省工商登记注册。

5）股份有限公司登记注册

股份有限公司设立登记应提交的文件、证件如下：

① "企业设立登记申请书"；

② 国务院授权部门或省政府的批准文件，募集设立的股份有限公司还应提交国务院证券管理部门的批准文件；

③ 创立大会的会议记录或创立大会决议；

④ 公司章程；

⑤ 筹办公司的财务审批报告；

⑥ 具有法定资格的验资机构出具的验资报告；

⑦ 发起人的法定资格证明或者自然人身份证明（职业）；

⑧ 公司住所材料；

⑨ "企业名称预先核准通知书"；

⑩ 法定代表人、董事、监事、经理任职（职业证明）及身份证明；

⑪ 经营范围涉及前置审批项目的，应提交有关审批部门的批准文件；

⑫ 登记机关认为必要，要求提交的其他材料。

2. 税务登记

根据《中华人民共和国税收征收管理法》的规定，企业应在取得工商部门核发的营业执照后 30 天内办理税务登记；不需办理营业执照的企业应自有关部门批准之日起 30 日内，办理税务登记。税务登记需在国家税务局和地方税务局办理。

（二）金融保险知识

1. 银行贷款

向银行贷款，先由企业申请，银行审查。企业向银行贷款，均应事前提出申请。与银行有长期业务关系的私营企业按年度、季度需款情况，在年初编制借贷计划，报给开户行。临时性生产经营贷款的，需在 3 天前向银行申请，写明贷款数额、用途、还款期限。新开户的私营企业，以前从未发生过贷款关系的私营企业，要在 10 天前向开户银行提出贷款申请计划，并且提供申请书与证明本企业材料的文件、证件。银行根据私营企业的申请，考察私营企业的贷款用途、还款能力、信用程度、确定贷或不贷。贷款额度确定后，私营企业办理手续、订立借据。根据国家颁发的经济合同法签订契约，双方恪守执行。

2. 要合理使用资金

创业之初，企业必须及时掌握信息，进行科学决策，加强监控力度，进行事前监督、事中监督、事后审查，进行合理预算、调度、安排，确定资金合理需要量，合理使用商业承兑汇票和银行承兑汇票等结算方式，减少资金使用量，降低筹资成本，提高资金使用率。加快流动资金的周转速度，使企业生产产品的成本迅速回收，减少资金占有量。避免短贷长用现象。严禁企业资金入不敷出，借新还旧现象，减轻企业偿债压力。避免盲目投资，提高资金的周转速度，及时回收资金，获得更大盈利。

3. 有效回避风险

创业阶段资金紧张，创业者在合理筹集资金、合理使用资金时，还要进行税收筹划，做到合理避税。

（三）经济法律常识

大学生创业者需要进行市场调查，选好生产项目，懂会计知识、税务知识和有关的法律知识。法律知识有：《公司法》《合伙企业法》《个人独资企业法》《企业登记管理条例法》《公司登记管理条例法》《担保法》《合同法》《票据法》《证券法》《著作权法》《专利法》《商标法》《仲裁法》《会计法》《税法》《劳动法》等。

（四）小企业经营管理知识

在市场经济条件下，创建一个成功企业，必须对市场进行充分的调查研究和创业的可行性分析，然后确立创业目标，作出科学的决策，且要学习一些小企业经营管理方面的知识，掌握有关经营之道。

1. 小企业简介

1）小企业的特点

小企业是指一系列分散化、小规模、低成本、高效率，充分运用高新技术，有利于环保的微型企业和公司。随着市场经济的深入发展，小企业迅速崛起。它在以细微且迅速变化为特征的未来社会和市场中，保持更敏感的反应和牢固的位置。我国小企业主要有个体经营、合伙经营、有限责任公司、特许经营等四种形式，它们具有如下特点。

（1）数量多，分布广，具有个体性。小企业是现代经济的重要组成部分，有广泛的社会基础，其经营范围很广，几乎涉及所有的竞争性行业和领域（除了航天、金融保险等技术、资金密集度极高和国家专控的特殊行业外）。

（2）经营灵活，形式多变，具有便利性。小企业一般规模较小，自身的发展贴近市场需求，当市场发生变化时，经营者就能较快地对自己的企业及产品进行调整，经营手段灵活多变，适应性强，且投入少，见效快，选择经营的项目较多。

（3）产出规模小，资本低，具有专业性。一般地，小企业缺乏足够的资本积累，创业资本和营业资本相对匮乏，筹措资金十分困难，生产的规模和资本的有机构成一般较低。且由于小企业专业性强，比较容易取得质量信誉，进而在社会上提高知名度，有利于保证企业的生存和发展。

（4）竞争力较弱，受生产冲击大，具有不稳定性。由于小企业在生产规模和资本积累方面的劣势，劳动生产率相对较低，在市场上缺乏竞争力，加上小企业缺乏全面引进设备和技术的资金来源，而自身又难以承担基础研究和科研创新的任务，就使得小企业在市场竞争中始终处于被动局面，倒闭的可能性就大，尤其在金融危机时期，小企业受到的打击更为严重。

2）小企业创建操作

（1）确定企业名称。企业名称是指依法在工商行政管理机关登记注册的经济组织的名称。

它是由文字形式表示的区别于其他经济组织的特定标志。企业名称必须经过工商行政管理部门核准注册，一经核准后，在规定范围内有专有权，受国家法律保护，其他企业或社会组织不得假冒、使用和盗用。

（2）选择地点。不同性质、不同类型的企业，对其经营场所的要求不尽相同。下面简要介绍零售批发店和工厂选址的基本要求。

① 选择店址。商业活动频繁的地区：这样的店址可谓"寸土寸金"，把店铺设在"寸土寸金"之地，其营业额就会很高，这比较适合那些有鲜明个性特色的专门经营店铺发展。在市郊地段开店时，要有针对性，主要向驾驶车辆的人提供生活、休息、娱乐和修理车辆服务。

人口密度高的地区：居民聚居、人口集中的地方，一般开设的店铺为洗衣店、维修店、食品店、服饰店、五金店、药店、餐饮店、美容美发店、化妆品店等。

客流量多或大的街道：大多数店铺都适宜在这样的地方开设。

交通便利的地区：旅客上车、下车最多的车站，或者在几个主要的车站附近，尤其适合发展饮食、生活用品和具有鲜明地方特色的土特产品商店。

② 选择厂址。不同类型的工厂，在选址上有不同的要求，但是其基本原则有：交通便利、距离铁路和主要的公路干线较近；水源充足，水质良好；远离市区中心地带，多在城乡结合地区建厂，离居民区较远，避免造成城区环境污染；电力供应充足等。

（3）办理手续。

（4）招聘员工。根据生产、经营的需要，在国家政策许可范围内，公开招聘合适的员工。一是请"帮手"；二是招收学徒、职工；三是高薪聘请专家，帮助指导自己的经营活动，甚至参与生产与管理。

2. 小企业经营与管理

1）小企业经营方式

（1）小企业生产经营观念。在市场经济条件下，创业者需要确立正确的生产经营观念：第一，市场观念。市场是有形的，要有一定的场所，比如商场、交易所等；市场一定要有人，有买方和卖方；市场要有商品，包括买卖的货物和劳务。市场是无形的，谁能紧紧抓住市场，谁就能掌握主动，立于不败之地。企业经营是一门科学，来不得半点虚假和浮夸。一个品牌是否需要延伸，关键是看企业的实力，有多大的能力做多大的事。第二，质量观念。俗话说："不怕不识货，就怕货比货。"比的就是质量。质量是指产品或服务的优劣程度。没有质量，企业无法在激烈的市场竞争中立足。对企业而言，产品质量就是生命。第三，时效观念。21世纪是一个信息时代，在这样一个瞬息万变的时代里求生存、求发展，科学地利用时间十分关键。"时间就是金钱，效率就是生命"，这是当代创业者的座右铭，时间把握不好，就可能失去一个项目、一份合同、一次机遇；时间把握得好，抓住的机会就多，就能带来明显的经济效益。第四，法制观念。市场经济是一种法制经济，健全的法制是市场经济的内在要求，任何一项经济活动也都是一次法律活动。尽管各人办厂开店投资的目的与动机不同，但是希望自己成功的追求是相同的。然而，竞争异常激烈的市场环境，并不是每个人都能随心所欲的，要受法律的限制，也就是既要懂得经营技巧，又不忘记守法经营。

（2）小企业生产经营方式。所谓生产经营方式，就是生产经营者从事生产经营的具体方法和途径。对小企业的创业者而言，以下一些生产经营方式可供选择。

工业领域：工业的范围很广，种类很多，经营的方式也多种多样。对于创业者而言，由于资金少、人员少、场地少、能力有限，一般从事加工业较为可行。

农业领域：一般有种植和养殖两种生产方式。包括个人或家庭经营的猪牛羊家畜、鸡鸭鹅等家禽、貂狐麝等兽类、鱼虾贝等水产、蚕蜂兔等小动物的繁殖饲养。

商品流通领域：市场经济的发展，城乡交流的增多，极大地丰富了商业流通领域，也给创业者选择商业经营方式提供了广阔的空间，主要有自产自销、批发、批量销售、零售、贩运和代购代销等几种形式。

2）小企业经营策略

美国学者马文曾对一些公司经理提出三个问题：你认为每天最重要的事情是什么？你每天在哪些方面花的时间最多？在履行你的职责时感到最困难的是什么事情？结果 90%以上的回答都是"决策"。生产经营者同样是决策者，生产经营的关键就在于决策。小企业发展的经营决策有以下几种。

（1）市场经营决策。一个小企业能否经营成功，不但需要考察它的现实可行性，更要考察它的市场价值，还要看它是否值得投资，是否值得大家花力气去做。如果生产的产品或提供的服务根本没有市场，有谁会去做这种事情呢？能够成为创业的主意，一定是具有市场价值的，具有生产利润的可能性，否则，没有人会把它当作事业的基础。市场价值可能有三种形式：

① 开发一个从来没有过的、完全的新市场，比如电话、电视、电脑进入人们的生活；

② 更新一个原有的市场，用新产品代替旧产品；

③ 在原有市场的基础上，通过为服务或产品增加"新卖点"来获得利润。市场价值的最终决定者是顾客，因此，创业最重要的一点是时时、事事从顾客的角度考虑问题。

（2）销售策略。一是无差异市场策略。经营者把整个市场看成一个无差别的整体，认为所有消费者对某种商品的需求基本上是一样的。采用这种策略可使经营者大批量生产、营销，渠道广阔而单一，有利于降低成本。二是差异性定位策略。这是经营者为满足市场上不同层次消费者的需要，生产多种品种的不同规格的产品，运用不同的经营方式来扩大市场的一种策略。这种策略有利于适应与启发消费者的需求，有利于扩大销售额和提高市场占有率。与此同时，也要通过广告媒介宣传产品。

（3）市场定价策略。它包括：一是高价法，指对新上市的产品，需求弹性比较小，暂时没有或很少有竞争对手，可以有意识使定价偏高，以便在短期内获得较多的利润，如手机、BP 机最初销售阶段即采用高价策略。二是低价法，对于新上市产品，采取低价格投入市场的策略，以便生产的产品能够迅速占领市场，最大限度地渗入市场，扩大销路，当市场打开以后再逐渐提高价格，如彩电、移动电话的销售。三是折扣和让价策略，一般有业务折扣、数量折扣等。业务折扣是因销售渠道成员完成一定的商品流通工作而给予的优惠价格；数量折扣是为促成客户大量订货的一种策略，如订货超过多少，就可以降低多少价格等。四是差别定价策略，即根据各种不同的情况，对同一产品采用不同的定价策略，它包括季节差价、地区差价、批零差价和质量差价等。如空调器在夏天因需求增加，价格可以定高点，在淡季价格又可以降低一些。五是心理定价策略，即从消费者心理影响出发而采用的定价策略。如九十八元的商品，顾客感到不到一百元，就有了便宜的感觉。无论采用哪一种经营策略，企业家都应该有道德，企业间不能相互攻击，不得损害国家、消费者的利益。

3）小企业管理

小企业管理与大企业管理不同，它所要求的是简单、经济而有效的管理。小企业管理者必须有能力来对付更多的、更复杂的环境与问题。在组织体制上，由于小企业主既是老板又是员工，直接参加生产，因此，从生产到销售、从业务到管理，都比较精通，管理层次和中层管理人员很少，杜绝了分工细化带来的矛盾。在人事管理上多任人唯贤、注重实效，取消底薪，实现浮动工资，与效益挂钩，并实行以人为本的激励机制。在财务管理上，更多的是以降低资金风险和降低成本为主，合理配置生产要素，争取取得最好的经济效益。

（1）小企业经营管理规章制度。俗话说："国有国法，家有家规。"一个成熟的企业当然也离不开建立各种规章制度，这是企业经营管理的基础。严格、切实、可行的规章制度可以使企业生产经营有条不紊，有章可循，使企业日常工作更加科学化、制度化，进而提高企业在社会上的地位，增强经营活力。小企业可以根据经营方向、性质等情况制定章程，随着经营的发展，不断修改和补充章程。

在制定各项规章制度时，必须遵循：首先，符合国家政策法规；其次，符合企业实际需要，具有可操作性；再次，要公平合理，奖罚分明。

常见的小企业规章制度包括财务管理制度、质量检查制度、物品与原材料进出库制度、考勤制度、各种岗位责任制、工资与劳保福利制度、业务学习与技能培训等等。经营管理者不仅是各项规章制度的制定者，而且要严格要求自己，以身作则，带头遵守各项规章制度，发挥制度的应有作用。从成功创业者的创业历程来看，可以总结出以下五点经验。

① 全心全意地投身于事业，忠实于事业。

② 同管理人员同甘共苦，把管理人员当作平等的伙伴。

③ 激励和督促管理人员，以提高标准激励职工的干劲和竞争精神。

④ 把一切信息通报给手下的管理人员，他们知道得越多就越明白，对工作就越尽心尽力，信息可以产生能力和效益。把知道的信息通报给手下的管理人员所得到的好处，远远大于管理人员可能把它透露给你的竞争对手的风险。

⑤ 奖赏管理人员为生意所做的贡献。用一张支票或一份股票，你不可能买到无限的忠诚。每个人都希望自己能被重视，任何东西都不可以代替一两句赞扬的话，但得到的收益很可能相当可观。

（2）人力资源管理。

第一，人力资源规划。通过对人力资源需求和供给的预测，制订人力资源补充计划、晋升计划、人员配置与挑战计划、培训开发计划以及报酬计划等。

第二，人员招聘与录用。确定用人标准，以便迅速、准确、有效地招聘、选拔和录用符合工作需要的合格人员。员工招聘必须按照平等自愿、协商一致的原则，采用合同的形式，将招聘的期限、劳动条件、劳动报酬、保险和福利待遇、劳动纪律、违反劳动合同责任等双方议定的有关内容，写入双方签订的契约即劳务合同中，双方各执两份，按合同办事。劳务合同模式如下：

劳 务 合 同

甲方（用人单位）名　　　称

经济类型

地　　址

乙方（职工）姓名　　　　性　　别

　　　　　　　　年龄　　　文化程度

身份证号

家庭地址

甲乙双方根据《中华人民共和国劳动法》和现行劳动法律、法规及有关规定，经平等协商，自愿签订本劳动合同，共同遵守执行。

合同期限

一、本合同期限自　　年　月　日起至　　年　月　日止，其中试用期自　　年　月　日起到　　年　月　日。

工作内容

二、甲方聘用乙方从事工种（工作）。乙方在生产工作中要保证按照本工种规定的数量和质量指标完成生产工作任务。

劳动保护和劳动条件

三、甲方严格执行国家劳动安全、卫生各有关规程和标准，并及时对乙方进行劳动安全及卫生教育，为乙方提供符合国家规定的劳动安全、卫生条件和符合规定标准的劳动防护用品。

劳动时间和劳动报酬

四、甲方严格执行国家规定的工时制度。因生产经营需要，延长工作时间，按有关规定执行。

五、甲方根据乙方从事的生产工作岗位，在不低于本市（地区）最低工资标准规定的基础上，按照按劳分配的原则和有关规定，按月以货币形式支付给乙方工资报酬。

保险福利待遇

六、甲方按规定为乙方缴纳社会保险基金。乙方应交纳的社会保险基金由甲方代扣交。

七、乙方在本合同内发生工伤、患职业病，或患病、非因公负伤，其工资和保险福利待遇按现行有关规定执行。

劳动纪律

八、乙方要严格遵守甲方制定的符合法律、法规的劳动纪律和规章制度。乙方在劳动过程中必须严格遵守安全操作规程。

九、乙方可保守本合同与甲方约定的保密事项。

合同的变更、解除、终止

十、经甲乙双方协调一致，本合同可以变更和解除。

十一、乙方有下列情形之一的，甲方可以解除本合同。

1. 在试用期间被证明不符合录用条件的；

2. 严重违反劳动纪律或甲方规章制度的；

3. 严重失职、营私舞弊，对甲方利益造成重大损失的；

4. 被依法追究刑事责任的。

十二、有下列情形之一的，甲方可以解除本合同，但是应提前30日以书面形式通知乙方本人。

1. 乙方患病或者非因公负伤，医疗期满后，不能从事原工作也不能从事由甲方另行安排工作的；

2. 乙方不能胜任工作，经过培训或者调整工作岗位，仍不能担任工作的；

十三、乙方有下列情形之一的，甲方不得依据本合同第十二条解除合同。

1. 患职业病或者因工负伤并被确认丧失或者部分丧失劳动能力的；

2. 患病或非因工负伤，在规定的医疗期内的；

3. 在孕期、产期、哺乳期内的；

4. 法律、法规规定的其他情形。

十四、乙方解除合同，应当提前30日以书面形式通知甲方。但有下列情形之一的，乙方可以随时通知甲方解除合同：

1. 在试用期内；

2. 甲方以暴力、威胁或者非法限制人身自由的手段强迫劳动的；

3. 甲方未按照本合同约定和有关规定支付劳动报酬或者提供劳动条件的。

十五、劳动合同期满或者甲乙双方约定的劳动合同终止条件出现，且不符合本合同第十三条情形的，本合同即行终止。

违反和解除合同的责任

十六、甲方在合同期内违反和解除合同，应按中华人民共和国劳动部《违反和解除劳动合同的经济补偿办法》和有关规定支付乙方经济补偿金和赔偿金。

十七、乙方在劳动合同期内违反合同中约定的内容，给甲方造成经济损失的，应当依法承担赔偿责任。

劳动争议处理

十八、因履行合同发生争议，任何一方可以向本单位劳动争议调解委员会申请调解；调解不成的，应当自争议之日起60日内向甲方所在地劳动争议仲裁委员会申请仲裁，对仲裁裁决不服的，可以自收到仲裁裁决之日起15日内向甲方所在地人民法院起诉。

其他事项

十九、本合同未尽事宜，按现行劳动法律、法规和有关规定执行。

二十、本合同一式两份，经劳动行政部门鉴证后，甲乙双方各持一份。

二十一、本合同自甲乙双方签订之日起生效。

甲方：盖章　　　　　　　　　　乙方：盖章

法定代表人（委托代表人）：签章

合同签订日期：　　年　月　日

合同鉴证机关：盖章

合同签订日期：　　年　月　日

第三，培训开发。通过分析，明确从事某项工作所需的技能、知识和素质等。依据这些条件和要求制订培训计划，即有针对性地设计和安排培训内容和方法，提高员工的工作技能，从而提高工作效率。

第四，报酬管理。明确工作所需的技能和学历以及工作的难易程度等，从而判断每个工作的相对价值，以此作为薪酬管理的依据，制定公平合理的薪资政策。

（3）财务管理。任何一个企业的一切活动最终都将以货币的形式反映出来，并以价值来衡量与评估。财务管理是小企业管理的核心。

首先，投资。投资是企业经营的第一步，无论何种性质的企业，都必须对项目进行科学、合理的选择，以抓住机遇，回避风险。

其次，筹资。投资与筹资密不可分，投资需要企业以低代价、低风险和到位及时筹得所需要的资金。筹资则必须测算各种资本的成本核算，研究最佳的资本结构，选择有利的资本期限及安排资本偿还计划。

再次，日常运营资本管理。合理分配运营资本到货币资金、原材料、产品、成品上。在保证企业既定生产规模的前提下，降低资金使用，以获得最大效益。

📖 拓展阅读

创业融资省钱六大窍门

窍门一　合理挪用，住房贷款也能创业

普通三至五年商业贷款的年利率比住房贷款年利率高出 0.81 个百分点，办理住房贷款曲线用于创业成本更低。如果创业者已经购买住房，也可以用现房做抵押办理普通商业贷款，这种贷款不限用途，可以当作创业启动资金。

窍门二　巧选银行，贷款也要货比三家

按照金融监管部门的规定，各家银行发放商业贷款时可以在一定范围内上浮或下浮贷款利率，比如许多地方银行的贷款利率可以上浮 30%。其实到银行贷款和去市场买东西一样，挑挑拣拣，货比三家才能选到物美价廉的商品。相对来说，国有商业银行的贷款利率要低一些，但手续要求比较严格，如果你的贷款手续完备，为了节省筹资成本，可以采用个人"询价招标"的方式，对各银行的贷款利率以及其他额外收费情况进行比较，从中选择一家成本低的银行办理抵押、质押或担保贷款。

窍门三　精打细算，合理选择贷款期限

银行贷款一般分为短期贷款和中长期贷款，贷款期限越长利率越高，如果创业者资金使用需求的时间不是太长，应尽量选择短期贷款，比如原打算办理两年期贷款可以一年一贷，这样可以节省利息支出。另外，创业融资也要关注利率的走势情况，如果利率趋势走高，应抢在加息之前办理贷款，这样可以在当年度内享受加息前的低利率；如果利率走势趋降，在资金需求不急的情况下则应暂缓办理贷款，等降息后再适时办理。

窍门四　用好政策，享受银行和政府的低息待遇

创业贷款是近年来银行推出的一项新业务，凡是具有一定生产经营能力或已经从事生产经营活动的个人，因创业或再创业需要，均可以向开办此项业务的银行申请专项创业贷款。

创业贷款的期限一般为 1 年，最长不超过 3 年，按照有关规定，创业贷款的利率不得向上浮动，并且可按人行规定的同档次利率下浮 20%；许多地区推出的下岗失业人员创业贷款还可以享受 60% 的政府贴息；有的地区对困难职工进行家政服务、卫生保健、养老服务等微利创业还实行政府全额贴息。

窍门五 亲情借款，成本最低的创业"贷款"

创业初期最需要的是低成本资金支持，如果比较亲近的亲朋好友在银行存有定期存款或国债，这时你可以和他们协商借款，按照存款利率支付利息，并可以适当上浮，让你非常方便快捷地筹集到创业资金，亲朋好友也可以得到比银行略高的利息，可以说两全其美。不过，这需要借款人有良好的信誉，必要时可以找担保人或用房产证、股票、金银饰品等做抵押，以解除亲朋好友的后顾之忧。

窍门六 提前还贷，提高资金使用效率

创业过程中，如果因效益提高、货款回笼以及淡季经营、压缩投入等原因致使经营资金出现闲置，这时可以向贷款银行提出变更贷款方式和年限的申请，直至部分或全部提前偿还贷款。贷款变更或偿还后，银行会根据贷款时间和贷款金额据实收取利息，从而降低贷款人的利息负担，提高资金使用效率。

第五节 创业机会与风险

一、创业机会的来源

创业机会无时不在、无处不有，机会主要来自四个方面。

（一）顾客不断变化的需求

创业的根本目的是满足顾客需求，从顾客的角度来看需求尚未得到满足就是问题，对于创业者来讲则是创业的机会。成功的创业者总能敏锐地感知社会大众的需求变化，并能够从中捕捉到市场机会。一方面，消费潮流的变化，可能出现市场机会；另一方面，根据消费者的心理，通过产品和服务的创新，引导需求并满足需求，可以创造一个全新的市场。寻找创业机会的一个重要途径是善于从不同的视角去发现顾客需求方面存在的问题。创业者需重点关注以下几个方面。

（1）消费者的困难。消费者在使用产品时会存在这样那样的困难，一般人对使用中存在的困难熟视无睹并不会在意，只要你细心观察，把使用中存在的困难克服掉，就是很好的市场机会。如：上海有一位大学毕业生发现远在郊区的本校师生往返市区交通十分不便，创办了一家客运公司，把问题转化成了创业的机会。

（2）消费者的习惯。消费者年年这样使用，习惯这样使用，但消费者的习惯并不一定正确，而且可能很费力、很麻烦，如果能够加以改善，也就能够成为赚钱的机会。

（3）消费者的幻想。消费者的幻想可能是很天真可笑的，但如果你把它当一件事情来看待，幻想就可能变为现实。如：成人纸尿裤、成人玩具的问世。

顾客需求的多样化、个性化和高级化，必然使产品向多品种、小批量、更新快、优质化等方面发展，必将有力地刺激中小企业的发展，从而给创业者带来不错的机会。

（二）不断变化的市场环境

变化创业的机会大都产生于不断变化的市场环境，环境变化了，市场需求、市场结构必然发生变化。著名管理大师彼得·德鲁克将创业者定义为那些能"寻找变化，并积极反应，把它当作机会充分利用起来的人"。这种变化主要来自于产业结构的变动、消费结构的升级、城市化的加速、人口思想观念的变化、政府政策的变化、人口结构的变化、居民收入水平的提高、全球化趋势等诸方面。创业者需重点关注以下几个方面。

（1）中央和地方政府的政策。每年中央和地方各级政府都会有一些经济政策出台，如：近两年江苏省就在限制纺织、染整等污染行业的发展，而对创意类产业的创业和发展则持鼓励和扶持的态度。又如某些行业政府原来规定不允许其他企业投资，现在政府的政策是否已松动，允许其他企业投资了呢？那么商机往往蕴藏于此。

（2）资源供应。如：土地越来越少引发对农业科技需求的增加；水资源的紧缺引发对节水产品需求的增加；能源供应的紧缺引发对节能产品需求的增加。

（3）消费环境改善。如：农村电网的改善，人口结构的变化，交通、食宿、治安、环境、卫生等条件的改善，会不会带来新的机会？正因为农村电网的改善，政府现在实施家电下乡活动。

（4）消费水平提高。比如居民收入水平提高，私人轿车的拥有量将不断增加，这就会派生出汽车销售、修理、配件、清洁、装潢、二手车交易、陪驾等诸多创业机会。

（5）产业结构的调整与国企改革。因此，随着国企改革的推进，民营中小企业除了涉足制造业、商贸餐饮服务业、房地产等传统业务领域外，将逐步介入中介服务、生物医药、大型制造等有更多创业机会的领域。

（6）第三产业的发展。第三产业的发展为中小企业提供了非常多的成长点，现代社会人们对信息情报、咨询、文化教育、金融、服务、修理、运输、娱乐等行业提出了更多更高的需求，从而使社会经济活动中的第三产业日益发展。由于第三产业一般不需要大规模的设备投资，它的发展为中小企业的经营和发展提供了广阔的空间。

（7）市场的限制也能带来商机。市场限制对企业是威胁，但如果我们逆向思维，限制是对正面思维企业的限制，如果冲破限制，反而是一种机会。如：上海市政府曾规定，禁止1吨以上的汽车进二环线，日本人就生产出0.95吨的汽车，结果销路奇好。

（三）新技术、新产品和新的运营模式

创造发明提供了新产品、新服务，更好地满足了顾客需求，同时也带来了创业机会。创业者需重点关注以下几方面。

（1）新产品的出现。如：随着计算机的诞生，计算机维修、软件开发、计算机操作的培训、图文制作、信息服务、网上开店等创业机会随之而来，即使创业者不发明新的东西，也能成为销售和推广新产品的人，从而给自己也带来商机。

（2）新技术的运用。新科技应用可能改变人们的工作和生活方式，出现新的市场机会。通信技术的发展，使人们在家里办公成为可能；互联网的出现，改变了人们工作、生活、交友的方式；网络游戏的出现，使成千上万的人痴迷其中，乐此不疲；网上购物、网络教育的快速发展，使信息的获取和共享日益重要。

（3）新的运营模式成就新企业。如：近年来，连锁企业的快速发展，大到国际大型零售企业掀起了终端整合市场的新时代，小到连锁洗衣店、连锁美发店如雨后春笋般涌现，势头强劲。

（四）能够比竞争对手做得更好

新创企业如果能弥补竞争对手的缺陷和不足，也将成为创业机会。创业者可以看看自己周围的公司，问问自己能比他们更快、更可靠、更便宜地提供产品或服务吗？自己能做得更好吗？若能，也许就找到了机会。创业者需重点关注以下几点。

（1）竞争对手的产品缺陷。如果竞争对手的产品有缺陷，新创企业能加以改进，使之完善，机会就来了，且产品容易被市场接受，宣传费用还低。

（2）顾客投诉。发生顾客投诉的情况，说明产品存在问题，如果能够虚心倾听顾客投诉，并加以分析和改善，投诉就成为新产品开发的思路和来源。

二、创业机会的识别

创业机会识别是创业领域的关键问题之一。对创业过程来说，真正的创业开始于商业机会的发现。如何从繁杂多变的市场环境中找到富有潜在价值的商业机会，进而开发并最终转化为新创企业，是创业活动的重要环节。识别正确的创业机会是创业者应当具备的重要技能。商业机会并不是突然出现的，而是对 "有准备的头脑" 的一种 "回报"。在机会识别阶段，创业者需要弄清楚机会在哪里和怎样去寻找。

（一）创业机会的类型

阿德吉费里（Ardichvili）等根据创业机会的来源和发展情况对创业机会进行了分类。在他的创业机会矩阵中有两个维度：横轴以探寻到的价值（即机会的潜在市场价值）为坐标，这一维度代表着创业机会的潜在价值是否已经较为明确；纵轴以创业者的创造价值能力为坐标，这里的创造价值能力包括通常的人力资本、财务能力以及各种必要的有形资产等，代表着创业者是否能够有效开发并利用这一创业机会。按照这两个维度，他们把不同的机会划分成四个类型（见图11-1）。

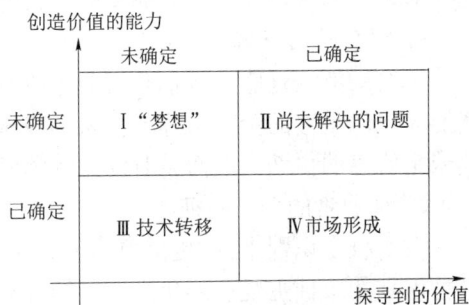

图 11-1　创业机会的四种类型

第Ⅰ象限中，机会的价值并不确定，创业者是否拥有实现这一价值的能力也不确定，阿德吉费里称这种机会为"梦想"；第Ⅱ象限中，机会的价值已经较为明确，但如何实现这种价值的能力尚未确定。阿德吉费里认为这种机会是一种"尚待解决的问题"；第Ⅲ象限中，机会的价值尚未明确，而创造价值的能力已经较为确定，这一机会实际上是一种"技术转移"（创业者或者技术的开发者的目的是为手头的技术寻找一个合适的应用点）；第Ⅳ象限中，机会的价值和创造价值的能力都已确定，这一机会可称为"业务或者说是市场形成"。

（二）机会识别的过程

（1）机会的搜寻。这一阶段创业者对整个经济系统中可能的创意展开搜索，如果创业者意识到某一创意可能是潜在的商业机会，具有潜在的发展价值，就将进入机会识别的下一阶段。

（2）机会的筛选。相对整体意义上的机会识别过程，这里的机会识别应当是狭义上的识别，即从创意中筛选合适的机会。这一过程包括两个步骤：第一步是通过对整体的市场环境，以及一般的行业分析来判断该机会是否在广泛意义上属于有利的商业机会；第二步是考察对于特定的创业者和投资者来说，这一机会是否有价值，也就是个性化的机会识别阶段。

（3）机会的评价。实际上这里的机会评价已经带有部分"尽职调查"的含义，相对比较正式，考察的内容主要是各项财务指标，创业团队的构成等，通过机会的评价，创业者决定是否正式组建企业，吸引投资。

事实上，创业者在机会开发中的每一步，都需要进行评估，也就是说，机会评价伴随于整个机会识别的过程中。在机会识别的初始阶段，创业者可以非正式地调查市场的需求及所需的资源，直到断定这个机会值得考虑或是进一步深入开发，在机会开发的后期，这种评价变得较为规范，并且主要集中于考察这些资源的特定组合是否能够创造出足够的商业价值。

（三）影响创业机会识别过程的因素

创业机会识别过程是一个不断调整、反复均衡的过程。不同的创业者可能愿意关注不同的创业机会，即使是同一个创业机会，不同的人，对其评价也往往不同。因此，机会开发的影响因素也成为研究重点之一。在影响机会识别和开发的各项因素中，主要可以分为两个方面，即机会本身的属性和创业者的个人特征。

1. 机会的自然属性

机会的特征是影响人们是否对之进行评价的基本因素。创业者选择这项机会是因为相信其能够产生足够的价值来弥补投入的成本，创业机会的自然属性很大程度上决定了创业者对其未来价值的预期，因而会对创业者的机会评价产生重大影响。

2. 创业者的个人特征

对于机会识别来说，更重要的因素应当是来自创业者的个人因素，这是因为从本质上说，机会识别是一种主观色彩相当浓厚的行为。事实上，即使某一机会已经表现出较好的预期价值，但是并非每个人都能从事这一机会的开发，并且坚持到最后的成功，因此创业者的个人特征对于机会识别来说更为重要。现有的研究中提到了一些创业者与机会识别相关的个人特性，包括：警觉性、风险感知、自信、已有的知识、社会网络等。值得注意的是，这些个人因素并非彼此独立存在，而是彼此之间也存在一定的相关性。

（四）成功的创业机会识别所需的条件

面对具有相同期望值的创业机会，并非所有潜在创业者都能把握住。成功的机会识别是创业愿望、创业能力和创业环境等多因素综合作用的结果。

（1）创业的愿望是机会识别的前提。创业愿望是创业的原动力，它推动创业者去发现和识别市场机会。没有创业意愿，再好的创业机会也会被创业者视而不见，或与其失之交臂。

（2）创业能力是机会识别的基础。识别创业机会在很大程度上取决于创业者的个人（团队）能力，这一点在《当代中国社会流动报告》中得到了部分佐证。报告通过对 1993 年以后私营企业主阶层变迁的分析发现，私营企业主的社会来源越来越以各领域精英为主，经济精英的转化尤为明显，而普通百姓转化为私营企业主的机会越来越少。国内外研究和调查显示，与创业机会识别相关的能力主要有：远见与洞察能力、信息获取能力、技术发展趋势预测能力、模仿与创新能力、建立各种关系的能力等。

（3）创业环境的支持是机会识别的关键。创业环境是创业过程中多种因素的组合，包括政府政策、社会经济条件、创业和管理技能、创业资金和非资金支持等方面。一般来说，如果社会对创业失败比较宽容，有浓厚的创业氛围；国家对个人财富创造比较推崇，有各种渠道的金融支持和完善的创业服务体系；产业有公平、公正的竞争环境，那就会鼓励更多的人创业。

三、创业机会的评估

创业成功与失败之间，除了不可控制的机遇因素之外，还有一定数量的创业机会在创业之初就已经注定将来失败的命运。虽然创业是一种高风险行为，但是创业者在创业实施之前还是可以通过机会评估的方式，在一定程度上避免创业悲剧的发生。以下是关于创业机会评估的一些准则和指标，了解这些指标的目的是为创业者提供一定的决策依据。

（一）市场评估准则

1. 市场定位
一个好的创业机会，必然具有特定市场定位，专注于满足顾客需求，同时能为顾客带来增值的效果。因此评估创业机会的时候，可由市场定位是否明确、顾客需求分析是否清晰、顾客接触通道是否流畅、产品是否持续衍生等，来判断创业机会可能创造的市场价值。创业带给顾客的价值越高，创业成功的机会也就越大。

2. 市场结构
针对创业机会的市场结构进行 5 项分析，包括进入障碍、供货商、顾客、经销商的谈判力量、替代性竞争产品的威胁，以及市场内部竞争的激烈程度。由市场结构分析可以得知新创企业未来在市场中的地位，以及可能遭遇竞争对手反击的程度。

3. 市场规模
市场规模大小与成长速度快慢，也是影响新创企业成败的重要因素。一般而言，市场规模大者，进入障碍相对较低，市场竞争激烈程度也会略为下降。如果要进入的是一个十分成熟的市场，那么纵然市场规模很大，由于已经不再成长，利润空间必然很小，因此该新创企业恐怕就不值得再投入。反之，一个正在成长中的市场，通常也会是一个充满商机的市场，所谓水涨船高，只要进入时机正确，必须会有获利的空间。

4. 市场渗透力
对于一个具有巨大市场潜力的创业机会，市场渗透力（市场机会实现的过程）评估将会是一项非常重要的影响因素。聪明的创业家知道选择在最佳时机进入市场，也就是市场需求正要大幅成长之际，他已经做好准备，等着接单。

5. 市场占有率

从创业机会预期可取得的市场占有率目标，可以显示这家新创企业未来的市场竞争力。一般而言，要成为市场的领导者，最少需要拥有 20% 以上的市场占有率。但如果仅拥有低于 5% 的市场占有率，则这个新创企业的市场竞争力就不高，自然也会影响未来企业上市的价值。尤其处在具有赢家通吃特点的高科技产业中，新创企业必须拥有成为市场前几位的能力，才比较具有投资价值。

6. 产品的成本结构

产品的成本结构，也可以反映新创企业的前景是否亮丽。例如，从物料与人工成本所占比重之高低、变动成本与固定成本的比重之高低，以及经济规模产量大小，可以判断企业创造附加价值的幅度以及未来可能的获利空间。

（二）效益评估的关键因素

1. 合理的税后净利

一般而言，具有吸引力的创业机会，至少需要能够创造 15% 以上税后净利。如果一个创业项目预期的税后净利是在 5% 以下，那么这就不是一个好的投资机会。

2. 达到损益平衡所需的时间

合理的损益平衡时间应该能在两年以内达到，但如果三年还达不到，恐怕就不是一个值得投入的创业机会了。不过有的创业机会确实需要经过比较长的耕耘时间，通过这些前期投入，创造进入障碍，保证后期的持续获利。在这种情况下，可以将前期投入视为一种投资，才能容忍较长的损益平衡时间。

3. 投资回报率

考虑到创业可能面临的各项风险，合理的投资回报率应该在 25% 以上。一般而言，15% 以下的投资回报率，是不值得考虑的创业机会。

4. 资本需求

资金需求量较低的创业机会，一般比较受投资者欢迎。事实上，许多个案显示，资本额过高其实并不利于创业成功，有时还会带来稀释投资回报率的负面效果。通常，知识越密集的创业机会，对资金的需求量越低，投资回报反而会越高。因此在创业开始的时候，不要募集太多资金，最好通过盈余积累的方式来创造资金。而比较低的资本额，将有利于提高每股盈余，并且还可以进一步提高未来上市的价格。

5. 毛利率

毛利率高的创业机会，相对风险较低，也比较容易取得损益平衡。反之，毛利率低的创业机会，风险则较高，遇到决策失误或市场产生较大变化的时候，企业很容易就遭受损失。一般而言，理想的毛利率是 40%。当毛利率低于 20% 的时候，这个创业机会就不值得考虑。软件业的毛利率通常都很高，所以只要能找到足够的业务量，从事软件创业在财务上遭受严重损失的风险相对会比较低。

6. 策略性价值

能否创造新企业在市场上的策略性价值，也是一项重要的评价指标。一般而言，策略性价值与产业网络规模、利益机制、竞争程度密切相关，而创业机会对于产业价值链所能创造的增值效果，也与它所采取的经营策略与经营模式密切相关。

7. 资本市场活力

当新创企业处于一个具有高度活力的资本市场时，它的获利回收机会相对也比较高。不过资本市场的变化幅度极大，在市场高点时投入，资金成本较低，筹资相对容易。但在资本市场低点时，好的创业机会相对较少。不过，对投资者而言，市场低点的成本较低，有的时候投资回报反而会更高。一般而言，新创企业处在活跃的资本市场比较容易创造增值效果，因此资本市场活力也是一项可以被用来评价创业机会的外部环境指标。

8. 退出机制与策略

所有投资的目的都在于回收，因此退出机制与策略就成为一项评估创业机会的重要指标。企业的价值一般也要由具有客观鉴价能力的交易市场来决定，而这种交易机制的完善程度也会影响新企业退出机制的弹性。由于退出的难度普遍要高于进入，所以一个具有吸引力的创业机会，应该要为所有投资者考虑退出机制，以及退出的策略规划。

四、创业风险

风险是指一定环境、一定时间段内，影响决策目标实现的不确定性，或是某种损失发生的可能性。它具有以下特征：风险与不确定性有差异；风险是客观存在的；风险是可以预测的。

创业风险是指在企业创业过程中存在的风险，是指由于创业环境的不确定性、创业机会与创业企业的复杂性，创业者、创业团队与创业投资者的能力与实力的有限性而导致创业活动偏离预期目标的可能性。

（一）创业风险形成的原因

1. 职业精神和道德秩序的缺失

一个成熟的、健康的竞争生态圈，不是简单地在政府所提供的若干法律、法规的框架内追求利益，它更应该体现为法律与道义传统、社会行为规范的整体协调。中国自古就有"马无夜草不肥，人无横财不富"的俗谚。想发横财的人，寄希望于"意外"而非"努力"上，所以与成功背道而驰。目前对中国的创业者们来讲，要想事业成功并成为这个社会和时代的主流，最重要的工作是塑造中国企业家的职业精神和重建中国企业的道德秩序。

2. 盲目选择项目

创业项目多集中在高科技和智力服务领域，如软件开发、网络服务、网页制作、家教中介、设计工作室等。此外，快餐、零售等连锁加盟店等服务类企业也颇受创业者青睐。但有些创业者并不了解市场，只凭自己的兴趣和想象决定投资方向，甚至一时心血来潮就决定干哪一行，缺乏前期的市场调研论证。

3. 缺乏创业技能

市场瞬息万变，时刻都有风险，一些创业者既不了解创业的相关政策法规，也没有在相关企业的工作、管理和营销实践经历，却对创业的期望值非常高。当创业计划转变为实际操作时，才发现自己根本不具备解决问题的能力，这样的创业无异于纸上谈兵。

4. 融资渠道单一

资金难筹几乎是每一个创业者都会遇到的难题。银行贷款申请难、手续复杂，如果没有更广阔的融资渠道，创业计划只能是一纸空谈。

5. 社会资源贫乏

如果创业者人际交往的范围窄、参加各种社会实践活动少，那么掌握的社会资源非常有限，缺少人脉支持；而企业创建、市场开拓、产品推介等都需要调动社会资源，创业者在这方面会感到非常吃力。

6. 管理不善

一些创业者在理财、营销、沟通、管理方面的能力不足，缺少必要的经营企业的经验；财务上没有遵循审慎原则。此外，一些人存在一定的性格缺陷，如自以为是、刚愎自用等，这些都会影响创业成功率。

（二）几种常见的创业风险

创业路上，风险无处不在、无时不在。现代企业面临的主要风险通常表现为以下几个方面。

1. 市场风险

市场风险是指市场主体从事经济活动所面临的盈利或亏损的可能性和不确定性。

一个全新的产品想打开市场，需要一定的过程与时间，若创业企业缺乏雄厚的财力投入到营销广告中去，产品为市场接受的过程就会更长，因而不可避免地出现产品销售不畅，前期投入难以回收等情况，从而给创业企业资金周转带来极大困难。

例如，世界著名的贝尔实验室在20世纪50年代就推出了图像电话，但直到20年后，才开始了商业应用。

2. 资金风险

资金风险是指因资金不能适时供应而导致创业失败的可能性。

对于新创企业，资金缺乏是最为普遍的问题，如果创业者不能及时解决，非常容易造成创业夭折。企业加速扩张时，往往因为遭遇资金瓶颈，一口气喘不匀，影响整个企业协作；而当企业拥有融资渠道时，往往热衷做项目，铺张无度，资金绷得像一条橡皮筋，一旦一个地方断裂，不但无从补救，而且往往殃及整个企业。这样的典型案例比比皆是。

2001年，号称中国第一家专业连锁店的温州百信鞋业，辉煌一时，5年间在未得到银行支持的情况下，曾在全国发展了100多家连锁百信鞋城，号称拥有30多亿资产。当资金被连锁店消耗殆尽，资金链终于断裂，导致仅存几家门店，也已经卖给了别人，但仍然难抵"巨额债务"。创始人因拖欠货款、涉嫌偷漏税而被逮捕，百信随之倒闭。原鞋城已卖掉，但仍然难偿其巨额货款。

辉煌一时的新疆德隆集团，短短几年内一下子进入十几个产业，总负债高达570亿元，酝酿了巨大的资金风险。2004年初，德隆系资金链开始断裂，建造在沙滩上的堡垒顷刻间分崩离析。

"百信鞋业""德隆"等创业的"死穴"均归因于资金风险。

3. 管理风险

一个优秀的创业家，可以不具备精深的技术知识，但必须具备这样一些素质：具有强烈的创新精神与创业意识，讲诚信，不墨守成规，不人云亦云；具有追求成就的强烈欲望，富于冒险精神、献身精神和忍耐力；具有敏锐的机会意识和高超的决策水平，善于发现机会，把握机会并利用机会；具有强烈的责任感和自信心，敢于在困境中奋斗，在低谷中崛起。发达国家创业企业的成功经验之一，就是技术专家、管理专家、财务专家、营销专家的有机组合，形成团队的整体优势，从而为创业企业奠定坚实的组织基础。那种由技术所有者包揽一切，集众权于一身的家长式管理，往往由于管理水平、管理模式等方面的问题，导致创业夭折。

例如，广州市普耀通讯器材有限公司因虚开增值税专用发票，涉嫌偷税，其负责人施争辉被捕，其偷逃税金额近 2 亿元。普耀名下的广州、北京、上海等地的数家公司，都采用账外经营、设立内外两套账、销售不开具发票或以收据代替发票等方式，大量偷逃税款。案发后，公司的财产已被冻结，检察机关已对施争辉等人提起公诉。我国税收环境正在发生质的变化，创业者如果再用旧思维来看待税收，铤而走险，教训可能会很惨重，企业应该抛弃做假账的思想，尽量利用税收筹划。企业完全可以合理避税或节税，但前提是不能违反法律。

有的创业企业为了追求利润，不顾后果，铤而走险，生产或销售很多假冒伪劣产品：黑心棉花、工业油盐、发霉米面、漂白蔬菜、纸壳"皮鞋"、夺命药物。最终在政府、法律严打中受到"致命打击"，企业陷入万劫不复之地。例如，当年的中华鳖精借助马家军田坛神话，销售火爆。后来《焦点访谈》记者暗访发现，偌大一个鳖精厂就只有一只鳖，而且还是养在后院水池中，成箱运到市场上的中华鳖精只不过是红糖加水。

4. 决策风险

管理者决策水平的高低对创业企业的成败影响巨大，据美国兰德公司估计，世界上破产倒闭的大企业，85%是因企业家决策失误造成的，中国的企业就更是如此。

1990 年，飞龙集团还只是一个注册资金 75 万元、职工不过 60 人的小工厂，而到 1994 年，谋求在香港上市的姜伟对外声称飞龙的账面利润有 2 亿元。虽然很多人对这一数字抱有怀疑，但可以肯定的是，"延生护宝口服液"为飞龙带来了巨大的销售收入。可飞龙的管理却可以用"一塌糊涂"来形容。比如，集团的财务部门只管账目不管实际，占用、挪用及私分集团货款的现象比比皆是。巨量的广告投入是飞龙占领市场的必要手段，但广告支出无人监管统筹，无效广告泛滥成灾，总部对此调控无力。与此同时，国家对保健品市场的整顿开始。1995 年下半年，卫生部对 212 种口服液进行抽查，合格率仅为 30%，这给了一直无序发展着的保健品行业沉重的打击。飞龙总裁姜伟闭门思过，修炼内功，反省出了 20 条大失误，头三条赫然是："决策的浪漫化、决策的模糊性、决策的急躁化。"可见决策失误给姜伟带来的切肤之痛。

多元化经营决策的企业比比皆是，但因此获益的企业却不多。目前来看，涉足多元化经营的多为一些实力强，且有核心业务的企业。但行业跨度过大，仍然不为人看好。

五粮液投资百亿元杀入计算机芯片业，这就意味着其原有的人才资源、渠道资源、管理经验、企业文化等不能共享，一切从零开始。这种不相关多元化遭到了多方质疑。此前，其制药、威士忌、塑胶等项目已经屡遭失败。"活力 28"洗衣粉成为全国知名品牌后，沙市日化在短短几年之内涉足洗衣机、制药、啤酒等行业，之后各项目都被拖住，一个好端端的企业现在日显疲态。

5. 技术风险

技术风险是指在企业技术创新过程中，因技术因素导致创业失败的可能性。

创业者在选择投资项目时，当一项投资花费巨大，可能需要较长时间才能收回成本并获得盈利时，投资者就不但要考虑它的现在，还要考虑它的将来，一项产品现在有市场，不等于将来也同样有市场。

初涉商海的山东人侯某选定一项自认为大有前途的专利技术，决定投巨资将这项技术的专利权买下来。有人提醒他这项专利虽然现在看好，但操作周期太长，而且，听说某某研究所正在研究一项更先进的技术并即将开发完成。侯先生却不听劝告，执意投资。当他将这项专利技术买到手，并且投资将其转化为产品后，新的技术已经问世，人们已不再需要它了。

一项高技术产品即使能成功地开发和生产，但若达不到创业前所预期的效果，结果也会造成大的损失甚至导致创业夭折。20 世纪 70 年代，著名的美国杜邦公司曾对一种名为 Corfam 的皮革替代品进行产品开发并上市销售。预测和试穿的成功，使杜邦公司决策层非常乐观，他们希望 Corfam 不仅能一帆风顺地上市，而且能像公司曾经发明的尼龙一样，成为世界性的畅销商品，引发鞋面用料的革命，再现杜邦公司的辉煌！然而最终的结果却大大出乎人们的意料之外！Corfam 的产品开发亏损了近 1 亿美元，成为杜邦公司历史上罕见的一次失败。

以上仅列举了几类创业风险，除此之外，还有机会风险、环境风险、人力资源风险、法律风险等。

（三）创业风险的防范

1. 敢于面对创业的失败

在残酷的市场中，只有比例很小的人能够将好点子成功地转换到企业的经营上，大多数人都得面对失败。只要创业者抱着一副良好的心态去面对失败，及时总结和反省错误，并吸取教训，在失败面前不气馁，就能够找到成就事业的新起点。

2. 加强管理

新创企业应重视营销管理、时间管理、财务管理、客户管理、绩效管理、人力资源管理等，为企业今后的发展打好基础。

3. 做好创新

创业与创新相辅相成。创新是创业的途径和保证，创业是创新的出发点和落脚点。我们所说的创业是创新型的创业，我们所说的创新是创业型的创新。企业成长需要创新精神，它是一种团队协作活动。

复习思考题

1. 创业者可以通过哪些途径获取创业机会？
2. 创业者应从哪些方面评估创业机会？
3. 创业机会有哪几种？如何识别？
4. 创业风险产生的途径有哪些？分析产生创业风险的成因。
5. 常见的创业风险有哪些？如何防范创业风险？
6. 简述企业的含义、特征及构成要素。
7. 说出企业、公司、法人的区别以及相互之间的关系。
8. 分析合伙企业、个人独资企业、公司制企业、个体工商户企业各自的特点和优劣势。
9. 简述设立个体工商户、个人独资企业、合伙企业的条件和申请程序。
10. 知识产权包括哪些内容？它们在创建企业中的作用及相关的法律规定有哪些？
11. 什么是创业计划？如何进行创业准备？

12. 什么是创业计划书？如何撰写创业计划书？
13. 大学生创业中存在哪些问题？
14. 简述你知道的大学生创业选择的诀窍。
15. 大学生最容易成功的创业方式有哪些？
16. 大学生创业类型有哪些？
17. 大学生创业流程是怎样的？

附录 A 毕业生报到证办理
（以湖南省为例）

一、《报到证》初次办理手续

适用对象：湖南省内高校毕业、从未办理过《报到证》且在择业期内的毕业生。

办理步骤：

1. 与用人单位签订《就业协议书》（或本人书写《回原籍申请书》）；

2. 到毕业所在学校的就业工作部门开具《介绍信》；

3. 本人持《就业协议书》（或《回原籍申请书》）、《介绍信》和《毕业证书》、身份证原件在我中心业务大厅办理。

所有需递交的证件若无特别说明均为原件，若无原件，须在复印件上加盖发证单位的公章。

二、《报到证》遗失补办手续

适用对象：湖南省内高校毕业、《报到证》自签发之日起一年内遗失的毕业生（自签发之日起满一年后遗失不予补办，由省级毕业生就业调配部门出具《遗失证明》代替执行《报到证》的功能）。

办理步骤：

1. 登报。到公开发行的报社登报声明原《报到证》作废，获取刊登《遗失声明》的报纸；

2. 审核。持本人书写的《补办报到证申请书》、刊登《遗失声明》的报纸到毕业所在学校的就业工作部门或所在单位人事部门审核、盖章，并开具《补办报到证证明》（或《介绍信》）；

3. 补办。持《补办报到证证明》（或《介绍信》）、登有《遗失声明》的报纸、毕业证书和身份证原件在我中心业务大厅补办新《报到证》（或《遗失证明》）。

重要说明：

所有需递交的证件若无特别说明均为原件，若无原件，须在复印件上加盖发证单位的公章。

三、《报到证》的调整改办手续

适用对象：择业期内湖南省内高校毕业、《报到证》自签发之日起一年内，因故不到该《报到证》开具单位报到、申请改办到新单位的毕业生（改办只能办理一次）。

办理步骤：

1. 到原用人单位开具同意解除劳动关系的《证明》；

2. 与现用人单位签订《就业协议》（或《劳动合同》、《接收函》）；

3. 到毕业所在学校的就业工作部门开具并审签《改派申请表》、《介绍信》；

4. 持《证明》、《就业协议》（或《劳动合同》、《接收函》）、《介绍信》、《改派申请表》和《毕业证书》、原《报到证》、身份证原件在我中心业务大厅办理。

重要说明：

所有需递交的证件若无特别说明均为原件，若无原件，须在复印件上加盖发证单位的公章。户口、档案托管在省就业指导中心的可免学校《介绍信》及《改派申请表》。

如原《报到证》是开回生源地择业的，请生源地就业主管部门签署同意改派的意见以代替上述第1条要求的材料。

参 考 文 献

［1］蒂蒙斯，斯皮内利. 创业学案例. 周伟民，吕长春，译. 北京：人民邮电出版社，2005.
［2］李淑珍，李建伟. 创业之初应该学点财务知识. 北京：中国纺织出版社，2009.
［3］陈龙春，杨敏. 大学生创业基础. 杭州：浙江大学出版社，2007.
［4］金和. 中国青年创业指南. 北京：中国纺织出版社，2008.
［5］樊富珉. 大学生职业生涯规划活动教程. 北京：北京交通大学出版社，2010.
［6］邓超明，刘杨，代腾飞. 赢道：成功创业者的 28 条戒律. 北京：清华大学出版社，2009.
［7］科林斯，波拉斯. 基业长青. 北京：中信出版社，1994.
［8］胡国安，禹路. 财富第六波：在家创业. 广州：广东经济出版社，2007.
［9］桑德. 在空白处创业：寻找市场缝隙 实现创业梦想. 朱中彬，译. 北京：人民邮电出版社，2007.
［10］戴建中. 网络营销与创业. 北京：清华大学出版社，2008.
［11］川崎. 创业的艺术. 李旭大，译. 北京：当代中国出版社，2006.
［12］姜彦福，张帏. 创业管理学. 北京：清华大学出版社，2005.
［13］张志宏. 创业之初必知必会的财务知识. 北京：中华工商联合出版社，2010.
［14］周玉泉，周郎天，袁玉玲. 市场营销实用教程. 南京：河海大学出版社，2007.
［15］赵淑敏，陈哲，胡金星. 创业融资. 北京：清华大学出版社，2009.
［16］陈文安，穆庆贵. 新编企业管理. 5 版. 上海：立信会计出版社，2005.
［17］敬丽华. 经济法概论. 南京：东南大学出版社，2007.